KB153327

융 무의식 분석

Analysis of Unconsciousness

C. G. 융 | 설영환 옮김

도서출판 선영사

융 무의식 분석

1판 1쇄 인쇄 / 1986년 02월 28일
1판 1쇄 발행 / 1986년 03월 10일
5판 1쇄 발행 / 2022년 01월 10일

지은이 / C. G. 융
옮긴이 / 설영환
편집 주간 / 장상태, 전양경
편집 기획 / 김범석
표지 디자인 / 정은영
편집 디자인 / 정은영, 김범석

펴낸이 / 김영길
펴낸곳 / 도서출판 선영사
주 소 / 서울시 마포구 서교동 485-14 영진빌딩 1층
TEL / (02)338-8231~2 FAX / (02)338-8233

등 록 / 1983년 6월 29일 (제02-01-51호)

ISBN 978-89-7558-280-6   03180

융 무의식 분석

Analysis of Unconsciousness

C. G. 융 | 설영환 옮김

Prologue

처음 논문으로 발표했던 것을 일반 독자의 이해를 위하여 더욱 해석적으로 풀어써서 한 권으로 엮은 것이 바로 이 책원제:《Überdie Psychologic des Unbewussten : 무의식의 심리에 관하여》, 1948년, 취리히이다.

이 논문은 다소 프로이트적 방법론을 내포하고 있었으나 이 책은 근래까지의 무의식 연구에 축적된 새로운 이론을 대폭 수정·보완했다. 그래서 프로이트적 논의가 줄고, 대신 아들러 부류의 방법론이 제기되었고 나의 이론들이 일반적으로 제기되었다그러므로 내가 추구하는 심리학의 입문서가 될 수 있으리라.

이 책은 다소 복잡한 제재를 다루기 때문에 일반 독자일 경우 상당한 주의력을 기울여야 할 것이다.

나는 이 책이 우리가 논하고자 하는 제재에 관하여 결론을 짓고 있다거나 충분히 설득되었다고 생각하지 않는다. 그러한 문제에 깊은 관심을 두는 독자들은 이 책이 논하고 있는 제재에 대한 많은 학습논문을 참조하고 내가 이 책 속에서 예시하는 문헌을 참고하면 좋을 것이다.

내가 이 책을 쓰게 된 동기는 인간의 무의식, 나아가서 무의식의 심리에 대한 많은 사람의 호기심과 탐구열에 부응하고자 하는 것이다.

나는 인간생활에서 무의식 문제야말로 매우 중요하고 절실하다고 생각한다. 하지만 이토록 중요하고 절실한 문제가 일반인들로서는 접할 수 없는 전문학술서 속에만 유폐되어 있다는 것은 정말로 커다란 손실이 아니겠는가?

현대의 세계상인간 정신의 황폐, 미증유의 파괴충동, 데마고기demagogy의 범람 등은 질서 있는 의식의 세계 밑에 맴돌고 있는 혼돈의 무의식이라는 문제를 우리의 눈앞에 부각하고 있다.

현대의 세계상은 우리의 문화 속에 도사리고 있는 야만성이라는 것을 여실히 보여 주고 있다.

그 세계상을 이루는 것은 개개인의 심리이다. 결국, 개인 태도의 변화만이 인류의 모습을 변화시킬 수 있다.

지금까지 인류의 문제가 일반적인 법칙에 의하여 해결된 적이 없을 것이다. 결국, 개개인 태도의 변화가 해결의 힘이 되었다.

언제나 자기 자신을 돌아보는 개인은 무의식의 저 끝까지 이르지 않을 수 없다. 바로 무의식 속에 우리가 들어가야 하는 것들이 있는 것이다.

아무쪼록 이 한 권의 책이 무의식으로 향하는 걸음을 이끌 수 있길 바란다.

큐스나하트 취리히 근교에서

C. G. 융

Contents

제1부 무의식의 심리

Psychology of unconsciousness

제 1 장

정신에 관하여

Psychology of unconsciousness

　의사 중에서도 '신경병 전문의'는 자기 환자를 치료하려고 할 때 깊은 심리학적 지식이 있어야 한다.

　왜냐하면, 신경성의 장애는 일반적으로 '신경과민' 또는 '히스테리'라고 말하는 질병은 모두가 마음의 병이기 때문이다. 이 병의 치료를 위해서는 당연한 일이지만, 마음을 치료해야지 그 외의 어떤 방법으로도 치료될 수가 없다. 냉수욕, 일광, 신선한 공기, 전기치료 등은 일시적인 효과는 있으나 때로는 전연 효과가 없을 수도 있다. 환자의 병소病巢는 '마음'이다. 마음이란 의학의 영역으로 받아들여질 수 없을 만큼 복잡하기 그지없는 가장 고급스러운 여러 기능을 가진 마음에 병소가 있는 것이다. 그러므로 신경과 의사는 동시에 심리학자여야 한다. 인간이 가진 마음의 여러 사정에 관하여 정통한 사람이어야 한다는 것이다.

　70년 전쯤 의사의 심리학적 소양은 참으로 한심스러운 것이었다. 정신병리학의 교과서에는 여러 가지 정신병의 임상적 기술에 관한 종류밖에 쓰여 있지 않았으며, 대학에서 강의 되는 심리학은 철학이거나 그렇지 않으면 빌헬름 분트[1]가 주장한 '실험심리학'인가 하는 정도였다. 신경증의 정신요법에 대하여 최초의 시사를 준 것은 파리 샤르페트리에 병원의 의사 샤르코와 그의 일파였다.

피엘 쟈네[2]는 신경증적인 여러 상태의 심리에 관하여 획기적인 많은 연구를 개시했다. 낭시의 베른하임[3]은 그 당시 이미 잊혀 있던 리에보오[4]의 암시요법이라고 하는 시사를 또다시 채용해서 크게 성공을 거둔다. 지그문트 프로이트는 베른하임의 저서를 독일어로 번역하여 그것에서 또한 결정적인 시사를 받는다. 당시는 신경증이나 정신병을 위한 심리학이라는 것이 없었다.

신경증 심리학의 초석을 놓는 데 불후의 공적을 올린 이는 프로이트이다. 프로이트의 학설은 실제로 신경증 환자의 치료에 종사하면서 얻어진 경험에 따른 것이다. 다시 말하면 프로이트가 짜낸 한 방법을 실제로 적용한 데서 태어난 것이었다. 프로이트는 이 한 방법에 '정신분석'이라는 이름을 붙였다.

먼저, 일 그 자체의 자세한 설명을 하기 전에 이 정신분석이라는 것과 기존의 학문에 대한 관계에 대해서 말해둘 것이 있다. 예전에 아나톨 프랑스는 "학자란 호기심을 갖지 않는 인간을 말한다"라고 말했다. 우리는 지금 이 아나톨 프랑스의 말이 진리임을 또다시 확인시켜 주는 것 같은 재미난 연극을 구경하게 되었다.

---

1) 《생리학적 심리학 요강》 1893년
2) 《심리적 자동성》 1889년, 《신경증과 고정관념》 1898년
3) 《암시와 그 치료 효과》 1886년 : 프로이트가 독일어 판으로 번역.
4) 《수면과 그 유사상태》 1886년

이 영역에 있어서 최초이자 중요한 이 연구브로이어, 프로이트 공저《히스테리 연구》1895년는 신경증에 관하여 전적으로 새로운 해석을 포함하고 있음에도 불구하고 학계로부터 거의 문제가 되지 않았다. 어느 학자들은《히스테리 연구》에 대하여 승인이나 찬성의 의견을 말하면서도 실제로는 종래 그대로의 방법으로 히스테리 증상을 치료를 하는 것이다. 그렇다면 그것은 지구가 둥글게 생겼다는 생각과 또한 그 사실을 시인함은 물론 그것에 찬성하는 뜻을 표명하면서도 지구를 그림으로 그리면 여전히 한 개의 쟁반 같은 모양으로 그리고 있는 식이다. 프로이트의 그 후 여러 논문은 학계에서 백안시되었다. 그런데 사실 그 같은 여러 논문은 헤아릴 수 없을 만큼의 의의를 지닌 여러 관찰을 다름 아닌 정신의학의 영역에 있어서 제공하고 있었다.

그뿐만 아니라, 1900년에 프로이트가 꿈에 관한 최초의 심리학을 저술했을 때[5] — 그 이전에는 이 영역을 특이하다고 할 만한 업적이 거의 없었다. — 또한 1905년에 그가 한 걸음 더 나아가 성性의 심리[6]를 해명하려고 하기 시작했을 때, 세상은 프로이트를 매도하기 시작했다. 후에 프로이트의 이론이 뜻밖에 세상으로 유포되어 학문적 관심의 한계를 훨씬 넘어서서 일반에게 알려지게 된 것도 당시 학자들이 프로이트에 대해서 온갖 냉대를 했기 때문이라 해도 과언은 아니다.

그런 까닭으로 우리는 이 새로운 심리학을 좀 더 자세하게 살펴보아야만 한다. 신경증적 증상이 '심인적心因的'성질은 마음에서 유래한다는 것은 샤르코의 시대에 이미 알려져 있었다. 또한 — 특히 낭시파의 여러 연구 덕

---

5)《꿈의 해석》1900년
6)《성性이론에 관한 세 가지 논문》1905년

택으로 — 암시 때문에 모든 히스테리 증상을 표출시킨다는 것도 알고 있었다. 그리고 쟈네의 연구 덕택으로 지각탈실, 허탈, 마비, 건망증 같은 히스테리성 발작 현상의 심적인 기능과 여러 조건 등도 알려져 있었다. 그런데 어떤 히스테리 증상이 어떻게 하여 마음에서 일어나는지는 알려지지 않았다. 심적인 여러 가지 관계는 완전히 알려지지 않은 상태였다.

1880년대 초에 빈의 한 임상의臨床醫 브로이어 박사가 한 가지 발견을 하였다. 이 발견은 사실상 새로운 심리학의 단서가 되었다.

프로이어 박사는 히스테리를 앓고 있는 젊고 교양 있는 한 여성 환자를 치료하고 있었다.

이 환자는 다음과 같은 증상을 나타냈다. 그녀의 오른팔은 경직되어 있어서 때때로 심신이 몽롱한 상태에 빠지곤 했다. 또한 자기의 모국어를 제대로 구사할 수 없고 가까스로 영어로밖에 말을 할 수가 없다는 면으로 볼 때 언어능력을 상실하고 있었다. — 소위 조직적 실어증.

당시 의사들은 정상적인 인간에게 있어서와 마찬가지로 팔을 움직이는 기능의 뇌 부위에서 아무런 장애도 인정할 수 없었음에도 그러한 여러 장애를 해부학적으로 해명하려고 했다. 그런데 히스테리증의 증상학에는 해부학적으로는 아무리 설명해도 이해할 수 없는 문제가 산적해 있었다.

히스테리성 격정 때문에 청력을 완전히 상실한 어떤 부인이 때때로 노래를 부르는 일이 있었다. 어느 날 이 환자가 어떤 노래를 부르기 시작한 것을 보고 의사가 몰래 피아노 앞에 앉아서 조용하게 반주를 하기 시작했다. 그러다가 어떤 구절에서 다음 구절로 옮길 때 의사가 갑자기 가락을 변화시켰다. 그런데 환자는 그것을 알아차리지 못하고 이번에는 그 변화된 가락에 맞추어서 다음 구절을 계속 불렀다. 그러니까 이 환자는 귀에 병이 있어서 듣지 못한 것이 아니었다. 조직적인 실명失明의 여러 형태에도 흔히 이것과 유사한 현상을 볼 수 있다.

어느 남자는 히스테리성 질병으로 완전 실명 상태에 있었으나 치료를 받아서 시력을 회복했다. 그런데 놀라운 것은 시력이 얼마 동안은 부분적으로밖에는 작용하지 않았다. 그의 눈에는 잘 보였으나 오직 사람의 머리 부분만은 보이지 않는다. 다시 말해서 그의 주위 사람은 모조리 머리가 없는 사람이었다. 즉, 이 환자는 눈이 보이면서도 보이지 않는 상태이다.

이런 종류의 여러 가지 히스테리성 질병 경험 때문에 감관感官의 기능 그 자체는 정상인데도 단지 환자의 의식이 보려고 하지 않고 들으려고 하지 않으면 그렇게 된다는 것이 알려지게 된 것이다.

이런 일은 언제나 기능 그 자체가 동시에 장애를 받지만 기질적器質的 장애와는 본질적으로 크게 다르다는 것을 보여준다.

그런데 여기에서 브로이어의 경우로 되돌아가 보자. 그 경우에는 장애의 기질적 원인은 존재하지 않고 단지 장애가 나타나고 있다. 따라서 이 경우는 히스테릭한 것. 즉, 심인성으로 해석하지 않으면 안 된다. 그러던 중에 브로이어는 이런 것을 알아차리게 되었다. 즉, 여성 환자를 인위적 내지는 자발적인 반 수면 상태에 빠지게 해두고 머리에 떠오르는 생각이나 공상을 자유롭게 이야기하게 한다. 그런 상태로 2, 3시간이 지나면 언제나 병중의 경감을 느낄 수가 있었다. 그는 그 후의 치료에서 이 관찰을 계획적으로 이용했다. 그 여성 환자는 이 치료 방법을 '이야기 치료법'이라거나 농담 삼아서 '굴뚝 소제'라는 이름으로 불렀다.

이 여성 환자는 빈사상태의 병상에 있었던 아버지를 간호하고 있는 동안에 이환罹患된 것이었다. 말할 것도 없겠지만, 그녀의 공상은 주로 아버지의 질병과 그의 죽음이라고 하는 당시의 일에 관한 것이었다. 반 수면상태 중에 그 당시 기억의 단편이 마치 사진을 찍은 것처럼 정확하게 떠올랐다. 더구나 미주알고주알 자세한 데까지 모조리 생각이 미치기 때문에 각성 때의 기억력에서는 도저히 그렇게까지 생생하고 세세하게 과거를 재현하는 일은 절대로 불가능하다고 생각했을 정도였다. — 의식이 좁혀진 상태에서 때때로 나타나는 상기능력想起能力의 이와 같은 증대를 '기억증진'이라고 한다. — 그럴때 불가사의한 일들이 몇 가지 나타났다. 환자가 말한 수많은 이야기 가운데 다음과 같은 것이 있었다.

어느 날 밤, 그녀는 고열에 시달리고 있는 부친에 대한 한없는 불안과 수술을 하기 위해 빈에서 왕진 올 외과의를 기다리는 초조함 때문에 눈을 떴다. 어머니는 병실에서 얼마쯤 멀리 있었다. 안나환자 자신는 아버지의 병상 곁에서 오른팔을 의자에 기대고 앉아 있었다. 그때 그녀는 비몽사몽 간에 벽에서 검은 뱀 한 마리가 앓고 있는 아버지를 물려고 기어 내려오고 있는 광경을 목격했다.이 집의 뒤뜰 풀밭에 실제로 뱀이 몇 마리 있어서 이 환자가 어린 소녀였을 때 그것을 보고서 깜짝 놀란 일이 여러 번 있어서 그것이 지금 이 환각의 재료가 되었다는 것은 충분히 있을 수 있는 일이었다. 그녀는 이 뱀을 막으려고 했으나 온몸이 마비된 것처럼 움직일 수 없었다. 의자에 기대고 있는 오른팔은 잠들어 버린 것 같았다. 즉, 지각탈실知覺脫失적이고 허탈 상태가 되어 있었다.

그녀가 자기 오른팔을 보자 그 손가락은 마치 해골로 되어 있는 다섯 마리의 작은 뱀으로 변하였다. 아마도 그녀는 마비된 오른손으로 벽을 타고서 기어 내려오는 뱀을 쫓으려고 몇 번인가 시도하였을 것이다. 그리고 그것에 의해서 오른손의 지각탈실과 마비가 와서 뱀의 환각과 결합했다. 뱀의 환각이 소멸하였을 때 그녀는 불안한 나머지 기도를 하려고 했다. 그러나 어떤 말도 입 밖으로 나오지 않았으며, 어떤 말을 하려고 해도 말을 할 수가 없었다. 그래도 어렵게 영국의 어느 동요 한 구절을 생각해 내고서 간신히 영어로 기도할 수 있게 되었다. 이것이 마비와 언어장애가 시작되었던 당시의 사정이었다. 환자가 이 상황을 입에 담고 있다가 이야기함과 동시에 장애도 소멸하였다. 그리고 앞에서 얘기한 이 경우는 결국 치료되었다.

여기서는 앞에서 얘기한 한 가지 예만으로 독자에게 이해를 구하고 싶다. 앞서 인용한 브로이어, 프로이트 공저의 저서 중에 비슷한 예가 풍부하게 기록되어 있다. 이런 종류의 상황이 대단한 힘을 지니고 있어서 사람들에게 강렬한 인상을 주고 있었다고 하는 것에 이론異論의 여지는 없을 것이다. 그래서 사람들은 이런 종류의 상황이야말로 증상 발생의 원인이 아닐까 하고 생각하게 되었다.

당시 영국에서 비롯되어 히스테리 증상 이론異論을 지배하고 있었던 '신경쇼크설'샤르코는 이 설을 적극적으로 지지했다.은 브로이어의 발상을 해명하는 데에 편리했다. 여기에서 이른바 '심적 외상설外傷設'이 생겼다. 이것에 의하면 그리고 여러 증상이 질병을 만들어 내고 있다고 하는 전제에서는 히스테리는 일반적으로 마음의 외상外傷에서 일어나는 것이며, 그런 외상이 준 인상은 무의식적인 이면에 오래도록 그 힘을 유지하고 있다는 것이다.

최초에 브로이어의 협동 연구자였던 프로이트는 이 브로이어의 발견을 수많은 사례에 적용하여 실증했다. 그리고 온갖 히스테리 증상은 그 중 어느 하나도 우연에서 생기는 경우는 없으며, 언제나 심적 사건을 그 원인으로 하고 있다는 것을 알았다. 그 범위 내에서 이 새로운 견해는 경험적인 일의 영역을 현저하게 확대했다. 그러나 프로이트의 연구욕은 이런 표면적인 부분에만 오래 머물지는 않았다. 사실 그는 얼마 후에 더욱 깊고 대처하기 어려운 여러 문제에 맞서 나갔다. 그도 그럴 것이 브로이어의 여성 환자가 체험한 바와 같은 강렬한 불안감의 원인이 된 여러 계기가 지속적인 인상을 나중에 남긴다고 하는 것은 확실하지만 그래도 그 여성 환자가 애초에 그런 여러 계기를 즉, 이제는 분명히 그 자체가 병적이라고 생각되는 여러 계기를 체험하지 않을 수 없었던 것은 어째서인가 하는 문제가 남는 것이다.

간병看病에 정신과 육체가 쇠잔해졌기 때문이 아닐까? 그렇다고 한다면, 그녀의 그것과 닮은 경우는 좀 더 빈번하게 일어날 것이다. 왜냐하면, 간병에 심신이 쇠잔해지는 경우는 유감스럽게도 세상에 흔히 있는 일이 아니겠는가? 그리고 간호하는 여성의 신경 건강상태가 일반적으로 반드시 최고라고는 할 수 없기 때문이다. 의학은 이런 의문에 대해서 편리한 해답을 마련하고 있다. 즉, '그것은 소질의 문제'라고 하는 것이다. 공교롭게도 그런 병에 걸리는 '소질을 지니고 있었다.'라고 하는 것이다. 그런데 프로이트가 제기하는 '그러면 소질이란 무엇인가?'라는 이 의문은 필연적으로 심적 외상의 병력을 조사해 보는 일에 연관되지 않을 수 없다.

같은 자극적인 상황에도 그 장면을 목격하는 사람 모두에게 반드시 동일한 영향력을 갖는 것은 아니며 또한 어떤 사람에게 있어서는 문제가 되는 일 또는 유쾌하기조차 할 것 같은 일들이 다른 사람에게는 온몸을 떨게 한다는 것도 결코 희귀한 일이 아니다.

개구리, 뱀, 쥐, 고양이 같은 것에 덤덤한 사람도 있으며, 그런 작은 동물들에 대해서 오싹해 하는 사람들도 있다. 아주 큰 수술을 태연스럽게 거들어 주는 여성이 있는가 하면 고양이가 다가오지 않아도 공포와 혐오 때문에 온몸에 경련을 일으키는 예도 있다.

필자는 갑작스러운 놀라움 때문에 중증의 히스테리에 걸린 젊은 부인을 알고 있다. 그녀는 아는 사람들과 하룻밤을 보내고 밤 12시경에 그 사람들과 함께 집으로 돌아가게 되었다. 그때 갑자기 후방에서 마차가 딸그락거리면서 달려왔으므로 다른 사람들은 그 마차를 피하여 길옆으로 비켜섰으나 그녀만은 공포에 질린 나머지 도로의 중앙에서 옆으로 피할 생각도 못하고 마차 앞에서 자꾸 달리기만 하였다.

마부는 회초리 소리를 요란하게 내면서 큰 소리로 그녀에게 주의를 환기했으나 아무런 효험이 없었다. 그녀는 긴 길을 계속 달려서 다리가 있는 곳으로 점점 다가갔다. 다리 근처에서 힘이 다 빠져 마차에 치이지 않으려고 하다가 절망한 나머지 강 속으로 뛰어들려고 했으나 다행스럽게도 지나가는 사람이 그녀를 붙들고 만류하였다. 그런데 일찍이 그 여자는 저 피비린내 나는 1905년 1월 22일 러시아의 성聖 페테르부르크에서 군인들이 전투가 벌어지고 있는 거리 한가운데로 멋모르고 들어섰던 적이 있었다. 그녀의 주위에는 사람들이 총알에 맞아 여기저기서 마구 쓰러져 갔다. 그러나 그녀는 조금도 침착성을 잃지 않고 냉정하게 어느 집의 열린 대문을 찾아내어 그곳을 통해서 다른 거리로 몸을 안전하게 피할 수가 있었다.

이 무서운 체험은 그녀에게 아무런 병적인 흔적을 남기지 않았을 뿐만 아니라 오히려 그 후로는 여느 때보다 더 기분이 좋은 상태였다.

원칙적으로 이와 비슷한 태도는 가끔 관찰할 수 있다. 여기에서 필연적으로 다음과 같은 추론이 가능하다. 즉, 어느 외상의 강도 그 자체는 분명히 병인적 의의가 없다. 그렇지만 그 외상은 그 환자에게 있어서만은 어떤 특별한 의의가 있었던 것이 틀림없다. 즉, 언제나 충격 그 자체만으로 질병이 야기되는 것이 아니라 어떤 충격이 병인病因이 될 수 있으려면 거기에 어떠한 특수한 심적인 소질이 없으면 안 된다. 그리고 이 특수한 심적 소질이란, 환자가 그 충격에 어떤 특별한 의의를 무의식중에 부여한다는 것에 있는 것 같다. 그것에 의해서 소질이라는 것을 해명할 수 있는 열쇠가 찾아지는 것이다. 따라서 우리가 직면하는 문제는 이런 것이다. '앞서 마차의 경우에서 특수한 사정은 어떤 것인가?'

그 부인이 뒤에서 다가오고 있는 말발굽 소리를 귀에 담았을 때 공포가 시작되었다. 일순간 그녀에게는 그 말발굽의 울림 속에 무서운 재앙이 포함된 것같이, 그것이 그녀의 죽음 내지는 기타의 알 수 없는 공포에 휩싸여 전율해야만 할 것을 의미하고 있기나 한 것처럼 생각되었다. 그리고 그녀는 그 일을 계기로 사리 분별력을 완전히 상실해 버렸다.

얼핏 살펴보니까, 그 자극 요소는 말馬에게 있었던 것 같다. 즉, 그러한 사소한 사건에 그렇게나 의외의 반응을 나타내는 환자의 소질은, 말馬이 그녀에게 있어서는 무엇인가 특별한 것을 의미하기 때문이라는 추론에 이견의 여지가 없을 것 같다.

예를 들면, 그녀가 예전에 말로 인하여 어떤 위험한 경험을 했으리라는 상상을 쉽게 할 수 있다. 사실 그녀는 그런 일이 있었다고 한다.

그녀가 7세 정도 되었을 때 마차를 타고 산책을 하던 중, 갑자기 말이 무엇에 놀랐는지 미친 듯이 내닫기 시작했다. 길의 가장자리 쪽은 깊은 강의 깎아지른 듯한 기슭으로 되어 있었다. 마부는 마차에서 뛰어내렸고 그녀에게도 뛰어내리라고 소리를 질렀으나, 그녀는 공포에 질린 나머지 뛰어내릴 엄두도 내지 못했다. 하지만 최후의 절박한 순간에 마차에서 뛰어내릴 수가 있었지만, 두 마리의 말은 마차와 함께 절벽에서 굴러 강바닥에 떨어져 마차는 산산조각이 나버렸다. 이와 같은 사건이 사람에게 강한 인상을 준다는 것은 새삼스럽게 말할 필요도 없다. 하지만 불가사의한 것은 어째서 세월이 지난 후에 그와 비슷한 상황의 암시가 그토록 엄청난 반응을 일으키는 것일까 하는 것이다. 이 후년의 증상이 유년기의 어떠한 일의 전주前奏를 가지고 있었다고 하는 것은 우리에게 알려져 있다. 그러나 그것에 포함된 병적인 것의 정체는 뚜렷하지 않은 것이다. 이 비밀을 밝히기 위해서는 좀 다른 지식이 있어야 한다.

그 까닭은 연구 성과가 올라감에 따라서 이런 일이 알려졌었기 때문이다. 즉, 그때까지 분석된 모든 경우에서, 외상적外傷的인 생활 데이터와 아울러 그 위의 성애性愛의 영역에 반하는 특수한 장애가 존재한다고 하는 사실이 그것이다. 주지한 바와 같이, 사랑이라는 개념은 참으로 불가사의한 개념으로, 천국을 포함하는 것 외에 지옥까지도 포함하고, 선과 악, 고귀와 저속을 모두 그 내부에 지닌 셈인데, 프로이트의 견해는 이러한 인식을 커다랗게 약진했다. 처음에 프로이트는 많거나 적거나 브로이어의 외상설에 영향을 받아서 신경증의 원인을 외상적 생활 자료 중에서 구했으나, 결국 문제의 악센트는 전혀 별개의 한 점으로 옮겨져 갔다. 그동안의 사정은 위에서 예를 들어 기술한 내용에서 가장 적절하게 설명되었을 것이다.

말이 그 여자환자의 생애에 미치는 영향은 이미 얘기한 바와 같이 특별하게 작용한다는 것을 알았다. 그런데 말이라고 하는 것이 그 여성 환자의 삶에서 특별한 구실을 한다는 것은 잘 알 수 있지만, 이상하리만큼 과격하고 터무니없는 후년의 반응은 아무래도 이해가 가지 않는 일이었다.

이 경우에서 병적으로 이상한 점은 그녀가 무서움에 떨었던 것이 그저 보통으로 달려오는 말馬이었다는 사실이다. 그런데 외상적인 생활 자료와 더불어 성애性愛의 영역에서 장애가 있다는 것이 빈번히 밝혀지는 것을 상기한다면 이 경우 우리가 추구해야 할 것은 그곳에 성애적인 무엇인가가 있지 않을까 하는 것이다.

이 여성에게는 자기 장래의 남편이라고 생각하고 있던 젊은 남성이 있었다. 그녀는 그 청년을 사랑하고 있어서 결혼할 예정이었다.

당시에는 그 이상의 일은 아무것도 몰랐다. 그러나 보통 있을 수 있는 질문이 무엇인가? 적극적인 수확을 불러오지 않았다고 해서 추구하는 걸음을 늦추어서는 안 될 것이다.

직접 공격이 성공하지 못하고 끝나도 간접 공격이라는 방법이 있다. 그래서 우리는 이 여성이 말 앞으로 달려갔었던 그 불가사의한 시점으로 되돌아가 보기로 했다.

그날 밤의 연회가 무엇 때문에 열렸고 또한 어떠한 사람들이 그곳에 모였는가를 조사해 보니까 다음과 같은 일을 알게 되었다. 그것은 그녀의 친구인 한 여성이 신경쇠약으로 인하여 상당 기간을 외국의 휴양지에서 보낼 예정이어서, 송별파티를 연 것이었다. 이 여자 친구는 이미 기혼이었으며 더구나 부부간의 사이는 원만했다는 것이다.

우리는 이 '부부 사이는 원만했다.'라고 하는 환자의 진술을 의심해 볼 필요가 있다. 왜냐하면, 부부 사이가 원만하다고 하면 아내 되는 사람이 신경쇠약이 되어 휴양을 떠나야 할 까닭이 없기 때문이다. 다른 면에서 이 일을 조사해 보았더니, 다음과 같은 사실을 알게 되었다. 그날 밤에 함께 온 사람들이 그녀 곁에 가까이 갔을 때 그녀는 지금 막 헤어진 여자 친구의 집으로 되돌아가고 있었다. 밤도 깊었으므로 그밖에 달리 방법이 없었던 모양이었다. 축 처지듯이 지친 그녀는 그 여자 친구네 집에서 지극한 간호를 받았다.

이야기가 여기까지 오자 그녀는 갑자기 이야기를 끊더니 당황하여 낭패한 기색을 나타내면서, 무엇인가 다른 화제로 돌리려고 하는 느낌을 보였다. 어쩐지 그녀는 그때 갑자기 생각해 내고 싶지 않은 일을 생각해 낸 것 같았다. 필자를 향하여 형성된 그녀의 완강한 '심리적 저항'을 배제한 후에 다음과 같은 사실이 밝혀졌다. 즉, 그날 밤에 또 다른 어떤 이상한 사건이 벌어졌다.

그녀를 부드럽고 친절하게 맞아들여 준 여자 친구의 남편 되는 남자가 그녀에게 열렬한 사랑을 고백했다. 그 남자의 아내 되는 여자 친구가 이제부터 얼마 동안은 집에 없게 될 터였으므로 일이 여기에 이르러서는 모든 일이 다소 구차하고 미묘해지는 것이었다. 그녀는 이 사랑의 고백을 '청천벽력'과 같았다고 설명했지만, 그렇게 되기에는 그렇게 될 만한 전주곡이 미리 연주되어야 한다는 것이 세상의 상식인 것이다. 그래서 하나의 오랜 연애사를 그녀의 입을 통하여 조금씩 밝혀 가는 것이 그 후 여러 주간에 걸친 일이 되었다. 그리하여 가까스로 그 일의 전모가 밝혀졌는데 그것은 대략 다음과 같은 것이었다.

환자는 어렸을 때 마치 사내아이와 같았다. 난폭한 사내애들이 하는 놀이만 하였으며, 여자라고 하는 성性을 조소하고, 여자가 하는 일은 무슨 일이나 모두 지긋지긋하게 싫어하여 피하고 있었다. 자연스럽게 성의 문제를 생각할 사춘기를 보내면서도 그녀는 사람과의 교제를 피하여, 조금이라도 인간의 성별을 생각하게 하는 일들을 일체 경멸하고 증오하였다. 그리고 현실과는 아무런 관련도 없는 것 같은 공상 세계 속에서 생활하고 있었다. 그리하여 스물네 살이 될 때까지 보통 이 나이 또래 여성의 마음을 움직일 법한 모든 사소한 사랑의 모험, 희망, 기대를 멀리하고 있었다. 그러나 얼마 후 그녀는 두 명의 젊은 남자를 알게 되었고, 그녀는 이 두 명의 남성에게만은 자신의 가시로 된 울타리를 잘라 버렸다.

A는 당시 그녀의 친구였던 여자의 남편이며, B는 A의 친구로 아직 독신이었다. A도 B도 그녀의 마음에 들었다. 그러나 그중에 B가 자기에게 좀 더 어울릴 것 같다는 생각이 들었다. 그래서 얼마 후 그녀와 B와의 사이에 친밀한 관계가 맺어지고, 주변에는 이 두 사람의 약혼 소문이 나기 시작했다. 그녀의 B에 대한 관계, 또 그녀의 친구인 A의 부인에 의해서 그녀는 또한 빈번하게 A와도 접촉하게 되었으나 A가 자기 곁에 있기만 하면 어떻게 된 일인지, 그녀는 별스레 초조와 흥분하는 일이 많았다. 이때쯤, 그녀는 수많은 사람이 모이는 파티에 참석하게 되었다.

안면이 있는 남녀들도 역시 참석하고 있었다. 그녀는 깊은 상념에 잠겨서 멍하니 자기의 반지를 만지작거리는 중에 갑자기 반지가 손가락에서 빠져나와 테이블 아래로 굴러떨어졌다. A도 B도 반지를 찾아주려고 했는데 B가 그걸 찾아내어 의미심장한 미소와 더불어 그녀의 손가락에 반지를 끼워 주면서, 이렇게 말하는 것이었다.

"이렇게 하는 의미를 아십니까?"

그녀는 갑자기 불가해하고 저항할 수 없는 감정에 엄습 되어 지금 끼워 받은 반지를 뽑아 열려 있는 창문을 통해서 밖으로 내던지고 말았다. 물론 모든 참석자는 아연실색했으며 그녀는 완전히 기분이 상해서 잠시 후에 그 파티 자리를 도망치듯 떠났다. 그 후 얼마 오래지 않아, 우연히 그녀는 A 부부가 머무는 피서지에서 여름 휴가를 보내게 되었다. 당시 A의 부인은 눈에 띄게 신경과민이 되었으며, 따라서 외출을 하지 못하고 숙소에 머물러 있게 되었다.

그래서 환자는 가끔 A와 둘이서만 산책하러 나가는 일도 있게 되고, 어떤 때는 둘이서 조그만 보트에 같이 타기도 했다. 그날도 그들은 보트를 타고 즐기던 중, 그녀는 뜻밖에 명랑한 기분이 되어 좋아하다가 물속으로 빠져 버렸다. A는 헤엄치지 못하는 그녀를 간신히 구조했다. 그녀는 반쯤 실신 상태였다. 그때 A가 그녀에게 키스하는 사건이 일어났다.

솟아나는 사랑은 이런 소설과 같은 작은 사건으로써 굳게 맺어지게 되었다. 그러나 그녀는 이 연정의 깊이를 구태여 의식에 떠올리지 않으려고 했다. 그 까닭은, 그녀는 예로부터 그런 이상적인 상황은 그냥 지나쳐 버리거나, 아니 좀 더 정확하게 말한다면 그런 일들을 피해 왔기 때문이다. 자기 스스로 자기를 속이기 위해서 그녀는 그만큼 한층 더 열심히 B와의 약혼 쪽으로 자기를 기울게 하려고 매일매일 자기는 B를 사랑하고 있다고 하는 자기 암시를 하고 있었다.

이런 이상야릇한 분위기를 여자의 질투 어린 예리한 눈길이 파악되지 않을 수 없다. A의 부인. 즉, 그녀의 친구는 사태를 분명히 파악하여 그 때문에 고뇌를 거듭하였다. A 부인의 신경쇠약은 이 때문에 더욱 악화하였다. 그런 까닭으로 A 부인이 휴양을 가겠다고 하는 일도 생겨났다. 그 이별의 파티에서 공교롭게도 정령精靈은 우리들의 환자 곁에 다가와서는 그 귀에 이렇게 속삭였다.

"오늘 밤에는 그가 혼자 있다. 그대가 그의 집 안으로 들어간다면 그대의 신상에는 틀림없이 무엇인가가 일어나리라."

실제로 위에 말한 것 같은 사건이 일어나서 일은 그대로 되어 갔다.

여기에 의구심을 갖게 된다면 누구나가 우연한 사정을 이렇게 교묘하게 연결하여, 이런 결과를 생기게 할 수 있다는 것은 악마와도 같은 간교한 지혜가 있기 때문이라고 생각하고 싶을 것이다. 그만큼 교활함에는 틀림이 없으나, 도덕적으로 반드시 선악이 명백하다고는 말하기 어려운 것이다. 왜냐하면, 이런 연출에 여러 동기라는 것은 환자 자신에게 조금도 의식되어 있지 않았기 때문이다. 이러한 일련의 일은 환자 자신에게 어떠한 동기도 의식되는 일 없이 자칫 스스로 잊게 되는 것이다. 그러나 환자의 의식은 B와의 약혼을 성립시키려고 노력하고 있었지만, 모든 것은 무의식중에 이 목표를 향하여 행해지고 있었다는 것은 그동안 과정으로 미루어 보아 명명백백하다. 그것은 별도의 길을 취한다고 하는 무의식적인 강제強制가 의식의 명령보다도 강력했다.

이쯤에서 다시 한 번 본제로 되돌아가자. 즉, 외상에 대한 반응이 이처럼 병적인 혹은 기괴하고 과격한 것은 도대체 어디에서 비롯되는가 하는 것이 문제다. 하지만 우리는 다른 쪽에서 얻어진 여러 경험으로 형성된 한 명제에 따라 지금 인용한 예도 외상 이외에 성애 쪽으로 어떤 장애가 존재한다는 추론을 해온 것인데, 이 추정이 적중했다는 것이 증명된 셈이다. 우리는 그곳에서 얼핏 병인적病因的이라고 생각되는 외상도 유인誘因 이상의 것은 아니며, 또한 이 유인에서 무엇인가? 예전에는 의식되지 않았던 것. 즉, 어떤 중대한 성애적 갈등이 그 모습을 나타낸다는 것을 배워서 알았던 셈이다. 이리하여 외상은 그 독선적 의의를 상실하고, 그 대신 어느 성애적 갈등에 병인적인 것을 인정하는 훨씬 깊고 훨씬 포괄적인 견해가 나타나는 것이다.

대체로 왜 하필이면 이렇게 성적인 갈등이다른 어떠한 갈등이 아니라 신경증의 원인이어야만 하는가 하는 의문이 생길 법하지만 그런 물음에 대해서는 누구나 '꼭'이어야 한다고는 말할 수 없을 것이다.

단지 그러한 결론이 자주 내려져 왔다는 것을 지적할 수 있을 뿐이다. 이런 결론에 반론을 제기하여 반대의 증언을 하는 사람이 얼마가 되든지 성애性愛[7]나 성애의 여러 문제나 여러 갈등이 인간 생활에서 지대한 의의가 있고, 또한 면밀하게 조사해 보면 어느 경우에나 반드시 뚜렷이 알 수 있듯이 성애라는 것은 사람들이 생각하는 것보다 훨씬 중요성을 가지고 있다는 것이 인간 생활의 속일 수 없는 현실이다.

따라서 외상 이론外傷理論은 지금에 와서 낡은 것으로 여겨지게 되었다. 왜냐하면, 외상이 아니라 숨겨진 성애적 갈등이 신경증의 근원이라고 하는 통찰로 외상은 이미 그 인과적 의의를 상실해 버리기 때문이다.

---

7) 단지 성욕만을 포함하고 있는 것이 아닌 넓은 뜻에 있어서의 성애이다. 따라서 성애와 그 장애가 신경증의 유일한 원인이라고 하는 것이 아니라 성애의 장애가 제2차적인 성질을 갖는 경우도 있다. 나아가 신경증을 보다 잘 일으킬 다른 가능성이 얼마든지 있다.

제 2 장
성욕에 관하여

외상外傷의 문제는 앞 장에서 말한 견해에 의해서는 의외의 사건으로 처리되어 버렸다. 그렇지만 우리들의 탐구는 성애적 갈등이라는 문제에 부딪히게 되었다. 이 갈등은 앞장의 예에 나타난 바와 같이 여기저기에 있는 이상한 여러 요인을 비롯하여 보통의 성애적 갈등과는 비교되기가 어렵다. 그런 경우 우리가 기이하게 느끼고 믿기 어렵다고 생각하는 것은 그 여성 환자의 진정한 열정은 그녀의 의식에 숨겨져 있어서 단지 외관만이 의식되어 있다고 하는 사실이다. 그리고 외관적인 관계만이 의식의 시야를 지배하고, 진정한 관계는 암흑 속에 숨겨져 있었다고 하는 것은 의심할 여지도 없다. 이 사실을 이론적으로 표현한다면 이렇게 된다.

'신경증에서 두 가지 경향이 존재하고 있는데, 외상의 문제와 성애의 갈등이 두 가지 경향은 서로가 날카롭게 대립하고 있으며 그들 중 한쪽만이 의식되고 있다.'

일부러 이렇게 극히 일반적인 표현을 해 보았지만, 그 병인적 갈등은 그런 개인적 계기에는 틀림이 없으나, 동시에 그것은 개인이라고 하는 것 중에 모습을 나타내는 것으로써 보편적 갈등이라고 하는 것을 그렇게 매우 일반적인 표현방법으로 강조하려고 생각했기 때문이다. 왜냐하면, 자기 자신과의 불일치야말로 애초 문명인의 한 특징이기 때문이다.

신경증 환자라는 것은 본래는 자연과 문화를 자기 자신 속에서 통일해야 할 인간, 더구나 현재에서는 자기 자신과 불화의 관계에 있는 인간의 특수한 경우에 지나지 않는 것이다.

주지한 바와 같이 문화란 인간의 내부에 있는 동물적인 본능을 하나하나 길들여 나가는 일이다. 문화의 과정은 길들게 하는 과정이므로 이 과정은 자유를 갈망하는 동물적 본성 쪽의 저항과 분노 없이는 수행되지 않는다. 따라서 때때로 문화의 강압에 몸을 굽히는 인간 가운데에는 일종의 몰아도취沒我陶醉의 상태가 생기게 된다.

고대 세계는 그것을 동방에서 밀려온 디오니소스의 분방한 밀의密儀의 형태로 체험했다. 그리고 이 디오니소스의 종교는 고대문명의 본질적이고 특징적인 한 요소가 되고, 그 정신은 기원전 1세기의 무수한 종파나 철학파에 있어서 스토아 이상理想이 금욕주의로 발전하는 것에, 당시의 다신교적 혼돈에서 미트라스나 크리스트의 금욕주의적 여러 종교가 태어났다고 하는 사실에 적지 않게 이바지했던 것이다.

자유를 동경하는 디오니소스적 도취의 제그파는 르네상스기에 있어서 서양적 인간상을 공략했다. 자기 자신이 살아있는 시대에 판단을 내리는 일은 곤란하다. 여기 반세기 동안 제출된 여러 가지 혁명적인 문제의 계열 중에 일종의 문학 장르를 불러일으킨 '성적 문제'가 있다. 정신분석의 단서도 이 '운동'에 뿌리를 두는 것이었다. 그리고 정신분석의 이론 구성은 최소한 이 운동에 영향을 받아서 한쪽으로 방향을 취하게 되었다.

즉, 누구나 그 시대의 여러 조류潮流와 전혀 관계없을 수는 없다. 성적 문제는 정치적 및 세계관적 여러 문제 때문에 멀리 한쪽으로 밀려 있으나, 이일은 인간 속의 동물적 본성이 되풀이되는 문화적 제한이 충돌한다고 하는 기본적인 사실을 조금도 변화시키는 것은 아니다.

문화의 제안은 여러 가지 이름을 바꿀 뿐이지, 그것이 문화의 제한이라는 것은 조금도 변하지 않는다.

우리는 오늘날 문화의 강압과 불화의 관계에 있는 것이 언제나 인간의 동물적인 충동뿐이라고 결코 제한할 수 없으며, 새로운 이념도 역시 문화의 강압과 불화를 일으키는 경우가 종종 있다는 것도 알고 있다. 새로운 이념이라는 것은, 인간 마음속의 무의식 세계에서 밝은 햇빛 속으로 밀려 올려져서, 인간의 충동과 마찬가지로 그때마다 지배적 문화와 갈등을 일으키는 것이다.

예를 들면 우리는 오늘날 현대인이 주로 정치적 열정의 포로가 되어 있는 한에서는 신경증의 정치적 이론을 수립할 수 있을는지도 모른다'성적 문제'는 그것의 사소한 전주곡에 지나지 않는다. 그런데 정치적인 것이라면 그것보다도 더욱 심각한 종교적 동요의 선행 접촉에 지나지 않는다는 것이 맞는 얘기일지도 모른다. 신경증 환자는 스스로 의식하는 일 없이 시대의 지배적 조류 가운데를 헤엄쳐서 그 여러 조류를 자기의 심적 갈등 안에서 반영시키는 것이다.

신경증은 현대의 문제와 긴밀하게 결합하여 있으며, 개인이 자기 자신에게 있어서 일반적 문제를 해결하려고 하다가 실패로 끝난 것에 대하여 갖게 된다고 할 수도 있다.

신경증은 자기 자신과의 불화나 알력이다. 많은 인간에게 있어서 자기 자신과의 불화나 알력의 원인은 의식 쪽에서는 자기의 도덕적 이상에 따르려고 생각하고 있는데, 무의식 쪽에서는 자기의 비도덕적 이상을 지향하여 행동하려 한다. 그러나 의식은 무의식의 그런 행위를 허용해서는 안 된다는 사정에 있다. 이런 종류의 인간은 자기들이 실제로 그렇다고 생각하는 것 이상으로 도덕적일 것으로 생각하는 사람이다. 그러나 이것과는 반대의 사정으로 심적 갈등이 일어나는 예도 있다.

얼핏 매우 부도덕하고 예의에 어긋나서 자기 자신에게 도의적 제재를 가하지 않는 것 같은 유형의 인간이 있다. 사실은 그런 사람이라도 죄만큼은 관대하지 못한다. 왜냐하면, 이런 유형의 인간에게 있어서도 도덕적인 면은 배후에서 작용하는 것이기 때문이다.

도덕적 인간의 비도덕적 본성과 마찬가지로, 비도덕적인 인간의 도덕적 본성은 무의식중에 묻혀 있기 때문이다 — 따라서 극단적인 일은 될 수 있는 한 피해야 한다. 왜냐하면, 그것은 언제나 그 반대가 진정이 아닌가 하는 의혹을 불러일으키기 때문이다.

이상의 일반적인 논의는 '성애적 갈등'이라는 개념을 다소 알기 쉽게 이야기하기 위해서 행해진 것이다. 이러한 일반적인 논의를 기틀로 하여 한편에서는 정신분석의 기술을, 다른 한편에서는 치료법의 문제를 논의해 보려고 한다. 정신분석의 기술에서 먼저 문제가 되는 것은, '사람은 어떻게 해서 손쉽게 환자의 마음속에 무의식적인 여러 현상을 알 수 있는가?'라고 하는 것이다.

처음 사용된 것은 최면술에 의한 방법이다. 환자를 최면술로 잠들게 해 놓고서 여러 가지를 캐낸다. 혹은 — 같은 최면상태로 — 환자의 머리에 떠오른 일들을 환자 자신에게 말하게 하는 것이다. 이 방법은 오늘날에도 때때로 사용되지만, 현재 행해지고 있는 방법에 비교한다면 유치하고 도움이 안 되는 일도 종종 있다.

제2의 방법은 취리히 정신병원에서 고안된 것으로, 말하자면 연상방법[1]이다. 이 방법은 정확하게 갈등의 존재를 보여준다. 그리고 마음속의 여러 갈등은 강렬한 감정에 휘감겨져 있는 여러 관념의 복합체, 소위 콤플렉스의 형태를 취하고 있다. 그리고 이와 같은 콤플렉스는 실험을 일정한 유형적인 방법으로 방해하므로 그 존재가 그것으로 알려지는 것이다.[2] 그러나 병적 갈등을 살피기 위한 가장 중요한 방법은 꿈의 분석이다. 이 방법이 가장 중요한 방법이라는 것을 최초로 나타낸 것은 프로이트였다.

꿈에 대해서는 건축자들이 버린 돌이 요긴한 초석이 되었다고 한다.

그런데 꿈이라는 것이 이토록 경시되는 것은 근대에 이르러서의 일이며, 옛날에는 꿈이 운명의 고지자로서, 경고자로서, 위로자로서, 신들의 사자使者로서 중요하게 여겨져 왔다. 그러나 오늘날에는 꿈을 무의식의 고지자로서 이용하고 있다. 우리는 꿈을 통해서 의식에 감춰져 있는 여러 가지 비밀을 말하게 하려고 한다. 그리고 꿈은 또한 경이적인 완벽함을 가지고 자신의 숨겨진 비밀을 말해 주고 있다.

'현재적顯在的인 꿈'즉, 우리의 기억에 담겨 있는 꿈은 프로이트의 견해에 따른다면 어떤 건물의 정면의 벽면과 같은 것으로, 그것을 보아서는 집안 내부의 일꿈의 진정한 내용이나 뜻은 아무것도 모른다. 오히려 이 벽면은 집의 내부를 소위 꿈 검열을 피해서 열심히 숨기려고 하는 것이다. 그런데 우리

---

1) C. G. 융, 《진단학적 연상 연구》 1906년 및 1910년
2) 《콤플렉스 일반론》 1934년 뒤에 나온 《마음의 에너지적 구조와 꿈의 본질》 1948년에 수록 기재.

가 약간의 기술적 규칙을 지키면서 꿈을 꾼 본인에게 그 꿈의 세부 사항을 말하게 한다면, 그의 생각이 어떤 특정한 방향에 있으며, 약간의 자료를 중심으로 하고 있다는 것은 분명해진다. 그 같은 자료는 그 본인에게 있어서 개인적으로 중요한 뜻을 가지며, 어떤 의미를 함축하고 있다. 최초에는 그 꿈이 설마 그런 의미를 포함하고 있으리라고는 예상도 하지 않은 그런 의미이다.

그러나 이 의미는 면밀하게 비교한다면 알 수 있는 일이지만, 꿈의 정면과 참으로 미묘한 세부에 이르기까지 올바른 관계를 맺고 있다. 이런 특수한 복합관념 — 복합체관념 콤플렉스 — 꿈에서 모든 실絲이 그곳에 관련되어 있다고 하는 관념 콤플렉스야말로, 그때마다 여러 사정에 의해서 제약되는 것이다. 프로이트에 의하면 그 경우, 그 갈등은 불쾌하거나 모순되는 것 같은 것을 매우 교묘하게 은폐하거나 흐릿하게 하는 것으로, 꿈은 원망願望충족이라고 할 수 있을 정도이다. 게다가 꿈이 분명한 원망의 충족인 경우는 극히 드물다.이를테면 기상起床을 자극하는 꿈이라거나, 수면 중에 지각되는 공복감으로부터 대단한 음식 대접을 받아서 식욕이 충족된다고 하는 꿈이거나 명백한 원망이 충족되는 꿈 좀 더 자면서 그대로 있어지고 싶다고 하는 기분과 대립하는 '자, 이제는 일어나야지.'라고 하는 생각도 '이제 벌써 일어났다.'라는 식의 원망충족적 꿈 표상으로 이끌어진다. 그러나 결코 모든 꿈이 다 이렇게 간단한 성질을 가지고 있다는 것은 아니다.

프로이트에 의하면, 각성할 때 의식의 여러 관념과 모순되는 것 같은 성질의 무의식적 원망이 있다. 사람이 혼자서 자기가 스스로 승복하고 싶지 않은 불쾌한 성질의 원망도 있다.

프로이트는 그런 원망이야말로 본래의 꿈을 꾸게 한다고 생각한다. 예를 들면 어떤 딸이 모친을 부드럽게 사랑한다고 치자. 그러나 이 딸은 모친이 죽은 꿈을 꾼다. 그리고 그 일로 크게 마음속으로 괴로워한다. 프로이트의 해석에 따르면, 이 딸에게는 본인에게는 그렇게 의식되지 않고서, 딸의 마음속에서 남몰래 미워하고 있는 모친이 가능한 한 빨리 죽어 주었으면 하는 원망이 있는 것으로 풀이한다딸의 무의식에서. 심히 불쾌한 원망願望이 있다고 하는 것이다. 아무런 흠이 없는 딸이라도 그런 기분이 드는 경우가 있을 수는 있다. 그런데 그 딸을 보고 너의 마음은 이렇고 이렇다고 말한다면, 그녀는 그야말로 기를 쓰면서 '그렇지 않아요!'라고 부정할 것이다.

모친의 죽음이라는 꿈의 발현 내용은, 겉으로는 원망충족을 포함하고 있지 않으며, 오히려 그 딸의 의구심이나 우려, 또 그러므로 추측되고 있는 무의식적 감정과 정반대되는 것을 표현하고 있다.

하지만 극단적인 우려는 매우 흔하다. 그리고 정확하게도 그 상반되는 일을 이야기하는 때도 있다는 것은 누구나 알고 있는 사실이다. 그러나 비판적인 독자는 당연히 이렇게 물어볼 것이다. '꿈속에서 표현되고 있는 우려는 극단적인 것일까?'라고.

살펴보건대 원망충족의 기색조차도 없는 꿈은 얼마든지 있다. 왜냐하면, 발현 내용으로 빚어진 갈등은 무의식의 것이며, 또한 그 갈등에서 생겨나는 해결의 시도도 마찬가지로 무의식의 것이기 때문이다. 앞의 딸은 실제로 어머니를 멀리하고 싶은 마음을 가지고 있다. '멀어지게 한다.'고 하는 것을 무의식이 사용하는 말로 표현한다면, 그것은 '죽는다.'는 것이다. 하지만 우리는 이 딸에게 그런 기분이 있다고 할 수는 없을 것이다.

왜냐하면, 엄밀히 말해서 딸이 그 꿈을 만들어낸 것이 아니다. 그 딸의 무의식 세계가 그 꿈을 만들어내고 있기 때문이다. 딸의 무의식 세계는 딸 자신에게 있어서는 뜻밖인, 모친을 멀리하고 싶다는 기분을 지니고 있다. 딸이 이런 꿈을 꾸었다고 하는 사실 그 자체가 딸이 의식 상태로는 그런 것을 생각하고 있지 않았다는 것을 증명하고 있다.

딸에게는 애초에 어떻게 해서 모친이 멀어지게 되는지를 모르는 것이다.

그런데 우리는 무의식계의 어느 한 층이 상기想起할 때에 잊어버렸던 모든 것과 사람이 성년에 이르렀을 때 어떠한 형태로도 표현되지 못했던 유아적 충동의 전부를 포함하고 있다는 것을 알고 있다.

무의식계에 나타나는 많은 것이 우선 유아적 성격을 띠고 있다고 할 수 있다. 따라서 이 딸의 원망도 그런 유아적 성격을 가지고 있는 것이며, 그것은 곧 매우 간단히, 무의식중에 '그런데요. 아빠, 엄마가 죽으면 아빠는 나를 엄마로 삼겠지요?'라고 표현되는 것이다.

이 유아적인 원망 표출은 이 딸이 최근에는 '결혼하고 싶다.'고 하는 말로 원망, 더구나 ― 이 경우는 어떤 까닭에서인지 당장에는 불가해한 ― 딸 자신에게 있어서 불쾌한 원망에 대한 도피의 대상물로 삼은 것이다. 이 관념 ― '결혼하고 싶다.'는 것 ― 은, 혹은 이 관념에 적응하는 의도의 절실성은 흔히 말하는 것처럼 '무의식 속에 억압되어' 유아적인 방법으로 자기표현을 할 수 없다. 왜냐하면, 무의식계가 구사할 수 있는 자료라는 것은 그 대부분이 유아기의 기억 단편이기 때문이다.

살펴보건대 앞에 나온 꿈에서는 유아기의 질투 기분이 문제가 되는 것이다. 그 꿈을 꾼 여자는 조금은 아버지에게 반하고 있었기 때문에 그녀는 어머니를 멀리하고 싶었다. 그러나 그녀의 진실한 심적 갈등은 한편에서는 결혼하고 싶지만, 다른 한편에서는 그 결심이 서지 않는다고 하는 점에 있다. 즉, '결혼 후가 어떻게 될 것인가? 남편이 정말로 자기에게 맞는 사람인가? 어떤가?'라는 것을 결혼 전에는 물론 확실히 알 수가 없다. 거기에 비하면 양친과 함께 있으면 참으로 편안하지만, 다른 남자와 결혼을 한다면 어머니 곁을 떠나야 하며, 한 사람 몫의 어른으로서 자기 혼자서 무슨 일이나 해나가지 않으면 안 되는 것이다. 결혼이라고 하는 문제가 현실적으로 그녀에게 닥쳐와서 그녀의 마음을 지배하고 있으나, 그녀는 그것이 운명적으로 주어진 것이며, 또한 양친의 사랑에서 계속 머물려면 그것을 거부해야 한다는 것을 의식하지 못하고 있다.

말할 필요도 없이 그녀는 이제 그 옛날의 아이가 아니다. 그녀는 결혼할 의사가 있는 성인이다. 따라서 그녀가 결혼을 포기하고 그대로 양친 밑에 머물러 있다고 한다면 그녀는 남성이 그립다고 하는 원망을 지닌 채로 양친 밑에 있게 되는 것이다.

그런데 문제는 집안의 아버지라는 이성에 있다. 이 딸이 아버지에게서 이성을 그리워하는 원망을 성취하려는 욕구가 무의식중에 생성됐을 경우, 그것이 발전하면 근친상간이 되는 것이다. 대충 이런 식으로 제2차 근친상간적인 정사가 상정想定되는 것이다. 그런데 프로이트는 근친상간 경향은 제1차적이며, 그것은 앞서 딸이 결혼할 결심을 하지 못하고 있는 근본적인 원인을 이루고 있다고 상정하고, 그 이외에도 추정되는 여러 가지 원인을 거의 고려해 보려고 하지 않는다.

나는 이미 오래전부터 프로이트와는 다른 관점에 서 있다. 근친상간적 충동이 우연히 나타났다고 해서 그것이 이 딸에게 원래 근친상간적 경향이 있다는 것을 입증하고 있는 것은 아니다. 마치 살인사건의 사실을 일반적으로 사람들에게 잠재된 갈등을 빚는 살인충동의 존재로 증거 삼지 않는 것과 같은 것이다. 물론 나는 온갖 범죄의 싹이 개개인의 마음속에 있을 수 있는 것이라고 주장할 생각은 없다. 그러나 그런 싹의 존재와 현실적 갈등, 그 갈등 때문에 생긴 신경증에서 볼 수 있는 것 같은 인격분열, 이 3자 간에는 어쨌거나 대단한 상위성이 있는 셈이다.

어떤 신경증이든 그 병력을 주의 깊게 더듬어 보면 그곳에는 언제나 어떤 괴상한 계기가 보인다. 그리고 당사자인 환자가 그것과 관련되는 것을 회피하고자 하는 문제가 그 계기 속에 나타나 있는 것이다.

그런데 이 '회피한다.'고 하는 것은 환자의 마음속의 나태나 안일을 즐기는 마음이나 비겁이나 무지나 무의식 등과 똑같은 극히 자연스러운, 그리고 어디에나 산재해 있는 반응이다. 일이 불쾌하고, 곤란하고, 위험하게 되면 사람들은 대개 주저하고, 될 수 있는 한 그 일에 관계하지 않으려는 것이다. 그러므로 내 생각이 옳다고 생각한다. 프로이트가 참으로 정확하게 간파한 대로 의심 없이 존재하고 있는 근친상간 증상은 나에게는 제2차적인, 그것 자체로선 이미 병적인 현상인 것처럼 생각되는 것이다.

꿈은 얼른 보기에 자주 황당무계한 사건이나 상황으로 이루어져 있어서, 우리는 꿈을 꾸면서 덧없다는 느낌을 들게 한다. 그렇다고 생각하면 꿈이라고 하는 것은 참으로 불가해한 것으로, 우리가 이 혼란한 꿈 형상을 끈질긴 분석 작업으로 풀어나가려고 애를 쓰기 전에는 왜 우리는 언제나 일종의 저항을 배제하지 않으면 안 되는가 하는 데 대해서 기껏해야 기이하게 생각되는 꿈의 그러한 점밖에 알지 못한다. 그런데 우리가 마침내 어떤 꿈의 진정한 의미에 부딪혀 보면 우리는 이제 그 꿈을 꾼 본인의 여러 가지 마음속 비밀에 직면하게 되는 것이다. 그리고 언뜻 보기에 무의미한 꿈도 매우 의미심장하며, 실은 참으로 중요하고 진지한 일만이 그 속에서 전개되고 있다는 것을 알고서 매우 놀라게 되는 것이다.

그렇게 되면 현대의 합리주의적 풍조가 이때까지 별로 중요하게 여기지도 않던 꿈의 의미에 관하여 이제는 좀 더 존경하지 않으면 안 된다고 이해하게 될 것이다.

프로이트가 말하는 것처럼 꿈의 분석은 무의식계에 이르는 큰길이다. 꿈의 분석은 우리를 가장 깊숙한 개인적 비밀 속으로 데려간다. 따라서 꿈의 분석은 정신과 의사와 교육자에게 있어서 귀중하기 짝이 없는 무기의 하나이다.

특히 프로이트의 정신분석뿐만 아니라, 일반적으로 분석적 방법은 대개 많은 꿈의 분석으로 성립된 것이다. 꿈은 치료의 모든 기간을 통해서 지속해서 무의식의 여러 내용을 드러내고 그 여러 내용은 낮의 햇빛처럼 병인을 밝혀내는 것이다.

또한, 그때에는 여러 가지로 상실되어 버렸다고 생각하고 있었던, 소중한 것이 또다시 발견될 것이다. 자기 자신에 관해서 잘못된 관념을 품고 있는 많은 사람에게는 분석 치료가 처음에는 일종의 고문이었던 것은 당연하고, 그들은 옛날의 격언처럼 "그대는 가진 것을 버려라. 그러면 받을 것이다."라는 식으로 무엇인가? 참으로 깊고 아름답고 넓은 것을 자기 자신의 내부에 생기게끔 하기 위해서 일체의 마음을 버리지 않으면 안 되는 것이다. 분석 치료에서 또다시 햇빛을 보는 것은 여러 가지 오랜 예지豫智이며, 우리는 현재의 문화 단계에서 이런 종류의 정신적 교육이 필요불가결한 것이 되었다는 것은 묘한 현상이기도 하다. 그것은 여러 가지 점에서 소크라테스의 기술과 비교가 될 수 있을 법한 교육이다. 더구나 분석 쪽은 소크라테스적 방법으로 훨씬 깊은 층에 도달할 수 있다. 그런데 프로이트의 연구방향은 병원적病原的 갈등의 발생에서 성애적性愛的 계기, 또는 성애적 계기에 절대적 의의가 있는 것을 내세우려고 했다.

프로이트의 이론에 따른다면, 의식의 지향과 비도덕적인 의식의 지향은 서로 용납하지 못하는 무의식적 원망과의 사이에 충돌을 일으킨다는 것이 된다. 무의식적 원망은 유아기적이다. 즉, 그것은 유아적 원시시대에 생긴 원망이며, 이제는 불합리해져 버린 원망이다. 따라서 그 원망은 억압되는 것이다. 더구나 도덕적 근거에서 더욱 그렇게 된다.

신경증 환자는 자기 내부에 아이의 마음을 가지고 있다. 아이라는 것은 외부로부터 그에게 가해지는 여러 가지 잡다한 제한의 의미를 이해할 수가 없으며, 그 여러 가지 제한에 견딜 수가 없다.

그는 자기를 도덕적으로 적응시키려고 시도하기는 하지만 그렇게 함으로써 스스로 불화를 초래하게 되는데 한편에서는 자기를 억압하려고 하며, 다른 한쪽에서는 자기를 해방하려고 한다. 이런 싸움이 노이로제라고 불리는 것이다. 만약에 이 싸움이 그 모든 부분에서 뚜렷하게 의식되고 있다면 아마도 신경증의 증상이 생겨나는 일은 없을 것이다.

그런 증상이 생기는 것은 자기 본성의 다른 일면과 그 일면이 가지고 있는 여러 가지 문제의 적절함을 깨닫지 못하는 경우에 한하는 것이다. 이 조건 아래에 있어서만, 마음의 승인되지 않는 일면이 밖으로 나오려고 하는 데에 호응하는 증상이라는 것이 생겨나는 것 같다. 따라서 프로이트에 의할 것 같으면 증상이란 승인되지 않은 여러 원망의 충족이며, 그 여러 가지 원망이 의식 속으로 떠오르면 그 사람의 도덕적 확인과 격렬하게 대립하지 않을 수 없다. 이미 말한 바와 같이 마음의 그늘 쪽은 의식으로 떠오르는 일이 없다. 따라서 환자는 그늘 쪽과 접촉하여 그것을 개량하거나 그것과 서로 통하게 하거나, 또 그것을 단념하거나 하는 일이 없다. 왜냐하면, 그는 무의식적의식면에서인 충동에 의한 행동 따위는 실제로는 가지고 있지 않았기 때문이다.

그러한 무의식적인 원망충동은 의식의 범주에서 벗어나 독립된 콤플렉스로 되어버렸기 때문이다. 그리고 이들 콤플렉스는 환자의 커다란 저항 밑에서 분석에 의해 또다시 의식의 지배를 받게 되는 셈이다. 자기에게는 마음의 그늘 같은 것이 없다고 자부하는 환자도 있고, 또 자기 마음속에 갈등 따위는 없다고 단언하는 환자도 있다.

그러나 그러한 환자들은 히스테리성 울화나, 자기 자신이나 주위 사람들로 향하는 악의 있는 비난이나, 신경성 위胃 카트라나, 신체 여러 부위의 동통疼痛이나, 원인불명의 신경과민이나, 기타 여러 가지 양상의 신경성 증상과 같은 원인불명의 것으로 괴로움을 당하고 있다는 것을 자각하지 못하는 것이다.

사람들은 흔히 프로이트의 정신분석에 대해서 이런 비난을 하고 있다.

"정신분석은 인간의 억압된 여러 가지 동물적인 충동을 풀어놓음으로써 예측할 수 없는 재난의 씨앗을 뿌리고 있다."

이와 같은 말이야말로 사람들이 오늘날의 윤리도덕의 힘을 조금도 신뢰하고 있지 않다는 증거가 아닌가. 인간을 방종으로부터 보호하고 있는 것은 개개인이 부딪히고 있는 도덕뿐이라고 하는데, 모든 도덕률보다도 훨씬 설득적일 수 있는 현실의 한계를 긋는 필연성이라는 것이 도덕보다도 훨씬 유리한 제동장치이다. 정신분석이 인간의 동물적 충동을 의식화한다는 것은 맞는 말이지만, 통념적으로 통하듯이 그것은 동물적 충동에 제한 없는 자유를 주기 위해서가 아니라, 동물적 충동을 그 나름의 의미를 지닌 것으로 인정하고자 하는 것이다.

즉, 결국은 우리가 자기 자신의 모든 것을 단단히 관장하고 있다는 것은 좋은 일이다. 왜냐하면, 그렇지 않다면 억압된 여러 내용이 다른 여러 가지 면에서 그 인간의 생활을 방해할 것이기 때문이다.

더구나 그것은 무엇인가? 그다지 중요하지 않은 면에 표출되는 것이 아니라 가장 예민한 면에 표출되어서 방해하는 것이다. 하지만 인간이 자기 본성의 이면을 뚜렷이 파악하는 것을 배우고 알게 되면 그것에 의해서 인간은 다른 사람들보다 잘 이해하고 사랑하는 방법을 체득하게 될 것이다.

허세가 줄어들고 자기 인식이 증진되면 주위 사람들과의 관계는 틀림없이 크게 개선될 것이다. 왜냐하면, 인간은 자칫하면 자기 자신의 본성에 대한 불공평하고 강인한 태도 그대로 주위 사람들을 대하기 쉽기 때문이다.

프로이트의 억압이론은 자기의 비도덕적인 동물성을 억제하는 매우 도덕적인 인간이 이 세상엔 없다고 전제하고 있는 것 같이도 보인다. 만일 그렇다면 자기의 동물성을 조금도 억제하지 않고 살아나가는 비도덕적 인간은 절대로 신경증에 걸리지 않게 될 것이라고 할 수 있을 것이다.

그런데 경험에 나타나는 바와 같이 사정은 절대로 그렇지가 않다. 그런 사람도 그렇지 않은 다른 사람과 마찬가지로 신경증에 걸리는 일이 있는 것이다. 그런 사람을 분석해 본다면 그런 사람에게 있어서는 다름 아닌 도덕 그 자체가 억압되어 있다는 것을 알 수 있다. 따라서 비도덕적인 사람이 신경증에 걸리면 니체가 교묘하게 표현하고 있는 바와 같이, 그는 자기 행위의 높은 곳에 서 있지 않은 '창백한 범죄자'의 양상을 나타내게 된다.

그런 예에 있어서 도덕성이 억제된 잔재는 동물적 본능을 불필요하게 구속하는 것으로 유아적, 전통적 관습 — 따라서 그것은 근절되어야 하지만 — 에 지나지 않는다는 견해가 성립된다고 본다.

'파렴치한 것을 없애 버리자.'라는 원리를 철저히 지키면 절대적으로 완전한 인생이 될까? 물론 그런 일은 있을 수 없으며, 또한 무의미하다. 도덕이라는 것은 잊어서는 안 되는 것은 시나이산에서 인간사회로 가져와 져서 민중에게 강요되는 것이 아니라, 도덕이라는 것은 오랜 세월 인류에게 깃든 인간 영혼의 한 기능이며, 밖에서 강요되는 것이 아니라 결국 선험적으로 인간이 자기 자신 속에 지니고 있다. 물론 도덕률을 가지고 있지는 않을 것이나, 도덕성이라는 것은 가지고 있다고 해도 될 것이다.

 그리고 이 도덕성이라는 것이 없다면 인간사회의 공동생활은 불가능한 것이다. 따라서 도덕은 사회발전의 모든 단계에 있어서 나타나게 된다. 도덕은 동물군의 공동생활에도 질서가 깃들게 하는 것으로 행동의 본능적인 규제이지만, 도덕률여러 가지 도덕적 굴레은 공동생활을 해나가는 인간집단의 내부에서만 통용이 되는 것이다. 인간사회 피안彼岸에 있어서의 도덕률은 효력을 잃는다. 그곳에서는 도덕률 대신에 '사람은 사람에게 있어서 늑대'라고 하는 낡은 진리가 타당하다.

 문명의 정도가 발달함에 따라서 차례로 다수의 인간을 같은 도덕의 지배하에 놓는 것이 성공하게 되는 셈이지만 사회의 외부에서나 별도로 독립한 사회적 집단과 집단 사이에 있는 자유로운 공간에서도 이 도덕률이 지배권을 행사하기에 이르기까지는 아직 못 미치고 있다. 그런 자유로운 공간에 아득한 옛날과 마찬가지로 무법상태, 무구속상태, 가장假裝, 타기唾棄할 만한 부도덕이 지배하고 있다. 그러나 그것에 대해서 항의하는 것은 그 세계의 대적자뿐이다.

 프로이트적 관점으로 본다면 신경증에서 성욕이 행사하는 구실은 결정적으로 중대하다. 프로이트는 이 생각을 발전시켜서 현대의 성도덕을 과감하게 공격했다. 그것은 확실히 중대한 일이었으며, 또한 필요한 일이었다. 왜냐하면, 인간의 성생활에 관해서는 오늘날에도 역시 극도로 복잡한 사태를 다루려고 할 때 너무나도 단순한 견해가 지배하고 있기 때문이다.

중세 초기에는 금전에 관한 도덕이 아직 없었고, 일반적인 도덕에 따르는 데 지나지 않았으므로 금전적인 일이 천시당하고 있던 것과 마찬가지로, 오늘날에도 성에 관해서는 대략적인 도덕밖에 없다. 사생아를 낳은 소녀는 사생아를 낳았다는 것만으로 사회로부터 백안시당하였으며, 그 소녀가 제대로 된 인간이냐 아니냐 하는 것은 아무도 물으려 하지 않았다.

법적으로 규제되어 있지 않은 연애형식은 훌륭한 인간끼리의 관계이거나 보잘것없는 사람들끼리의 관계이거나 상관없이 비도덕으로 간주하였다. 세상 사람은 여태껏 '무엇인가'라는 의구심에 현혹되어 있어서 그 때문에 '어떻게'라고 하는 인간의 행동 방향을 잊고 있었다.

마침 금전이라는 것이 중세 사람들의 눈에는 사람을 현혹하고 게걸스럽게 하는 황금이며 따라서 악마 이외의 아무것도 아니었다는 것과 같다.

그러나 사태는 결코 그렇게 단순한 것이 아니다. 성애性愛라는 것의 본성에는 어떤 애매한 것이 있으며, 이것은 미래의 입법이 성애에 대해서 어떤 자세를 취하게 되든지 장래에 가서도 변하지 않을 것이다. 성애는 인간이 동물적 육체에 대해서 어떤 자세를 취하든지 앞으로도 그 모습은 변하지 않을 것이다.

성애가 인간이 동물적 육체를 가지고 있는 한 존재할 수밖에 없는 것은, 그 자체가 본원적本源的인 동물적 본성에 속하는 한편, 정신의 최고 형식에 의해서만 가능하기 때문이다. 그러므로 성애는 정신과 본능이 바르게 조화를 유지할 때에만 꽃을 피우는 것이며, 성애에 그 어느 한 편의 각도가 빠지게 되면 화가 생긴다거나, 또는 적어도 자칫하다가는 병적인 상태로 빠져들기가 쉽다. 그리고 균형 잡히지 않은 한쪽으로 치우치게 되는 것이다.

많은 동물적 본성은 문명인을 왜곡하고, 정도가 넘는 문명은 병든 동물을 만들어 낸다. 성애는 인간에게 있어서 어쨌든 다루기 어려운 것인데, 이 어려움은 바로 지금 말한 딜레마를 나타내고 있다. 성애란 결국에는 무언가 압도적인 것이며 인간은 자연과 마찬가지로 이것을 마치 무력한 것이기나 한 것처럼, 억눌러서 이용할 수는 있다. 그러나 자연에 대한 승리에는 거대한 희생이 따르는 것이다. 자연은 원리적 해명이라는 것 따위는 필요로 하지 않고, 유유唯唯하게 현명한 절도를 갖고서 자족하고 있다.

어진 디오티마가 소크라테스에게 말하고 있는 것처럼 '에로스는 위대한 데몬〔魔神〕'이다. 인간이 뚜렷하게 성애를 처리하는 일은 없을 것이며, 뚜렷한 성애라는 것을 처리했다고 생각했을 때는 스스로 어떠한 손해를 입고 있는 것이다. 성애가 인간 속에 있는 자연의 전부라고 할 수는 없지만 적어도 그것은 자연의 중요한 면 중 하나이다. 그런 까닭으로 프로이트의 신경증에 관한 성이론은 하나의 진지한, 그리고 구체적인 원리에 따르고 있기는 하지만, 일면성과 전일성의 오류를 범하고 있을 뿐만 아니라 인간에 의해서는 포착하기 어려운 에로스를 조잡한 술어로 처리하려고 하는 필요 없는 처사까지 범하고 있다.

이런 점에서 프로이트는 세계의 수수께끼를 깨끗하게 시험관 속에서 해결하려고 의도한 유물론 시대의 전형적인 한 대표자이다[3].

프로이트 자신이 만년에는 자기 이론의 치우침을 인정하여 그가 리비도라고 이름 붙인 에로스에게 파괴 내지는 죽음의 충동을 강하게 받았었다.

---

[3] C. G. 융 ≪文化史的 現象으로서의 지그문트 프로이트≫ 참조.

그는 유고遺稿 속에서 이렇게 말하고 있다.

"오래된 주저와 동요 후에 우리는 단 두 가지 근본충동. 즉, 에로스와 파괴충동을 가정하는 결심을 했다. 전자의 목표는 차차로 커다란 통일체를 만들어 내고, 이것을 유지하는 데에 있다. 결합이 전자의 목표이다. 후자의 목표는 이것과는 반대로 맺어져 있는 것을 풀어서 사물을 파괴하는 데 있다. 따라서 우리는 후자를 죽음의 충동이라고 이름 짓고 있다."

필자는 이상과 같이 소개하는 데 그치고 이 구성의 불확실함을 자세히는 논하지 않기로 한다.

인생의 모든 사건과 마찬가지로 끝남을 기다리고, 모든 것의 시작은 또한 끝의 시작이라고 하는 것은 설명할 필요도 없이 분명한 것이다. 프로이트가 생각하고 있는 것을 추구해 본다면 모든 일은 한 개의 에너지적 현상이며, 에너지라는 것은 단지 대립 긴장에서만 생긴다.

권력에의 의지에 관하여

Psychology of unconsciousness

 이제까지 우리는 이 새로운 심리학의 문제를 프로이트의 관점에서 고찰했다. 의심할 필요 없이 우리는 그것을 ― 더구나 우리의 자랑, 우리의 문화의식이 그것에 대해서 ― '아니다.'라고 말하지 못할 진실한 것을 보았다. 그러나 그것에 대해서 우리 속의 무엇인가는 '그렇다.'라고 하는 것이다. 많은 인간에게 있어서 그곳에는 무엇인가 이렇게 초조하게 하는 것, 항변하고 싶은 것 또는 그 이상으로 우리를 불안하게 하는 것이 있다. 그러므로 세상 사람들은 프로이트의 이론을 승인하고 싶어 하지 않는 것이다.

 예를 들면 조그마한 약점이나 추醜함으로 이루어지고 있을 뿐만 아니라, 참으로 마력적인 움직임으로 성립된 그늘의 면까지도 인간이 가지고 있는 것은 드물다. 개개의 인간에게 있어서 자기 스스로 볼 때 어떻게 해서 그랬는지 알 수가 없고, 특히 자기를 초월하여 뻗어 올라가고 있다는 것은 믿기 어려운 것으로 생각되는 것이다.

 그러나 죄가 없는 개개의 인간을 수없이 모아서 이들을 집단으로 만들면 그곳에는 까닭 모르는 말을 하는 하나의 괴물이 태어난다. 그리고 개개인은 이 괴물의 몸을 구성하고 있는 가장 작은 세포에 지나지 않는다. 그리고 개개인은 그 거대한 괴물의 몸속에서 좋거나 나쁘거나 간에 야수의 피의 향연을 같이하고, 때에 따라서는 전력을 다하여 이 향연을 거두는 것 이외의 일은 아무것도 할 수 없다. 이런 그늘의 면을 갖는 여러 가지 가능성을 알고 있으므로 세상 사람들은 인간에게 그늘이 있다는 것을 인정하고 싶어 하지 않은 것이다.

세상 사람들은 맹목적으로 원죄라고 하는 도그마dogma에 반항한다. 그러나 이 도그마라는 단어를 꺼낼 필요도 없는 진실이다. 한편 인간은 자기가 뚜렷이 느끼고 있는 갈등을 자기 자신에게 적용하는 일을 주저하는지도 모른다. 제아무리 치우쳤다고 해도 인간의 마음속 어두운 면에 발판을 갖는 심리학은 세상에서 환영받지 못할 뿐만 아니라 도리어 공포심을 불러일으킨다. 그 까닭은 그런 심리학은 우리에게 이 문제가 갖는 끝없는 불쾌함과의 대결을 재촉하기 때문이다. 희미한 예감은 우리에게 이렇게 말해주고 있다.

"우리는 그런 그늘의 부분을 빼놓고서는 정리가 되어 있는 전체를 이룰 수 없다. 우리는 육체를 가지고 있다. 하지만 우리들의 육체는 모두 불가피하게 그늘을 갖는 것이다. 만약에 우리가 다름 아닌 육체를 부정한다면, 우리는 3차원적이 아니라 평면적인 실체를 상실한 존재가 되어버릴 것이다."

그런데 이 육체라는 것은 짐승의 마음을 가진 하나의 짐승인 것이다. 육체란, 충동에 절대적으로 복종하는 생명을 가진 한 조직인 것이다. 이 그늘이 결합한다는 것은 충동을 긍정하는 것을 뜻하며 또한 불쾌하게 배후에 막아서고 있는 저 거대한 움직임을 부정한다는 것을 뜻한다.

그리스도교의 금욕적 도덕은 인간의 동물적 본성을 아예 그 뿌리에서부터 상처의 위험을 무릅쓰고서라도 육체에서 해방하려고 하는 것이다. 그러나 그런 행위야말로 '충동을 긍정한다'라고 하는 것은 어떠한 것인가를 뚜렷하게 하는 것이 되고 만다.

니체는 그렇게 하여 우리에게 가르침을 주었다. 더구나 그는 진지했었다. 아니 그는 보기 드물게 열정을 갖고서 초인超人이라고 하는 이념 ― 즉, 자기의 충동에 복종하면서 그 뒤에 자기 자신을 초월하는 인간이라는 이념 ― 에 자기 자신을, 전생애를 희생해 버렸다. 니체는 스스로《자라투스트라는 이렇게 말했다》라는 작품 속에서 이 일을 예언하였다. '초월할 수 있다'는 것을 바라지 않았던 줄을 타는 광대의 경구적인 추락사에서 이것을 예언하였다. 죽음으로 나가는 광대를 향하여 자라투스트라는 말한다.

"자네의 영혼은 자녀 육체보다도 빨리 죽을 것이다."

그리고 나중에는 난쟁이가 자라투스트라에게 향하여 이렇게 말하는 것이다.

"자라투스트라여! 어진 사람의 돌인 자라투스트라여, 그대는 그대 자신을 높이 던져 올렸다. 하지만 던져 올려진 돌들은 모두 떨어질 수밖에 없다. 그대 자신에게 또는 자기 자신의 석화石化에 자네는 선언되고 있는 것이다. 자라투스트라여! 그래 자네는 돌을 높이 던져 올렸다. 하지만 돌은 자네 위로 떨어질 것이다."

니체가 "보라, 여기에 사람이 있다"라고 소리쳤을 때, 이 '보라, 여기에 사람이 있다'라고 하는 말이 생겨난 저 옛날과 마찬가지로, 그것은 이젠 너무 늦었다. 그리고 육체가 사멸하기보단 이전의 영혼에 책형磔刑이 시작된 것이다.

니체가 이처럼 충동 긍정을 설파한 사람의 생애를 비판적으로 바라다보니까, 그런 설을 이룩한 자의 신상에 이런 설이 미치는 여러 가지 영향을 음미할 수가 있었다. 그런 식으로 니체의 생애를 고찰하면 우리는 니체야말로 충동의 피안, 영웅주의 고원의 공기 속에 살아 있었다고 하지 않을 수 없다. 그리고 그 높이는 공들인 음식과 미묘한 공기와 특히 다량의 수면제에 의해서 유지되었고, 드디어는 긴장은 뇌수를 파괴시키기에 이른 것이다. 그는 '긍정'에 대해서 말하였으나, 삶에 대한 하나의 '아니다'를 살았다. 니체의 인간 혐오, 특히 충동에 부추겨져서 사는 인간 짐승에 대한 혐오는 너무나도 컸었다. 그는 자주 꿈에 두꺼비를 보았다. 그리고 자신이 그 두꺼비를 삼켜버리지 않는가 하고 두려워하였다. 하지만 그는 이 두꺼비를 삼켜버릴 수는 없었다.

자라투스트라의 사자는 함께 살려고 소리치는 모든 사람에게 으르렁거려 그들을 무의식의 동굴로 다시 돌려보냈다. 따라서 그의 생애는 그의 가르침을 우리에게 이해시켜 주지 못한다. 하지만 '귀족계급'의 인간은 클로랄chloral 없이도 잠잘 수 있기를 바라고, 안개나 그림자그늘가 심함에도 불구하고 나움부르크나 바젤에서 생활하려 하고, 그들은 또한 짐승떼 중에서도 명성과 위신을 얻으려고 하는 속물적인 것은 말할 필요도 없이 잡다한 일들을 바란다. 그렇지만 니체는 이 충동. 즉, 동물적인 삶의 충동에 따라서 살지 않았다.

니체는 그 위대함과 의의에는 무관계한 한 사람의 병적 인간이었다. 그러나 니체가 충동에 따라서 살지 않았다고 한다면 그는 도대체 무엇에 의해서 살았는가? 그가 사실상 그의 충동을 향해서 '아니다'라고 말했다고 해서 우리는 니체를 비난해도 좋은 것일까? 비난받게 되었다면, 니체는 크게 반박했을 것이다. 아니, 그는 그가 최고도로 자기의 충동에 따라서 살아온 것을 아주 쉽게 증명했을 것으로 생각한다. 그러나 우리는 의문스러워서 이렇게 묻지 않을 수 없다. 인간의 동물적 본성이 니체를 인적이 드문 곳으로, 절대적인 인간적 고독으로, 혐오감에 의해서 차폐된, 짐승 떼의 피안으로 데리고 갔다는 것은 어떻게 해서 가능할 수 있었는가?

충동이라는 것은 참으로 인간을 함께 하게 하고, 한 짝이 되게 하며, 생식하고, 쾌락과 안이를, 모든 관능적 원망의 충족을 지향하는 것으로 생각되고 있기 때문이다. 하지만 그런 식으로 생각하는 우리는 가능한 충동 방향 중의 한 방향에 지나지 않는다는 것을 잊어버리고 있다. 충동에는 종보존種保存의 충동뿐만 아니라, 자기보존의 충동도 있는 것이다.

니체는 뚜렷이 이 제2의 충동. 즉, 권력에의 의지에 대해서 말하고 있다. 니체는 충동적인 것은 모조리 권력의지에 종속되는 것으로 생각한다.

프로이트의 성욕 심리학 측면에서 본다면 이것은 터무니없는 생각이며, 생물학의 오류이며, 데카당스한 신경증자의 실패이다. 왜냐하면, 니체의 세계관 및 인생관이 포함되는 모든 긴장과 영웅적인 것은 프로이트 심리학이 근본적인 것으로 간주하고 있는 것으로, '충동'의 억압 및 오류의 소산에 지나지 않는다는 것을 증명하는 것이 프로이트파의 관점에서 본다면 참으로 용이한 일이기 때문이다.

니체의 경우에 있어서 한편으로는 신경증적인 일면성의 소산이 어떠한 것인가를 나타냄과 동시에, 다른 한편으로는 그리스도교를 초월하는 것이 내포하고 있는 여러 가지 위험이 어떠한 것인가를 나타내고 있다.

의심할 바 없이 니체는 마음속 깊이 동물적 본성에 대한 그리스도교적 부정에 동감하고 있었다. 그리고 선악의 피안에 있는 보다 높은 인간적 전체성을 추구하였다. 그리스도교의 근본 태도를 진지하게 검토하려는 자는 누구나 그리스도교가 부여하는 비호庇護를 상실하지 않을 수 없다. 그리스도교 비판자는 불가피하게 자기 자신을 짐승의 혼으로 인도하게 되는 것이다. 그것은 디오니소스적 도취의 순간이며, 전대미문의 전율을 하고 아무것도 모르는 인간을 붙잡는 '블론드의 야수'의 압도적 계시이다. 그가 '선악이 사는 경계를 격리하는 6천 피트'에 그 몸을 놓는다고 생각하는 것도 까닭이 있는 것이다.

심리학자는 그런 상태를 '그림자그늘와의 동일화'라고 부르고 있다. 이것은 무의식과 충돌하는 순간에는 '반드시'라고 해도 좋을 만큼 일어나는 하나의 현상이다. 이런 상태에 빠지지 않으려면 신중한 자기비판 이외에는 달리 손을 쓸 도리가 없다. 그 방법이라는 것은 무엇보다

첫째로 남이 세계를 흔드는 진리를 발견했다는 식으로 말하는 것으로 이것은 심히 허풍스러운 것이다. 그런 일은 세계 역사상 좀처럼 일어나지 않는 것이니까.

둘째로 그런 경우에는 비슷한 일이 다른 어디에서인가 일어나고 있지 않았는가 신중하게 조사해 볼 필요가 있다. 예를 들면 니체를 보더라도, 그는 문헌학자였으므로 의심 없이 그의 마음을 가라앉혀 줄 것임이 틀림없다고 할 수 있는 유사한 사례를 고대 세계에서 분명 발견했을 것이다.

셋째로 고려되어야 할 것은, 디오니소스적 체험은 이교도 종교형식에의 역전 이상이라고 할 수는 없으며, 그렇다고 한다면 그것은 결국에 전혀 새로운 발견을 뜻하지 않으며, 같은 사건이 새롭게 처음부터 시작하는 것에 지나지 않는다는 것이다.

넷째로 우리는 우리의 기분이 처음 얼마간에는 영웅 또는 신적인 높이

로 즐겁게 고양되지만, 나중에는 그와 같은 정도로 깊게 추락하여 가는 것이 당연한 일이라는 것을 미리 간취看取하지 않을 수가 없다. 이렇게 된다면 그런 고양 상태의 전체를 약간 어려운 등산에 비교해 보는 것이 좋을 것이다. 등산이 끝나면 또다시 지루한 일상생활이 시작되는 것이다. 산의 개울물은 시내에 이르고, 골짜기 시냇물은 얼마 후 수면이 넓은 강이 되어 평야를 흘러가는 것처럼, 인생은 평범한 일상생활로만 영위될 뿐이다. 또한 모든 것은 평범한 일상사에 따라 변하게 할 것이다. 이상한 것은 만약에 그것이 파국을 초래하는 것이 아니라면, 일상생활의 한쪽에 연계되어도 지장이 없는 것이다. 단, 너무나도 빈번하게 이뤄져서는 곤란하다.

영웅주의가 만성화된다면 경련으로 끝나며, 경련은 파국으로 이끌거나 신경증으로 이끌거나 아니면 양쪽 모두를 초래한다. 니체는 극도의 긴장 상태 속에서 시종始終했다고 하지만 그는 그 같은 긴장 상태로 그리스도교 속에서도 끈질기게 버텨내었을 것이다. 이것으로 짐승의 혼이라고 하는 문제는 조금도 해결된 것이 아니다. 왜냐하면, 긴장하여 황홀해진 짐승이라는 것은 생각할 수 없기 때문이다.

짐승이라는 것은 조금의 부족함도 없이 자기 생명의 법칙을 충족시키는 것이다. 그것은 순종으로도, 경건함으로도 볼 수가 있는 것이다. 그러나 황홀 상태에 빠진 자는 생명의 법칙을 초월하여, 자연의 눈에서 본다면 질서를 어지럽히는 거동을 한다. 질서를 어지럽힌다는 것은 인간만이 지닌 특권이다. 인간의 의식과 자유의지는 때때로 자연에 항거하여 그 동물적 본성 중에 있는 자연의 뿌리에서 자기를 해방할 수 있는 것이다. 이러한 특성은 모두 문명이 빠뜨리기 어려운 속성이지만, 이 특성이 지나치게 발달하게 되면 마음의 병이 원인이 되는 것이다.

우리가 문명을 견디어내는 것에도 한도가 있으며, 그 한도를 초월하면 그냥은 끝나지 않게 된다. 문명 대對 자연이라는 끝없는 딜레마는 결국에는 '너무 많거나 너무 적다'하는 문제이지, '문명인가 자연인가'가 아니다.

니체의 경우 우리를 다음과 같은 문제 앞으로 데리고 가는데 그림자와의 충돌이 니체에게 계시한 것. 즉, 권력에의 의지는 대수롭지 않은 일종의 억압증상으로서 이해될 수 있을 것인가? 권력의지는 본래 무엇인가? 또는 단순히 부차적인가? 만약에 그림자와의 갈등이 성욕을 한껏 방출한 것이었다면 사태는 지극히 명료했을 것이다. 그러나 그렇게 되지는 않았다.

막대한 정체는 에로스가 아니었다. 자아의 권력이었다. 우리는 여기에서 억압된 것은 에로스가 아니라 권력의지였다는 추론을 하지 않을 수가 없을 것이다. 그런데 에로스는 본래의 것이고 권력의지는 그렇지 않은가 하고 생각되는 까닭은 심각히 고려되는 바이다. 확실히 권력의지는 에로스와 마찬가지로 위대한 데몬이며 에로스와 마찬가지로 오래된 것이고 본원적이다.

하지만 유례가 없을 정도로 철저하게 근본에 있는 권력 충동의 본성에 따라 비극적인 파국으로 살아감으로써 엮어진 니체의 생애와 같이, 일평생 본래의 것에는 해당하지 않는다고 단정하는 것은 재미가 없을 것이다. 그렇게 말해버리면 니체가 자기의 대적자인 바그너에게 내린 것과 같은 잘못된 판결을 니체에게도 내리게 될 것이다. 니체는 바그너에 대해서 이렇게 말하고 있다.

"바그너에게는 모두가 가짜이다. 본래 그것들은 숨겨져 있거나 분식粉飾되어 있다. 그는 모든 말의 악한 뜻과 선한 뜻에 있어서 한 사람의 배우일 뿐이다."

도대체 어째서 이런 편견이 생긴 것인가? 바그너는 다른 하나의 근본 충동의 대표자이었다. 니체는 이것과 다른 근본 충동을 간과하고 있었으며, 프로이트는 이 다른 근본 충동 위에 그 심리학을 쌓았던 것이다. 프로이트도 이와 같은 다른 근본 충동. 즉, 권력 충동에 대해 알아차리지 못했던 것은 아니다.

프로이트의 소위 '자아 충동'이라는 것이 그것이다. 하지만 이 자아 충동은 프로이트의 심리학 중에서 성욕 충동이 지나칠 정도로 충분히 논구論究되고 있는 것에 비교한다면, 그늘이 엷은 존재이다. 하지만 실제로는 인간의 본성은 자아의 원리와 충동의 원리와의 싸움이 잔혹하게 끝없이 계속되어 가는 무대인 것이다. 자아는 언제나 제한을 가하는 것밖에 알지 못하며, 충동은 제한 없이 자기를 만족시키려고 하는데, 양자의 힘이 엇비슷한 것이다. 인간이 한편의 충동밖에 의식하고 있지 않다는 사실은 어떤 의미에서는 행복하다고 해도 될 것이다. 따라서 또 다른 한편의 충동과 가까이하지 않도록 주의하는 것은 현명한 일이라 하겠다. 그러나 다른 한편의 충동을 억눌러 버리면 인간은 모든 것이 끝나는 것이다. 그렇게 되면 인간은 파우스트와 같은 갈등에 빠지게 된다.

괴테는 《파우스트》 제1부에서 충동을 용인하는 것이 무엇을 의미하는가를 우리에게 나타내었다. 제2부에서는 자아 및 자아의 불쾌한 무의식적 세계를 용인하는 것이 무엇을 의미하는가를 나타내었다.

우리의 내부에 있는 일체의 보잘것없고 자잘하고 비열한 것은 이 싸움에 주저하여 몸을 도사린다. 그리고 그렇게 하기 위해서는 여기에 마침 알맞은 하나의 수단이 있다. 사람은 자기 속에 있는 자기 것이 아닌 것 같은 '다른 것'은 '다른 사람'이며, 더구나 악하고 보잘것없는 정열에 상응하는 것 같은 일들을 생각하고, 행하고, 느끼고, 지향하는, 현실적인 한 사람의 인간이라는 것을 발견하는 것이다. 이리하여 사람은 허수아비를 붙잡고서 허수아비를 상대로 유유히 그 전투 개시를 한다. 그런데 여기에서 태어나는 것이 바로 만성적인 병적 혐기증嫌忌症이다.

풍속사를 본다면 그 약간의 실례를 곧 볼 수가 있다. 더구나 뚜렷한 한 가지 예는 이미 말하고 있는 것 같이 '니체 대對 바그너 대對 파울루스'등이다. 그러나 평범한 인간 생활 중에 이런 경우는 얼마든지 널려 있다. 사람은 이 교묘한 수단에 의해서 자기에게 용기도 역량도 없는 파우스트적 싸움을 하지 않고 끝날 수도 있는 것이다. 그런데 자기의 전체를 단단히 쥐고 있는 인간의 그 어떠한 무서운 적이라도, 아니 그런 적이 다발이 되어 찾아오더라도 어떤 한 사람의 가장 무서운 적. 즉, '우리 가슴속에 사는'자기 자신의 '또 다른 한 인간'에게는 도저히 견뎌낼 수 없다는 것을 알고 있다.

니체는 바그너를 자기 자신 속에 가지고 있는 것이다. 그는 바그너의 파르지팔을 부러워하고 있다. 아니, 사정은 좀 더 좋지 않다. 그 자우루스는 파울루스까지도 자기 자신의 내부에 가지고 있었다. 그러므로 니체는 정신의 '성흔聖痕을 받은 사람'이 되었다.

그는 자신의 속에서 '다른 한 사람'이 그에게 '보라, 여기에 사람이 있다'를 나타내 보였을 때, 자우루스처럼 그리스도교 귀의를 체험하지 않을 수가 없었다. '십자가 앞에 무릎 꿇고 쓰러졌다'라고 하는 것은 누구인가? 바그너인가 니체인가? 다름 아닌 프로이트 최초 제자의 한 사람인 알프레드 아들러가 전적으로 권력 원리에 기초한 신경증의 본질에 관한 견해를 제창했다는 것은 운명의 계략이었다고 해도 될 것이다.[1]

---
1) 〈신경증적 성격에 대하여〉

같은 사항을 정반대의 견해에서 바라보게 된다면 어떻게 달리 해석되어 있는가를 보는 것은 재미있는 일일 뿐만 아니라 특별한 매력을 가지고 있다. 양자 차이의 주된 점을 미리 이야기한다면, 프로이트에게 있어서는 일체가 엄밀하게 인과적으로 선행한 여러 사정에서 나오는 것인데, 아들러에게 있어서는 일체가 목적적으로 제약된 용의用意인 것이다.

간단한 예를 들어보자.

어느 젊은 부인이 불안이란 발작에 피습당하기 시작한다고 하자. 밤에 그녀는 꿈에 시달림을 받아 비명을 지르며 벌떡 일어나서, 남편이 위로해 주어도 불안을 씻지 못하고 앉아서 남편에게 매달리며 자기를 버리지 말아 달라고 집요하게 말한다. 그리고 몇 번이나 그녀를 진정으로 사랑하고 있다는 말을 남편이 말하게 한다. 그러는 중에 신경증적인 한숨이 나오게 되며, 이 한숨이 나중에는 대낮에라도 발작적으로 나타나게 되는 것이다.

프로이트의 방식에 따르면, 이 경우 즉시 병상病像의 내적 인과 관계로 밀고 들어간다. 최초 악몽의 내용은 어떠한 것이었는가? 그녀는 야수, 사자, 호랑이, 악한 등에게 습격당하는 꿈을 꾸었다고 한다. 그런 것을 염두에 두면 그녀는 어떠한 것을 생각해 내는가? 그녀가 독신이었던 때에 경험한 한 사건을 생각해 낸다. 그녀는 산간의 요양지에 있었다. 체류객들은 보통 테니스를 하며 즐기고 있었다. 그런 경우에 흔히 있을 수 있는 지인知人이 몇 사람 생겼다. 그런 사람중에 이탈리아인이 한 사람 있었다.

이 이탈리아인은 특히 테니스를 잘했으며, 밤이 되면 기타를 잘 튕겼다. 그녀와 이 이탈리아인과의 사이에는 희미한 애정관계가 성립되어, 여느 연인의 경우와 같이 달밤에 둘이서 산책을 하기에 이르렀다. 이때 뜻밖에도 이탈리아인의 뜨거운 태도가 문제를 일으켰고, 그런 일이 있으리라고는 상상도 하지 않았던 그녀를 몹시 놀라게 했다. 그때 그는 그녀를 언제까지라도 잊을 수 없을 것 같은 눈빛으로 가만히 바라보았다. 이런 눈빛이 꿈속까지 그녀를 따라다녔다. 그녀를 쫓아오고 있는 야수들도 그런 눈빛을 했다. 하지만 이런 눈빛은 과연 이탈리아인에게서만 소이所以하는 것일까?

이것에 관해서 그녀의 다른 하나의 기억이 해명의 단서를 주고 있다. 그녀의 부친은 그녀가 14세 정도일 때에 불의의 죽임을 당하였다. 아버지라는 사람은 세상에 시야가 넓은 사람으로 자주 여행을 즐겼다. 죽기 얼마 전에, 아버지는 그녀를 데리고 파리로 갔다. 파리에서 '포리베르젤'에도 갔다. 그 포리베르젤에서 그녀는 어떤 강렬한 사건에 부딪히게 되었다. 포리베르젤에서 밖으로 나가려고 하는 사람들이 서로 밀고 밀리고 하고 있을 때 진한 화장을 한 부인이 혼자서 몹시 뻔뻔스럽게 아버지 곁으로 다가왔다. 그녀는 깜짝 놀라서 아버지가 어떻게 할 것인가 생각하며 부친을 보았다. 그때 그녀는 부친의 눈 속에서 그러한 눈빛, 그 번들번들하고 빛나는 동물적인 날카로운 눈빛을 보았다. 그 이후 그녀는 이 불가해한 무엇인가에 밤낮없이 쫓기게 되었다.

그녀의 부친에 대한 관계는 이때부터 일변되었다. 초조해 하고, 독살스러움을 품은 심술궂은 기분이 되는가 하면, 어쩐지 또다시 까닭 없이 아버지를 그리워하고 따랐다. 그러던 중에 전연 까닭도 없이 발작적으로 울음을 터뜨리게 되었다. 또한, 가끔 부친이 집에서 함께 식사할 때면 외견상 질식 발작과 같은 발작이 일어나고, 무서움에 헐떡이면서 음식물이 목구멍을 넘어가지 않기도 했다. 이런 질식 발작이 일어나면 대개 하루나 이틀 정도 목소리가 나오지 않게 되었다.

부친이 급사하였다는 통지를 받았을 때, 그녀는 이 세상에 다시없이 애

통해 하고 슬퍼하였으나 얼마 후 그것은 히스테리성 경련이 웃음으로 변하였다. 그 후에 용태가 좋아져서 갑자기 회복의 기미가 있고 신경증적인 증세는 거의 소멸하여 버렸다. 기억상실의 엷은 베일이 과거를 덮어씌웠다. 단, 이탈리아인과의 사건만이 그녀의 마음속에서 공포를 느끼게 하고, 기억하고 있는 어떤 것에 닿게 했다. 그때 그녀는 아무런 미련 없이 상대방 남성과 헤어졌다. 2, 3년 지나 그녀는 결혼했다. 두 번째 아이를 낳은 후 문제의 노이로제가 시작되었다. 마침 그 무렵에 남편이 다른 여인에게 약간의 연심戀心을 가지고 있다는 것을 그녀는 알고 있었다.

이상의 신상 이야기에는 여러 가지로 미심쩍은 점이 있다. 예를 들면 그녀의 어머니는 어디에 있을까? 어머니는 대단히 신경질적이어서 여러 요양소에서 요양이나 치료를 시도해 보았다고 한다. 어머니도 그녀와 마찬가지로 신경성 천식과 불안 증상에 괴로움을 당하고 있었다.

그녀가 기억하는 양친의 결혼생활은 무미건조한 것이었다. 어머니는 아버지를 충분히 이해하고 있지 않았다. 환자는 자기 쪽이 모친보다도 훨씬 더 부친의 마음을 잘 알 수 있다는 느낌을 계속 가지고 있었다. 그 위에 환자는 아버지의 마음에 썩 들었으며, 그것에 반비례하여 모친에 대해서는 언제나 냉담하였다.

이 같은 단서는 병력의 경과를 개관하는 데 충분하다. 현재 여러 증상의 배후에는 우선 이탈리아인과의 사건에 이어지는 공상이 잠복하며 그 공상은 분명히 부친에게 관련되어 있다. 부친의 불행한 결혼생활은 본래 모친에 의해서 차지되어야 할 자리를 빼앗는 계기를 환자인 딸에게 제공한 것이다. 이 빼앗는다는 생각 배후에는 자기야말로 본래 아버지에게 어울리는 여자라고 하는 공상이 성립되고 있는 것은 물론이다.

노이로제의 최초 발작은 이 공상이 뼈아픈 충격 — 모친이 예전에 받았던 것과 같은 뼈아픈 충격부친의 바람기는 현재의 환자인 딸에게는 당시 물론 알려지지 않았으나 — 을 받는 순간에 일어났다. 이 환자의 여러 증상은 배반된 보답을 받지 못했던 애정의 표현으로 쉽게 이해된다. 목이 멘다는 것은 완전히 집어삼켜 버릴 수가 없는 격정의 수반현상인 것으로 목 경부의 수축감에 기인하는 것이다주지한 대로 언어의 비유는 가끔 이런 생리학적 현상에 관련된다. 부친이 죽었을 때 그렇게 그녀의 의식은 표현할 수 없을 정도로 슬퍼했지만, 그녀의 그림자그늘는 웃고 있었다. 말하자면 앞을 내다보고 산에 올라갈 때는 기분이 좋지만, 산에서 내려올 때는 슬퍼지는 현상을 비유적으로 생각해 볼 일이다. 아버지가 집에 있는 동안에 그녀는 우울한 병증에 잠겼으나, 아버지가 사라지자 그녀는 기분이 좋아진 것이다.

세상의 남편이나 아내가 서로에게 있어서 언제 어떠한 상황에도 절대적으로 빠뜨릴 수 없는 존재는 아니라는 것이, 저 감미로운 비밀을 서로의 가슴속에 품고 있는 것과 마찬가지이다. 당시 그녀의 무의식이 일종의 정당성을 가지고 웃었다는 것은 그 뒤에 이어지는 완전하게 건강한 시기에 밝혀졌다. 그녀는 일체의 과거를 잊어버리는 것에 성공했다. 이탈리아인과의 관계로 비로소 그녀의 그림자그늘 세계의 뚜껑이 또다시 들어 올려지게 되었다. 그러나 그녀는 재빠르게 뚜껑을 닫아버려서 의연히 건강하게 있을 수 있었던 것, 말하자면 완성된 아내와 어머니라는 상태에서 이제는 고개를 넘었다는 생각이 들었을 때 이르러 노이로제가 다시 그 목을 쳐든 것이었다.

성애론적으로 해석하면 이렇게 될 것이다. 노이로제의 병인은 이 환자가 근본적으로는 부친에게서 떨어지지 않았다는 사실에서 찾을 수 있다. 그러므로 그녀가 예전에 아버지에게서 압도적 인상을 받았던 그 눈빛, 그 신비로운 어떤 느낌을 이탈리아인의 눈 속에서 찾아내었을 때 아버지 일이 생각났다. 물론 이런 기억은 환자의 노이로제의 유인誘因이 되었다. 남편과의 관계에서 유사한 경험남편의 바람피우기에 의해서 또다시 활발해진 것이다. 따라서 이렇게 말할 수가 있을 것이다. 이 환자의 노이로제의 내용과 그 기초는 남편의 부인에 대한 공상적인 유아적 성애 관계와 부인의 남편에 대한 애정 사이의 갈등이라고 말이다.

그러나 이러한 병상病像을 다른 충동의 입장. 즉, 권력의지의 입장에서 바라보면 사태는 일변한다. 양친의 불행한 결혼생활은 아이의 권력본능에서는 절호의 기회였다. 권력충동은 어쨌든 자기가 '위에'있다는 사실을 기대한다. 그렇게 되도록 직접 간접으로 연구한다.

무엇을 차지하고도 '인격의 불가침성'이 보장되지 않으면 안 되는 것이다. 자기를 조금이라도 굽히게 하려는 주위의 모든 시도, 그런 의도가 있는 것 같이 보이는 시도에 대해서조차 아들러의 말로 표현하자면 '만성적 항의'를 가지고 대답하는 것이다. 따라서 모친의 환멸과 노이로제에의 전락은 권력 신장과 '지휘한다'는 면에서는 다시없는 좋은 기회를 만들어 내었다. 애정과 예절이 좋음은 권력충동의 입장에서는 주지한 바와 같이 목적으로의 뛰어난 수단이다. 품행 단정은 남으로부터 승인을 강제적으로 획득하는 구실을 하는 일이 드물지 않다. 그녀는 조그마한 아이였을 때 이미 귀여운 애교와 좋은 태도와 거동 때문에 아버지의 사랑을 얻고, 모친을 떼어놓을 수 있었다. 그러나 그것은 부친에 대한 애정으로서는 아니다. 애정은 '지배하는'일로서는 안성맞춤인 하나의 수단인 것이다. 아버지의 죽음에 임하여 일어난 웃음의 경련은 그것을 훌륭하게 입증해 준다.

이런 식으로 애정을 해석한다면, 혹자는 그것을 애정이라는 것의 가치를 경솔하게 빼앗는 것으로 생각할는지도 모른다. 악의에 찬 작위라고는 생각하지 않을지는 몰라도 말이다. 그러나 일단 있는 그대로의 상태로 신중히 세상이라는 것을 바라보는 게 좋다. 오랫동안 사랑하고 있어서, 또한 자기들의 애정을 믿고 있어서 이제 목적이 달성되어 버리면, 마치 전연 사랑하지 않았던 것처럼 외면하는 일이 세상에는 얼마든지 있는 것 아닌가? 그리고 최후로 다시 한번 더 말한다면, 자연도 또한 바로 그런 식으로 거동하지는 않았는가? 목적도 없는 애정이라는 것이 애초에 있을 수가 있을까? 있다고 한다면 그것은 극히 드문 최고의 미덕에 속한다고 해야만 한다. 또한, 우리에게는 일반적으로 사랑의 목적에 대해서는 될수록 생각을 하지 않으려 하는 경향도 있는 것 같다.

그렇지 않다면 자기 애정의 가치를 유리가 없는 조명하에 두고 보여준다고 하는 여러 가지 발견을 하고 있었을 것이다. 환자는 아버지의 죽음에 있어서 경련적으로 웃었다 — 그녀는 가까스로 '남의 위에 섰다'는 뜻이다 — 그것은 신경질적인 웃음의 경련이었다. 따라서 그것은 심인성의 한 증상이며, 의식적인 자기의 여러 동기가 아니라, 무의식적 동기에서 나온 것이다. 이것은 가볍게 볼 수 없는 상위相違이다. 이 상위는 동시에 어떤 미덕이 어디에서 나왔고, 왜 나오게 된 것인가를 엿보게 한다.

"미덕의 반대물은 지옥으로!"라는 것을 현대적으로 표현한다면 무의식으로 도주해 버리는 것이다. 무의식에는 그 훨씬 전부터 우리들의 의식적 미덕의 반대물이 모여들었다. 따라서 우리는 품행 방정이라는 견지에서 이미 무의식의 일에 대해서는 결코 귀를 기울이려고 하지 않았다. 오히려 '무의식이라는 것은 존재하지 않는다'라고 하는 것이야말로 품행 방정이 가장 우수한 것으로 여겼다. 하지만 유감스럽게도 우리들은 누구나 E.T.A. 호프만의 《악마의 영약》에 나오는 수도승 메달두스와 다른 점이 없다.

우리에게는 누구에게나 기분 나쁘고 무서운 형제가 하나 있다. 우리 자신의 육체를 갖춘 피로써 우리들과 이어진 우리와 반대물로, 무엇이나 가지고 있고, 심술궂게 저축을 하는 악인이 있는 것이다. 하지만 우리는 어떻게 해서든 이 일을 생각해 내려고 하지 않는 것이다.

그런데 여성 환자에게 노이로제가 처음 발생한 것은 딸인 자기로서는 부친을 감당할 수 없다고 하는 것을 알았을 때였다. 그리고 그때 모친의 노이로제가 어떤 도움이 된다는 것을 그녀는 마치 하늘의 계시라도 얻은 것처럼 깨달았다.

그녀는 아버지가 가진 어떤 것에 부딪혔다. 그런데 이 어떤 것이란 이성적으로 편리한 수단을 가지고는 도저히 정복할 수 없다. 그러나 그녀가 이전에 깨닫지 못한 곳에 한 가지 처치방법이 있었다. 그 방법은 그녀의 모친이 그녀를 위해서 미리 발견해 두었다. 노이로제가 바로 그것이었다. 그래서 그녀는 모친의 노이로제를 따라 해본 것이 된다. 그러나 사람들은 되물을 것이다. '대체로 노이로제는 어떤 효용이 있는가?'라고. 노이로제에 의해 어떤 것이 만들어지는 것인가?

주위에 명백한 노이로제 환자가 있다면 노이로제가 어떻게 여러 가지 것을 만들어 내는 것인가를 알고 있을 것이다. 집안 전체를 자기 때문에 동원하는 일은 노이로제를 이기는 수단이다. 특히 심장이상, 질식발작, 모든 종류의 경련은 다른 것으로서는 만들어 낼 수 없을 것 같은 터무니없는 효과를 만들어 낸다. 모두의 동정이 한몸에 모인다. 양친의 염려, 불안, 심부름꾼들이 왔다갔다 한다. 전화벨이 울린다. 의사가 달려온다. 곤란한 진단, 세밀한 진찰, 오랜 치료, 거액의 지출, 그런 것에 둘러싸여서 순진하게 괴로워하며 환자가 잠자코 있다. 그리고 경련을 참아내면, 주위 사람들은 어떻게 되든지 간에 환자에 대하여 감사까지 하는 상황이 발생하게 된다. 그 딸은 이 멋진 '처치'— 아들러의 용어 — 를 발견해서 부친이 살아 계실 때는 이것을 사용하여, 그때마다 성공을 거두었다. 부친이 세상을 떠나자. 이 처치는 필요 없게 되었다. 왜냐하면, 지금에야 그녀는 드디어 '정상'에 서게 되었기 때문이다.

앞의 이탈리아인은 그가 마침 시기적으로 교묘한 때에 자기가 남자라는 것을 그녀에게 인식시키고 그녀가 여자라는 것을 지나치게 강조함으로써 그 남자는 주저 없이 버려졌다. 그러나 그럴듯한 결혼의 가능성이 나타났을 때 그녀는 상대의 남성을 사랑하여 말없이 아내이자 또한 어머니인 운명에 따랐다. 고마운 우위가 계속되고 있는 동안은 만사가 순조롭게 진행되어 갔다. 하지만 남편이 약간 바람을 일으킬 마음을 가졌을 때 그녀는 이전과 마찬가지로 예의 극히 유효한 '처치'즉, 간접적 폭력행사로 나오지 않을 수가 없었다. 그 까닭은 또다시 그녀가 그 어떤 것에 부딪쳤기 때문이다. 이미 부친의 경우에서 그녀가 부딪치던 것을 이번에는 남편 속에서 발견했다.

권력심리학의 견지에서 본다면, 사태는 계속 이야기한 바와 같아진다. 아마도 이상과 같은 것을 듣게 된 독자는 회교국의 재판관과 같게 되지는 않았을까? 그 재판관 앞에서 우선 한쪽 편의 변호사가 변론을 끝내고 재판관은 "그도 그럴듯하다. 자네가 말하는 것이 옳다"라고 한다. 그리고 반대편의 변호사가 변론을 마치자, 재판관은 머리 뒤쪽을 긁으면서 "그래, 그것도 그럴듯해! 자네 말도 옳아"라고 말하는 것이다.

권력충동이 비상한 역할을 연출하는 것은 확실하며, 노이로제 증상의 열등감은 믿을 수 없을 만큼의 집요함과 독특한 교활함을 가지고 냉혹하고 무참하게 그 목적을 추구해 나가는, 참으로 교묘한 처치라는 것은 확실하다. 노이로제는 목적을 갖고 짜낸 방향을 가지고 있다. 이것을 증명한 일이 아들러의 높은 공적이었다.

그러면 어떤 경우가 올바른 것인가? 이것은 결말을 짓기 어려운 문제이다. 이상 두 가지 설명방법을 과감하게 맞춰서 하나로 만들 수는 없다. 양자는 근본적으로 서로 반대되는 것이다. 프로이트로서는 에로스와 에로스의 운명이 최고의 결정적인 사실이며, 아들러에게 있어서는 자아의 권력이야말로 그것이다.

전자에서 본다면 자아는 단순히 에로스의 부수물에 지나지 않으며, 후자에게서 보면 에로스는 '정상에 선다'고 하는 목적을 위한 한 수단에 지나지 않는다. 자아의 권력을 중대하게 생각하는 사람은 프로이트의 이론에 반대하며, 에로스야말로 정말 필요한 것이라고 보는 사람은 아들러의 이론을 절대로 받아들이지 않는다.

제4장
대응 유형에 관하여

1

앞의 두 장에 걸쳐 소개한 두 이론이 함께 성립되기 어렵다는 사정은 이들 두 이론을 통일 시킬 수 있는 것 같은 고차적인 입장을 요구한다. 한편을 좋다고 하고 다른 한편을 아니라고 하기는 쉽지만, 그렇게 해야 할 것은 아니다. 왜냐하면, 두 이론을 제대로 음미해 보지 않는다면 양자가 제각기 중요한 진리를 포함하고 있다고 하는 것을 부정하기 어려우며, 아무리 양자가 주장하는 바가 다르다고 해도, 한편이 다른 편을 완전하게 부정할 수 있다고 생각하지 않기 때문이다.

프로이트의 이론은 그것과는 반대의 이론에 생각을 미치게 하는 것이 불쾌하게 느껴질 정도로 간명 직재하고 매력적이다. 하지만 그것과는 전적으로 같은 것이 아들러의 주장에도 해당한다.

아들러의 주장도 대단히 간명하여, 프로이트가 다루는 사건을 같은 정도로 멋지게 설명해 준다. 따라서 이들 두 파의 지지자들이 집요하고 완강하게 일면적인 자기 이론의 올바름을 주장하여 서로 양보하려 하지 않는 것도 무리 없는 일이다. 이 점으로서는 어쩔 수 없지만, 그들은 모두가 질서정연하게 터놓고서 정리된 이론을 단념할 수 없어서 오히려 자가당착을 짊어지거나 자칫 잘못하면 모순된 여러 견지에서 서로를 받아들여 혼란을 일으키고 만다.

그런데 두 이론은 폭넓게 잘 적용되는 것은 각각 다루는 자료에 대해서는 훌륭하게 설명을 하고 있어서 어찌 되었든 노이로제라는 것에는 두 가지 상반되는 면이 있다고 할 수 있지 않을까. 그리고 그 한편은 프로이트의 이론에 의해서 포착되어 있으며, 다른 한편은 아들러의 이론에 의해서 포착된 것은 아닐까?

하지만 한편의 학자가 두 가지 면 중에서 단지 한편의 면만을 보고, 다른 쪽의 학자가 다른 일면만을 보고 있다고 하는 일은 어떻게 일어난 것일까? 그리고 왜 양자가 제각기 자기의 주장이야말로 유일한 올바른 설이라고 믿어버리는 것일까?

그것은 아마도 이렇게 될 것이다. 이들 두 학자는 자기들의 심리학적 특성 때문에 그들의 특성에 알맞은 설명만을 가장 쉽게 알아차리고 있기 때문이 아닐까? 아들러는 프로이트가 접한 것과는 전혀 다른 경우의 노이로제만을 다루어 왔다고 하는 것은 있을 수 없다. 분명하게 두 연구자는 똑같은 경험 자료에서 출발한다. 그러나 양자는 개인적 특성으로도 사물을 보는 데 제각기 다른 견해를 보이기 때문에 양자는 근본적으로는 서로 다른 견해나 이론을 전개하기에 이르렀을 것이다. 자기가 종속적이며, 열등하다고 느끼고 있는 주체가 '항의'나 '처치'나 기타 목적에 도움이 되는 '술책'

에 의해서 착각적 우위를 확보하려고 노력하는양친에 대해서나 선생, 상사, 권위에 대해서나, 상황, 제도 기타의 여러 사건에 대해서 양상을 아들러는 알아낼 수 있었다.

아들러에 따르면 성욕조차도 이와 같은 술책 중 하나에 지나지 않는다. 이와 같은 견해의 근저에는 주체의 이상과 강조가 가로 놓여져 있다. 그리고 주체가 강조되는 것에 반하여 여러 객체의 특성이나 의의는 전혀 돌아보지 않게 된다. 객체는 기껏해야 압박 경향의 담당자로밖에 돌아봐 지지 않는다. 성애관계 및 기타의 객체에 향해지는 욕구라는 것이 아들러에 있어서도 권력 욕구와 마찬가지로 본질적인 요소로서 존재한다고 생각해도 틀림없을 것으로 생각하지만, 그런 여러 요소는 아들러의 노이로제 이론에서는 프로이트에 있어서와 마찬가지로 원리적인 역할을 하고 있지는 않다.

프로이트는 자기의 환자가 중대한 객체에 언제나 의존하고 있는 것으로 보았고, 또한 중대한 객체와의 관계 속에서 볼 수 있었다. 부친과 모친은 큰 역할을 해낸다. 그 이외 환자의 생애에서 중대한 영향 내지는 여러 조건이 있었다고 해도, 그것들은 모두 양친이라고 하는 이 기본적인 세력과 직접 인과적으로 연결되는 것으로 생각한다. 프로이트의 이론 '요점'^{피에스드} 레지스탕스 은 전이 개념이다. 즉, 의사에 대한 환자의 관계이다. 언제나 어떤 특정한 성질을 가진 객체가 욕구의 대상이 되거나 그 객체에 대한 반항이 일어나거나 하지만, 그것은 반드시 가장 어릴 때 얻어진 '아버지와 어머니와의 관계'라고 하는 모범과 일치되고 있다. 주체로 나타나는 것에 있어서는 대체로 쾌락을 향한 맹목적 요구이다. 이 요구의 성질은 언제나 특정한 객체에 의해서 정해진다.

프로이트에 있어서 객체는 최대의 의의가 있으며 대부분이 객체만으로 결정력을 가지고 있어서 주체는 이상하게 그 그늘이 엷으며 쾌락 욕구의 원천 및 '불안의 서식처'이외의 아무것도 아니다. 이미 말해둔 바와 같이 그럴듯하게 프로이트도 '자아 충동'이라는 것을 인정하고 있지만, 술어만으로서도 프로이트의 주체에 관한 생각이 아들러의 주체와 같은 결정적 계기와는 전혀 다른 것이었음을 알 수 있다.

양쪽 모두 주체를 객체와의 관계 속에서 보고 있다는 것은 확실하지만, 그 관계의 견해가 어떻게 달라지는 것인가! 아들러는 주체를 보다 강조하고 있다. 아들러의 주체는 자기의 지위를 확보하고, 모든 객체를 억제하여 그 위에 서려고 한다. 이것에 반하여 프로이트에게 있어서는 강조점이 객체에 있다. 객체는 그 특정의 성질에 의해서 주체의 쾌락 욕구에 대해서 촉진적으로 작용하거나 방해적으로 작용한다.

이런 서로의 차이점은 자성資性의 차위次位, 인간 정신 양태의 두 가지 유형의 대립이라고밖에 할 수가 없다. 그런 한편의 유형은 결정적 작용을 전적으로 주체에서 끌어낼 것이며, 다른 한편의 유형은 전적으로 객체에서 결정적 작용을 끌어내는 것이다. 중용적 견해, 예를 들어 '상신相信적'견지에서 본다면, 인간의 행동은 주체적으로 제약되어 있으며 동시에 객체의 측에서도 제약 되어 있다는 것이 되지만, 아들러도 프로이트도 그런 상식적인 견해에 대해서는 '자기들의 이론은 정상적인 인간의 심리학적 해명을 의도하는 것이 아니라, 신경증에 관한 이론이다'라고 대답할 것이다. 그렇다면 프로이트는 자기가 다루는 약간의 경우를 아들러식으로 해명하고 치료하지 않으면 안 될 것이며, 아들러 역시 옛날의 스승인 프로이트의 견해를 받아들이지 않으면 어떤 종류의 노이로제는 치료되지 않을지도 모른다. 그런데 그런 것은 이제까지 프로이트도 하지 않았으며 아들러도 하지 않았다.

이 자가당착을 보고 이렇게 생각했다. 인간에게는 서로 다른 두 가지 유형이 있어서, 한편은 오히려 객체에 흥미를 느끼며 다른 한편은 오히려 주체에 흥미를 갖는 것이 아닐까? 그 결과, 한편이 보는 것과 다른 편이 보는 것과는 두 개가 서로 다른 것이 되어버려서, 그런 까닭으로 제각기 다른 결론에 도달된 것이 아닐까? 앞에서도 말한 것처럼 운명의 계책으로, 하나의 의사에서 단지 특정한 환자만이 온다고만 생각할 수 없기 때문이다.

자신이나 동업자들을 보고 진작부터 알아차리고 있었지만, 어떤 의사에게는 다루기 쉬운 경우가, 다른 의사에게는 아무리 해도 잘 다룰 수 없는 일이 있다. 말할 것도 없이 의사와 환자와의 사이가 원만하지 않은 것은 치료상 중요한 일이다.

단기간 중에 의사와 환자와의 사이에 어느 정도 친밀한 관계가 이루어지지 않으면 환자는 의사를 바꾸는 편이 좋을 것이다. 이제까지 이 환자의 성질이 자신에게 알맞지 않다고 생각하거나, 불쾌하다고 생각했거나 하면 주저하지 않고 다른 의사에게 진찰받게 하였다.

그것도 자신을 위해서가 아니라, 환자를 생각해서 한 일인 것이다. 그런 경우는 치료해봐야 대단한 성과가 오르지 않는다는 것을 알고 있기 때문이다. 누구에게나 제각기 한계가 있으며, 특히 정신병 의사는 자기의 한계를 절대로 잊지 않도록 하는 것이 바람직하다. 너무나도 개인적인 차이가 크거나, 사이가 꼭 맞지 않거나 한다면, 그 자체는 결코 잘못되어져 있지 않더라도 쓸모없는 저항을 환자측에 생기게 하는 것이다. 프로이트나 아들러의 대립은 원래 가능한 수많은 대응 유형 중 하나의 실례에 지나지 않으며, 하나의 모범적인 예에 지나지 않는다.

오랫동안 이 문제를 생각해 보고 최후에 많은 관찰이나 경험에 따라 두 개의 근본적 태도 내지는 대응태도를 내향형과 외향형이라고 하는 것을 세워보려는 마음이 생겼다.

정상적일 때 전자의 특색은 주저, 반성, 소극적 사고, 쉽게 흉금을 터놓지 않는, 낯가림하는, 언제나 수동적인 자세로 있는, 자기를 그늘 쪽으로 두고서 주위를 의심스럽게 관찰하는 것 등이다.

후자는 정상적인 경우, 적당히 알맞고, 얼핏 흉금을 터놓은 것 같은 솔직한 태도를 그 특색으로 하여, 어떤 상황에도 쉽게 적응되고, 즉시 주위와의 관계를 맺고, 꾸물거리지 않고, 조금 생각하면 될 것 같은 것에 생각지도 않고, 자신감을 느끼고 미지의 상황으로 뛰어들어간다.

전자에 있어서는 분명하게 주체가 결정적이며, 후자에 있어서는 객체가 결정적이다. 이상은 물론 이 같은 양쪽 유형을 표현해 본 것에 지나지 않는다.[1] 나중에 말하겠지만 실제로 세상에서 이렇게 말하는 순수한 두 개의 대응 유형은 좀처럼 볼 수가 없다.

그곳에는 여러 가지 변종이 있으며, 서로 뒤섞여져 있어서 어떤 유형인가를 밝히는 것은 때때로 참으로 곤란하다. 어째서 그곳에 여러 가지 차이가 생기는가 하면 — 오히려 개인차라고 하는 것이 있으며 — 그것은 사고思考라거나 감득感得이라거나 하는 것 같은 특정한 의식 기능이 우위를 차지하고 있기 때문이며, 이것이 근본 태도에 제각기 특별한 색채를 띠게 하기 때문이다. 근본적으로 유형이 다른 것에 의해서 보상을 받는 일이 자주 있으나, 이것은 개략적으로 그 사람에게 자기의 본성을 그가 가는 곳으로 가게 함으로써 과감하게 해내지 못하는 것 같은, 애처로운 인생 경험에

----

1) 유형 문제의 상론詳論은 필자가 쓴 《心理學的 유령》 1941년 제4판에 있다.

의한 것이다.

다른 예를 들면 노이로제 환자의 경우는 직면하고 있는 것이 과연 의식적 태도인가 무의식적 태도인가를 정하기가 곤란한 경우가 자주 있으며, 이것은 인격 분열 때문에, 어떤 때는 그 인격의 어느 반쪽이 달라서 다른 반쪽이 밖으로 나타나므로, 그 때문에 우리는 판단에 곤란함으로 느끼게 되는 것이다. 같은 이유로 해서 신경증 환자와 함께 산다는 일은 매우 곤란한 것이다.

앞서 말한 것 중에서 말한 졸저拙著에서 8개의 그룹으로 나누어서 기술해 두었던 유형 간의 큰 차이가 사실상 존재하고 있으므로, 위에서 말한 두 가지 신경증 이론을 유형의 대립이 나타난 것으로 파악할 수가 있는 셈이다.[2] 이와 같은 인식과 더불어 상기와 같은 대립의 위에 나서서 어느 한쪽만을 편들지 않고, 두 유형을 고르게 공평히 평가할 수 있을 법한 하나의 이론을 만들어 내는 필연성도 출연하게 된 것이다. 그 때문에 상기한 두 이론을 비평하는 일이 꼭 필요하다.

두 이론이 모두 가락이 높은 이상이나 영웅적인 인생 태도나 정열이나 확신 등에 적용된다면 그것들은 보기에도 무참하게 평범한 현실로 환원되어 버리는 경향을 보인다. 하지만 본래는 이들 두 이론을 지금 말한 것 같은 일에 적용해서는 안 될 것이다. 왜냐하면, 두 이론은 병적으로 해로운 것에 날카로운 수술칼을 휘둘러서 잘라내 버리는 점에 있어서는, 그 두 이론 모두 의사의 수술대 위에 있는 치료를 위한 도구에 지나지 않는다.

니체는 세속적인 이상을 인간의 영혼 속에 병적으로 무성하게 자라고 있는 잡초와 같은 것으로 보고사실 그럴 경우도 있다 이상을 비판하여 그것을

---

2)《심리학적 유령》 p.409 이하 참조.

타파하려고 했는데 아마도 그런 식으로 의사도 병적인 것을 제거하려고 의도하는 것이리라. 두 이론은 사정을 잘 이해하고 있는 훌륭한 철학자 니체의 말을 빌린다면, '뉘앙스를 짜내는 손가락'을 가진 인간에 의해서 운용되며, 영혼의 진정한 질병에 적용된다면 훌륭한 부식제이며, 신중하게 투여된다면 여러 가지 경우에 크게 효과를 올릴 수가 있는데, 신출내기의 손에 의해서 운용되고 적용되면 유해하고 위험한 것이다.

그것은 비판적 방법이다. 따라서 모든 비평의 예에 빠지지 않고, 어떤 것은 파괴되고 해소되어 환원되어야 할 것이다. 또한 그렇게 해야 할 때 크게 도움이 되는 것이지만, 무엇인가를 쌓아 올리려고 할 때 적용되면 그것은 반드시 재앙의 원인이 되는 것이다.

따라서 두 이론이 독약과 마찬가지로 의사의 착실한 손에 의해서 위임되고 있는 한에는 우리로서도 아무런 말을 할 것이 없다. 하지만 이 부식제를 유효하게 이용하기 위해서는 인간의 혼에 관한 비범한 지식이 필요하다. 병적으로 무용한 것을, 보존할 가치가 유용한 것에서 구별할 수가 있어야 한다. 그런데 이것은 큰일이다. 도대체 이 심리학을 섣불리 익힌 의사가 천박한 사이비 과학적인 편견에 따라 어떤 무책임한 일을 하기 시작할 수도 있잖은가? 이것을 한번 진지하게 알려고 생각하는 사람은 메비우스의 《니체론》을 보면 된다.

또는 자신을 그리스도라고 하는 경우를 다룬 여러 가지 정신병학적 저서를 보는 게 좋을 것이다. 그런 식의 이해 방법으로 시술되는 환자가 내심 불쌍해짐을 느낀다.

상기한 두 이론은 일반적인 이론이 아니라, 말하자면 국부적으로 적용되어야 할 것이다. 따라서 해소적이고 환원적이다. 두 이론은 일체의 사건에 대하여 "자네는……에 지나지 않는다"라고 하는 것이다. 두 이론은 환자에 대하여 "자네의 이렇고 이러한 증상은 이러이러한 것에서 나온 것으로, 이렇고 이런 것에 지나지 않는다"라고 설명한다.

이러한 환원 방법은 그런 경우 잘못된 것이라고 주장해도 물론 안 될 것이다. 그러나 이들 두 이론이 아파하는 마음 및 건강한 마음의 본질에 관한 일반적 견해라는 것이 되면, 이런 환원적 이론만으로는 어떻게 될 수 있는 것도 아니다. 인간이 마음을 앓고 있거나 건강하거나 간에 단순히 환원적으로만 해명되는 것은 아니다. 물론 에로스는 언제나 가까운 곳에 존재하며, 권력충동은 영혼의 가장 높은 것, 가장 깊은 것 일체를 꿰뚫는다. 그러나 영혼은 단순한 에로스나 권력충동 또는 그 양쪽을 보태어 합친 것일 뿐만 아니라, 영혼이 그런 것을 사용하여 만들어 낸 것이나 만들 것이라는 사실이다.

어떤 인간이 어떤 것에서 이뤄지고 있는가를 알기만 해서는 그 인간을 완전히 이해했다고는 할 수 없다. 그것이 문제라면 그 인간을 산 인간이라고 할 필요는 없을 것이다. 따라서 그런 것을 붙잡고서는 산 존재로서 인간의 정체는 파악되지 않는다. 왜냐하면, 인생은, 생명은 어제를 갖은 것에 지나지 않는 것이 아니며 '오늘'을 '어제'로 환원해 보았자 생명이 해명되는 것은 아니기 때문이다.

생명이라는 것은 '내일'까지도 있는 것이다. '어제'에 관한 우리들의 지식에 '내일'의 싹틈을 부가할 때에만 '오늘'이 이해된 것이다. 이런 일은 일체의 심리학적인 생명의 발로로 나타난다. 병적인 증상까지도 해당한다. 노이로제의 증상이라는 것은 '유아적 성욕'이거나 '유아적 권력충동'이거나 예전에 존재한 원인의 결과일 뿐만 아니라 동시에 생명의 새로운 종합으로의 시도이기도 했다. 그러나 꼭 덧붙여 말해 둘 것은 노이로제의 증상은 '실패한 시도'라는 것이다. 비록 실패한 시도일지라도 그것은 시도임에는 틀림이 없으므로, 그것 나름대로 가치와 의미가 존재하는 것은 부정할 수 없을 것이다. 그것은 내적 및 외적 자연의 여러 조건의 불합리에서 일어난 실패의 시도인 것이다.

독자는 틀림없이 반문할 것이다. 도대체 참으로 쓸모없고 불쾌하기 짝이 없는 노이로제라는 것이 무슨 가치와 의미가 있을 수 있을까? 머리가 약간 돌았다는 것, 그것이 어째서 좋다는 것인가? 그런 일이 있을 수가 없을 것이라고. 종교적인 측면에서 본다면, 인간이 관용의 미덕을 몸에 익히게 하려는 배려에서 하느님은 파리나 그 밖의 해충을 만드셨다고 하는 논법도 성립되지만, 자연과학의 측면에서 본다면 그런 논법이 어리석은 것이라는 것은 새삼스럽게 주장할 필요도 없을 것이다. 그러나 이 경우 '해충'대신에 '노이로제의 증상'이라는 것을 놓고 보면 위의 논법은 심리학의 입장에서는 매우 타당한 것이 될 것이다. 대수롭지 않은 속된 생각을 철저하게 추구한 니체조차도 다시금 그가 얼마만큼 많은 것을 그 자신의 질병에 부담 지우고 있는가를 인정하고 있다.

자기의 유능함이나 존재 이유를 다름 아닌 자기의 노이로제에 부담시키고 있는 것 같은 사람들을 이제껏 많이 보아왔다. 그런 사람에게 있어서 만약에 노이로제가 없었다면 그 사람의 생활이 어떻게 되었을지 모를 일이다. 노이로제는 그 사람의 중요한 시발점새싹의 시작을 고양하는 듯한 생활로 그 사람을 끌고 가는 것이다. 만일 노이로제가 강제적으로 그 사람이 본래 있어야 할 그 장소로 이끌어 주지 않았다면 그 귀중한 시발점은 온통 질식되어 버렸을지도 모르는 것이다. 자기 생활의 의미, 자기의 본의를 무의식중에 소유하고, 자기에게 있어서 유혹되거나 사도邪道가 되는 일체의 것을 의식 중에 소유하고 있는 사람이 있다. 또한, 이것이 반대로 되어 있는 사람도 있다. 후자에 있어서 노이로제는 다른 의의를 가진다. 그런 경우에는 광범위한 환원이 필요하다. 그러나 전자의 경우에는 전혀 그럴 필요가 없다.

그렇게 말하고 보면 일단은 어떤 경우에 대해서는 노이로제에 걸릴 의외의 가능성을 인정하게 될 마음에 이를 수 있겠지만, 일상에서 유사한 경우에 대해서 노이로제에 걸릴 만한 광범위하고 의미 깊은 유용성으로 볼 때 이것을 부정하지 않을 수 없을 것이다. 앞에서 말한 천식과 히스테리 불안 발작의 병례에 있어서 어디에 귀중한 가치를 내포하고 있다는 것일까? 사실 그 병례에서는 노이로제의 가치라는 것은 분명하지가 않다. 특히 그 병례를 환원적 이론의 입장. 즉, 개인 발달에서 '그늘'이라는 측면에서 본다면 노이로제의 가치란 더욱 분명하지 않은 것이다.

지금까지 말해온 두 이론에 공통되는 점은 이들 양자가 어느 것이나 인간의 그늘 면에 속하는 모든 것을 용서 없이 폭로한다는 것이다. 이들 두 이론은 병의 원인을 분명하게 밝히려는 이론, 혹은 가설인 것이다. 따라서 이들 두 이론은 어떤 사람이 가지고 있는 여러 가치를 다루지 않고 방해가 되는 그 사람의 여러 가지 무가치를 다루고 있다. '가치'라는 것은 그것에 의해서 에너지가 자기를 전개할 수 있는 일종의 가능성이다. 그런데 무가치도 마찬가지로 그것에 의해서 에너지가 자기를 전개하려고 하는 또 다른 가능성인 한 — 예를 들면 노이로제에서 현저한 에너지 개시開示를 본다면 분명하게 알 것이다 — 무가치 역시 일종의 가치인 것이다. 단지 그것은 무익하고 해로운 에너지를 개시하게 되는 가치이다.

에너지 그 자체는 선도 아니며 악도 아니다. 유익하지도 않고 유해하지도 않은 것이다. 단지 모든 것이 에너지를 빌릴 수 있는 형식으로 존재하고 있다. 에너지 그 자체는 중립적인 것이다. 형식이 에너지에 성질을 부여하는 것이다.

타버리고 나면 다시 에너지가 사라지는 단순한 경우도 마찬가지로 중립적인 것이다. 따라서 진정한 가치라는 것이 이루어지기 위해서 한편으로는 에너지가 필요하며, 다른 한편으로는 가치 있는 형식이 필요하다. 노이로제에 있어서 심적 에너지는 보다 가치가 떨어지고 유용하게 쓰이기 어려운 형식 속에 존재하고 있다.

상기한 두 환원적 이론의 견해는 그런 가치가 떨어지는 형식을 파괴하고 해소하는 데에 도움이 되는 것이다. 두 이론은 이 점에서 부식제의 효력을 발휘한다. 이것에 의해서 우리는 자유롭고 중립적인 에너지를 획득한다. 그런데 이제까지는 다음과 같은 가설이 행해지고 있다. 그 새롭게 획득된 에너지는 환자가 의식적으로 처리할 수 있는 에너지이므로 환자는 그것을 생각하는 대로 이용할 수 있다는 것이다.

에너지가 성적 충동에 지나지 않는 것으로 생각되는 한 그 에너지가 '승화昇華'라는 길을 통해서 이용하는 일이 문제가 되었다. 그럴 때 분석의 도움을 빌려서 환자는 성性에너지를 승화시킬 수가 있다. 그것을 성적으로가 아니고 달리 사용할 수가 있다는예를 들면 예술에 종사한다거나, 기타 어떤 선한 또는 유익한 일을 하기 위해서라거나 가설이 성립되는 셈이다. 이 견해에 따르면 환자는 수시로 또는 기호에 따라서 자기의 충동적인 여러 가지 힘의 승화를 수행할 가능성을 지닌 셈이다.

우리에게 있어서 일반적으로 자기 생활을 바람직한 특정의 노선 위에서 이끌어가는 일이 가능한 것으로 생각한다면 이상의 견해는 그 타당성이 인정되는 것이다. 그러나 잠시 동안이라면 모를까 우리들의 생활에 미리 정해진 방법을 제시하는 일을 가능하게 하는 예지라거나, 선견지명이라는 것이 없다는 것을 우리는 알고 있다.

아무튼, 상기의 견해는 평범한 사람에게는 해당하지만, 비범한 사람에게는 해당하지 않는다. 비범한 사람의 생활 방식이란 것도 있을 수 있지만, 그것은 평범한 사람의 그것에 비하여 훨씬 드물다. 이 비범한 사람의 생활에 대해서는 그 생활에 방향을 지시하는 일이 거의 불가능하지만, 가능하다고 해도 극히 짧은 동안에만 한정되어 있다고 할 수 있다.

비범한 사람의 생활방식은 어떠한 것에도 구속되어 있지 않다. 비범한 사람의 영웅적인 생활은 운명의 결정에 따라서 영위되어 간다. 그 경우 어느 특정한 방향을 취하려고 하는 결의는 때에 따라서는 비극적인 결과를 초래하는 것이다. 아무튼, 의사가 접하는 것은 대개는 평범한 사람이며 자유로운 영웅은 아니다. 설혹 영웅이라는 경우에도 그 영웅 정신이야말로 더 강력한 운명에 대한 유아적인 반항이거나 열등한 가치를 은폐하기 위한 수단이 없는 경우가 많은 것이다.

유감스럽게도 만능의 일상생활 중에는 모든 것이 비범하게 돌아가는 것만은 아니다. 일상생활 중에는 영웅 정신을 용납하는 여지가 조금밖에는 없는 것이다. 그러나 영웅적인 요청이 우리에게 이뤄지는 일이 애초에 없다는 것은 아니다. 반대로 이 비속한 일상생활은 우리들의 관용정신이나 헌신이나 인내나 희생심 등에 대해서 그만큼의 비속한 요구를 들고서 다가온다는 것이야말로 번거롭고 불쾌한 일이며, 그러한 다양한 요구를 우리는 그저 인내심 있게 대중들의 갈채를 노리는 영웅적인 멋진 제스처 없이 채워 나가야만 하는 것이다.

그러나 그렇게 하기 위해서는 겉에서 봐서는 모를 것 같은 일종의 영웅 정신이 필요한 것이다. 이 영웅 정신은 남의 이목을 끌지 않으며 칭찬도 받지 못하고 언제나 일상적인 의상 밑에 몸을 숨기려고 한다. 만일 이것이 채워지지 않는다면 노이로제를 일으키는 다양한 요소가 되고 마는 것이다. 그런 다양한 요소를 피하기 위해서도 이미 많은 사람이 자기 생활에 과감한 방향을 부여하고, 상식적인 안목에서 본다면 그 행위가 하나의 오류였다고 할지라도 이것을 완전히 해내 왔다. 그런 운명 앞에서는 머리를 숙일 수밖에 없다.

그러나 이미 말한 것처럼 그런 경우는 드문 것이다. 다른 경우가 절대다수를 차지하고 있다. 이 다른 경우에서 생활의 방향은 결코 단순 명쾌한 선이 아니다. 운명은 그들 앞에 혼란한 모습으로 나타나며, 여러 가능성 가운데에서 하나만이 그들의 본래의 옳은 길인 것이다. 설혹 자기 성격을 인력으로 가능한 정도로 알고 있었다고 하더라도, 과연 누가 그 가능성을 미리 결정할 수 있다고 생각할 것인가?

확실히 의지 때문에 극히 많은 일이 달성되지만, 특별히 의지가 굳은 인물의 운명을 모델로 하여 자기 운명을 그 의지에 쫓게 하려는 것은 철저하게 잘못된 일이다. 우리들의 의지는 우리들의 심사숙고로 방향 지어진 일종의 기능이다. 따라서 이 기능은 우리들의 심사숙고의 내용에 의존하고 있다.

심사숙고라는 것은 애초에 그것이 심사숙고의 이름에 해당하는 것이 있다면 합리적인 것. 즉, 이성에 적합한 것이어야 한다. 하지만 인생과 운명이 우리 인간의 이성과 합치된다. 즉, 이성과 마찬가지로 합리적인가 하는 것이 이제까지 입증된 일이 있을까? 혹은 다른 시기에라도 입증되는 일이 있을까? 반대로 우리는 정당하게 운명과 인생은 비합리적이며, 운명과 인생은 인간 이성의 피안에 기초를 두고 있는 것으로 생각하고 있다. 인생의 비합리성은 말하자면, 우연이라는 것 중에 나타나 있다. 물론 우리는 인과적 또는 필연적으로 제약되어 있지 않은 그런 사상事象 — 따라서 일반적으로 사상이라는 것은 우연적일 수가 없는 것이다 — 을 선험적으로 생각할 수가 없으므로 이 우연성이라는 것은 당연히 부정하지 않을 수 없다.

그러나 실제로 우연은 이르는 곳마다 널려 있다. 더구나 우리들의 인과적 철학을 또다시 슬금슬금 집어넣고 싶을 정도로 우연은 널려 있다. 이 풍성한 인생이라는 것은 법칙 또는 비법칙적이며, 합리적 또는 비합리적인 것이다. 따라서 이 이성理性과 이성에 기초하여 있는 의지의 사정은 짧다. 합리적으로 선택된 방향을 더듬는 일이 길어지면 길어질수록 우리는 그만큼 한층 더 비합리적인 생활 가능성에서 멀어져 가는 것이다.

그러나 이 비합리적인 생활 가능성도 현실화되는 권리는 합리적인 생활 가능성과 마찬가지로 소유하고 있다. 자기 생활에 방향을 주는 것이 가능하다는 것은 확실히 인류 최대의 수확이라고 주장할 수 있다. 그렇다고 해서 언제 어떠한 상황에도 그 방향을 채택하여 나아가야 할 것이라거나 그 방향으로 나아간다는 것은 타당성이 없는 것이다.

세계대전의 가공할 파국은 가장 낙천적인 문화 합리주의자까지도 멍청하게 만들었다. 1913년 오스트발트는 이렇게 써놓았다.

"무장 평화라고 하는 것은 곧, 오늘날 상태가 불안정하며 차차 붕괴되어 간다는 것을 의미한다는 것에 전 세계의 의견이 일치되고 있다. 이 상태는 개개의 국민에게 터무니없는 희생을 요구하고 있다. 이 희생은 문화적 목적으로 사용되는 지출을 훨씬 웃돌며, 더구나 그것에 의해서 아무런 적극적인 가치가 얻어지는 것도 아니다. 따라서 인류가 결코 일어날 수 없는 전쟁에의 준비나 군사훈련 때문에 가장 활동적인 나이에 있는 남자들을 군영에 유폐시켜 두는 일이나 기타 현재의 상태가 야기하는 무수한 폐해를 제거할 수 있는 수단이거나 방책 등이 발견 가능하다면 그것으로 터무니없는 불량한 에너지를 절약할 수 있고, 그 순간부터 미증유未曾有 문화발전의 융성을 기대할 수 없게 될 것이다. 왜냐하면, 전쟁은 개인끼리의 싸움과 전혀 다르다. 마찬가지로 전쟁은 의지의 대립을 해소하는 온갖 수단 중에서 가장 오래된 수단이기도 하지만 가장 어리석은 최악의 에너지 낭비를 수반하는 수단이기 때문이다. 냉전이나 열전을 완전히 제거한다는 것은 에너지 면에서 최고의 혁명이라는 취지에 부합되며 오늘날에 있어서 가장 중요한 문화 과제의 하나인 것이다."

그러나 운명의 비합리성은 선의에 찬 사상가가 생각하는 것처럼 일을 처리하려고 하지 않는다. 그 이하의 일을 바라는 것이다. 광기와 같은 파괴, 사상 유례가 없는 집단 살육을 감행하는 것이다. 그러므로 이것은 아마도 합리적인 의도를 갖고서 제어할 수 있는 운명의 일면에 지나지 않을 것이라는 결론을 도출할 수도 있다.

일반적으로 인류에게 해당하는 것은 개인에게도 해당이 된다. 왜냐하면, 전 인류는 개개인으로 구성되어 있기 때문이다. 그리고 인류의 심리학은 개개인의 심리학이다. 우리는 세계대전을 통하여 문명의 합리적 의도성의 한도를 무서울 만큼 깨달았다. 개인의 '의지'라고 하는 것은 여러 국민 사이의 일을 옮겨 본다면 '제국주의'이다. 왜냐하면, 의지란 운명에 대한 권력의 증언이며, 우연적인 것을 배제하는 것이기 때문이다. 문명이란 자유로운 에너지의 합리적인 의지와 의도를 가지고 불러모은 '목적에 적합한'승화의 소이인 것이다. 개인에게도 마찬가지의 일이다.

일반적인 문화체제의 사상이 세계대전 때문에 무참하게도 수치를 당한 것과 같이, 개인도 또한 그 생활 중에 자주 '자유롭게 처분할 수 있는'에너지가 어째서 그렇게도 우리 마음대로 되지 않는가 하고 경험하지 않을 수 없었다. 미국에서 45세 정도 되는 한 실업가를 진찰한 일이 있었다.

이 실업가의 병증은 위에 말한 것을 훌륭하게 증명하고 있었다. 환자는 전형적인 미국의 입지전적 인물로, 미천한 출신으로 자수성가하여 대단히 큰 사업을 경영하기에 이르렀다. 그리고 자기가 사업에서 손을 떼어도 모든 게 순조롭게 진행되어 가도록 점차 기구를 정비해 놓고 진료를 받기 2년여 전에 사업에서 은퇴했었다. 은퇴하게 될 때까지 그는 오로지 사업에만 전념하여 살아왔으며, 성공한 미국 사업가 특유의 믿기 어려울 정도의 끈기와 진지한 태도로 자기가 가지고 있었던 일체의 에너지를 사업에 경주하였다.

그는 시골에 멋진 별장을 구매했다. 은퇴 후에는 그곳에서 여생을 보낼 참이었다. 그리고 그 여생이라는 것은 승마나 자동차나 골프, 테니스, 파티 등 여러 가지로 시간을 보낼 예정이었다. 그런데 그는 잡지도 않은 너구리의 껍질을 셈하고 있었다. 사업에서 벗어나서 '자유롭게 처분할 수 있는'것처럼 되어 있던 에너지는 그렇게 멋지게 전환되지 않았다. 2주일도 지나지 않았는데 어쩐지 몸의 상태가 미심쩍다고 생각되었다. 그렇게 2, 3주쯤 지나니까 심한 심기에 빠져서 정신적으로도 완전히 지쳐버리게 된 것이다.

놀랍도록 건강한 에너지가 차고 넘치던 남자가 나약한 여자나 어린애처럼 되어 버린 것이다. 그리고 그것과 함께 그의 모습에서 모든 생기가 사라져 버리고 말았다. 어떤 불안이 다른 불안으로 전이되고, 심기성 망상 때문에 죽을 정도로 괴로움을 당하였다. 그래서 어느 고명한 전문가의 문을 두드렸다. 의사는 즉시로 이 실업가에게 심각하게 빠져 있는 것이 일이라는 것을 간파했다. 이것은 환자에게도 이해가 가능했다.

그래서 그는 원래의 지위에 되돌아왔다. 그러나 그 자신이 심히 실망한 것은 일에 대하여 전혀 의욕이 솟지 않는 것이었다. 인내나 결심도 아무런 도움이 되지 않았다. 그의 에너지는 어떤 수단을 써도 이제는 일에 되돌릴 수는 없었다. 그렇게 되자 그의 용태는 이전보다도 더 악화하였다. 예전에 그의 속에 있으면서 활발하게 활동하고 있던 에너지의 모든 것은 지금이야말로 가공할 파괴력을 가지고 반대로 그 자신을 엄습했다. 그의 창조적인 본성의 에너지가 그 자신에게 반역을 꾀한 것이다. 예전에 그가 세상 속에 커다란 하나의 조직을 만들어 내었던 것처럼, 지금 그의 데몬은 그를 파멸로 이끄는 심기의 속임수의 이론으로 굳혀진 교묘한 체계를 만들어 냈다.

내가 처음으로 그를 접했을 때 그는 이미 완전히 폐인이 되어 있었다. 어쨌든 나는 그를 보고 그런 거대한 에너지를 사업에서 끌어올리는 일은 물론 지장이 없을 것이지만 인상된 에너지를 이번에는 어디에 쓸까가 문제라는 것을 설명하려고 했다. 뛰어나게 고급스러운 말馬, 가장 빠른 자동차, 유쾌하기 그지없는 파티조차도 때에 따라서는 그 인상된 에너지에 대한 먹이가 되지 않는 것이다. 물론 평생토록 일만을 계속했던 인간이 이번에는 인생을 즐기려고 하는 것을 자연스러운 이치라고 생각하는 것은 아주 당연하다. 말할 필요도 없이 운명이 인간에게 이성적으로 움직이는 것이라면 우선 일하고 그다음으로 휴식이 따르는 것이 타당한 순서이다. 그러나 운명은 참으로 비합리적으로 진행된다. 그리고 에너지는 이상의 생각들을 무시하면서 스스로 마음에 사면赦免을 구하는 것이다. 그렇지 않다면 에너지는 제방에 멈추어져서 파괴적으로 작용하는 것이다. 에너지는 과거의 여러 상황으로 되돌아간다.

한 미국 실업가의 경우에는 그가 25년 전에 감염되었던 매독의 추억으로 퇴행하여 갔다. 그러나 이것은 오랫동안 없어졌던 것이나 다름없는 유아적 기억을 되살리는 한 단계에 지나지 않았다.

이 환자의 증상을 만들어 낸 결정적인 것은 모친에 대한 최초의 단계였다. 그것은이미 옛날에 없어졌던 모친의 주의와 관심을 억지로 자기에게 이끌기 위한 하나의 '처치'였다. 이 단계도 궁극의 단계는 아니었다. 왜냐하면, 그는 젊었을 때부터 줄곧 머릿속에서만 생활을 해왔는데, 지금에 와서는 말하자면 그의 몸속에서 억지로 되돌리려고 했던 것이 그의 목표였기 때문이다. 그는 자기의 본성 중에선 어느 한 면만을 분화 발달시키고, 다른 한 면은 애매하게, 말하자면 육체적인 상태에 머물게 하려고 했다. 그러나 그에게 진정으로 '살다'라는 것을 가능하게 하기 위해서는 이 다른 한 면까지도 필요했다. 심기성 증세인 '우울증'은 이제까지 그가 줄곧 보아왔던 그의 몸속으로 그를 밀어 넣었다. 그는 우울증과 심리적인 착각의 방향으로 걸어갔고, 그런 상태에서는 결코 받아들여질 수 없었다. 예상한 대로였다. 이만큼 악화된 경우에서는 더는 손을 쓸 수가 없었으며 환자를 기다리고 있었던 것은 그저 죽음뿐이었다.

위 같은 경우는 '자유로이 처분할 수 있는'에너지를 자기 뜻대로, 또한 합리적으로 선택한 대상으로 향하게 할 수는 없다는 것을 뚜렷이 나타내고 있다. 이와 마찬가지로 환원적 부식제에 의해서 그 쓸모없는 형식이 파괴되지 않기 위해서 우리에게 굴러 들어와 있는 '자유로 처분할 수 있는'에너지에도 똑같은 일이 적용된다.

이미 말한 바와 같이 이 에너지는 잘 된다면 극히 잠깐 동안에만 자유롭게 이용된다. 많은 경우에 이 에너지는 이성적으로 지지된 여러 가능성을 어느 정도 서로 지켜 내세워 나가는 것에 반항한다.

심적 에너지는 참으로 까다로운 존재이다. 그것은 자기 자신의 여러 조건이 채워지기를 바란다.

에너지는 그것이 아무리 많더라도 그 에너지의 마음에 든 사면을 만드는 일에 성공하지 못하는 동안에는, 그 에너지를 효율적으로 이용할 수가 없다. '사면斜面'의 문제는 대개 분석의 경우에도 나타나는 순수하고 실제적인 문제이다. 자유로이 처분할 수 있는 에너지. 즉, 리비도[3]가 한 개의 이성적인 대상을 차지한다는 식으로 썩 잘 풀린 경우가 나타난다면 우리는 의식적인 의지의 노력으로 개조에 성공했다고 흔히 생각해 버린다.

그러나 만약에 그러한 방향 중에 하나의 사면이 존재하고 있지 않다면,

---

3) 상술한 것에서도 알 수 있으리라고 생각하지만, 프로이트가 제창한 리비도라고 하는 개념을 이 개념은 극히 실용적이기는 하다. 프로이트보다도 훨씬 넓은 의미로 해석하고 있다. 나의 경우에 리비도란 심적 여러 내용의 강도 충실과 같은 뜻인 '심적 에너지'와 같은 의미이다.
프로이트는 그의 논리적 전체에 따라서 리비도와 에로스를 마찬가지로 생각하고 있다. 그리고 리비도를 일반적인 심적 에너지와 구별하려고 하고 있다.
다음에 인용하는 프로이트의 말은 이 문맥 속에서 해석되어야 한다. "우리는 리비도라고 하는 개념을 성적 흥분의 영역에서 여러 사상事象이나 여러 변화를 측정할 수 있는 것과 같이 양적으로 가변적인 힘이라는 의미로 사용해 왔다. 우리는 이 리비도를 심적 여러 과정의 일반적인 기초로 보아야 할 에너지와 구분한다.……"全集, 제5권, p.92
프로이트는 또한 다른 곳에서 자기는 '리비도와 비슷한 술어'를 사용하여 파괴충동을 표현하지는 않는다고 말한다. 그러나 소위 파괴충동도 에너지의 현상이므로, 차라리 리비도를 심적 강도를 나타내는 일반적 개념으로 정의하였다면 일은 간단했을 것이라고 생각한다. 즉, 심적 에너지가 다시 말해서 리비도라고 생각하는 것이다. 《리비도의 변천과 상징》 제3판, p.120 이하 및 《마음의 에너지 구조》 p.9 이하.

아무리 노력하여도 헛된 일이므로 위와 같이 생각해 버리는 것은 너무 이르다는 것이다.

내가 말하는 이른바 사면斜面이라는 것이 얼마나 중요한 것인가는, 한편에 있어서는 필사적인 노력이 이루어지고, 다른 편에서는 선택된 대상 내지는 바람직한 형식이 그 이성적인 성질에서 어떤 사람의 눈에도 바람직하지 않으면 안 됨에도 불구하고 개조가 성공하지 않았으므로, 허무하게도 그곳에 또다시 새로운 억압이 생긴다는 경우에 더욱 뚜렷한 이해가 이루어지게 된다.

사면이 존재하는 경우에만 인생의 길을 앞으로 진행해 나갈 수가 있다고 하는 것은 의심할 여지가 없는 일이다. 하지만 대립과 긴장이 없는 곳에 에너지는 없다. 그런고로 의식의 입장에서 그 대립물이 발견돼야 한다. 그런 대립보상이 신경증 이론의 역사 위에도 뚜렷이 존재하고 있음을 알아보는 것은 흥미롭다. 프로이트의 이론은 에로스에 대한 이해를 대표하고 아들러의 견해는 권력에 대한 그것을 대표한다. 사랑에 대한 논리적 대립물은 증오이며 에로스의 논리적 대립물은 공포이지만 심리학적으로 보면 사랑의 대립물은 '권력에의 의지'인 것이다.

사랑이 지배하는 곳에 권력의지는 없으며, 권력이 판을 치고 있는 곳에는 사랑이 없다. 다시 말해서 하나는 다른 하나의 그늘이다. 에로스의 입장에서 보상적 대립물은 권력의지이다. 그러나 권력을 강조하는 자의 보상은 에로스이다. 의식의 대응태도의 일면적 입장에서 본다면, 그늘은 가치 열등적인 인격부분이다. 따라서 그늘은 강렬한 저항으로 억압된다. 그러나 그것이 없이 어떠한 전진도 불가능한 대립긴장이 생기기 위해서는, 억압된 것은 의식화되어야 한다. 말하자면 의식은 위에 있고 그늘은 밑에 있다. 그리고 높은 것은 언제나 낮은 것을 구하며, 더운 것은 찬 것을 구하는 것처럼 모든 의식은 그것으로 미루어 살피는 일 없이는 자기의 무의식의 대립물 — 이것 없이는 의식이 활동을 그치고 화석화化石化되어 버림 — 을 구한다. 생명은 단지 그 대립물에서만 불길을 발하는 것이다.

프로이트에 있어서 에로스의 대립물이 파괴충동 내지는 죽음의 충동이라 생각되어지는 것은 한편으로는 주지적主知的 논리학에 대한, 다른 한편으로는 심리학적 편견에 대한 양보였다. 왜냐하면, 첫째로 에로스는 삶과 같은 것이 아니다. 에로스가 삶과 같은 것이라고 하는 인간에 있어서는 어쨌거나 에로스의 대립물은 죽음인 것처럼 생각되어지기 때문이다. 둘째로 누가 했더라도 자기의 최고 원리의 대립물은 모두 파괴적이고 치명적인 악의가 있는 것으로 생각해 버리기 때문이다. 그는 그런 대립물에 어떠한 적극적인 생명력까지도 용인하지 않는다. 따라서 그는 그것을 두려워하고 피하는 것이다.

이미 말한 바와 같이 인생이나 세계에 관한 수많은 지고至高 원리가 있는 것이며, 그것에 응해서 수만 가지 보상적 대립의 여러 가지 형식이 있다. 나는 나름대로 중요하다고 생각되는 두 가지 대립의 유형을 들어 뒀다. 내향형과 외향형이 그것이다. 이미 윌리엄 제임스가 사상가들에게 보이는 이와 같은 두 가지 유형을 알아차렸다. 제임스는 이것을 '약한 심성心性'과 '강인한 심성'으로 구별했다. 오스트발트는 훌륭한 학자들을 같은 방법으로 고전적 유형과 낭만적 유형으로 분류했다. 따라서 유형론에서 내가 최초는 아니다. 또 제임스와 오스트발트도 유형론을 주장한 많은 사상가 중의 한 사람에 지나지 않는다.

역사를 조사해 보면서 커다란 정신사상의 논쟁문제는 이 두 가지 유형의 대립에 근거하고 있다는 사실을 알게 되었다. 이런 종류의 논쟁 중 가장 중대한 경우는 중세의 유명론唯名論과 실념론實念論의 대립이며, 이것이 최초에는 약간 다른 형태로 플라톤학파와 메가라학파와의 사이에 일어나 그것이 스콜라 철학으로 전해져서, 스콜라 철학에서는 아벨라르의 개념론에 따라 조금이라도 이들 두 대립적 입장을 통일시키려고 감히 시도했다.

이 논쟁은 오늘날에 이르기까지 계속되고 있는데, 유심론과 유물론의 대립이 그것이다. 일반 정신사와 마찬가지로, 개인도 또한 이 유형의 대립에 참여하고 있다.

조금 자세하게 살펴보면 이 둘의 유형에 속하는 남녀가 즐겨서 결혼한다는 것이 밝혀졌다. 그러나 그것은 무의식적으로 서로에게 모자라는 것을 보완하기 위해서이다. 내향 유형의 반성적 본성은 이 유형의 인간으로 하여금 행동하기 이전에 언제나 깊이 생각하고 자성하게 한다. 이것에 의해서 그 사람의 행동은 완만해진다.

외적 객관대상에 대한 그의 의구심이나 겁내는 마음은 그를 주저하게 하고, 그 때문에 언제나 그는 외부 세계에 교묘하게 적응될 수 없다.

반대로 외향형의 인간은 외적 사물에 대해서 적극적인 관계를 가지고 있다. 그는 외적 사물에 의해서 행동하게 된다. 그렇기 때문에 새로운 미지의 상황은 항상 그를 유혹한다. 그뿐만 아니라 무엇인가 미지의 것을 알기 위해서 그는 서둘러 뛰어들어간다. 통상적으로 그는 우선 행동을 하고 나서 그 행동에 대해 생각한다. 그런고로 그의 행동은 신속하고 사고나 주저에 방해되는 일이 없다. 따라서 이들 두 유형이 함께 생활하는 것은 안성맞춤이다.

한편이 사고思考를 맡는다면 다른 쪽이 맞장구를 쳐서 실제로 행동한다.

두 유형이 결혼하여, 이상적인 부부가 될 수가 있는 것이다. 이들이 번거로운 인상의 문제에 맞서나가는 일로 힘겨울 때라면, 둘의 사이는 더할 나위가 없다. 그러나 남편이 충분한 수입을 얻게 된다거나 상당한 유산이 우연히 굴러들어 온다거나 하여, 인생의 외적인 번거로움이 없어져 버리게 된다면, 둘에게는 서로의 일에 관련할 만한 것이 없어지게 된다. 예전에는 둘이 힘을 합하여 외적을 맞았다. 그러나 지금 두 사람은 서로가 마주 향하여 서로를 이해하려고 한다. 다시 말하면 자기들이 이제까지 서로를 조금도 이해하지 않았다는 것을 알게 되는 것이다. 두 사람은 서로 다른 말을 한다. 이때 두 유형 사이의 싸움이 시작되는 것이다.

이 싸움은 극히 내면적으로 은밀하게 계속되는 경우라도 독을 포함하고 있으며, 폭력적인 상호비방이 가득 찬 것이다. 왜냐하면, 한편의 가치는 다른 편에선 비가치이기 때문이다. 한편이 자기의 가치를 의식하면서, 동시에 다른 편의 사치를 너그럽게 인정할 수 있고, 이리하여 일체의 갈등이 무용의 것으로 되어버린다는 점도 생각할 수 있는 것이지만, 그렇게 하여 논의는 충분하게 하였으나 결코 만족할 만한 합의점에 도달할 수 없었다고 하는 경우를 이제까지 많이 보아왔다.

정상적인 인간이 문제가 될 경우, 이런 위험스런 과도기는 많거나 적거나 원활하게 극복된다. 정상적인 인간이란 어떤 인간을 가리키는가 하면, 생활하기에 필요불가결한 최소한도가 주어지고 있는 한 어떤 상황에 처해도 생존해 나갈 수 있는 인간일 것이다. 그러나 많은 인간에게는 이것이 불가능하다. 따라서 정상적인 인간이라는 것이 결코 그렇게 많이 있지는 않다.

우리는 보통 '정상적인 인간'이라고 말하고 있는 것은 그 인간의 성격구성이 우연히 잘 되어가고 있다는 것이며, 그런 성격구성은 좀처럼 있을 수 없다. 많거나 적거나 간에, 치우침을 가진 인간의 대부분은 우선 참을 수 있는 의식주보다 좀 더 많은 것을 부여해 줄 것 같은 그런 생활 조건을 소망하고 있는 것이다. 이런 인간들에게 있어서도 화창和暢관계의 소멸은 심각한 타격을 의미하는 것이다.

어떻게 해서 그렇게 되어 버렸는가? 이것은 잠깐 생각한 정도로는 이해할 수가 없지만 어떤 인간이라도 순수하게 내향적이라거나 순수하게 외향적이 라 해도 양쪽 대응태도의 가능성이 모두 부여되어 있다. 그렇지만 인간은 그 둘 중 어느 한쪽만을 적응기능으로 만들어 내고 있다는 것을 깨달으면 우리는 즉시 다음과 같은 추리를 할 수 있을 것이다.

내향형에 있어서는 깊숙한 쪽 어디엔가 외향형의 마음이 미발달 상태로 잠들고 있으며, 그와 반대로 외향형에 있어서는 내향성이 앞의 외향성의 경우와 마찬가지의 상태로 존재하고 있다. 내향성의 인간이라도 외향적 대응태도를 취하고 있는 것이지만, 그것은 그에게 있어서 무의식이다. 왜냐하면, 그의 의식의 눈길은 언제나 주체에 향해 있기 때문이다.

그도 물론 객체를 보기는 하지만 그는 객체에 대해서 잘못된, 또는 사로잡힌 관찰을 하고 있으므로 객체가 마치 무엇인가 무서운 힘을 가진 위험한 것이기나 한 것처럼 언제나 가능한 한 객체에서 멀어지려고 하는 것이다. 이상의 일을 간단한 예를 들어서 설명해 보자.

두 명의 젊은이가 함께 산길을 걸어가고 있다가 한 아름다운 성이 있는 곳으로 찾아들었다. 두 사람은 성의 내부가 보고 싶었다. 내향형인 젊은이는 "그 안이 어떻게 되어 있는지 알고 싶다"라고 한다. 이어서 외향형이 "들어가 보자"라고 말한다. 그래서 성문을 들어가려고 하는 순간 내향형이 말리면서 "틀림없이 안으로 들어가는 일은 금지되어 있을 거야"라고 한다. 이때 그는 경찰력이라거나 보복이라거나 맹견이라거나 하는 것을 멍하니 생각에 떠올린다.

그러자 외향형은, "물어보면 되지 않겠는가? 그럼 들어가게 해 줄 거야"라고 말하면서 사람 좋은 늙은 문지기, 손님 맞기를 좋아하는 성의 주민들을 대면하게 되는지도 모른다는 낭만적인 모험 등에 대한 일을 멍하게 생각한다. 외향적 낙천주의를 의지하여 두 사람은 이제 성안으로 들어간다. 그런데 전회轉回가 일어난다. 성의 내부는 개조되어 있어서 고문서가 수집된 홀이 두서너 개 있을 뿐이다. 우연하게도 이것이 내향형을 대단히 기쁘게 해준다.

그는 고문서를 보자마자, 사람이 달라진다. 싫증 내는 일 없이 몰입되어 쳐다보면서 환성을 지르곤 하는 것이다. 그는 감시인으로부터 될수록 많은 설명을 들어보려고 긴 이야기에 빠져든다. 그런데 감시인으로부터 그렇게 대단한 얘기를 들을 수가 없었으므로, 관리인은 어디에 있느냐고 묻는다.

곧장 관리인이 있는 곳까지 나아가서 여러 가지를 질문하려고 하는 것이다. 그의 겁내는 태도는 상실되어, 객체는 유혹적인 빛을 띠기에 이르며, 의식세계는 다른 양상을 띠기 시작한다. 반면에 외향형의 젊은이는 차차로 의기소침해지기 시작한다. 지겨워지고 끝내는 하품까지 하게 된다. 왜냐하면, 이 성에는 사람 좋은 문지기도 없으며, 손님을 맞기 좋아하는 주인도 없으며, 낭만적인 모험 등은 더욱더 없었다. 있는 것은 고문서뿐, 그저 박물관으로 개조된 성城에 지나지 않는다.

고문서 따위는 일부러 이곳까지 오지 않더라도 볼 수 있는 것이다. 한쪽의 감격이 높아짐에 따라서 다른 쪽의 의기는 소침해진다. 성은 그의 마음을 소침하게 하고, 고문서는 도서관을 연상시키고, 도서관은 대학을 연상시키고, 대학은 공부와 진저리나는 시험을 생각나게 해준다. 이리하여 예전에는 그렇게도 흥미 깊고 매력적이었던 성城 위에 차차로 음침한 베일이 덮어 씌워지게 된다. 그리고 객체는 소극적으로 변한다. 내향형은 소리친다. "멋지지 않니! 어떻게 우연히 이렇게 멋진 수집물을 찾아낼 수가 있었을까!"그러자 외향형은 불쾌함을 노골적으로 나타내면서 "나는 지루해 죽을 지경이야…"라고 말한다. 이 말을 듣자, 내향형은 화가 나서 마음속으로 '이런 사나이와는 결코 함께 여행하지 않을 거야.'라고 결심한다.

그러나 외향형은 내향형이 화를 낸 것에 진노하여 '이 녀석은 철저한 에고이스트다.'라고 생각한다. 자기의 이기적인 흥미 때문에 모처럼의 좋은 봄 날씨를 이런 곳에서 헛되이 보내 버리고 말았다면, 예전부터 그렇게 생각하고 있었다고 심중에 단정 짓는 것이다.

이게 도대체 어떻게 된 것인가? 두 사람은 이 숙명적인 성에 도달하기까지는 유쾌하고 사이좋게 걸어왔다. 그런데 그 성이 있는 곳에서 주의 깊은 — 프로메테우스적 — 내향형이 "그 안을 볼 수가 있었으면"이라고 말하였다. 그러자 행동한 후에 생각하는 — 에피메테우스적 — 외향형이 일을 실행에 옮겼다.

그러나 바야흐로 유형이 역전한다. 처음에는 성안으로 들어가는 것을 반대한 내향형이 이제는 성으로부터 밖으로 나가려고 하지 않는다. 그리고 외향형은 성으로 들어온 순간을 후회하고 있다.

전자는 객체에 현혹되었고, 후자는 자기의 소극적인 사념思念에 현혹되어 있다. 전자는 고문서에 눈을 돌린 순간, 자기의 성격을 일변시켰다. 그 겁에 질리는 기질은 소멸하고, 객체가 그를 사로잡아 버려서 그는 순순히 객체에 복종한다. 이것에 반하여 후자는 객체에 대해서 차례로 반항을 강화해 나가고, 나중에는 자기 자신의 기분을 망친 주체의 포로가 되어 버린다.

전자는 내향형은 외향형이 되고, 후자는 외향형은 내향형이 된다. 따라서 내향형의 외향성은 외향형의 외향성과는 다른 것이며, 외향형의 내형성은 내향형의 내향성과는 다른 것이다. 두 사람은 조금 전까지 즐겁게 친한 듯이 걸어 다닐 때는 서로가 서로에게 방해되는 것 같은 마음이 조금도 없었다. 그것은 제각기 자기의 홈그라운드에 있었기 때문이다. 두 사람은 서로가 적극적이었다. 그것은 두 사람의 대응태도가 서로를 보완하고 있기 때문이다.

우리는 이것을 그들이 성문 앞에서의 짧은 대화에서 알 수가 있다. 두 사람이 모두 성안으로 들어가고 싶어 했다. 들어갈 수가 있을까? 없을까? 하는 내향성의 의혹은 또한 다른 한편의 외향형에도 해당한다. 외향성의 맞장구치기도 마찬가지로 내향성에도 해당한다. 그런 식으로 한편의 대응태도는 양쪽을 포함하고 있다. 그리고 사람이 자기 본래의 대응태도를 취하고 있을 때는 이것이 많거나 적거나 하는 상태狀態인 것이다. 왜냐하면, 이 대응태도가 다소의 차이는 있다고 하지만, 집합적으로 적합하기 때문이다. 내향형은 언제나 주체에서 출발한다고는 하지만, 이것 또한 외향형의 대응태도에도 해당하는 것이다. 내향형의 대응태도는 주체에서 객체로 흘러간다. 한편 외향형의 대응태도는 객체에서 주체로 흘러간다.

하지만 내향형에 있어서는 객체가 주체에게 우월하며 주체를 자기 쪽으로 끌어들이는 순간, 내향형의 대응태도는 그 사회적 성격을 상실한다. 그는 친구가 곁에 있다는 것은 잊어버리고, 더는 친구를 포함하지 않고, 객체에 몰입하여 친구들이 얼마나 지루해하고 있는가를 영 알아차리지 못한다. 마찬가지로 외향형은 자기의 기대가 빗나가고, 자기의 주관적인 개념이나 변덕이 숨어버리려는 순간, 역시 친구들을 고려하지 않게 된다. 그래서 우리는 이상의 경위를 이렇게 요약할 수가 있다.

내향형에 있어서는 객체의 영향에 있어서 가치 열등의 외향성이 표면에 나타나게 되지만, 외향형에 있어서는 가치 열등의 내향성이 그의 사회적 대응태도 대신에 나타난다. 이리하여 우리는 우리들의 출발점이었던 명제로 되돌아가게 되는 것이다. 즉, '한쪽의 가치는 다른 한쪽의 비가치인 것이다.'

적극적인 사건도 소극적인 사건도 마찬가지로 가치 열등의 반대 기능을 표면에 떠오르게 한다. 일단 그렇게 되면 신경과민이 생겨난다. 신경과민은 존재하는 열등 가치성의 증상이다. 이렇게 되면 불화와 오해의 심리학적 소지가 만들어지게 된다. 그 불화는 두 사람의 인간 사이에 불화일 뿐만 아니라, 자기 자신과의 불화이기도 한 것이다. 가치열등적 기능의 본질은 자동성을 그 특색으로 한다.[4]

가치 열등적 기능은 독립적이며, 그것은 우리를 습격하여 현혹하고, 우리를 그 안으로 짜 넣는다. 그 때문에 우리는 더는 자기를 제어할 수 없게 되고 자기와 남을 올바르게 구별할 수 없게 된다. 그럼에도 불구하고 우리가 자기들의 다른 면. 즉, 가치 열등 적인 기능을 발휘시키는 일이 성격을 발달시키기 위해서는 필요한 것이다. 왜냐하면, 우리는 아마도 오랜 기간에 걸쳐서 남에게는 곁에 있어 달라면서, 우리들의 인격 일부분의 시중을 들어 달라고는 할 수 없기 때문이다. 그렇다는 것은, 우리에게 있어서 익숙하

---

4) 《心理學的 유형》 p.646 이하 참조.

지 않은 다른 기능까지도 필요로 하는 그런 순간이 언제 찾아올지는 모르며, 위의 예가 나타내고 있는 것과 같이 그런 순간은 우리에게 갑작스럽게 들이닥치기 때문이다.

그리고 그 결과는 지극히 재미없는 결과가 되기도 하기 때문이다. 외향성은 그 때문에 객체에 대한 불가결한 관계를 상실하고, 내향형은 그 주체에 대한 불가결한 관계를 상실한다. 반대로 내향형이 어떤 생각이나 주저함 때문에 걸리적거리지 않고 행동할 수 있게 되는 것이며, 외향성이 자기의 여러 관계를 위태로움에 빠지게 하는 일 없이 자신에게 생각을 가라앉힌다는 것도 역시 불가능하기 때문이다. 설명할 필요도 없겠으나, 외향형에 있어서나 내향성에 있어서도 문제는 두 개의 서로 대립하는 자연적인 대응태도 내지는 '방향을 가진 움직임'에 있는 셈이며, 게임은 예전에 이들 두 개의 것을 확장디아스톨레과 수축쥬스톨레이라고 불렀다.

이들 두 개의 대응태도가 조화 있는 순서대로 삶의 리듬을 형성해 주는 것이라는 문구는 없다. 하지만 그런 리듬을 형성하기 위해서는 극도로 교묘한 생활 기술을 필요로 할 것이다. 그러기 위해서는 의식의 작용으로 천연적인 법칙이 방해되지 않을 만큼의 절대적인 무의식 이거나, 또는 반대의 움직임을 의식하고 실현할 수 있을 만큼 높게 의식적이지 않으면 안 될 것이다.

우리는 뒤쪽을 향하여 동물적 무의식 상태로 발전되어 갈 수는 없는 것이므로, 앞으로 향하여 진행해 나가서 더욱더 의식적으로 된다고 하는 극히 곤란한 방법밖에 남아 있지 않은 것이다. 아무튼, 인생의 위대한 '그렇다'와 '아니다'를 자주적으로, 의도적으로 사용하면서 살아나가는 것을 가능하게 할 것 같은 그의 의식성은 참으로 초인적인 이상이지만, 목표 지점이라는 것은 의심할 수 없다. 우리는 각각의 정신 양태에서 '그렇다'를 의식적으로 추구하고, '아니다'를 참아야 한다고 하는 것밖에 허용하지 않을 것이다. 이것이 가능하다면, 그것만으로도 대단한 것이다.

인간 본성에 고유한 원리로서의 대립문제는 우리의 전진적 인식과정의 고차원적인 한 단계를 형성하고 있어서 대략 충분한 분별을 가진 나이에 있는 인간의 문제인 것이다. 환자를 실제로 진찰할 때, 절대로 이 문제로 시작해서는 안 된다. 특히 환자가 젊은이인 경우, 이 문제로 진찰을 시작해서는 더욱 안 된다.

젊은이들의 노이로제는 대체로 현실의 어려움과 유시적幼時的인 불충분한 대응태도와의 충돌에서 생긴다. 그 유아적으로 불충분한 대응태도는 인과적으로 현실 또는 상상에 있어서 양친에 대해 의존성을 지니고, 또한 목적적으로는 충분한 힘을 갖지 않는 허구. 즉, 목적 의도나 노력을 특색으로 한다. 그런 경우 프로이트나 아들러의 환원적 방법은 절대적이다. 그러나 장년기에 접어들어서 시작되는 것 같은 노이로제 환자가 설혹 직업에 종사해 나갈 수 없을 만큼 악화하는 경우도 얼마든지 있다.

물론 그런 경우 우리는 다음과 같은 것을 뚜렷하게 할 수 있다. 즉, 그런 환자는 청년기서 이미 양친에게 이상한 의존성이 존재한다는 것이며 또한 온갖 유아적인 착각이 존재하고 있다는 것이다. 그러나 그와 같은 사정은 환자들이 직업을 가지고, 그 직업으로 성공하고, 결혼하여 아무튼 결혼 생활을 계속해 나가는 것에 방해되지 않았다. 그런데 중년이 되어 그때까지의 대응태도가 돌연히 도움이 되지 않는 순간이 찾아오게 되는 셈이다. 그런 경우 양친에 관한 어릴 때의 여러 공상이나 양친에의 의존성을 의식화시키는 것은 진료의 필연적인 일부이며, 때때로 그런 예에서 나쁘지 않은 결과를 나타낸다고는 하더라도 그것만으로는 물론 효과가 약하다.

그러나 근본적으로 말해서 이같은 경우, 정말로 치료가 시작되는 것은 환자를 신경증에 빠뜨리게 한 장본인이 이제는 부친이나 모친으로서가 아니라 그 자신 즉, 그의 인격의 무의식적 일부분으로 이것이 예전의 아버지와 어머니의 구실을 계속하고 있다는 것을 환자가 깨달은 때부터이다. 이 인식이나 깨달음은 극히 유익하기는 하지만 아직도 소극적이다. 왜냐하면, 이 깨달음은 '자기의 방해가 되는 것이 아버지와 어머니로가 아니라 자기 자신이라는 것을 현재 뚜렷이 인식하고 있다'라는 것을 알리고 있는 것에 지나지 않으므로, 아버지와 어머니의 상像 뒤에 몸을 숨기고 있어서 자기 질병의 원인이 언제부턴가 외부로부터 그의 안으로 들어온 것임이 틀림없다고 오랫동안 스스로 믿게 하였다.

'그의 인격의 그런 신비한 부분은 도대체 무엇인가?'이 부분은 그의 의식적 대응태도의 반대물이었고, 그를 차분하게 하지 못하게 하고, 그 자신에게 그럴듯하게 인정될 때까지는 줄곧 방해적인 영향을 계속 미쳐왔던 것이다. 확실히 젊은이들의 경우는 과거로부터의 해방으로 말미암아 일이 충족할는지 모른다. 왜냐하면, 그들의 앞에는 유혹적인 미래가 가로 놓여 있으며, 여러 가지 가능성이 뒤에 놓여 있기 때문이다. 따라서 그와 과거라는 연결의 끈을 두서너 가닥 풀어버리기만 한다면, 그 후의 일은 생명의 움직임이 자연적으로 풀어준다.

하지만 상당히 오래 인생의 길을 더듬어 오고 있어서 멋진 미래의 가능성 등은 더는 기대할 수 없다. 즉, 오랫동안 길들여져 온 여러 가지 의무와 나이를 먹어간다고 하는 미심쩍은 만족으로밖에 기대되지 않는 인간이 상대라고 한다면, 이야기는 좀 달라지는 것이다.

젊은 사람이 과거의 유래에서 해방되는 것에 성공하면, 그들은 그들 양친의 공상상像을 그럴듯한 대용물로 바꾸려는 행동을 보인다. 그러면 모친에게 향하고 있던 감정은 모친 이외의 부인에게 향해지며, 부친의 권위는 존경하는 선생이라거나 상사 또는 시설 등으로 바뀐다. 그도 그럴 것이 이것이 결코 근본적인 해결은 아니지만, 정상적인 인간도 무의식적으로는 그렇기 때문에 방해나 저항 없이 걸어가게 되는 실제적인 길이다.

그런데 이같은 길은 대체로 많거나 적거나 난잡하게 걸어왔기 때문에 성인이 되면 이야기는 좀 달라진다. 성인은 벌써 옛날에 타계하신 양친으로부터 떨어져 아내에게 모친을, 남편에게 부친을 구하여 그것을 찾아내고 있으며, 다른 부친들이나 시설을 존경하고, 자기 자신이 부친이 되거나 모친이 되어 있으며, 또한 대개는 그런 일 모두가 이제는 지나간 이야기이다. 최초로 자기에게 있어서 촉진이나 만족을 뜻하는 것이 기대되어야 할 오류는그의 앞에서는 노쇠와 일체의 착각의 종말밖에 가로놓여져 있지 않으므로 지금은 애석과 선망이 상반하는 마음으로 되돌아 봐지는 젊었을 때의 착각을 인식하는 것을 배우는 것이다.

그곳에는 이제 아버지나 어머니는 없다. 그의 착각 속에서 세계나 사물에 투영된 모든 것은 차츰 그가 있는 곳으로 또다시 돌아오고 있다. 더구나 완전히 지치고 닳아 빠진 이 모든 단계로부터 흘러 들어오는 에너지는 다시 무의식계로 흘러들어, 그 무의식계에서 그가 오늘날까지 그것을 발달시키는 데에 게을렀던 모든 것들에게 활기를 불어넣는 것이다.

노이로제 속에서 숨겨져 있는 충동력은 해방이 되면, 젊은이에 대해서 그의 생활을 확대해 나갈 비약력과 기대와 가능성 등을 부여한다.

내리막길에 있는 인간은 무의식계 중에 잠드는 반대기능이 발달하는데,

그것은 그의 생활의 갱신을 뜻한다. 그러나 이 발달은, 이제는 유아적인 감정 구속의 해소, 오래된 상의 새로운 상으로의 바뀜, 유아적 착각의 파괴라는 선상에서 나아가는 것이 아니라 대립문제의 방향을 더듬는다.

대립성의 원리는 젊은이의 정신에도 들어 있으므로, 청년의 심리에 관한 심리학적인 이론은 이 사실에 주의해야 할 것이다. 따라서 프로이트 이론과 아들러 이론은 그것들이 일반론일 경우에만 서로 모순되는 것이며, 그것들이 기술적인 보조관념으로 여겨질 때에는 결코 서로 모순되지도 않고, 배타적도 아니다. 단순히 기술적인 보조수단 이상의 것이라고 하는 심리학적 이론은 대립 원리에 기초해 있지 않으면 안 된다. 왜냐하면, 이 대립이론 없이 그것은 단순히 노이로제에 의해서 균형을 잃은 마음을 재편성하는 데 지나지 않기 때문이다. 대립 없이는 어떠한 균형도, 어떠한 자기 조절 기능을 가진 조직도 없는 것이다. 그러나 자기 조절기능을 갖고 있는 한 그것은 조직이다.

2

이야기를 앞으로 되돌리면, 우리는 이렇게 말할 수가 있다. 한 개인에게 있어서 그의 여러 가치는 다름 아닌 노이로제 속에 숨겨져 있었다는 사실이 비로소 분명해졌다. 그래서 이제는 젊은 부인의 경우로 되돌아와서, 이제까지 획득한 지견知見을 이 경우에 적용해 볼 수가 있을 것이다.

이렇게 생각해 보자. 이 부인은 '분석'이 끝난 뒤, 정신분석 치료로 비로소 '자기 증상의 배후에는 어떤 무의식적인 상념이 쌓여 있었다. 그리고 그 증상의 힘을 결정하고 있던 무의식적 에너지를 어떻게 하여 또다시 소유하기에 이르렀는가가 분명해졌다'라고 한다면, 다음에 문제가 되는 것은 '그러면 자유로이 처분할 수 있게 된 그 에너지를 어떻게 하면 좋을까?'하는 실제적인 것이다. 그녀의 심리학적 유형에 따라서 이 에너지를 박애주의적 활동이라거나, 어떤 것이든 그런 유용한 것으로 치부하는 것이 현명하다는 것은 분명하다.

그런 길을 더듬는다는 것은 예외적일 경우에는 자기를 철저하게 괴롭히는 것을 두려워하지 않는, 특히 정력적인 인간이라거나 상기한 바와 같이 활동에 적응하느냐 못하느냐가 정진해 나가는 인간에게 있어서는 크게 작용하고 있는 일이지만, 대개의 경우 이것은 성공하지 못하는 것이다. 왜냐하면, ― 이 일은 잊어서는 안 되는 일이지만 ― 리비도는리비도라는 것을 전문적으로 말하면 심적 에너지이다 이미 무의식 안에 자기 대상을 가지고 있기 때문이다. 젊은 이탈리아인 또는 그것에 상응하는 것 같은 현실의 대용 인물이 그렇다. 그런 사정에서는 말할 것도 없이 앞서 말한 것과 같은 승화가 바람직한 것이지만, 그와 같은 승화가 일어날 수 있는 가망은 없다. 왜냐하면, 대개의 경우 현실의 대상 쪽이 어느 정도는 훌륭한 윤리적 활동보다도 더 좋은 사면斜面을 가지고 있기 때문이다.

입을 벌려서 "저 사람도 이랬으면 좋겠는데……"라고 말하더라도, "저 사람은 현실적으로 이러이러한 사람이다"라고 하는 사람의 수는 참으로 미미한 것이다. 그러나 의사가 상대하는 것은 현실적인 인간이다. 그리고 현실의 인간은 자기의 현실적인 모습이 모든 면에서 승인되기까지 고집스럽게 자기를 변화시키려고 하지 않는 부분이다. 교육교화敎育敎化라고 하는 것은 이상의 환상에서 출발하는 것이 아니라, 적나라한 현실에서 출발할 수 밖에 없는 것이다. 유감스럽지만, 우리는 자유롭게 된 에너지에 어떤 방향을 부여할 수는 없다.

에너지는 자기 자신의 사면을 흘러나간다. 우리는 이 에너지가 도움이 되지 않는 형식으로 이 에너지를 완전히 해방해 주기 이전에 이미 자기의 사면을 찾아내고 있는 것이다. 예를 들면 젊은 이탈리아인을 둘러싸고 만들어진 환자의 여러 공상이 지금에야 의사에게 옮겨진 것을 우리들은 발견한다.[5]

따라서 의사 자신은 환자의 무의식적 리비도의 대상이 되어 있다. 환자가 이렇게 옮겨진 사실을 환자가 전혀 인정하려 하지 않거나,[6] 또는 의사가 이 현상을 이해하지 않거나, 혹은 오해하거나 하면, 그때는 의사와의 관계를 모두 끊어 버리려고 하는 격렬한 저항이 생긴다. 그렇게 되면 환자는 의사 밑을 떠나서 자기를 이해해 주는 다른 의사 내지는 인간을 구한다. 또는 환자가 그런 인간을 구하는 것까지도 단념해 버리면 그들은 그들의 문제 해결을 그치고 마는 것이다.

그러나 의사가 바뀌고, 그것이 환자에게 받아들여지면, 예전의 형식을

----
5) 전이轉移의 개념을 세운 것은 프로이트이다. 그는 이것에 의해서 무의식적인 여러 내용의 투영을 표현하려고 했다.
6) 어떤 이들의 의견과는 반대로 필자는 《의사에의 감정 전이》가 통칭적인 치료의 성공에는 불가결한 현상이라고는 생각하지 않는다. 전이는 투영이다. 그리고 투영은 있을 수도 있고, 없을 수도 있다. 결코 필요 불가결한 것은 아니다. 투영은 결코 '만들어지는' 것은 아니다. 왜냐하면, 투영은 그 정의에 의하면, 무의식적인 여러 동인動因에서 생긴다. 의사는 투영에 대해서 알맞은 일도 있으며 알맞지 않는 일도 있다. 언제 어떠한 경우도 의사가 환자의 리비도의 흐름 속으로 자연적 사면斜面을 형성한다고 하는 일은 없는 것이다. 왜냐하면, 환자의 뇌리에는 의사보다도 훨씬 중요한 투영 대상이 떠오르고 있는 경우도 크게 생각되어지므로 의사에의 투영이 일어나지 않더라도 그것은 경우에 따라 치료가 대단히 쉽게 될 수도 있다. 그것은 현실의 개인적인 가치가 투영이 일어날 경우보다도 전경前景으로 밀어내어지기 때문이다.

대용하고 또한 에너지의 흐름이 상대적으로 갈등을 가지지 않는 움직임을 가능하게도 하는 자연적인 형식이 발견되는 것이다. 따라서 리비도로 하여금 그것이 가는 대로 내맡겨둔다면 리비도는 자기 스스로 정해진 대상에의 길을 찾아내는 것이다. 그렇지 못했을 때는 자연의 법칙에 대한 부조리한 격정, 또는 어떠한 방해되는 영향이 있다고 보아도 되는 것이다.

전이 중에는 최초의 온갖 유아적인 공상이 투영된다. 그것들은 부식되도록 해야 한다. 즉, 환원적으로 해결돼야만 한다. 이것을 '전이의 해소'라고 이름 짓는다. 이것에 의해서 에너지는 또한 이 무익한 형식에서 해방된다. 그리고 또다시 우리는 자유로이 처분할 수 있는 에너지의 문제 앞에 서게 되는 것이지만, 이번에도 우리는 자연을 신뢰하여 우리가 어떤 대상을 구하기 이전에 하나의 대상이, 즉 편리한 사면을 가진 한 대상이 선택되어지는 것을 기대할 수 있다.

제 5 장

개인 무의식과
집단 무의식에 관하여

Psychology of unconsciousness

　여기서 또다시 우리의 인식과정의 새로운 한 단계가 열려지게 된다. 우리가 유아적인 전이轉移 공상을 분석하고 해소시키는 일을 계속하고 있는 중에 환자에게도 다음과 같은 일이 밝혀졌다고 하자. 즉 환자는 의사를 아버지라거나 어머니라거나 숙부라거나 후견인이라거나 선생이라거나 기타무엇이든, 양친적인 권위로 생각되는 모든 것으로 보여지게 한다는 것이다. 그러나 그것으로 공상적 발상이 끝나 버리는 것은 아니다.

　이것은 경험이 되풀이된다는 것을 가르치고 있는 것이다. 의사를 구세주내지는 신과 비슷한 존재로 보는 것 같은 공상이 나오는 일도 있다. 이것은 의식의 건강한 이성과 완전히 모순되고 있다는 것을 말한다. 더 나아가서, 그런 신적인 존재의 여러 특징이 우리가 성장하여 온 그리스도교적 견해의 테두리를 넘어서 설혹 동물의 모습과 같은그런 일은 조금도 신기하지 않음 이교적異敎的인 거동을 채용하는 일이 있는 것이다.

　전이는 그 자체에 있어서 무의식적 여러 내용의 투영에 지나지 않는다.

우선 무의식은 소위 표층적表層的 내용·이것은 꿈이나 증상이나 공상 등에 의해서 그것과 인식될 수 있음이 투영된다. 이 상태에 있어서, 의사는 환자의 눈에 연인우리들의 사례로 말하면 앞서의 젊은 이탈리아인같은 흥미있는 존재이다. 이어서 의사는 현실적인 부친 이상의 것으로 나타나게 된다.

자애심 깊은 부친으로나, 또는 무서운 부친으로 연상되어 온다. 어떤 성질을 가진 부친이 되었는가 하면, 그것은 환자의 현실적인 부친의 눈으로 보아서 그 부친에게 간취看取된 것과 같은 성질에 의해 그곳에 여러 가지 차이가 생긴다. 그런가 하면 환자의 눈에 의사는 모친으로 연상되는 일도 있다. 이것은 약간 묘한 일로 생각되는지 모르나, 아무튼 있을 수 있는 것이다. 이와 같은 공상투영은 개개인의 기억을 많이 매달고 있다. 하지만 최후로는 격렬한 성격을 가진 공상 형식이 나타난다. 그런 경우, 의사는 불쾌한 성질을 가진 인간이라고 생각된다. 예를 들면 마법사라거나 극악무도한 범죄인이라거나 또는 그것을 좋은 생각으로 되돌이켜 본다면 구세주로 보여진다. 그렇다고 생각하면 의사는 이들 양자의 혼합체로 보일 수도 있다. 오해가 있으면 안 될 것이므로, 필자가 무엇이나 필연적으로, 의사는 환자의 의식에 있어서는 그런 것으로 나타난다고 말하고 있는 것은 아니다. 의사를 그런 식으로 표현하는 공상이 표면으로 떠올라 온다는 것이다. 환자의 이런 공상은 사실상 그들의 내부에서 나온 것이어서 원래 의사의 성격과는 아무런 관계도 없고, 있어도 극히 조금밖에 없는 것임에도 불구하고 환자들은 이해가 잘 되지 않는다.

이런 오해는 어디에서 오는가 하면, 개인적인 기억 기저基底가 이런 종류의 투영에 있어서는 전혀 존재하지 않는 데에서 오는 것이다. 경우에 따라 비슷한 공상이 유년시대의 어느 시기에 부친이나 모친이 연결되어 있다고 하는 사실이 입증되기도 한다. 물론 부친이나 모친도 현실적으로는 그런 성격을 전혀 가지고 있지 않는 것이었다.

프로이트는 한 소논문에서[1] 레오나르도 다빈치 만년의 생활이 다빈치가 두 명의 아버지가 있다고 하는 사실에 의해서 어떻게 영향을 받았는가를 나타냈다.

두 사람의 부친 또는 이중 출신의 사실은, 레오나르도에 있어서는 현실적인 사실이었지만, 다른 예술가에 있어서도 어떤 구실을 연출하고 있다. 예를 들면 벤베누트 첼리니는 자기의 출신이 이중이라는 공상을 가지고 있었다. 어쨌거나 이 이중의 출생이라는 것은 하나의 신화적 주제이며, 많은 영웅들은 전설상 두 명의 모친을 가지고 있다. 이 공상은 영웅들에게 두 사람의 모친이 있다고 하는 실제의 사실에서 나오는 것이 아니라, 인간 정신사의 비밀에 속하기는 하나, 개인의 추억 속 영역에는 속하지 않는 것으로 인류에 넓게 퍼져 있는 '원상原像'인 것이다.

인간 하나하나의 마음속에는 개인의 기억 말고도 거대한 '원상'이 있는 것이다. 이 원상이라는 말은 야코프 부르크할트가 최초로 주장한 말이다. 옛날부터 인간의 표상적용의 유전적인 여러 가능성이 그 뜻이다. 이 유전이라는 사실은 어떤 종류의 전설 자료나 주제는 전 지구상에 동일한 형식으로 되풀이된다고 하는, 참으로 기묘한 현상을 설명해 준다. 이러한 사실은 더 나아가, 어째서 정신병 환자가 우리들이 오래된 서적에서 알고 있는 것과 같은 형상이나 관련을 정확하게 재현할 수 있는가를 설명해 준다.

필자가 지은《리비도의 변양變樣과 상징》중에 약간의 예를 들어 두었다. 결코 여러 표상이 유전이라는 것을 주장하려는 것은 아니다. 단순히 유전

1) 〈레오나르도 다빈치의 유년시기의 회상〉1910년

으로서 표상적용의 가능성을 주장을 하고 있는 것이다. 여러 표상의 유전과 표상적용의 유전 가능성은 전혀 이야기가 다른 것이다.

이제는 개인의 여러 기억에 근거하는 일이 없는, 이들 여러 가지 공상이 재현된다고 하는 증상의 치료 단계에 왔다.

여기에서는 보통 인간적인 원상이 흐릿하게 조는 듯한 무의식의 보다 깊은 층의 자기 계시가 행해지는 셈이다. 우리는 그런 형상이나 주제를 '신화 유형'또는 '목표'라고 이름 지었다. 이 개념을 이해하려면 다음 주의 문헌을 참조하시라

이 발견은 이해의 한 전진을 뜻한다. 그것은 무의식에 있어서 두 가지 층의 인식이다. 즉 우리는 개인적 무의식과 비인간적 또는 초개인적 무의식과 구별하지 않으면 안 된다.[2] 후자는 집합적 무의식이라고도 불리지만, 그것은 바야흐로 그것이 개인적인 것과는 인연이 없고 보편적이며 무의식의 여러 내용에 이르는 것에서 찾아낼 수 있기 때문이다개인적 무의식의 여러 내용은 물론 그런 일은 없다.

개인적 무의식은 상실된 여러 기억이나, 억압된고의로 잊혀진 불쾌한 여러 표상이나, 소위 인식영역의 여러 지각의식에 올려져 있을 뿐이지 강도가 없는 감각 지각이나, 아직도 의식 위에 올려지지 않은 여러 내용을 포함하고 있다. 그것은 꿈에 자주 나타나는데 그늘의 형상에 조응照應한다.[3]

원상原像은 인류 최고最古의 가장 보편적인 표상의 여러 형식이다. 그것은

---

2) 집단적 무의식은 객관적으로 심적인 것을 표현하고, 이것에 반하여 개인적인 무의식은 주관적으로 심적인 것을 표현한다.

3) '그늘'이란 인격의 소극적인 부분을 말하며, 가능한 남의 눈에 띄지 않도록 은폐된 불리한 성질이나 발달이나 나쁜 기능이나 혹은 개인적 무의식의 여러 내용 등의 총체를 지칭한다. 총괄적인 서술로는 티 볼트의《복합심리학의 여러 기초 입문》 p.170 이하《복합심리학의 문화적 의의》 1932년.

감정이기도 하며 관념이기도 하다. 뿐만 아니라 원상은 무엇인가 자기 자신의 독립된 생명을 가지고 있다. 예를 들면 부분적 영혼[4]과 같은 것을 가지고 있다. 이것은 우리가 인식의 원천으로서 무의식의 지각에 기초를 갖는 철학의 유파 또는 구노시스파派의 사상체계 중에서 쉽게 파악할 수 있는 것이다. 파울루스에게 있어서의 천사, 대천사, '왕좌와 지배'등의 개념, 구노시스파의 집정관의 개념, 디오니시우스 알레오파다기의 천상의 정부情夫의 개념 등은 신화유형의 상대적 독립성의 지각에서 유래하는 것이다.

이것에 의해서 우리들은 리비도가 개인적이고 유아적인 전이 형식에서 해방된 후에 선취選取할 수 있는 대상까지도 찾아낸 것이 된다. 리비도는 그 사명을 흘러내려 무의식의 깊은 곳으로 내려가서, 그곳에서 이제까지는 체류되고 있었던 것을 활기있게 한다.

리비도는 숨겨진 보물을 발견했던 것이다. 그리고 인류는 언제나 이 보물에 의지하여 살아 왔으며, 이 보물에서 신들이나 만물을 만들어 낸 것이며, 그것 없이는 인간이 인간임을 포기해 버리는 것과 같은 가장 강력한 이념의 일체도 역시 여기에서 비롯되었던 것이다. 예를 들면 19세기에 탄생시킨 최대 사상의 하나인 '에너지 불변의 법칙'의 이념을 채택해 보자. 이 이념을 최초로 만든 사람은 로베르트 마이어이다. 마이어는 의사였고 물리학자나 자연철학자는 아니었다.

이런 것은 마땅히 물리학자나 자연철학자에 의해서 창출되어져야 옳을 것이다. 그러나 마이어의 생각은 본래의 뜻으로 만들어진 것이 아니라고 하는 것을 안 것은 아주 중요한 일이다. 또한 이 생각은 당시 행해져 있던

----

[4]이 개념에 대해서는《콤플렉스 이론에 관한 일반적인 사항》 참조. 이것은《마음의 에너지 구조와 꿈의 본질》1948년 중에 수록되어 있다.

여러 관념이나 학문상의 가설이 서로 합쳐져서 이루어진 것도 아니다. 이 생각은 그 창시자의 내부에 마치 식물처럼 싹트고 조금씩 성장해 온 것이다. 마이어는 그리징거에게 이 점에 관하여 다음과 같이 글을 써보내고 있다1844년.

"나는 이 이론을 글을 쓰는 책상 위에서 만들어낸 것은 아닙니다."

그로부터 그 자신은 선의船醫로써 1840년에서 41년에 걸쳐서 얻은 약간의 생리학적 여러 관찰에 대해서 썼으며, 그 뒤를 다음과 같이 계속하고 있다.

"그런데 생리학상의 문제를 해명하려고 할 때, 형이상학적 견지에서의 처리가 좋지 않다면나에게는 그런 처치 방법은 아주 견딜 수 없는 것이다, 아무래도 물리학의 지식이 있어야만 하겠습니다. 그런 까닭으로 나는 물리학의 공부를 시작하여, 배를 타고 모처럼 먼 진기한 땅을 방문하였는데 구경도 하지 않은 채, 선실에 처박혀서 다른 사람들로부터 어리석은 자라고 비웃음을 받을 정도의 열의로 물리학 연구를 했던 것입니다. 그리고 있노라면 때때로 무엇인가 영감을 받는 것 같은 기분이 드는 일이 있었습니다. 그런데 그 이전에도 그 이후에도 그런 기분이 된 기억은 없었습니다. 슬라바야의 레에데에 있었던 때였는데, 머릿속에 두서너 가지의 생각이 번개처럼 스쳐 지나쳤습니다. 그것을 열심히 좇아가니까 새로운 문제에 마주치게 되었던 것입니다. 그런 순간은 물론 지나가 버렸으나, 그때에 제 머릿속에 떠오른 것을 나중에 차분히 음미해 보니까, 그것이 주관적으로 느껴진 진리일 뿐만이 아니라, 객관적으로도 증명 가능한 진리였다는 것을 알았습니다. 그러나 이런 일이 저처럼 물리학에 대해 어두운 남자에 의해서 일어날 수 있는가 어떤가 라고 하는 문제는 오히려 나로서는 불문에 붙여두지 않으면 안 되는 것이지만……"

헬름은 그의《에너지 론》중에서 이렇게 말하고 있다.

"로베르트 마이어의 새로운 사상은 재래의 에너지 개념을 면밀하게 검토하여 점차로 그곳에 형태를 가다듬어 왔다고 하기보다는 다른 정신적 영역에 침투하여, 다시 말해 사고思考에 습격하여 강제적으로 종래의 여러 개념을 자기에 맞도록 변형시키는 것으로, 직감적으로 파악된 여러 이념에 속한다."《에너지 론의 역사적 발달》, 1898년 p.20

그런데 문제는 이렇다. 그만큼의 강력하게 의식에 밀어닥친 새로운 이념은 어디에서 유래하는가? 또한 이념은 그것이 의식으로 태어나서 처음으로 열대지방 여행을 하면서 얻은 여러 잡다한 인상으로부터 전적으로 떼어낼 수 있을 만큼 독점할 수 있었던 그 힘을 어디에서 얻어 왔는가? 이같은 문제에 대답하는 것은 쉽지 않다. 그러나 우리들의 이론을 이 경우에 적용하면, 이런 대답이 나올 수 있다. 에너지와 그 불변의 이념은 집합적 무의식 속에 체류되고 있던 한 개의 원상임에는 틀림없다. 물론 이런 결론을 내기 위해서는 그런 원상이 정신사 중에 실제로도 존재하고, 수천 년에 걸쳐서 활동하고 있었다는 것을 증명해 보일 수 있어야 한다. 이러한 사실은 어렵지 않게 증명해 보일 수가 있다

이 세상의 도처에 존재하는 가장 원시적인 여러 종교는 이 원상 위에 쌓아올려져 있는 것이다. 그 주위에서 일체가 회전하고 있는 것처럼, 일반적으로 유포된 마력이 있다고 하는 유일한 결정적인 사상을 가지고 있는 소위 역본설적力本說的 종교가 그것이다.

저명한 영국의 학자 테일러와 같은 영국인인 플레이저 등은 이 이념을 애니미즘이라고 오해했다. 사실 미개인들은 그들의 에너지 개념을 영혼이

라거나 정령이라는 것으로는 생각하지 않는다. 그렇지 않아도 실제 미국의 학자인 라브조이가 적절하게도 '원시적 에너지 론'이라고 명명한 것 같은 것으로 해석하고 있는 것이다.

이 개념은 영혼, 정신, 체력, 수태력, 마력, 영향, 권력, 덕망, 약 및 격정의 환기를 특징으로 하는 것처럼 약간의 기분 상태 등에 조응한다. 폴리네시아 토인에게 있어서는 '무룽구우원시적 에너지 개념'는 정신이며 영혼이며 마성이며 마력이며 덕망이다. 그리고 무엇인가 깜짝 놀랄 것 같은 일이 일어나면, 그들은 "무룽구우"라고 소리친다. 이 역力개념이야말로 미개인에게 있어서 신의 개념의 첫 번째이다. 원상原像은 잇달아서 새로운 바리에이션 중에 역사의 흐름과 함께 발달되어 왔다. 구약성서에서의 마력은 불타는 가시덤불과 모세의 얼굴 사이에서 빛나고 있다. 복음서에서의 마력은 하늘에서 내려온 불타는 혀〔舌〕라고 하는 모양으로 정령이 내린 것으로 나타나고 있다.

헬라클레이토스는 세계 에너지로서, '영원히 살아 있는 불'로 나타나고 있으며, 페르시아에서는 신의 은총 '하오머'의 불의 빛남이 그것이다. 스토아 학파에서는 원난原暖, '운명의 힘'이 그것이다.

중세 종교 전설에서 그것은 '아울라'로서 윤광輪光으로 나타나며 불길이 되어 황홀 상태에 있는 성자가 가로뉘어져 있는 오두막 지붕에서 뿜어 나와져 있다. 성자들은 그들의 환각 중에 이 힘의 태양을, 빛의 가득 참을 보았다. 오랜 생각에 따른다면, 이 힘은 영혼 그 자체이다. 영혼 불멸의 이념 중에 그 불변이 포착되어 있으며, 윤회輪廻라고 하는 불교나, 미개인의 생각 중에 그 불변적인 무제한의 변전變轉 능력이 포착되어 있다.

그래서 이 에너지 불변의 이론은 몇 만 년 이전부터 인간의 두뇌에 깊게 새겨져 온 것이다. 그렇기 때문에 이 이념은 인간 각자의 무의식중에 제대로 마련되어 있는 것이다. 이 이념을 또다시 밖으로 노출시키기 위해서는 단지 약간의 조건이 채워지기만 하면 되는 것이다. 분명히 로베르트 마이어에 있어서는 이러한 여러 조건이 채워졌던 것이다.

인류 최대 최상의 사상은 마치 기초 그림 위의 도면에 건물이 세워지는 것처럼, 여러 가지 원상 위에 축조되어 형성되는 것이다. 도대체 그런 신화유형이라거나 원상原像이라는 것은 어디에서 찾아드는 것인가? 라고 남에게 물어 보았었다. 신화유형이라는 것을 인류에게 언제나 되풀이되는 경험이 침전沈澱한 것으로 생각하는 것이 아니라면, 그 발생은 설명을 할 수 없는 게 아닌가 하고 생각한다.

가장 평범하고 동시에 가장 인상적인 경험의 한 가지는, 매일매일 보이는 태양의 떠오르고 내려앉는 것이다. 주지하는 자연현상으로서 태양의 운행이 문제가 된다고 한다면 무의식중에는 그것에 관해 아무것도 발견해 낼수가 없지만, 이것에 반하여 태양신화라면 온갖 형태로 존재하고 있다. 태양 신화유형을 형성하는 것은 신화이지 자연현상은 아니다. 마찬가지로 달이 차고 기우는 것에 대해서도 말할 수 있다.

신화유형은 되풀이해서 똑같거나 혹은 비슷한 신화적 개념을 다시 만들어내는 일종의 가능성인 것이다. 따라서 무의식에 새겨 넣은 것은 자연현상에 의해서 또다시 환기된 주관적 공상표상만인 것 같은 관념을 나타낸다. 그런고로 신화유형은 주관적 반응이 몇 번이나 되풀이된 결과, 일정한 형태를 취하게 되기에 이른 것으로도 생각될 것이다.

이 가정은 오히려 문제를 해결하지 못하고, 그저 약간 옆으로 빗나가게 한 것 뿐이다. 약간의 신화유형은 이미 동물에 있어서 나타나고 따라서 그것들은 생물 일반의 독자성 안에 기초를 두고 있으며, 따라서 아직 생명의 표출인 것이며, 이 생명 표출이 그와 같은 것이라는 것, 그 이상은 설명을 하려고 해도 설명할 수 없다고 생각해도 될 것이다.

어쨌든 신화유형이라는 것은 몇 번이나 계속 되풀이된 유형적인 여러 경험의 침전 뿐만이 아니라, 동시에 또한 그것들은 경험적으로는 동일한 경험의 되풀이되는 힘 내지는 경향과 같이 거동하는 것이다. 어느 신화 유형이 꿈이나 공상이나 생활 속에 나타난다면 그것은 반드시 어떤 특별한 '영향'이나 그것에 의해서 그 신화 유형이 신적神的으로 약간 현혹적으로, 또는 사람을 행동으로 내모는 것 같은 작용을 하는 일종의 힘을 수반하는 것이다.

원상에 대한 보고에서 나타난 새로운 이념의 서로 다른 한 예를 논한 우리는 여기서 또다시 앞 과정의 설명으로 돌아가려고 한다. 우리들은 리비도가 얼핏 두서가 맞지 않는 기묘한 공상 중에 그 새로운 대상을 포착하는 것을 보았다. 즉 그것은 집합적 무의식의 여러 내용이었다. 이미 말한 것처럼, 의사에의 원상투영은 그 후의 치료에 있어서는 가볍게 다룰 수 없는 위험을 의미한다. 원상은 예전에 인류가 생각하고 느꼈던 바의 가장 아름답고 가장 위대한 것 일체를 포함할 뿐만 아니라, 인간이 예전에 하였던 일체의 사악한 행위를 포함하는 것이다.

원상은 그 특수한 에너지에 의해서 — 즉 원상은 힘을 저축한 자동적 중심점과 같은 활동을 한다. — 의식에 대해서는 현혹적이고 압도적인 작용을 가하고, 그 때문에 주체를 크게 변화시킬 수가 있다. 이것은 종교상의 회심回心, 암시적 작용, 또는 특히 어떤 종류의 분열증의 발병에서 볼 수가 있다.

그런데 환자가 의사의 인격을 그것들의 투영에서 구분할 수 없다면, 결국은 일체의 상호 이해의 가능성이 상실되고, 인간관계는 불가능해진다. 그러나 환자가 이 카리브디스를 피한다고 해도 내부로 향하는 원상의 역투영逆投影이라고 하는 스킬트라가 그를 기다리고 있는 것이다. 즉, 환자는 원상이 갖는 여러 성격을 의사에게 가탁假託하지 않고 자기 자신의 것으로 생각하게 된다. 이 위험도 또한 앞서 말한 위험과 마찬가지로 곤란한 것이다.

외부로 향해서의 투영에 있어서 환자는 의사에 대하여 과대한 병적인 찬미와 증오에 가득 찬 모멸 사이를 왔다갔다 하고 있다. 역투영내부에 향해서의 투영에 있어서 환자는 웃어야 할 자기 신화神化에 빠지든지 아니면, 도덕적인 자기 고문에 빠진다. 이들 두 가지 경우에 환자가 가질 수 있는 잘못된 인식은 다음과 같은 점에 있다. 즉, 그는 집합적 무의식의 여러 내용을 한 인물의 것으로 생각한다는 점이다. 이리하여 그는 타인 또는 자기를 신으로 혹은 악마로 착각한다.

신화유형의 독자적인 작용은 바로 이 점에서 나타나는 것이다. 신화유형은 인간의 마음을 일종의 거대한 폭력을 휘둘러 붙잡아 버리고 인간적인 세계의 테두리 밖으로 사정없이 밟아 나가는 것을 강조한다. 신화유형은 선에 대해서나 악에 대해서나, 그 두 방향에 있어서 인간에게 과장을, 부풀리기인플레이션를, 착각을, 무의지 상태를 강요한다. 여기에서야말로 인간이 언제나 미신을 필요로 하고 신 없이는 절대로 살아나갈 수 없었던 이유가 나타나는 것이다.

단 과거에 특히 현명했던 '서양인호모 옥시덴탈리스'의 전형적인 표본, 다시 말해서 초인들 — 그들은 '신은 죽었기'때문에 그들 스스로가 신이 된 초인들그들이 된 신은 두꺼운 두개골과 차가운 심장을 갖고 있는 초미니판 신이었다 — 은 별도이다. 즉 신의 개념은 비합리적인 성질에 절대 필요한 심리학적인 한 기능이었으며, 이 기능은 신의 실재의 문제 등에는 애초부터 아무런 관련도 없는 것이다. 단 인간지성을 가지고 한다면 "신은 실재하는가?"라고 하는 물음에 대답할 수는 절대로 없으므로, 뿐만이 아니라 신의 실재의 증명이라는 것은 더욱이나 있을 수 없는 것이다.

게다가 그런 증명은 쓸모조차 없기 때문이다. 왜냐하면, 만능으로서 신적인 것이라는 이념은 설혹 의식적이 아니라고는 하나, 무의식적으로 이르는 곳에는 존재하고 있는 것이다. 왜냐하면, 이 이념은 하나의 신화유형이기 때문이다. 우리들의 마음속에 있는 어떤 것은 지고至高의 권력을 가지고 있다. 그것은 의식적으로 신으로 여겨지지 않아도 파울루스가 말하는 것처럼 최소한 '배〔腹〕'인 것이다.

그런고로 신이라고 하는 이념을 의식적으로 승인하는 편이 보다 현명하다고 생각한다. 그렇지 않다면 무엇인가 다른 것이 당장에 신으로 섬겨져 버리기 때문이다. 그것은 대개 — 소위 '진보적'의식이 어떻게 머리를 짜내어도 — 무엇인가 지극히 불충분하고 어리석은 것이 신으로 모셔져 버리기 때문이다. 우리들의 지성은 신이 실재한다는 것, 또는 어떻게 하여 신은 실재하는가? 이 두 가지 사항을 생각해 보는 것은 말할 것도 없거니와, 애초에 신이라는 것을 제대로 생각해 볼 수가 없다고 하는 것을 처음부터 알고 있었다.

신의 실재는 결국 해결 불가능한 문제인 것이다. 그러나 일반적 동의同意 : 콘센스프겐티움는 몇 만 년이나 옛적부터 신들에 대해서 말하였으며, 앞으로도 계속하여 신들에 대해서 말할 것이다. 인간이 자기 이용을 얼마나 훌륭하고 완전하다고 생각하든지간에 그 이성이라는 것은 어쨌거나 가능한 정신적 여러 기능의 하나에 지나지 않으며, 세계의 여러 현상에 있어서 이성이 감당할 수 있는 일면만을 상대로 하는 것이 아니라는 것을 의심할 여지가 없는 것이다. 그러나 약간 눈을 옮긴다면, 인간 세계가 이르는 곳마다 이성과는 일치하지 않는 비합리적인 것이 범람하고 있는 것이 현실이다. 그리고 이 비합리적인 것도 마찬가지로 한 개의 심리학적 기능, 즉 진정한 집합적 무의식인 것이며, 이성은 본질적으로 의식에 이어져 있는 것이다.

세계 전체의 질서 없는 개개의 경우 혼돈 속에서 어떠한 질서를 발견하고, 그것에서 적어도 인간이 재령宰領하는 영역 내에서 그런 질서를 창출해내기 위해 의식은 이성을 기다리지 않으면 안 된다. 우리들은 우리들 내부나 외부에 있는 비합리적인 것의 혼돈을 할 수 있는 데까지 없애려고 하는, 칭찬받을 만한 유익한 노력을 계속하고 있다. 얼핏 보면, 이 일은 상당한 성과를 올리고 나타났다. 어느 정신병 환자는 예전에 나에게 이렇게 말한 적이 있다.

"그런데 선생님, 어제 나는 하늘 전체를 승홍수昇汞水로 소독을 했습니다. 그런데 결국 하나님은 볼 수 없었습니다."

우리가 이런 상태라고 해도 그런 투였을 것이다. 실제로 위대한 현자였던 늙은 헤라클레이토스는 모든 심리학적 법칙 중에서 가장 영묘한 법칙, 즉 여러 대립물의 조절적 기능의 법칙을 발견한 사람이다. 그는 이 법칙을 배반이라고 이름지었다. 모든 것은 언젠가 그 반대물로 바뀌어진다는 것이 그 의미이다 지금 나는 위에 든 미국의 실업가의 경우를 생각해 내었다. 그 경우는 헤라클레이토스의 에낭티오드로미를 아주 멋지게 나타내고 있다.

따라서 합리적인 문화의 입장은 필연적으로 그 반대물로, 즉 비합리적인 문화 황폐에로 진화한다.[5] 우리들은 우리 자신을 이성 그 자체와 동일화해서는 안 된다. 왜냐하면, 인간은 항상 이성적인 판단만 하는 것은 아니므로 인간이 전적으로 이성적인 존재일 수는 없을 것이며 또한 절대로 이성적인 존재만일 필요도 없을 것이다. 모든 진보파는 이 일을 마음에 새겨야 한다. 비합리적인 것은 이것을 없애 버리는 것이 아니며 또한 없애 버릴 수도 없다. 신들에게는 죽음이 없다고 하는 말이 곧 죽어 버려도 좋다는 의미는 아니다.

먼저 인간의 마음속에는 언제나 무엇인가 이런 일종의 지고至高한 힘이 있는 것 같다고 생각한다. 그리고 만약에 그것이 신의 이념이 아니라고 할 경우 파울루스의 말을 빌린다면, '그것은 배〔腹〕일 것이다'라고 썼으나, 어떤 충동 내지는 표상 콤플렉스가 심적 에너지의 최대량을 파악하여, 그 충동 혹은 표상 콤플렉스가 심적 에너지의 최대량을 자기의 손아귀에 쥐고 있어서, 그것에 의해서 그 충동 혹은 표상 콤플렉스는 인간의 자아를 턱으로 부리듯 하기에 이른다는 사실을 말하려고 한 것이다.

보통 자아는 그 에너지의 초점을 자기와 똑같이 놓고, 처음부터 그 이외의 일은 아무것도 바라지 않고 아무것도 필요하지도 않는다고 생각해 버릴 정도로 이 에너지의 초점에 끌어당겨져 버리는 것이다. 그러나 그런 식의 사고에서 일종의 광기가 편협 망상 내지는 신들린 상태의 가장 심한 편

---

5) 이 한 문장을 쓴 것은 제1차 세계대전 중이었다. 의역하지 않고, 여기에 그대로의 형태로 잔존시켰다. 왜냐하면, 이 일문은 한두 번이 아니라, 역사상에서 실증될 수 있는 한 개의 진리를 포함하고 있기 때문이다.이 문장은 1925년에 쓰여졌다.

오늘날의 여러 사건이 나타내는 바와 같이 그것은 시간이 경과하지 않고 또한 우리들의 안전에 있어서 실증되었다. 도대체 누가 이 맹목적인 파괴를 바라는가?…… 그런데도 모든 사람들은 가지고 있는 것을 솔직하게 털어내고서 마신魔神의 지배를 돕고 있는 것이다. 아아! 이 유아와 같은 순진성!이 문장이 쓰여진 것은 1942년의 일이었다.

향이 생겨서, 그것이 마음의 균형을 극히 심각하고 위태롭게 한다. 이와 같은 편향에의 능력이 어떤 종류의 사업 성공의 비밀이었다는 것은 어떤 의심도 용납치 않는다. 따라서 문명은 열심히 이런 경향을 양성하려고 힘쓴다. 정열, 즉 이런 편협 망상에 잠기는 에너지 축적을 옛날 사람들은 '신神'이라고 불렀고, 오늘날에도 마찬가지로 부르고 있다.

현재 우리들은 '그의 이러이러한 것을 신으로 여기고 있다'라고 하는 것이 아닌가. 그런 경우, 우리들은 자기가 아직 의지나 선택할 능력을 가지고 있다고 생각을 해도 그 한편에서는 자기가 이제는 신들려 있어서 이미 자기들의 관심이 권력을 손바닥 안에 거둔 자기들의 주인이 되어 있다고 하는 것을 알아차리지 못하는 것이다. 그런 관심은 일종의 신이며 그 신은 혹시나 많은 사람들에 의해서 승인된다면 차례로 '종파'를 만들어가고, 신자의 한 무리를 자기 주위에 모은다. 이것은 조직이라고 불린다. 그러나 이 조직에는 '벨제블에 의해서도 악마를 추출한다작은 어려움을 쫓아내려다가 큰 어려움을 부른다'라는 것에 조직 파괴적인 반동이 뒤따르는 것이다.

그러나 어느 운동이 의심할 수 없는 권력에 이르렀을 때에는 언제나 임박해 오는 에낭티오드로미는 문제해결을 뜻하지 않고, 반대로 그 조직화에 있어서와 마찬가지로 조직파괴 경향에 있어서 맹목적인 것이다.

에낭티오드로미의 법칙에서 벗어날 수 있는 사람은 자기를 무의식에서 격리하고, 더구나 무의식을 억압하는 것이 아니라 — 억압한다면 무의식은 그의 배후에서 습격할 뿐이다. — 무의식을 뚜렷하게 그와는 구별해야 할 어떤 것으로 자기 앞에 거리를 두고 내려놓을 수 있는 사람뿐이다.

이리하여 처음으로 위에 언급한 스킬르카 카리브디스 문제해결의 실마리가 열려진다. 환자는 자아와 자아가 아닌 것집합적인 마음을 구별하는 일을 배워야 한다. 이것에 의해서 그는 그 순간부터 오랫동안에 걸쳐서 절충을 계속해야 하는 방법의 자료를 입수한다.

지난날에 쓸모없던 병적인 형식에 사로잡혀 있던 그의 에너지는 이리하여 그 에너지 본래의 영역을 찾아낸 것이 된다. 인간이 그 자아 기능을 착실하게 발휘시켜, 즉 인생에 대한 자기의 의무를 다하고 그리고 모든 점에 있어서 인간사회의 생활을 지탱할 수 있는 일원이 되는 일이 자아와 비자아를 구별하는 일의 본질이다. 그가 이면에 있어서 노력하지 않고 태만해지고, 무의식이 되고, 그것이 강화되어 결과적으로 그는 무의식에 의해서 삼켜져 버릴 위험에 빠진다. 그러나 그것은 무거운 벌을 받지 않고 그냥 지나갔던 것이다.

늙은 슈네시오스가 말하는 것처럼 '희박해진 영혼'은 신이 되고 마신이 되어 그 상태에 있어서 신의 벌을 받는다. 즉 니체도 발병 당시 경험한 것처럼 주저, 후회의 분열상태가 그것이다.

에낭티오드로미는 서로 다른 두 개의 축으로 찢겨져 있는 것이며, 그것들이 상반하고 서로 대립하는 것은 신에게는 특유한 것이고, 또한 자기의 신성을 자기 신들의 극복에 의지하고 있는 것은 신이 된 사람에게도 고유한 것이다.

집합적 무의식이 문제가 되어 있는 것은 아닌가? 이것은 우리들 젊은 사람이나 너무 오랫동안 유아적인 단계에 머물러 있는 인간 등을 실제로 분석하는 경우에, 당장에 그들은 사고 밖으로 놓아져야 할 문제의 단계에 존재하는 것이다. 아직 부친이나 모친 상像의 극복이 문제인 경우나, 보통 인간이 당연히 가지고 있을 한 편의 외적생활의 영략領略이 문제인 경우에는 대립 문제와 집합적 무의식에 대해서 말할 필요가 있다.

그곳에는 프로이트 식이나 아들러 식의 환원 방법을 쓰는 수밖에 없는 것이다. 왜냐하면, 우리들은 그곳에다 이제는 '어느 직업에 종사하거나 결혼하거나 또는 생명의 확장을 뜻하는 어떠한 사항의 방해가 되어 있는 모든 것을 어떻게 하면 제거할 수가 있는가'라고 하는 것을 문제로 삼는 것이 아니라, 전적으로 단념하라는 우울한 회고 이상의 것이어야 할 경우에 있어서, 처음부터 삶을 계속해 나갈 수 있게 하는 의미를 발견한다는 과제에서 있기 때문이다.

우리들의 생애는 태양의 움직임과 같은 것이다. 아침의 태양은 끊임없이 차차로 힘을 얻어가며, 정오에 이르면 그 빛과 열이 정점에 이르게 되는데 그것에서 에난티오드로미enantiodromie가 시작된다. 그도 그럴 것이 태양은 앞으로 나아가기는 하지만 더 이상 힘의 증대를 뜻하지 않고, 힘의 감퇴를 뜻한다.

그와 같이 우리들의 과제도 젊었을 때와 나이를 먹고 나서부터는 다른 것이다. 젊었을 때에는 확장이나 상승을 방해하는 일체의 것을 제거한다면 그것으로 되는 것이지만, 나이가 들어서 나아갈 때쯤이 되면 하강을 돕는 일체의 것을 촉진하도록 방치해서는 안 된다. 나이가 젊고, 경험이 부족한 인간은 나이든 사람을 그냥 방치해 두면 된다. 어차피 그다지 대단한 일은 없을 것이며, 이제는 인생의 태반을 보냈지만, 현재 무엇인가에 도움이 된다고 한다면, 그것은 과거의 석화石化로서 지탱하고 있는 것에 지나지 않는다고 생각할지 모른다. 그렇지만 인생의 의미는 청춘의 확장기에만 다한다고 생각하거나, 가령 여성이 월경폐지月經閉止로 '다 끝나버렸다'고 생각하는 것은 큰 잘못이다. 인생의 오후는 인생의 오전에 못지않게 의미심장하다. 단지 인생의 오후의 의미, 의도와 인생의 오전의 그것과 전혀 다를 뿐이다.

인간에게는 두 가지 목적이 있다. 제1의 목적은 자연 목적으로 아이를 낳고 잘 키워나가는 것이 그것이며, 거기에 다시 돈을 벌거나 사회적 지위를 얻거나 한다고 하는 일이 추가된다. 이 목적이 달성되면 다른 단계가 시작된다. 그것은 문화 목적의 단계이다. 제1의 목표 달성에는 자연과 교육이 힘이 되어 주지만, 제2목표의 달성에는 우리들의 힘으로 되어지는 것은 참으로 적으며, 거의 없다고 해도 될 것이다. 그 외 늙은이나 젊은이나 이렇게 해야 한다거나, 내심으로는 그런 일의 가치를 믿을 수 없다고 하면서도 최소한도 젊은이가 하는 것과 같은 일을 해야 한다는 잘못된 허영이 작용하는 일도 가끔 있다.

따라서 실로 많은 인간에게 있어서는 자연단계에서 문화적 단계에로의 이행이 심히 곤란하고 또한 고생스러운 것이다. 그들은 젊었을 때의 착각에 사로잡혀 있거나 그들의 자식들에게 매달리거나 한다. 그리고 그런 식으로 해서 가까스로 근소하나마 젊음을 손에 넣으려고 한다. 이것은 특히 그들의 유일한 뜻을 그 아이들에게서 보고, 아이들을 떼어 놓지 않으면 안 되는 밑 없는 공허에 빠져들어 버리는 것이기나 한 것처럼 생각하는 모친들에게는 흔히 볼 수 있는 현상이다.

따라서 무거운 노이로제의 많은 것이 인생의 오후에 시작되어 나타나는 것은 조금도 이상하지 않다. 인생의 오후의 시작은 말하자면, 제2의 사춘기 또는 제2의 질풍노도기이며 이 시기에 정열이 일체의 폭풍우에 휩싸여진다는 것도 결코 드물지는 않다예컨대 《위험한 연령》. 그러나 이 나이쯤 되어 일어나는 여러 가지 문제는 더 이상 옛날의 처방으로는 해결되지 않는다. 인생이라는 시계바늘은 되돌아갈 수가 없기 때문에 젊은 인간의 외부에서 발견되거나 혹은 발견되지 않았던 처방을 인생의 오후에 있는 인간은 자기 내부에서 찾아내지 않으면 안 되는 것이다. 그래서 우리들은 자주 의사의 머리를 적지 않게 괴롭히며, 새로운 문제들 앞에 내세워지게 되는 것이다.

오전에서 오후로 옮겨진다는 것은 이전에 가치 있다고 생각했었던 것의 가치판단이 재평가되는 것이다. 젊었을 때의 여러 가지 반대물의 가치를 깨닫는다는 것이 꼭 필요해진다. 그리고 그때까지 확신으로서 일반적으로 쓰여진 것을 포함한 잘못된 인식을 인지하고 그때까지 진리였다고 생각하고 있던 거짓을 알아내고, 그리고 얼마나 많은 저항이나 적의라고 하는 것들이 그때까지 사랑으로써 통용되고 있었는가를 느낄 수 있는 것이 꼭 필요해지는 것이다.

대립 문제의 갈등에 말려들었던 인간의 대부분은 그들이 이전에 그것을 손에 넣으려고 애쓰던 가치가 있다거나, 혹은 좋다고 생각하고 있던 일체의 것을 던져 버리고 그들 이전의 자아가 진행되어 나간 것은 반대 방향에 그 활로를 구하려고 한다. 즉 장사를 바꾸어 본다, 이혼한다, 종교를 개종한다 등등. 모든 종류의 배신행위는 다름 아닌 반대물로 도약의 증상인 것이다. 급격하게 반대물로 옮겨지는 일의 결점으로서는 이전의 생활이 억압되어, 의식적인 덕목이나 가치의 반대물이 아직도 억제되어 무의식이었던 때에 존립하고 있다는 것과 같은 균형이 취해지지 않는 상태가, 급격한 전환에 의해서 만들어진다는 사실을 들 수가 있다.

이전에는 무의식적인 억압 때문에 아마도 신경증적인 장애가 있었던 것처럼, 이번에는 또 예전의 우상에 의한 의식적인 억압 때문에 장애가 나타난다. 어느 가치 중에 비가치가 발견되고, 어느 진리 중에 비진리가 발견되면, 그 같은 가치나 진리는 전연 쓸모 없는 것이 된다고 생각하는 것은 커다란 잘못이다. 그것들은 그저 상대적이 된 것에 지나지 않는다. 모든 인간적인 것은 상대적이다. 왜냐하면, 모든 것은 내적 대립성 위에 성립되어 있기 때문이다.

하지만 모든 것은 에너지 현상이다. 그러나 에너지는 필연적으로 그것 없이는 어떠한 에너지도 있을 수 없는 것에 선행하여 대립하는 위에 성립된다. 바야흐로 에너지의 평균화 과정이 일어날 수 있기 위해서는 언제나 높고 낮음, 뜨거움과 차가움 등이 존재해야 한다. 이전의 모든 가치를 그것들의 반대물 때문에 부정하려고 하는 경향은 이전의 치우친 경향과 마찬가지로 극단적이다. 만약에 지금 내던져 버리려고 할지라도 그것이 일반적으로 승인된 의심할 여지가 없는 여러 가치라고 할 때에는 그리 쉽지만은 않은 사태가 일어날 것이다.

니체가 이미 말하고 있는 것과 같은 그런 일을 하는 인간은 그것들의 가치와 함께 자기 자신까지도 내던져 버리게 되는 것이다. 요긴한 것은 반대물로의 진화가 아닌 것이다. 그 반대물을 승인하면서 이전의 여러 가치를 유지하는 일인 것이다. 이것은 자기 자신과의 갈등 및 불화를 뜻한다. 그런 일이 철학적으로도 도덕적으로도 환영을 받아야 하는 것이라는 것은 말할 필요도 없다.

따라서 반대물로 바뀌는 것보다 훨씬 자주 그때까지 입장의 경련적인 강화가 도주할 길로써 구해진다는 것은 타당한 이야기이다. 초로初老의 인간에겐 그다지 달갑지 않은 현상 중에, 그러면서도 적지 않은 이익도 포함되어 있는 것이다. 그들은 최소한도로 배교자背教者는 안 된다. 그들은 의연하게 곧바른 자세로 서 있다. 그리고 뜻 모르는 경계로 오예汚穢 속으로 빠져들어가는 일은 없다.

그들은 파산자가 되지 않고, 단지 고사枯死해 나가는 나무들이 되는 데 지나지 않는다. — 조금 더 소극적으로 말한다면 '과거의 증인'이다 — 하지만 부수 증상으로 내보이는 석화石化, 편협, 그리고 때늦은 예찬은 달갑지 않을 뿐만 아니라 유해하기까지 하다. 왜냐하면, 그들이 어떤 진리나 어떤 가치를 주장하는 태도는 드러날 정도로 극히 강하기 때문에 우리들은 그 진리에 끌리기보다 그들의 태도에 혐오를 느껴서 주저하지 않을 수 없으며, 그 때문에 보다 좋은 의도에 반대되는 결과를 초래하기에 이르는 것이다. 그들을 드러나게 한 것을 좀 더 잘 생각해 본다면 대립 문제에 대한 그들의 불안인 것이다.

메달두스의 불량스런 아우는 경원시 되기도 하고, 은밀하게 두려워 진다. 따라서 절대이어야 할 진리와 행동기준은 단 한 가지여야 한다. 그렇지 않으면 진리나 행동 규정은 이르는 곳마다 감지되는 무서운 붕괴를 막아주지 못하는 것이다그리고 사람은 그런 붕괴를 단지 자기 신체만으로는 생각할 수 없는 것이다. 우리들은 가장 위험스런 혁명가를 우리 자신의 내부에 가지고 있으나, 어떻게 해서든지 교묘하게 인생의 후반기에 들어가려고 하는 사람은 이 일을 잘 판별하고 있어야만 한다. 그것에 의해서 우리들은 어쨌거나 이제까지 맛보아 온 표면적인 안정을 불안정, 불화, 대립하는 여러 확신의 상태와 대체하게 된다. 이런 상태의 불합리한 점은 얼핏 그 곳에서 탈출할 방도가 없다는 것에 있다. 그러므로 논리학은 '제3의 것은 없다'라고 가르치고 있다.

환자 치료의 실제상의 필연에서 우리들은 무슨 일이 있어도 바람직하지 못한 상태에서 탈출할 수 있을 것 같은 수단이거나 방책 등을 구하지 않을 수 없다. 인간이라는 것은 일견 극복 곤란한 장애 앞에 서게 되면 퇴각해 버리는 것이다. 그는 자기가 비슷한 상태에 있었던 과거의 시대로 되돌아가 그때 그를 도와주었던 수단을 현재 다시 한번 써 보려고 한다. 그러나 젊을 때에 도움이 되었다는 것이 나이를 먹은 지금도 도움이 되는 것은 아니다. 앞서 예를 든 미국의 실업가는 다시 예전의 일로 되돌아오기는 하였으나 증상이 회복되지 않은 것은 그것으로 어떻게 될 수가 없었던 것이 아닐까. 즉 과거의 수단으로는 원래 상태로의 회복은 안 되는 것이다.

따라서 퇴행은 더욱 진척되면 유년시대로까지 되돌아간다.그렇기 때문에 초토 이상의 신경증 환자의 대부분은 아주 어린애처럼 되어지는 것이다. 그리고 최후에는 유년시대 이전의 시대로 퇴행한다. 그렇다면 엉터리일 것이라고 생각하는 사람도 있을지 모르겠으나, 실제로 논리적일 뿐만이 아니라 또한 있을 수 있는 일이라는 것이 이 경우에 문제가 되는 것이다.

우리들은 이상에서 무의식에는 두 가지 층, 즉 개인적인 층과 집합적인 층을 갖는다는 사실을 말하였다. 개인적인 층은 가장 빠른 유아기 기억으로 끝난다. 이것에 반하여 집합적 무의식은 전前유아기, 즉 조상대대의 생활 잔재를 포함하고 있다. 개인적 무의식의 기억상은 '예전에 한 번 체험되었기 때문에 채워졌던'상像이지만, 집합적 무의식의 신화유형은 개인의 의해서 개인적으로 체험되지 않았던 것이므로 채워진 형식이다. 이와는 반대로 심적 에너지의 퇴행이 가장 빠른 유아기조차도 뛰어넘어 조상 대대로 인간들 생활의 흔적 내지는 유산으로까지 이어간다.

그때에는 신화적인 형상, 즉 신화적 유형이 눈을 떠오는 것이다.[6] 예전에

6) 독자는 여기에서 신화유형이라고 하는 개념 중에 이전에 말할 수 없었던 새로운 한 요소가 혼입되어 왔다는 것을 알아차렸을 것이다. 이 혼입은 쓸데없는 애매함을 뜻하지 않고, 인도 철학에서는 극히 중요한 업業이라는 한 요인에 의해서 신화유형의 개념내용을 의식적으로 확대했다는 것을 뜻한다. 업이라고 하는 생각은 어느 신화유형의 본질적인 깊은 이

그것에 대해서 아무런 일도 알려지지 않았던 하나의 정신적인 내면생활이 선명하게 나타난다. 그리고 아마도 우리는 그때까지도 여러 견해와는 극도로 날카롭게 대립하는 바의 여러 내용이 나타난다. 이들 형상은 몇 백만이라는 교양있는 인간이 신지학神智學의 함정에 빠질 수밖에 없었다는 것을 우리들에게 생각하게 할 만큼 강한 에너지를 가지고 있다. 그렇게 되는 것도 다름이 아니라, 이들 근대의 구노시스파의 여러 체계가 기성의 그리스도교적 종교 형식가톨릭교 또한 전적으로 예외는 아님의 어느 것보다도 우월하여 지금 위에서 말한 것 같은 내면적인 언사를 없앤 심적 사상의 표현과 형태화에의 욕구에 보다 잘 감응하기 때문이다. 단, 가톨릭교는 신교에 비하여 훨씬 포괄적으로 지금 문제가 되어 있는 여러 사정을 그 교리상의, 또한 예배상의 상징제도에 의해서 표현하는 일이 가능한 것이다.

하지만 구교도 또한 과거에 있어서나 미래에 있어서도 옛날의 이교적 상징제도의 풍성함에는 이르고 있지 못하다. 따라서 이교적 종교는 그리스도교가 행해졌어도, 오랫동안 서로 존속하여 나중에 점차 약간의 저류底流에로 변화되어 간 것이며, 이것들의 저류는 중세 초두에서부터 근세에 걸쳐서 그 생명력을 전혀 상실하고 있다는 것은 아니다. 그도 그럴 것이 이교적인 것은 사회의 표층에서는 완전히 그 모습이 사라지고 말았다. 그러나 그것은 모습을 바꾸고 되돌아와서, 근대의 의식 방향의 하면을 보상하고 있는 것이다.

해에는 결부할 수 없는 것이지만, 필자는 지금 여기에서 이 한 요인의 자세한 설명에 끼어드는 일 없이 그 존재를 말해두고 싶다.

필자가 제기한 개념, '신화유형'을 위해서 심한 비판을 받았다. 필자는 이 개념이 이론의 여지가 있는 개념이며, 적잖이 이 당돌하다는 것은 물론 인정하지만, 필자를 비판한 사람들이 도대체 어떤 개념으로 문제가 되어 있는 경험 자료를 표현할 수가 있었을까? 이제까지 불가사의하게 계속 생각해 왔던 것이다.

우리들의 의식은 이제 완전히 그리스도교 일색으로 칠해져 있으므로그뿐만이 아니라 전적으로 그리스도교에 의해서 형성되어 오고 있으므로 무의식적인 반대 입장은 우리들의 사회에서는 받아들여질 수가 없다. 이유는 지극히 간단하다. 그 반대의 입장은 지배적인 근본 견해에 있어서 너무나도 대립적으로 보이기 때문이다. 어떤 입장이 편협하고 어색하며, 절대적으로 견지 되어 지면 질수록 다른 입장은 그만큼 한층 더 공격적으로, 적대적으로, 비화합적인 것으로 될 것이다. 그 결과 얼핏 보기에는 양자의 화해는 거의 가망성이 없는 것으로 되어버린다. 그러나 의식이 적어도 일체의 인간적 사랑思量의 상대적인 타협성을 승인한다면 이 대립도 그 비화해성을 약간 상실하는 것이다.

한편 이 대립은 불교나 힌두교 그리고 유교 등의 동방 여러 종교 중에 자기에게 어울리는 표현을 구하고 있다. 신지론神智論의 혼합주의혼합과 결합는 이러한 욕구에 크게 부응하는 것이며, 여기부터 신지론의 대성공이 설명된다.

분석 치료에 이어진 일들 속에서 표현과 형성을 구하는 바의 신화유형적 성질의 여러 체험이 생긴다. 물론 이것이 이러한 종류의 경험이 되어지는 유일한 기회라고 해야만 한다. 신화유형적 체험이 자동적으로 나타나게 되는 일은 드물지가 않다. 그러나 그것은 결코 '심리학적'인 사람들에 한한 것은 아니다.

이제까지 몇 번인가 바로 그 정신적 건강에 대해서 의사가 의심해 볼 여지가 전연 없는 것 같은 사람들의 입에서 참으로 불가사의한 꿈이나 환상에 대해서 듣게 되었다. 신화유형의 체험은 때때로 가장 개인적이고 비밀스런 일로, 남몰래 가만히 가슴에 품어지는 일이 있는데, 그런 것도 사람이 그것에 의해서는 무엇인가 내심 깊은 곳을 어루만지는 것처럼 느끼기 때문이다. 그것은 심적 비아非我의 일종의 원경험, 그것과의 절충으로 남을 촉구하는 바의 내적인 반대물의 근본 경험인 것이다.

그런 경우에 사람들은 즐겨서 도움이 될 듯한, 비슷한 경험을 찾아 구하는 것이지만, 그 때문에 본원적인 사건이 다르게 이해 되어서 번번이 그 내용물이 여러 관념으로 딱 잘라 결론을 지어 버리게 되는 것이다. 이런 종류의 전형적인 한 경우는 수도승 플루에의 니크라우가 본 삼위일체의 환상이다. 성 이구나티우스의 눈을 많이 가진 뱀의 환상도 마찬가지의 한 예이다. 이것을 그는 최초엔 신의 출현으로 해석하고, 이어서 또 악마의 출현으로 해석했다.

이렇게 잘못 해석하게 되면, 본래의 체험은 다른 원천에서 빌려 왔던 형상이나 말에 의해서, 또한 경우에 따라서는 유럽의 지반 위에 생긴 것은 아니며, 특히 우리들의 심장과 이어져 있지 않고, 단순히 그것들을 뚜렷이 생각할 수도 없는 두뇌생각할 수가 없다는 것은 유럽의 두뇌가 그것들을 절대로 생각해낼 수 없었기 때문이었지만에 이어져 있는 것처럼 견해나 이념이나 형식에 의해서 대치 되어지는 것이다.

그것은 말하자면 훔쳐 온 재산이며, 나쁜 돈은 몸에 붙지 않는다는 것이다. 대용품은 인간의 그림자를 엷게 하고 인간을 비현실적이 되게 한다. 대용품을 쓰는 인간은 살아 있는 현실 대신에 공허한 말을 하고, 그렇게 함으로써 대립의 고뇌에서 빠져나와 일체의 창조적인 것이 시들어지고 메말라가는, 색이 바랜 2차원의 그늘의 세계로 높이 올라갈 뿐인 것이다.

전前유아기에의 퇴행에 의해서 불러일으켜진 언어를 빼버린 내적 체험은 대용물을 요구하지 않고, 개개인의 생활과 노작勞作에 있어서 개인적 형성을 요구한다. 신화적 형상은 부조扶助의 생활과 고뇌와 기쁨으로부터 이루어진 것이며, 체험으로써 또는 행위로써 또 다시 생명에로 환기 되어지기를 바란다. 그러나 그것들은 의식에 대한 그 대립성 때문에, 그 즉시 우리들의 세계 속으로 운반 되어지는 일은 불가능하며, 의식적 현실과 무의식적 현실과를 매개하는 하나의 길이 찾아져야만 하는 것이다.

제 6 장

종합적 또는
구성적 방법에 관하여

Psychology of unconsciousness

　무의식과의 절충은 하나의 과정 또는 경우에 따라서는 수고라고도 할 수 있을 것이며, 또한 초월적 기능이라는 명칭이 주어져 있는 일이다.[1] 왜냐하면, 그 일은 현실적 및 상상적인 자료 또는 합리적 및 비합리적 자료에 근거하여 의식과 무의식의 사이에 입을 벌리고 있는 틈에 다리를 놓기 때문이다.

　무의식과의 절충은 하나의 자연적인 과정이며, 대립긴장에서 생기는 에너지의 계시이며, 꿈이나 환상 속에 자동적으로 나타나는 일련의 공상적 여러 과정 중에 존립한다. 동일한 사상은 어떤 종류의 분열증 형식의 초기 여러 단계에 있어서도 알아낼 수 있다. 이러한 과정의 고전적인 기술은 예를 든다면 제랄드 넬발의 자전《오레리아》에 있다. 문학 작품으로서 가장 위대한 예는《파우스트》제2부[2]이다.

----

1) 필자는 후에 '초월적' 기능의 개념이 고등 수학 쪽에서도 사용되어, 더구나 실수實數와 허수虛數의 기능이라는 명칭으로 행해지고 있다는 것을 알았다.
2) 일련의 꿈의 설명은《심리학과 연금술》1942년 안에 부여되어 있다.

대립통합의 자연적 과정은 필자에게 있어서는 본래 무의식적으로 그리고 자동적으로 일어나는 것을 인위적으로 환기하여 그것을 의식과 의식적 파악에 다가가게 한다는 것을 그 본질로 하는 한 방법을 모델로 그 방법의 기초가 되었다.

대부분의 경우, 불행을 일어나게 하는 여러 사상事象을 정신적으로 처리하는 수단이나 방법을 가리지 않는다는 점에 있는 것이다. 참으로 그럴 때야말로 의사는 어느 특수한 치료방법에 의해서 환자를 도와 주어야 하는 것이다.

이미 보아 온 바와 같이, 본서의 처음 부분에서 논의한 여러 이론은 오로지 환원적인 방법에 기초를 두고 있다. 그리고 그 방법은 꿈이라거나 공상을 그 과거의 기억에 있는 여러 성분과 그 밑바닥에 있는 충동과정으로 환원한다.

이런 방법의 옳음과 한계에 대하여 언급하였다. 이런 방법은 꿈의 상징이 이제는 개인적인 기억의 찌꺼기나 노력에 환원 되어지지 않는 순간, 즉 집합적 무의식의 여러 형상이 나타내 주는 순간에 막다른 골목에 이르게 되고 마는 것이다.

그런 집합적 여러 이념을 개인적인 것으로 환원하려고 하는 것은 무의미한 일이다. 아니, 무의미할 뿐만 아니라, 냉혹한 경험은 오히려 해롭기까지 하다는 것을 가르쳤다. 위에서 말한 것과 같은 오로지 개인주의적인 방향으로 결정 지어진 의학적 심리학을 포기하는 것은 상당히 곤란하였으며, 오랫동안 그런 일이 주저되었으므로 여러 가지 실패를 거쳐서 드디어 이 결심을 한 것이다.

우선 분석이라는 것이 그저 해소일 뿐이라면, 반드시 종합을 뒤따르게 하여야 한다는 것이다. 단지 해소되기만 해서는 거의 무의미하다고 하지만, 이것을 해소하지 않고 반대로 그것이 가지고 있는 의미를 확인하고, 일체의 의식적 수단에 의해서 더욱 확대시킬 때는, 실로 가지가지 뜻을 전개하는 것 같은 심적 자료가 있다는 사실을 철저히 깨달아야만 했다. 집합적 무의식의 형상 내지 상징은 종합적으로 다룰 때에만 그것의 처음의 가치가 높여질 수 있는 것이다.

분석은 상징적 공상 자료를 하나하나의 구성요소들로 분해하는 것이지만, 종합적인 태도는 그것을 일반적으로 이해할 수 있는 형태로 표현된다. 이 조작은 물론 간단하지는 않다. 따라서 그 모든 과정을 설명할 수 있는 하나의 예를 여기에 들려고 생각한다.

개인적 무의식에 대한 분석과 집합적 무의식의 여러 내용이 나타나는 중대한 한계점에서 한 여성 환자는 이런 꿈을 꾸었다.

'상당히 폭이 넓은 시내를 건너려고 한다. 그러나 다리가 보이지 않는다. 아래위를 헤메던 중 건너갈 수 있을 만한 장소를 발견한다. 이제 건너려고 하니까, 한 마리 커다란 게가 그녀의 발을 붙잡았다. 이 게는 물속에 숨어 있었던 것이다. 그리고 그녀를 놓아주지 않는다. 불안한 나머지 잠에서 깨어난다.'

이 꿈에 대해서 그녀가 생각해 낸 것들은 다음과 같다.

첫째, 시내는 쉽게 건널 수 없는 어떤 한계를 나타내는 모습이다. — 나는 어느 장애를 돌파하여야 한다. — 이것은 아마도 천천히 나아갈 수밖에 없는 어떤 사실과 관련이 있는 것일까 — 나는 틀림없이 건너편으로 가야만 할 것이다.

둘째, 건널 수 있을 만한 장소란 안전하게 저쪽 기슭으로 갈 수 있는 기회. — 건너갈 수 있는 오직 한 가지뿐인 방법. — 이것이 없다면, 시내의 폭은 너무나도 컸다. 즉 치료 중에 장벽을 넘을 수 있는 가능성이 존재하고 있다.

셋째, 게는 처음에 물속에 완전히 숨어크레이프스 있다. 그래서 나는 처음에는 그것을 알아차리지 못했다. — 암암도 독일어로는 '크레이프스'로 게와 똑같은 말은 무서운 질병이고 불치의 병이다.그리고 그녀는 암으로 사망한 어떤 부인을 생각해낸다. — 게는 뒤로 뒷걸음질을 치면서 물러가는 동물이다. 그리고 확실히 나를 물속으로 끌어들이려고 했다. — 게는 기분 나쁘게 나에게 달라붙었다. 때문에 나는 아주 불안해졌다. — 도대체 무엇이 나를 건너편 기슭으로 건너지 못하게 하는 것일까? 맞다. 나는 내 여자 친구들과 조금 옥신각신했던 적이 있었다.

사실 그녀의 여자 친구는 단순한 친구가 아니었다. 그녀는 이 친구와 오랫동안에 걸쳐서 낭만적인 동성애에 가까운 관계에 있었다. 두 사람은 아주 많이 닮아서, 둘다 좀 신경질적이었다. 또한 두 사람은 모두 대단히 예술을 좋아했었다. 그러나 환자 쪽이 그 여자 친구보다도 인간성이 강했다.

두 사람의 관계는 너무나도 친밀하여 그 때문에 인생의 여러 가지 가능성이 오히려 막혀 버릴 수도 있는 관계였다. 그러므로 두 사람은 신경을 곤두세우게 되고, 이상적인 친구관계가 이루어지고 있음에도 불구하고 자주 크게 싸우곤 했다. 싸움은 이들 두 사람의 신경과민에 근거하고 있었다. 그래서 둘의 무의식은 두 사람 사이에 거리를 떼어 놓으려고 했다. 그러나 두 사람은 그 사실을 인정하려 하지 않았다. 그들은 싸움의 계기가 언제나 두 사람 모두 서로를 충분히 이해하지 못하기 때문이라고 보고, 서로가 좀 더 많이 대화를 해야 할 것이라고 여겼다. 그리하여 두 사람은 열심히 이야기를 하려고 하는 것이었다.

그러나 그 즉시 오해가 생기고, 그것은 다시금 전보다도 훨씬 심각한 싸움의 씨앗을 뿌린다. 하지만 사실은 이 말다툼이야말로 두 사람에게 있어서는 오랫동안 그것보다 더 좋은 것이 없었으므로, 둘다 절대로 잃지 않으려고 했던 하나의 향락을 대신하는 것이었다. 특히 필자가 다루었던 환자는 어떤 싸움에서도 죽을 정도로 피로해지기 때문에 이제는 둘의 우정에 갈라진 틈이 생겼다는 사실을 벌써 알아차렸으면서도 둘의 관계를 이상적인 우정 관계로 끌고 나가겠다고 하는 잘못된 명예심이 교우 관계가 유지되고 있었다는 사실도 이미 알고 있었으면서, 자기의 가장 친한 친구에 의해서조차도 자기는 이해되지 않는다는 감미로운 고통을 오랫동안에 걸쳐서 즐기고 있었다.

그녀는 옛날부터 자기 어머니에 대하여 지나친 공상 속에서 관계를 맺고 있었는데 어머니가 죽고 나서는 자기의 감정을 그녀의 여자 친구들에게 대신 옮겨서 기울이고 있었던 것이다. 이제 이 꿈을 분석적인과적, 환원적으로 해석하여 보자.

앞의 해석은 다음과 같이 요약할 수가 있다.

"나 자신도 저쪽 건너편으로 넘어가지 않으면 안 돼요. 즉 여자 친구들과의 관계를 끊어야만 한다는 것은 잘 알고 있어요. 하지만 그것보다도 친구들이 나를 그 가위포옹에서 떨어져 있게 해주지 않는 편이 훨씬 좋아요. 혹은 이것을 어린이의 소망 같은 것으로 고쳐서 말한다면 엄마가 다른 어머니들처럼 한 번 더 나를 따뜻한 가슴속에 꺼안아 주었으면 좋겠다는 것이지요."

이러한 그녀의 소망이 가지고 있는 동기는 이미 입증 되어진 강렬한 동성애의 흐름 속에 잘 나타나 있다. 그녀는 커다란 남자와 같은 발을 가지고 있었으므로 게는 그녀의 발을 물었다. 그녀는 여자 친구들과의 관계에서 주로 남자의 역할을 하고 있었고, 따라서 그의 다른 성적 공상을 품고 있었다.

발은 우리가 이미 알고 있듯이 남근男根을 의미하고 있다. 따라서 이 꿈의 전체적 해석은 이렇게 된다. 그녀는 여자 친구들과의 관계를 끊어 버리고 싶지 않다. 그 원인은 그녀가 억제된 동성애적 원망을 그 여자 친구들을 향하여 가지고 있다는 것에 있다. 이 원망은 도덕적으로 또 음욕적淫慾的으로도 의식적인 인격의 경향에서는 서로 받아들여질 수 없는 것이었고 따라서 그것은 억압되어 많거나 적거나 무의식이 되고, 그녀의 불안은 바로 그 억제된 원망에서 나온 것이다.

이렇게 해석을 하다보면, 그녀의 친구관계에 대한 고상한 이상이 무참히도 내려 깎인다. 그러나 그렇게 할 수밖에 없는 이러한 분석 단계에서 그런 해석을 했다고 해서 그녀가 더 이상 화를 내거나 하는 일은 없었을 것이다. 그녀는 약간의 사실에 의해서 이미 어느 정도는 자기에게 동성애적 경향이 있다는 것을 충분히 알고 있었다. 물론 그것은 그녀에게 있어서는 유쾌한 일은 아니었겠지만, 그녀는 그런 경향을 인정할 수 있었을 것이다. 따라서 치료하는 그녀에게 앞서 말한 바와 같이 해석하였다고 하더라도 그녀에게서 아무런 저항도 받지 않고서 끝났을 것이다.

그녀는 이러한 바람직하지 못한 경향이 불합리하다는 점에 대해서 분별력 있게 인정하였던 것이다. 그러나 막상 그런 설명을 듣다보면 그녀는 이렇게 말했을지도 모른다.

"도대체 우리들은 어째서 아직도 이런 꿈을 쥐고 매만지고 있을까? 그래도 이 꿈은 내가 벌써 아주 먼 옛날에 알고 있던 것을 되풀이해서 나타내고 있을 뿐인데."

실제로 꿈에 대한 이 해석은 환자에 대해서 아무런 새로운 것도 말해 주고 있지 않는다. 따라서 이 해석은 그녀에게 있어서는 흥미도 없고 효과도 없는 것이다. 하지만 막 치료를 시작했을 때 이런 해석을 환자에게 내렸다 해도 그녀가 그것을 전연 받아들이지 않았을까?

어찌되었든 별나게 새침한 이 여성은 어떤 일이 있을지라도 이러한 해석에 대하여 절대로 승복을 하지 않았을 것이다. 그러므로 통찰의 '독'은 아주 조심스러웠고, 극히 소량씩 투여되지 않으면 안 되었다. 그리고 환자가 조금씩 이성적으로 되는 것을 기다려야만 했다. 그런데 분석 내지는 인과적·환원적 해석이 이제는 아무런 새로운 것을 제공하지 않고, 단지 같은 것을 다른 모양으로 제공하지 않는다면, 그것은 아마도 그곳에 나타나는 신화 유형적인 여러 계기에 주의해야만 하는 순간이 찾아온 것을 의미하는 것이다. 이런 계기가 뚜렷한 모습을 나타낸다면, 그런 순간은 바로 우리의 해석 방법이 한 단계 변해야만 하는 때가 온 것이라고 볼 수 있는 것이다. 즉 인과적·환원적 방법은 이 경우에 있어서 다음과 같은 결점을 갖고 있다.

첫째로, 무엇보다도 이 방법은 환자의 여러 가지 생각을 자세하게 검토할 수 없다. 예를 들면 '게'크레이프스에 대한 '암'크레이프스의 연상이 고려되어져 있지 않다.

둘째로, 독자적인 상징 선택이라고 하는 사실이 애매한 채로 방치되어져 있다. 예를 들면 여자 친구들모친은 어째서 게로 모습을 나타내는 것인가? 여자 친구들모친은 어쩌면 요정 등과 같은 좀 더 깨끗한, 또 윤곽이 뚜렷하게 정리된 것으로 나타날 수 있다. 그렇지만 좀체로 지장을 초래하지 않는 것이 아닌가ㅡ그반은 요녀妖女에게 이끌리고 반은 스스로 가라앉는다는 등. 또는 문어, 용이나 뱀이라도, 또는 물고기 같은 구실을 할 수 있을 것인데……

셋째로, 인과적·환원적 방법에서 보면, 꿈은 주관적 현상이며 따라서 보다 철저하게 해석을 하려고 생각하면 게를 단순히 여자 친구나 모친으로만 관계를 짓게 해서는 안 되고 주체主體, 즉 꿈을 본 본인 자신과도 관계를 맺어 보지 않으면 안 된다는 것을 잊고 있다. 이 꿈을 본 여성 환자는 바로 이 꿈 전체이다. 그녀는 시내이며, 건너가는 길이며, 게이며, 또한 이들 세세한 사람들은 주관주체, 이 여성 환자의 무의식 속의 여러 조건이나 여러 경향을 표현하는 것이다.

그런고로 필자는 다음과 같은 용어를 받아들여 사용하였다. 즉 꿈속의 여러 인상을 현실적 대상〔客體〕과 같게 보는 모든 해석을 '객관적인 단계에 있어서의 해석'이라고 부르는 것이다. 이러한 해석과 모든 꿈의 구성분, 예를 들면 꿈속에서 행동하는 모든 인물을 그 꿈을 꾼 본인과 연결시키는 해석은 서로 대립된다. 이 방법을 '주관단계에 있어서의 해석'이라고 말한다.

전자는 분석적이다. 왜냐하면, 전자는 꿈의 내용을 기억의 집단으로 분해하며, 이 기억집단은 외적 여러 상황에 관계되어 있기 때문이다. 이와 반대로 후자는 종합적이다. 왜냐하면, 후자의 방법은 꿈의 밑바닥에 있는 기억의 집단을 외적인 계기와 분리시키고 주관의 경향 내지는 의도로써 이해하여 그것들을 또다시 주관으로 해석하기 때문이다ㅡ체험에 있어서 필자는 단순히 객체를 체험할 뿐만 아니라, 무엇보다도 먼저 필자 자신이 체험한다. 그러나 그것도 필자가 필자의 체험을 설명할 수 있을 경우에만 가능하다. 따라서 이 경우에 있어서는 일체의 꿈의 내용은 주관적인 여러 내용이 상징되어 나타나는 것으로 해석하는 것이다. 그러므로 종합적이고 구성적인 해석의 태도는 주관단계의 해석 속에서만 있을 수 있다. 종합적구성적 해석.[3]

우선 극복되어야 할 장애가 그녀 자신에게 있으며 그것은 바로 여성 환자의 무의식이다. 즉 쉽게 뛰어넘기 어려우며, 또 그것을 방해하고 있는 하나의 한계가 바로 그것이다. 그것은 어쨌거나 그 순간에 하나의 특별한 불의의 습격을 받을 위험이 다가오고 있다는 것이다. 즉 무엇인가 '동물적인 것'인간적인 또는 초인간적인 것이 그것으로, 이것이 뒷걸음질을 쳐서 깊숙한 곳으로 빠져들어가고, 꿈을 꾸고 있던 본인도 완전히 그대로 깊은 곳으로 끌려 들어가게 하는 것이다. 이 위험은 아무도 모르게 어딘가에 나타나서 결코 고칠 수도 없이 드디어는 사람을 죽여 버리고 마는 질병과 같은 것이다.

환자는 여자 친구가 자기를 방해하고 있으며 자기를 밑으로 끌어들이는 것으로 생각하고 있었다. 그녀가 그렇게 믿고 있는 한, 오히려 그녀는 여자 친구들에게 작용하여 여자 친구들을 끌어올려 그녀들을 설득하고 고치게 하지 않을 수가 없다. 그녀는 여자 친구들에 의해서 끌어내려지지 않기 위해 쓸모없고 아무런 의미도 없는 이상주의적인 노력을 하지 않을 수가 없다. 그런데 결국 그녀의 여자 친구들까지도 그녀와 똑같은 노력을 거듭하고 있는 것이다. 왜냐하면, 여자 친구들의 경우도 이 환자의 경우와 똑같기 때문이다. 그런 까닭으로 두사람은 투계鬪鷄와 같이 서로 더 높이 뛰어오르려고 한다. 한쪽이 높이 뛰어오르면, 다른 한쪽은 더 높이 뛰어오르려고 한다. 어째서인가?

---

3)《정신병의 내용》제2판 참조. 이 방법은 필자는 다른 곳에서는 '해석학적' 방법이라고도 명명했다. 《分析心理學論稿》1917년

두 사람은 모두, 죄는 상대방에게 있고 객체에 있다고 믿고 있기 때문이다. 주체단계에 있어서의 해석을 통하여 이 사태를 파악한다면 그녀들은 무의미에서 해방될 수 있다. 즉 꿈은 환자에게 환자 자신이 자기 안에 있는 어떤 것그녀로 하여금 한계를 돌파케 할 수 없는 것, 어떤 상태 혹은 어떤 입장에서 다른 상태나 입장으로의 이행을 저지하는 것을 가지고 있음을 나타내 주고 있기 때문이다. 말하자면 장소 변경을 입장 변경으로 해석하는 일은 몇 가지 원시언어의 표현 방법에 의해서 증명되어 있다.

가령 그런 원시어에서 '나는 지금 막 가려고 한다'라는 문장은 '나는 지금 가는 곳에 있다'라고 된다. 꿈의 언어를 이해하기 위해서는 우리들은 당연히 원시적 및 역사적 상징 표현의 심리학이 가지고 있는 비슷한 현상을 충분히 이용한다. 왜냐하면, 꿈은 본래 예전부터 있었던 발달사적 여러 시기 속에 남아 있던 기능이나 가능성을 포함한 무의식에서 태어나는 것이기 때문이다. 이것을 고전적으로 증명한 것으로는 '역경易經[4]'의 탁선託宣 중에 있는 '커다란 물을 건너기'이다.

그런데 문제는 하나로 걸려 있는 게의 의미를 밝히는 데 있다. 첫째로 우리들이 알고 있는 일은 우선, 게는 그녀의 여자 친구들에게 있어서도 똑같이 나타나는 것이라고 하는 점이다우리들의 환자는 게를 여자 친구들과 관계를 짓고, 또한 게는 모친에 관계되어 나타내어져 온 어떤 것이다. 어머니와 여자 친구들이 이러한 특성을 실제로 가지고 있는가 어떤가는 환자에게 있어서는 아무래도 좋은 것이다. 상황은 다만 그녀 자신이 변화하는 것에 의해서만 변화되어 올 것이다. 모친을 변화시킬 수는 없다. 왜냐하면, 모친은 이미 죽었기 때문이다. 그런 속에서 여자 친구들을 변화시키도록 하는 것은 불가능하다.

---

4) 리하르트 빌헬름, 《易經―變轉의 書》 1924년

자기를 변화시키지 않는 것은 여자 친구 자신의 관심사이니까 어떤 특성이 모친에 대하여 나타났다는 것은 이미 유아적인 것을 지향하고 있다는 것을 나타낸다. 그런데 어머니와 여자 친구들에 대한 환자의 관계에 있어서 공통적인 것은 무엇인가? 그것은 격렬한 몽상적인 애정을 구하는 마음이다. 그 마음의 격렬함에 우리들의 환자는 압도되었다고 느끼고 있다. 여기서 이 욕구는 주지한 바와 같이 맹목적일 수밖에 없는 유아기적으로 압도적인 욕구의 성격을 갖추고 있다. 따라서 이 경우에 문제가 되는 것은 교육을 받지 않았고 복잡화되어 있지도 않으며 인간화되어 있지 않는 한 조각의 리비도이며, 이 리비도는 또한 강박적인 동물적 성격을 가지고 있어서, 아직도 문화에 의해서 인간적으로 길들여져 있지 않다는 점이다.

그런 리비도의 일부분에 있어서 동물이야 말로 타당한 상징이다. 하지만 그 동물이 어째서 게가 아니면 안 되는가? 환자는 게에게서 부인이 그 때문에 죽은 암을 연상한다. 부인은 현재의 환자 자신과 같은 나이에 죽었다. 그렇기 때문에 여기에는 부인과의 암시적인 동일화가 있다고 해도 될 것이다. 그러므로 이 점을 추구해 보아야 한다. 환자는 부인에 대해서 다음과 같은 것을 말하고 있다. 부인은 일찍부터 미망인이 되었는데 대단히 명랑하고 낙천적인 사람이었다. 부인에게는 몇 명인가의 남성이 있었으나 그 중에 좀 별스런 사나이가 한 명 있었다. 그는 유능한 예술가였다. 이 예술가는 환자와도 서로 알고 있었으며, 환자에게 불가사의하고 현혹적인, 기분이 언짢은 인상을 주었다.

대체로 이 동일화라는 것은 그곳에 무의식적인 현실로 되어 있지 않는 유사성이 없다면 일어날 수가 없는 것이다. 그렇다면 환자는 어떤 점에서 부인과 비슷한가?

필자는 환자에게 어릴 때의 공상이나 꿈속에서 생각날 수 있는 몇 가지 점을 떠올리는 데 성공하였다. 그같은 공상이나 꿈은 환자 자신에게는 바람기의 피가 흐르고 있으나, 환자는 그것을 언제나 전전긍긍하게 억제하고 있다는 것을 뚜렷이 나타내고 있다. 어째서 그렇게 겁을 먹고 억제하고 있었느냐 하면, 자기 내부에 멍하니 느끼고 있었던 바람기 있는 마음 때문에 스스로 비도덕적인 인생항로를 더듬는 것이 아닌가 하고 내심으로는 염려하고 있었던 것이다.

이러한 사실로 우리는 '동물적'부분을 인식하는 것에서 크게 앞서 나갈 수 있었다. 즉 여기에서의 문제도 역시 길들여져 있지 않는 충동적인 욕망인 것이다. 그러나 이 욕망은 이 경우, 남자들에게 향해져 있는 것이다. 이 것에 의해서 환자가 어째서 그 여자 친구들을 놓아줄 수가 없느냐는 것을 잘 알 수 있게 된다. 즉 환자는 환자에게 있어서 훨씬 위험하다고 생각되는 남자에게 자기의 바람기를 사로잡히지 않기 위해서는 여자 친구들에게 매달릴 수밖에 없었던 것이다. 또 그런 만큼, 그녀는 유아적인 동성애의 단계에 머물러 있는 것이다. 그러나 이 단계는 그녀에게 방벽의 구실을 하고 있는 것이다이것은 경험상 부적당한 유아적 여러 관계에 맞붙어 있는 것의 가장 중대한 계기의 하나이다.

그러나 이 부분에는 그녀의 건강, 인생의 파도에 지지 않는 장래의 건전한 인격이 싹틈이 가로놓여져 있다. 하지만 환자는 그녀가 알고 있던 부인의 운명에서 다른 한 결론을 꺼내고, 즉 그 부인이 빨리 죽게 된 것이 그 부인의 바람기에 대한 운명의 벌이라고 해석하고 있다그러나 환자는 부인의 바람기 있던 생활을 뚜렷하게 의식하지는 않았지만 부러워하고 있었다. 부인이 사망했을 때, 그녀는 그것 보라고 생각했다. 그 기분의 뒷면에는 '인간적인'너무나도 인간적인, 남의 실패를 보고 기뻐하는 심정이 숨겨져 있었던 것이다.

그 벌로써 그녀는 사사건건 그 부인의 예를 염두에 떠올려 끊임없이 인생에 맞추어 자신의 인간적 발달을 추구하려고 하지 않고, 오히려 이것을 두려워하여 자기를 충분히 만족시켜 주지 않는 교우 관계의 괴로움을 감수하고 있었다. 물론 그녀 자신에게 이 모든 것들의 관계가 뚜렷해져 있었던 것은 아니다. 만약 이것이 뚜렷했었다면, 그녀는 좀 더 다른 생활을 하고 있었을 것이다. 이 추정의 정확함은 제공된 자료에서 쉽게 증명할 수가 있다.

동일화의 문제가 이것으로 끝나버린 것은 아니다. 환자가 후에 지적하기를 부인에게는 상당한 예술적 재질이 있었는데, 이 재질은 부인의 남편이 죽고 나서 처음으로 계발되어, 그것이 원인이 되어 앞서 소개한 예술가를 알게 되었다고 했다. 환자가 예술가로부터 받은 인상이 꽤 크고, 묘하게 현혹적인 것이었다고 말한 사실을 생각하면, 지금 위에 든 실례는 동일화의 본질적 여러 계기에 속하는 것으로 생각된다.

그와 같은 현혹이라는 것은 결코 오로지 한 인물에서 발생하여 다른 한 인물에 미치는 것은 아니다. 그것은 관계의 현상 — 현혹된 인물이 현혹될 만큼의 소질을 미리 가지고 있지 않으면 안 된다는 점에서도 두 사람의 인물이 그곳에 속하는 관계의 한 현상 — 이다. 그러나 이 소질은 그녀에게 있어서 무의식의 것이 아니면 안 된다. 그렇지 않았다면 현혹적 작용이 생기지 않았을 것이다. 왜냐하면, 현혹이란, 의식적인 동기 부여를 갖고 있지 않은 강박적 현상이기 때문이다. 즉 현혹은 의지의 과정이 아니라, 무의식 중에서 나와서 의식에 강박적으로 밀어 다가가는 한 현상인 것이다.

그래서 환자는 저 예술가와 마찬가지로 무의식의 소질을 가지고 있었음에 틀림이 없다고 추정할 수 있다. 따라서 그녀는 자기를 한 명의 남자와 동일화하고 있었던 것이다. 앞서 꿈의 분석에서 '남성적인 것'의 암시로 발이 있었다는 것을 생각해 보자. 사실 그녀는 여자 친구들에 대하여 남자 역을 연출하고 있었다. 그녀는 여자 친구들과의 관계에서 언제나 지휘를 취하는 적극적인 편이며, 여자 친구들을 지휘하고, 때에 따라서는 그녀 자신밖에 바라지 않는 것과 같은 어떤 것을 여자 친구들에게 강제로 요구하는 일도 있었다.

여자 친구들 쪽은 매우 여성적이었고, 외모도 그러했듯이 그녀는 뚜렷하게 남성적인 유형이었다. 목소리도 그녀 쪽이 크게 낮았다. 그 부인은 극히 여자다운 여자로서 묘사되어 있다. 그녀의 생각으로는 부드럽고 사랑스러움에 있어서 여자 친구들과 잘 닮았다고 한다. 이 일은 우리들에게 새로운 한 국면을 느끼게 한다. 환자는 분명히 그 부인에 대해서 저 예술가[5]의 역할을 연출하고 있는 것이다. 그러나 그 부인은 또한 환자의 여자 친구들인 것이다. 이리하여 무의식으로 그녀는 그 부인 및 그 부인의 애인과의 동일화가 완성된다. 이리하여 그녀는 자기의 바람기의 벌레를 심히 염려하여 열심히 억제하고 있었음에도 불구하고, 결국은 바람기의 벌레의 명령에 따르게 된 셈이었다. 그러나 그녀는 무의식적으로 그렇게 하고 있는 것이 아니라, 이 무의식적 경향에 의해서 춤추어지게 되어 있다. 즉 그것에 홀려서 그 열등감을 무의식으로 대신하고 있었던 것이다.

이로써 우리는 게에 대해서 상당한 사정을 알 수가 있었다. 게는 길들여지지 않은 한 조각 리비도의 내적 심리를 포함하고 있다. 무의식적 동일화는 환자를 어쨌거나 끌어들이려고 한다. 동일화에 그런 힘이 있는 것은 그

---

5) 예술가와의 동일화에 더욱 깊은 근거는 환자에게 약간의 창조적인 재간이 있다고 하는 사실로 필자는 그것을 간과하지 않았다.

것이 무의식이며, 어떠한 통찰, 어떠한 수정에 의해서도 공격되어지는 일이 없기 때문이다. 그런고로 게는 무의식적 여러 내용의 상징이다. 이들 여러 내용은 환자를 몇 번이나 여자 친구들에 대한 관심 속으로 다시 데려가려고 한다게는 거꾸로 걷는다. 그러나 여자 친구들과의 관계는 환자의 노이로제와 같은 뜻의 것이다. 왜냐하면, 바로 이 관계 때문에 그녀는 신경과민이 되었던 것이다.

이상과 같은 부분은 본래 엄밀하게 말한다면, 아직 객관단계에 있어서의 분석에 속하고 있다. 그러나 우리들은 바야흐로 하나의 중요한 탐색적 원리라는 것이 밝혀진 주관적 단계를 적용하여 이상의 지식을 획득하기에 이른 것을 잊어서는 안 된다. 또한 위와 같은 일로 보아 대체로 실제적으로는 만족할 수 있는 것으로 보아도 지장이 없다고 생각하지만, 여기서 이론의 여러 요구에 응답할 필요가 있다. 왜냐하면, 아직 환자의 염두에 떠오른 모든 생각이 해석된 것은 아니기 때문이다. 그리고 아직 상징 선택의 의의도 충분히 밝혀져 있지 않기 때문이다.

환자는 "게는 물속에 숨어 있었다. 전에는 그 모습은 보이지가 않았다"라고 말하고 있으나, 이 말을 지금 생각해 보자. 말하자면 환자는 방금 해명한 것과 같은 모든 무의식적 여러 관계를 이전에는 보지 않았다. 그 여러 관계는 물속으로 모습을 감추고 가로놓여 있다. 그러나 시내는 그녀가 건너가려는 것을 저지한 장애이다. 그녀를 여자 친구들에게 붙들어 매고 있는 이같은 무의식적 여러 관계야말로 그녀의 방해가 되었던 것이다. 즉 무의식이 장애였던 것이다. 그렇기 때문에 물은 무의식을 좀 더 적절하게 말한 것으로 '무의식에 있는 것' 즉 숨겨져 있는 것을 뜻한다. 왜냐하면, 게도 무의식이며 무의식중에 숨어 있는 역동적力動的인 내용이기 때문이다.

제 **7** 장
집단 무의식의
신화유형에 관하여

　다음 과제는 처음에 객관단계에 있어서 포착한 여러 관계를 주관단계에서 그것을 검토하는 데 있다. 이 목적을 위해서 우리들은 그들 여러 관계를 객관에서 풀어 헤치고 환자의 주관적 열등감이 적으로 표현된 것으로보지 않으면 안 된다. 그런고로 X부인을 주관단계에서 해석하려면 X부인은 환자의 부분적인 혼이 인격화된 것이거나 또는 어떤 종류의 위상位相으로 파악해야 한다. 그러면 X부인은 환자가 그렇게 되고 싶다고 생각하면서, 그렇게 될 의지를 갖고 있지 않은 하나의 형상이 된다.

　따라서 X부인은 환자의 성격의 일면적인 미래상을 나타내고 있다. 기분이 언짢게 여겨지는 예술가라는 것은 우선 당장에는 환자 속에 잠들고 있는 무의식적인 예술가 재질이라는 계기가 이미 X부인에 의해서 내포되어 있는 것이기 때문에 주관단계로 불러들일 수는 없다. 그 예술가는 또 환자속에 있는 남성적인 것의 형상이라고 해도 될 것이다. 이 남성적인 것은 의식적으로 실현되지 않고 따라서 무의식중에 있다.

환자는 이 사실 중에서 자기 스스로를 속이고 있으므로, 이것은 어떤 의미에서는 진실이다. 즉 환자 자신으로서는 자기가 특히 부드럽고 민감하며 여성적이라고 생각하고 있다. 남성적인 면은 전혀 없다고 생각하고 있다. 따라서 내가 처음에 그녀를 향하여 그 남성적인 면에 주의했을 때에 그녀는 불쾌해하며 놀랐다. 그러나 불유쾌한 것, 현혹적이라고 하는 계기는 그녀의 남성적 특색으로 말할 수는 없다. 그 남성적 여러 특색 중에는 이러한 계기는 얼핏 보아도 전연 들어 있지 않다. 그러나 그렇다 해도 어딘가에 숨겨져 있음에는 틀림이 없다. 왜냐하면, 그 감정을 태어나게 한 것은 그녀 자신이기 때문이다.

그런 어떤 부분이 환자 속에서 직접적으로 발견될 수 없는 경우, 그것은 경험상 언제나 다른 그 무엇인가에 투영되어 있다. 그러나 누구에게 투영되어 있을까? 예술가일까? 그 예술가는 이미 아득한 옛날에 그녀의 눈앞에서 사라져 버리고 없었으며, 투영은 말할 것도 없이 환자의 무의식에 뿌리를 내리고 있었기 때문에 그 예술가가 투영을 가져가 버렸다는 것은 있을 수 없다. 뿐만 아니라 그녀는 그 예술가의 현혹적인 인상에도 불구하고 그와는 아무런 개인적 관계를 갖지 않았다. 그는 그녀에게 있어서는 오히려 하나의 공상상空想像이었다. 그런데 지금 문제가 되어 있는 것 같은 투영은 현재적이며 적극적인 것이다. 어느 일부분에 투영되어 있는 인간이 반드시 어디엔가 있을 것임에 틀림없다. 그렇지 않다면 그녀는 그 일부분을 자기 내부에 느끼고 있었을 것이다.

이렇게 우리들은 지금 또다시 객관 단계로 되돌아왔다. 왜냐하면, 우리는 그 밖의 다른 방법으로는 이 투영을 발견하지 못하기 때문이다. 환자는 나를 제외하고는 무엇인가 특별한 것을 의미할 수 있는 남성을 한 사람도 알지 못했다. 나는 그녀에게 있어서 의사로서 중요한 존재였다. 그래서 아마도 그녀는 그 일부분을 필자에게 투영하고 있었을 것이다. 그러나 필자는 그런 기색을 전혀 인정할 수가 없었다. 하지만 교묘한 마음의 움직임은 그런 일을 절대로 표면에 나타나게 하지 않는다. 그것은 언제나 치료 시간 외에 나타나는 것이었다. 그래서 신중하게 물어보았다.

"당신은 내가 있는 곳으로 오시지 않는 동안 저를 어떻게 생각하셨습니까? 한번 말해 보십시오. 그 때 생각했던 제가 지금 이렇게 마주 대하고 앉아 있는 저와 같습니까?"

그녀는 "선생님이 계시는 곳에 있으면 저는 선생님이 아주 좋으신 분처럼 생각됩니다. 그러나 제가 혼자 있거나 선생님이 잠시 동안 눈에 띄지 않게 되거나 하면 선생님의 인상이 아주 좋으며 별스런 느낌으로 바뀌어 버립니다. 때로는 아주 인상적으로 되어지는가 하면, 때로는 그렇지 않기도 합니다."

여기서 그녀의 말이 막혔다. 필자는 그녀에게 도움을 준다.

"그래요, 그렇다면 어떤 식으로 바꾸어지는가요?"

그녀는 "때때로 아주 위험하고 기분 나쁜 분인 것처럼 생각 되어지는 것입니다. 무서운 어떤 마법사라거나 나쁜 영혼이거나 등등으로요. 어떻게 해서 그런 일을 생각하는 것인지 나도 모르겠습니다. 그리고 선생님이 그런 분은 아닐 텐데요."

그래도 어느 한 부분은 확실히 이전의 필자에게 투영되어 있는 것이다. 따라서 그녀의 마음속을 아무리 들여다보아도 찾아낼 수가 없었던 것이다. 이리하여 우리들은 또 다른 하나의 본질적인 문제점을 밝혀낸 셈이다.

말하자면 필자는 그 예술가와 동일화되어 있었던 것이다. 그렇다면 그녀의 무의식적인 공상에 있어서 필자는 X부인과도 동일한 위치이다. 그녀에게서 이 사실을 전에 찾아냈던 여러 자료성적 공상에 의해서 쉽게 증명해 볼 수가 있었다. 그러나 그렇게 된다면, 다름 아닌 필자 자신이 그녀가 강을 건너가는 것을 방해하는 장애물인 셈이다. 만약에 우리들이 이 특수한 경우에서 객관 단계에만 머물고 있었다면 이상과 같은 통찰은 좀체로 얻을 수 없었을 것이다.

만약 객관 단계에만 머물고 있다면 그녀에게, "나는 결코 불쾌한 사람이 아니다. 무서운 마법사 따위는 더욱 아니다"라고 말해 주었댔자 그것이 무슨 도움이 될 것인가? 그런 말을 했다 해도 환자는 아무것도 느끼지 않을 것이다. 현실적으로는 환자는 필자와 마찬가지로 그런 일을 벌써 알고 있기 때문이다. 그리고 투영은 계속 남게 될 것이고, 필자는 실제로 그녀의 전진에 대한 장애가 될 것이다.

많은 치료들이 이러한 지점에 들어와서 멈추어 버린다. 왜냐하면, 이런 경우에는 의사 스스로가 주관단계에 자기를 끌어올리고 자기가 하나의 상像이라는 것을 승인하지 않으면 무의식의 얽힘에서 탈출하기가 불가능하기 때문이다. 여기에 바로 가장 큰 어려움이 있다. 의사는 말할 것이다.

"이것은 당신의 무의식 속에 있는 어떤 것의 상像입니다."

그러나 환자는 그것에 대해서 신경질적으로 다음과 같이 말한다.

"무엇이라고요, 제가 남자인가요? 더구나 기분 나쁜 현혹적인 심술궂은 마법장이, 악령이라고요? 그런 어리석은 일이 있을까요? 그런 일은 도저히 '승인'할 수가 없습니다. 넌센스입니다승인은 정신분석의 특수용어. 저보다 그것은 오히려 선생님에게 적당한 얘기라고 봅니다."

실제로 그녀가 말하고 있는 것은 옳다. 그런 것을 그녀라는 인간의 위에서 해석하려고 하는 것은 사리에 맞지 않은 일이다. 의사는 물론이지만 그녀도 자기 자신을 악령으로 보는 일은 있을 수 없는 일이다.

그녀의 눈이 번쩍 빛난다. 증오의 빛이 얼굴에 떠오른다. 이제까지 본 적이 없는 불가사의한 반항의 기색이 나타난다. 갑자기 종잡을 수 없는 오해의 가능성이 생긴 것을 눈치챘다. 이것은 도대체 무엇일까? 거짓된 사랑일까? 그녀에 대한 모욕일까? 그녀의 격을 떨어뜨린 것일까? 그녀의 눈길 속에는 필자가 사나운 짐승이고, 마신이다. 필자의 두려운 마법에 대해서 절망의 동물적인 힘을 발휘하여 몸을 지키려 하고 있다.

불안에 떨면서 희생을 각오하며 그녀가 앉아 있는 것일까? 아니다. 그런 식의 것은 모두가 비상식적인 것에 지나지 않는다. 공상적인 속임수에 지나지 않는다. 그녀의 무엇과 접속해 버린 것인가? 그녀 마음의 어떤 새로운 현絃이 울리기 시작한 것인가? 하지만 그녀가 그런 눈초리를 한 것은 순간의 일에 지나지 않았다. 그녀의 표정은 또다시 냉정해지고 안심한 것 같은 음성으로 말했다.

"이상하군요…… 지금 선생님이 저의 어떤 것에 닿으신 것 같은 느낌이 들었습니다. 저는 친구들과의 관계에서 그 어떤 장벽을 도저히 뛰어넘을 수가 없었던 것입니다. 무엇인가 오싹한 느낌이었습니다. 아주 기분 나쁘고 무섭고 잔인한…… 어떻게 해서 그런 기분이 드는가를 입으로 설명하기란 도저히 불가능합니다. 그럴 때, 나로 하여금 친구들을 증오하게 한 것은 바로 이 기분입니다. 오히려 그런 식으로 친구들을 미워하거나 하는 일이 없도록 생각하고, 저는 나름대로 열심히 저항해 보는 것이지만요."

이 말은 지금 일어난 사건에 대해서, 그 내용을 밝혀낼 빛을 던져준다. 필자는 그녀에게 있어서 바로 그녀의 여자 친구들의 위치에 있었던 것이다. 그리고 여자 친구들은 극복된 것이다. 억압의 얼음은 파괴되었다. 환자는 스스로는 그것을 알지 못하고 그 존재의 새로운 단계에 발을 들여놓았던 것이다. 다음과 같은 것을 알았다.

여자 친구들과의 관계에서 있었던 일체의 고통이나 악의는 필자에게로 떨어져 내렸을 것이다. 그러면 물론 착한 일도 필자 위에 떨어져 올 것이다. 그러나 환자가 그것을 어떤 방법으로도 뛰어넘을 수 없던 신비한 '어떤 것'과의 가장 치열한 싸움 속에서 일어난 일이었다. 즉 전이의 새로운 한 단계가 시작된 것이다. 그러나 이 새로운 단계는 투영되는 어떤 것이 무엇인가를 뚜렷하게 보여 주지는 않는다.

만약에 환자가 이 전이 형식 중에 머물고 있다면, 손쓸 수 없는 여러 가지 오해가 생겨나게 된다는 것은 불을 보듯 뻔하다. 왜냐하면, 이번에는 필자를 그 여자 친구들처럼 다룰 것이기 때문이다. 즉 예의 '어떤 것'은 끊임없이 공중의 어딘가에 떠돌고 있어서 오해의 씨앗을 계속 뿌리고 있을 것이기 때문이다. 그 결과, 그녀는 필자 속에 마신魔神을 인정하게 될 것이다. 왜냐하면, 그녀는 자기를 그런 악마의 신이라고는 인정하고 싶어하지 않기 때문이다. 이렇게 풀기 어려운 갈등의 온갖 것이 나타난다. 그리고 풀기 어려운 갈등이라는 것은 우선 처음부터 생명의 정체를 뜻하는 것이다.

또는 다음과 같은 가능성도 있다. 그녀는 이 새로운 곤란에 대해서 오랜 방어 수단을 적용한다. 그리고 이 어두운 한 지점을 뛰어넘어 버린다. 그리고 의식적으로 있는 대신에 또한 새로이 그 부분을 억압한다. 그러나 의식적으로 있다는 것은 우리들의 모든 방법의 필연으로서 자명한 요청인 것이다. 그렇다고 하더라도 억압에 의해서 얻어지는 것은 아무것도 없다. 반대로 지금의 '어떤 것'은 무의식중에서 그녀를 위협한다. 이것은 앞의 결과

보다도 훨씬 불쾌한 결과이다.

　이런 승인 불가능한 것이 머리를 들고 올 때에는 언제나 애초부터 그것이 개인적이고 특수한 것인가 혹은 그렇지 않는 것인가 하는 점을 명백히 할 필요가 있다. '마법장이'와 '마신'은 남들이 그것이라고 바로 알 수 있도록 본래 표현되어져 있는 바의 여러 특성을 나타내고 있는 것이라고 해도 될 것이다. 즉 그것들은 인간적·개인적 특성이 아니라, 신화적 특성인 것이다. '마법장이'와 '마신'은 환자를 습격한 미지의 '비인적'인 감정을 표현하는 바의 신화적 인물의 모습으로 나타난 것이다. 따라서 이들 여러 속성은 인간의 인격에는 적용되어질 수 없다. 더구나 이들 여러 특성은 보통 즉각적인, 그리고 비판적으로 자세히 음미되어져 있지 않은 판단으로서, 언제나 인간관계의 커다란 화로서 자기 주위의 사람들 위에 투영될 수도 있는 일이다.

　이러한 속성은 언제나 초개인적 내지는 집합적 무의식의 여러 내용이 투영된다는 것을 말해준다. 왜냐하면, '마신'은 '사악한 마법사'와 마찬가지로 물론 누구라도 한 번은 이런 것에 대해서 듣거나 읽은 적은 있다고 하지만 개인적인 기억의 잔재는 아닌 것이다. 경미사鱉尾蛇의 이야기를 들은 일이 있다고 해서, 우리는 경미사의 이야기를 마치 도마뱀의 경우를 이야기할 때와 같이 말할 수는 없을 것이다. 그것과 마찬가지로 자기 주위의 인간을 누구도 마신이라고는 부르지 않을 것이다.

　물론 정말로 일종의 마력이 그 인간에게 이어져 있는 것이라면, 이야기는 다르다. 그러나 마력이 정말로 그 인간이 성격의 한 부분이었다면, 이 마력은 이르는 곳마다 발휘될 것이다. 그렇게 되면, 이 인간은 참으로 마신인 것이다. 일종의 사람짐승인 것이다. 그러나 마신이라거나 사람짐승이라는 것은 신화이다. 즉 집합적인 마음이며, 개인의 마음은 아니다. 우리들이 무의식에 의해서 역사적·집합적인 마음을 나누어 가지고 있는 한, 우리는 당연히 무의식적으로는 사람짐승이나 마신이나 마법사 등등의 세계 안에 살고 있는 셈이다. 왜냐하면, 이들은 과거의 모든 시대를 가장 강력한 효과로 가득 채워 왔기 때문이다. 그것과 마찬가지로 우리들은 신들이나 악마, 구세주나 극악한 인간까지도 함께 나누어 갖고 있다.

그러나 이들 무의식중에 존재하는 여러 가지의 가능성을 개인적으로 생각하려는 것은 옳지 않다. 따라서 개인에게 귀속시켜야 할 것과 초개인적인 것과 확연하게 구별하는 것이 절대로 필요하다. 그렇다고 해서 집합적 무의식의 여러 내용일 때 경우에 따라서 극히 활발한 존재를 부정하거나 하는 일이 있어서는 안 된다. 다만 그것들은 집합적인 마음의 여러 내용으로써 개인적 심리와 대립하며, 개인적 마음과는 다른 것이다.

원시적인 소박한 인간에게 있어서 이들의 것은 물론 개인적 의식에서 떨어져 나뉘어졌던 것은 아니었다. 왜냐하면, 신들이나 미신 등은 심적 투영물로서, 무의식의 여러 내용으로 이해 되어져 있지 않고 분명한 현실로서 이해 되어져 있었기 때문이다. 계몽시대에 이르러서야 처음으로 신들은 역시 실재하지 않고, 투영물이었다는 것이 알려졌다. 이리하여 신들은 처리되어져 버렸다. 하지만 신들의 존재를 포착하는 데에 도움이 되고 있던 심리적 기능은 결코 처리된 것이 아니다. 그 기능은 단지 무의식의 손아귀에 잡혀 버렸다.

그러나 그 때문에 예전에는 신에게 숭배를 드리는 데 쓰여졌던 리비도가 사용되지 않고 축적 되어짐으로써 인간 자신에게 오히려 화를 입히게 되었다. 종교적 기능과 같은 강렬한 기능의 비하와 억압은 개개인의 심리에 커다란 변화를 불러일으킨다. 무의식은 리비도의 역류 때문에 이상하게 강대해져서, 그 결과 무의식은 그 고대적신화적 집합 내용을 가지고서 의식에 거대한 영향을 미치기 시작하는 것이다. 계몽시대는 주지한 바와 같이 잔인한 프랑스혁명으로 끝났다.

현재도 우리들은 또다시 집합적인 마음의 무의식적이고 파괴적인 힘을 경험하고 있다. 그 결과는 사상 유례가 없는 대량 학살이었다. 이와 같은 것이야말로 무의식이 구하고 있던 그 당사자에 지나지 않는다. 무의식의 세력은 모두 비합리적인 것을 비하하여 그것에 의해서 비합리적인 것의 기능을 무의식적으로 추방한 근대 생활의 합리주의에 의해서, 예전에는 제한도 없이 강화되었던 것이다. 하지만 이 기능이 한번 무의식중에 들어가 버리면, 이 기능은 무의식에서 파괴적으로 멈추지 않고 끊임없이 작용해 온다.

그것은 마치 병원소가 눈에 보이지 않기 때문에 이것을 없앨 수가 없는 불치의 질병과 같은 것이다. 왜냐하면, 그렇게 되면 개인도 민족도 강박적으로 비합리적인 생활을 하지 않으면 안 되게 되며, 그 위에 또한 그 최고의 이상주의와 그 가장 귀중한 규범과 비합리적인 것의 어리석음을 될 수 있는 한 완전히 하기 위해서 사용하지 않을 수 없게 되는 것이다. 그 소규모적인 경우가 우리들의 환자이며, 그녀는 그녀에게 있어서 비합리적으로 보이는 생활가능성X부인을 피하여 결국은 여자 친구들과의 관계에 있어서 그 비합리적인 생활 가능성을 실현해 버리는 것이다.

비합리적인 것은 언제나 있는 것이니만큼 우리는 그것을 필연적이고 일심적一心的 기능으로서 승인하고, 그 여러 내용을 구체적인 현실성으로서가 아니라그렇게 보고 말았다면, 그것은 역행일 것이다, 심적인 현실성현실성이라는 것은 그것들은 작용을 미치는 사물, 즉 현실성이기 때문이다. 작용을 미치다는 독일어로 Wirksam이며, 현실성은 Wirklichkeit로, 두 말이 모두 Wirk라는 어간을 같이하는 동일계의 말이다으로서 받아들이는 것 이외에는 어떤 가능성도 애초에 존재하지 않는 것이다. 집합적 무의식은 많은 경험의 침전으로서, 동시에 경험의 아브리오리로서 몇 천만 년에 걸쳐 형성되어 온 한 세계상이다. 이 세계상 중에는 때의 흐름에 따라서 형성되어 온 약간의 특징, 소위 신화 유형 내지는 지배자가 있다.

이것들은 지배하는 것, 신들, 즉 지배적 법칙이나 원리나 형상을 만드는 계열에 있어서 평균적 법칙성 등의 형상이었으며, 이와 같은 형상을 인간의 마음을 되풀이하여 새롭게 살려놓는 것이다. 이같은 형상이 심적 여러 사상에 대한 상대적으로 충실한 표현이라고 한다면, 그 신화유형,[1] 즉 같은 종류의 경험의 축적에 의해서 이루어진 일반적이고도 근본적인 특징은 아직 약간의 일반적 자연적 근본 특징에만 부응한다. 그런고로 신화 유형적 형상을 직접 개념으로서 자연사상으로 번역하는 일은 가능하다. 예를 들면 원시의 기식氣息이나 영혼의 자료로서의 에테르가 그것으로, 이것은 지구 전체에 관한 여러 견해 중에 나타나 있으며, 또한 에너지 마력이 그것으로 이것도 전자와 마찬가지로 일반적으로 보급되어 있는 것으로 생각되는 것이다.

신화유형은 그 자연적 사물과 친밀하게 연관되어 있기 때문에 많은 경우에 투영되어 나타내진다. 더구나 투영이 무의식이라면, 그 때때로의 주위 인물들에게 있어서 계략적으로 이상한 경멸 또는 과대평가로서 또는

---

1) 위에서 언급한 바와 같이 신화유형은 이루어진 여러 체험의 결과 및 침전으로 해석된다. 그러나 신화유형은 그런 체험을 야기하는 여러 요소라고도 생각된다.

그 어떤 종류의 오해나 다툼이나 몽상이나 어리석은 행동으로서 나타나게 된다. 따라서 세상에서는 이런 식으로 말하는 것이다. "누구 누구는 아무개를 신으로 모셔 올리고 있다"라거나 "누구 누구는 아무개에게 있어서 멧돼지이다"라는 등. 그곳에서 또한 현대의 신화 형성, 즉 터무니없는 소문이나 불신이나 편견이 생긴다.

어찌되었든 신화 유형은 최대한으로 주의를 기울여야 할, 작용하는 바가 큰 아주 중대한 사항이다. 그러므로 아무렇게나 이것을 억압해서는 안 된다. 신화 유형은 위험한 전염력을 가지고 있기 때문에, 신중하게 고려되어야 하는 것이다. 많은 경우 투영으로써 등장하고, 또한 이 투영은 그 어떠한 관련이 있는 것이 아니면 결코 일어나지 않으므로 이 투영에 대한 평가와 본질 결정은 참으로 어려운 것이다. 따라서 누군가가 자기 주위의 한 사람에게 악마가 투영했다고 하면, 그것은 그 주위의 사람들이 악마라고 하는 형상을 가질 수 있는 그 무엇인가를 가지고 있기 때문이다. 그렇다고 해서 그 때문에 그 사람이 악마라고 하는 것은 아니다. 반대로 그 사람이 특별하게 선한 인간이라는 것도 있을 수가 있다. 그러나 공교롭게도 투영하는 측은 원인과 결과에 대해서는 잘 생각해 보지 않는다. 따라서 둘 사이에는 '악마적인'즉 사이를 가르는 움직임이 일어나게 된다. 그렇다고 해서 투영자도 악마일 필요는 없다. 그러나 투영자도 같은 악마적인 것을 자기의 내부에 가지고 있으며, 그가 그것을 남에게 투영하는 한에 있어서는 지금 새삼스럽게 또는 자기 내부의 그 악마적인 것 때문에 쓰러져 갔다는 것을 승인하지 않으면 안 되는 것이다. 그러나 그가 '악마적'인 인간이라고 하는 것은 물론 아니다. 그가 상대방과 마찬가지로 완전하고 올바른 인간일 수 있다는 것도 물론이다.

이런 경우에, 악마가 등장했다는 것은 그 둘이 현재나 가까운 장래에 있어서 서로 용납하지 못할 인간이라는 것을 뜻한다. 따라서 무의식이 두 사람을 떨어지게 하고 멀어지게 하는 것이다. 악마는 신화 유형 그늘의 한 변형이다. 그늘이란 인간의 의식으로 승인되어 있지 않은, 어두운 또 다른 반쪽의 위험한 세계인 것이다.

집합 무의식의 여러 내용이 투영되는 데에 있어서, 거의가 언제나 만나게 되는 신화 유형의 하나는 심히 언짢은 마음을 일으키게 하는 '마법을 쓰는 악령'이다. 그 좋은 예는 마이링크의《골렘》과 마찬가지로 마이링크의 《박쥐》속에 나오는 티베트의 마법사이다. 후자는 마법에 의해서 세계 대전을 일으켰다고 한다. 물론 마이링크는 필자로부터 신화유형의 일을 들어서 아는 것은 아니다. 필자와는 관계 없이 자유롭게 그의 무의식중에서 마침 필자가 환자의 그것을 필자에게 투영한 것처럼 비슷한 감정에 형상과 언어를 부여함으로써 만들어낸 것이다. 마법사는《자라투스트라》속에도 나오며,《파우스트》에서는 마법사가 주인공 그 자체이다.

악마적인 기질의 사람이라고 하는 형상은 아마도 신들의 개념에서 가장 낮으며 가장 오랜 단계의 하나이다. 그것은 원시의 민족 마술사 내지는 메디찡만 즉, 마력을 구비한, 특히 유능한 인간의 유형이다.[2] 이 유형은 소극적인 또는 위험한 양상을 나타내는 경우에는, 가끔 살결의 색깔이 검은 자로서 몽고인적 유형으로 등장한다. 또 때에 따라서는 그늘 그 자체와 구별하는 일이 심히 곤란하다. 그러나 악마적인 성격이 강조되면 될수록 그것은 그늘과 구별될 수가 있다. 이 일은 그것이 늙은 현자라고 하는 극히 소

---

2) 정령과 교섭하고, 마력을 구사하는 주술 치료사라는 관념은 많은 미개인에게 있어서 극히 뿌리가 깊은 것이므로 미개인들은 동물 중에도 '독터'가 나타난다고까지 생각한다. 북캘리포니아의 인디언들은 보통 들개와 독터 들개를 구별한다.

극적인 양상을 가질 수 있는 한에 있어서는 결코 사소한 일이 아니다.[3]

신화 유형을 인식한 것으로 해서 우리들은 상당히 진보할 수 있었다. 주위 사람들의 마법적 내지 마신적인 작용은 불가사의한 감정이 집합적 무의식의 본래의 크기에 환원되는 일에 의해서 소멸되어 버린다. 그러나 대신에 우리들은 지금이야말로 전적으로 새로운 과제 앞에 서게 되는 것이다. 즉, 자아는 이 심리적인 비아非我를 어떻게 절충해야 하는가 하는 문제가 그것이다. 신화 유형의 활동적 존재를 확인하고, 사태를 자연스럽게 내맡겨 버리면 될 것인가?

그런 일로서는 분열된 방임상태, 즉 개인적인 마음과 집합적인 마음이 서로 떨어진 상태로 되어 버릴 것이다. 그렇게 되면 우리는 한편으로는 복잡한 근대적인 자아를 가지고, 다른 한편으로는 일종의 니그로 문화, 다른 말로 한다면 원시 상태를 지니는 일이 될 것이다. 그렇게 되면 우리들에게는 현실에 존재하는, 즉 검은 살결의 야수와 그 위에 덮어 씌워질 문명이라고 하는 외피外皮가 산산이 흩어져서 눈앞에 펼쳐 보여지게 될 것이다. 그러나, 이러한 분리는 즉시 종합과 미발달을 요구한다. 이들 두 부분은 통일되어져야 한다. 왜냐하면, 그렇게 하지 않으면 어떻게 될 것인지는 의심할 여지가 없기 때문이다.

즉 원시인은 불가피하게 또다시 억압에 빠질 것이다. 그러나 이것은 아직 세상에 통용하는 경우에만, 즉 생명을 가진 종교가 존립하고 이 종교가 충분히 발달한 상징제도에 의해서, 원시적 인간을 마음이 놓일 때까지 표현해 주는 그런 경우에만 가능하다. 말하자면 이같은 종교는 교리나 의식에 있어서 최고의 것에 실을 꼰 것 같은 생각이나 행위를 가지고 있는 것이

---

3) 《에라노스 연감》 1934년, 1935년 판 중의 집단 무의식의 신화유형 참조.

어야 한다. 가톨릭교가 바로 그것이다. 또한 그것이 가톨릭교의 특별한 장점이며 최대의 위험이다.

가능한 통일이라는 새로운 작업에 착수하기 전에 우리들은 먼저 이 이론의 출발점이 된 여성 환자의 꿈으로 되돌아가자. 우리들은 이상의 연구에 의해서 이 꿈을 상당한 정도로 이해하게 되었다. 그러나 이제 이 꿈의 본질적인 부분이 이해되기에 이르렀다. 그것은 바로 불안이라는 부분이다. 여기에서의 불안이란 집합적 무의식의 여러 내용에 대한 원시적 불안이다. 우리들의 환자는 X부인과 자기를 동일화하고, 그것에 의해서 그녀가 기분이 나쁜 예술가와도 관계를 가지고 있다는 것을 표현해 보인 셈이다.

그리고 의사인 필자는 그녀에게 예술가와 동일화 되었다. 더욱이 이 필자는 주관단계에 있어서 파악이 되어지면 무의식이 마법사의 형상을 갖는다는 것도 밝혀졌다. 게다가 이 모든 것이 그 꿈속에서는 게의 상징에 의해서 대표 되었다. 게는 무의식의 살아 있는 내용이다. 이 내용은 객관 단계에 있어서 분석에 의해서는 결코 사라지는 일이 없으며, 아직 그 활동력을 잃어버리는 일도 없다. 그러나 우리들이 성공한 것은 신화적·집합적·심적 내용을 의식의 여러 대상에서 떼어 내어 그 내용을 개인적인 마음의 외부에 심적 현실로서 확립한 데에 있다.

우리들은 인식행위에 의해서 신화유형의 현실을 확립하는 것이다. 즉 좀 더 정확하게 말하면, 우리들은 인식을 근거로 하여 이러한 여러 내용의 심적 존재를 가정하는 것이다. 그때 필요한 것은, 문제가 단순히 인식의 여러 내용일 뿐만 아니라 단지 특정한 조건 하에서만 의식의 통제에 복종하고 아마도 그 부분이 의식의 통제를 받지 않고 있는 초주관적이고, 극히 자주적인 심적 조직이라고도 한다는 것이 명백하게 확인돼야 한다. 집합적인 무의식이 무차별하게 개인적인 마음과 함께 이루어져 있는 경우에 있어서는 어떠한 진보도 바랄 수가 없다. 꿈속에서 말한다면 한계는 초월할 수 없다. 그러나 환자가 한계선을 넘으려고 덤빈다면, 전에는 무의식이었던 것까지 살아서 그녀를 붙잡고 떼어지지 않을 것이다.

꿈과 꿈의 자료는 집합적 무의식을 한편으로는 물의 깊이에 숨어서 살고 있는 하등 동물로 특징지우고, 다른 한편으로는 적당한 때를 놓치지 않고 수술은 하였다면 나을 수도 있는 위험한 질병으로 특징짓고 있다. 이 특징지음이 어느 정도로 적절한지는 앞서 우리가 본 바와 같다. 특히 동물 상징은 이미 말한 것처럼 인간 이외의 것, 즉 초개인적인 것을 지향한다. 왜냐하면, 집합적 무의식의 여러 내용은 고대적인 특히 인간적인 기능 및 방법의 잔재물일 뿐만 아니라, 인간적인 존재와는 상대적으로 짧은 기간이랄수 있지만 무한히 길게 계속되어 왔다. 인간이 가진 동물조상의 여러 기능의 잔재물이기도 하기 때문이다.

이런 잔재물, 또는 제몬의 말로 한다면[4] 인각印刻은 그것이 활동할수록 발달의 진행을 정지시킬 뿐만 아니라, 집합적 무의식을 활동시키는 에너지를 전부 써버리게 될 때까지는 진행을 뒷걸음질로 되돌려 버리려고 할 정도인 것이다. 그러나 에너지는 그것이 집합적 무의식의 의식적 대치에 의해서 다같이 고려되어질 때에는 또다시 이용 가능해진다. 종교는 이 에너지의 운행을 예배에 의한 신들과의 교통에 의해서 구상주의적[5]으로 만들어낸다.

하지만 이런 방법은 우리들의 눈으로 본다면 지성이나 그 인식이 너무나

---

4) H. 강츠는 라이프니치에 있어서 무의식적인 것에 관한 철학논문에서 집합적 무의식을 설명하기 위해서 제몬의 인각印刻이론을 가지고 나왔다. 필자의 〈집합 무의식〉의 개념은 제몬의 계통발생적인 기억개념과 전면적으로 일치하는 것은 아니다.
5) 구상주의적이라는 것은 객관적으로 '현실적이라고 생각되었다'라는 뜻이다.

도 모순된, 역사적으로 이 방법은 그리스도교에 의해서 너무나도 철저하게 극복되어져 있으므로 우리들이 이 문제의 해결방법을 모범적으로 본다는 것이 가능하다고 생각하지 못할 정도이다. 이것에 반해서, 무의식의 여러 모습을 집합적 심리현상 내지는 기능으로서 파악한다면, 이 가정은 우리들의 지적 양심에 조금도 상반되지 않는다.

이 해결법은 합리적으로 받아들일 수 있다. 이것에 의해서 우리들은 인류사의 활동잔재와 절충시킬 수 있는 가능성을 얻게 된다. 그 절충의 예는 한계선을 넘는 것을 가능하게 하므로 초월적 기능이라는 명칭에 어울리는 셈인데, 이것은 새로운 입장에의 점진적 발전이라는 것과 같은 뜻이다.

영웅 신화와의 관련성도 역시 누구의 눈에나 명백할 것이다. 괴물과 영웅과의 전형적인 투쟁은 흔히 강기슭에서 행해진다(괴물이란 무의식적 내용이다. 또한 강기슭의 근처에서 행해지는 일도 있다.

롱펠로우의《하이아오사》로 알려져 있는 인디언 신화에서는 특히 그렇게 되어 있다. 영웅은예를 들면 요나와 같이 목숨을 건 싸움에 있어서 언제나 괴물에게 먹히고 만다.[6]

프로베니우스는 이것을 풍부한 자료로 나타내고 있다. 괴물의 뱃속에서 영웅은 괴물과 그 나름대로의 방법으로 겨룬다. 한편, 그 괴물은 영웅을 뱃속에 품은 채로 동쪽을 향하여 해돋기를 기다리면서 헤엄쳐 나아간다. 영웅은 내장의 중요한 부분, 즉 그것이 없어지면 괴물이 살아갈 수 없는 그러한 부분, 이를 테면 심장 등을 도려내어 버린다. 즉 그것은 바로무의식이 그것에 의해서 활동하고 있던 귀중한 에너지라고도 할 수 있다. 이리하여 괴물이 육지에 이르렀을 때 영웅은 괴물을 죽이고 만다. 영웅은 바야흐로 초월

---

[6]《태양신 時代》1904년

적 기능에 의해서 새롭게 태어나서프로베니우스가 말하는 야간 항해 앞으로 나아간다. 괴물이 예전에 삼켜 버렸던 많은 사람들과 함께 살아나오기도 한다. 이리하여 예전의 정상적인 상태로 회복되고 에너지를 빼앗긴 무의식은 더 이상 보다 높은 지위를 차지할 수가 없다. 이와 같이 신화는 매우 구상적으로 우리들의 여성 환자를 괴롭힌 문제를 묘사하고 있다.

그런데 독자도 알아차리고 있을 것으로 생각하는, 중요한 한 가지 사실을 채택해야만 하겠다. 그것은 이 꿈속에서 집합적 무의식이 부정적인 각도 밑에 무엇인가 위험하고 해로운 것으로 나타난다는 사실이다. 이것은 환자가 인격적으로 충분히 발달되었다기보다는, 오히려 너무나 발달한 공상생활을 가지고 있었던 것에서 비롯된다이 일은 그녀의 글재주와 크게 관계가 있다고 해도 되겠다. 그녀는 너무나도 공상에 잘 빠져드는데 그 공상생활은 어느 것이나 병적 증상이다. 그리고 그녀는 현실 생활은 지나쳐 버리고 만다.

신화가 너무나도 많다는 것은 그녀에게 있어서는 참으로 위험한 일이다. 왜냐하면, 그녀 앞에는 아직도 이제까지 그녀에게 알려진 일이 없었던 많은 외적 생활이 가로놓여져 있었기 때문이다. 그녀는 지금 자기의 입장을 바꾸어야 하는 지극히 현실적인 생활에는 길들여져 있지 않기 때문이다. 집합적 무의식은 그녀에게 들이닥쳐서 아직 불충분하게밖에 살아 있지 못하는 현실로부터 그녀가 외면하게 하도록 한다. 그런고로 꿈의 참뜻에 비추어 보아 그녀에 대해서 집합적 무의식은 무언가 위험한 것으로서 표현되지 않으면 안 되었다. 만약 그렇지 않으면 그녀는 너무나도 가볍게 현실생활의 여러 요구를 피하여 집합적 무의식 속으로 도망쳐 버렸을는지도 모르기 때문이다.

꿈의 해석에 있어서 신중하게 주의해야 할 것은 그 꿈속에서 여러 가지

물건이나 사람이 어떻게 등장하여 왔는가 라는 점이다. 예를 들면 무의식을 대표하는 게는 그것이 뒷걸음질을 치고 또한 결정적인 순간에 그녀를 물고늘어진다는 점에서 부정적이다.

프로이트에 의해서 밝혀진 꿈의 메카니즘[7]이동이라거나 역전이라는 것과 같이에 현혹되어 일방적으로는 이렇게 믿어오고 있었을 것이다. 즉, 꿈의 진정한 의도는 꿈의 표면적인 구조 배후에 숨겨져 있을 것이므로, 꿈의 겉면에 눈을 빼앗겨서는 안 된다.

여기에 대해서 필자는 예전부터 다른 입장을 주장해 왔다. 즉, 꿈이 약간의 고의나 속임수를 쓴다고 해서 그 때문에 꿈을 질책할 권리가 우리들에게는 없다는 것이다. 자연은 간혹 애매하고 불투명하지만, 인간과 같이 교활하지는 않다. 따라서 우리들은 꿈이라는 것도 정말로 있는 그대로의 모습이 본래의 모습이지 그 이상도 그 이하도 아니라고 생각해야 한다. 꿈이 그 어떤 것을 부정적인 각도에서 표현했다고 해서 실제로 꿈의 의도가 무엇인가? 긍정적인 부분을 찾아내려고 노력할 까닭은 전혀 없는 것이다.

개울을 건너가는 데 있어서 신화유형적 위험은 매우 뚜렷하다고 할 수 있으므로 그 꿈은 경고로 받아들이지 않아도 좋다고 여길 수도 있지만, 필자는 그런 의인적 견해에는 관여하고 싶지가 않다. 꿈 그 자체가 무엇을 의도하지 않기 때문이다. 꿈은 자기 자신을 표현하는 한 내용이며 당뇨병 환자의 당분이나, 티푸스 환자의 열과 같은 단순한 자연적 사실에 지나지 않는 것이다. 다만 다행히도 우리들이 현명하여 자연스런 몸짓을 바르게 해

-----

7) 《마음의 에너지 구조》 1928 중의 〈꿈의 심리학에 대한 일반적 관점〉을 참조. 이 책의 증보판은 1948년에 마음의 에너지 구조와 꿈의 본질이라는 제목으로 출판되었다.

석하는 기술을 습득하고 있을 때에만 꿈을 하나의 경고로 본다고 하는 이야기이다.

그러나 꿈은 무엇을 경고하려고 하는 것인가? 위험은 분명히 물을 건너려던 순간에 무의식이 그녀를 붙잡았던 일에 있다. 그렇다면 붙잡았다는 것은 어떤 뜻인가? 무의식은 중대한 변화나 결정의 순간에도 쉽게 터져나올 수가 있는 것이다. 그녀가 서 있는 강기슭은 우리들도 알고 있는 바와 같이, 이제까지의 그녀의 상황이다. 이 상황에 있어서 그녀는 마치 넘을 수가 없는 장애에 맞부딪혀 버린 것처럼, 신경증적인 정돈 상황에 빠져버리고 만 것이다. 이 장애는 꿈에서는 넘을 수 없는 시내로 표현되어 있다. 하지만 그 시내가 그렇게 크거나 넓은 것 같지는 않다. 그런데 시내 안에는 뜻밖에도 게가 숨어 있었다. 이 게야말로 진짜로 위험한 것이다. 그리고 그 때문에 시내를 건널 수 없는 것이 아니라, 다만 건널 수 없는 것처럼 보였을 뿐이다.

만약 그곳에 위험한 게가 있다는 것이 미리 알려져 있었다면 다른 장소를 골라서 시내를 건너려고 했거나 또는 어떠한 다른 방법을 썼을 것이다. 당면한 상황에서는 성공적으로 물을 건너는 것만이 가장 바람직한 일이었을 것이다. 건너는 일은 우선 예전의 상황을 의사에게 옮겨 적용하는 것을 뜻한다. 이것은 새로운 사실이다. 예측할 수 없는 무의식이라는 것이 없었다면 이것은 결코 특별한 모험 따위는 아닐 것이다. 그러나 옮겨짐에 의해서 숨겨진 신화 유형적 모습이 활동을 개시할 우려가 있다는 것은 우리가 보아온 바와 같다.

'신神들의 일'을 잊고 있었기 때문에 말하자면 예상외의 일을 해 버린 것이다. 우리들의 여성 환자는 절대로 종교적인 성질의 인간이 아니라 '근대인'이었다. 옛날에 배웠던 종교의 일은 잊어버리고 있었다. 그리고 신들이 개입해 오는 순간이 존재한다. 아니면 오히려 먼 옛날부터 가장 깊은 곳으로 점차 내려오는 것처럼 조립되어져 있던 상황이 있다는 것에 대해서는 아무것도 모르는 것이다. 예를 들면 사랑과 사랑의 정열 혹은 위험 따위가 이런 상황에 속한다. 사랑은 마음속에 예상도 하지 않았던 힘을 불러일으키기도 한다. 그런 힘이 있다는 사실이 미리 알려져 있었다면 얼마나 좋았을까 라고 생각되는 그런 힘이다. 알 수 없는 위험과 폭력에 대한 '신중한 고려'로서의 '숙려'熟廬:레리기오 — 종교의 옛 뜻가 여기서는 문제이다.

단순한 투영에서 사랑은 그 모든 운명의 힘을 경주하여 태어나기도 한다. 그것은 그녀를 현혹적인 착각을 가지고 그 자연적 생명과정에서 떼어버릴 것 같은 어떤 것이다. 우리들의 여성 환자를 습격하게 될 그것이 과연 좋은 것인가 나쁜 것인가, 신인가 악인가 라는 의식도 없이 그녀는 스스로 어떤 사람에게 이미 넘겨져 버려지고 있다는 것을 느끼게 된다. 그리고 그녀가 이 복잡한 상황에 잘 견뎌낼 수가 있는지 어떤지는 아무도 알지 못하는 일이다.

이제까지 그녀는 이 가능성을 가능한 한 회피해 왔던 것이다. 그러나 바야흐로 이 가능성이 그녀를 습격하려 하고 있다. 이것은 회피해야 할 하나의 모험이나 혹은 감히 뛰어든다면, 소위 '신에게 의지'하거나 요행스러운 것을 '확신'하는 것 이외에 어쩔 수가 없는 것이다. 이리하여 예측하지도 의도하지도 않았지만, 운명에 대한 종교적인 태도가 여기에 앞, 뒤 가리지 않고 들어오게 되는 것이다.

꿈속에서 그렇게 되어 있는 것처럼, 그녀는 당장에 다리를 신중하게 끌어들이는 것밖에 달리 도리가 없었다. 왜냐하면, 앞으로 더 나가는 일은 파국을 초래할 것이기 때문이다. 그녀는 신경증적 상황을 아직도 버릴 수가 없었다. 왜냐하면, 꿈은 아직도 그녀에게 무의식이 내리는 적극적인 지시를 전해주고 있지 않았기 때문이다. 무의식의 여러 힘은 아직도 뭔가 차지 않아서 좀 더 많은 일과 더욱 깊은 통찰을 그녀에게 기대하고 있는 것이 분명하다. 좀 더 일을 하고 더욱 분별이 생겨야만 비로소 그녀는 실제로 한계선의 돌파를 감행할 수 있는 것이다.

그런데 이 부정적인 하나의 예로 인해 독자에게 '무의식은 언제나 부정적인 역할밖에 않는다'라는 인상은 주고 싶지가 않다. 따라서 어떤 젊은 남성의 꿈을 여기에 두어 개 소개하여 무의식의 다른 측면, 즉 보다 좋은 일면을 밝혀보려 한다. 대립문제의 해결은 단지 비합리적인 무의식이 꿈에 의해서 지시하는 방법에 의해서만 가능한 만큼 이들 두 가지 꿈을 소개하는 것이 한층 바람직할 것으로 생각된다.

우선 이 남성에 대해서 약간 소개해 둔다. 다소라도 이 남성에 대해서 알고 있어야만 이제부터 인용하는 꿈의 독특한 정서적 내용을 이해하는 데에 곤란을 받지 않게 될 것이기 때문이다. 가장 순수한 시가 되어 있는, 따라서 전체적인 정서만으로 이해할 수 있는 꿈이 있다.

앞으로 들게 되는 꿈을 꾼 본인은 아주 앳되어 보인다. 그는 20세를 갓 지난 남자이다. 그가 밖으로 보이는 거동은 소녀다운 풍모조차 풍긴다. 그의 거동은 그가 매우 우아한 교양과 교육을 받았음을 말해 주고 있다. 그는 미적 관심이 매우 큰 지식인이다. 그에게 좋은 취미와 예술의 온갖 형식에 대한 섬세한 이해가 있는 것은 얼핏 보아서도 알 수가 있다. 그의 감성 생활은 사춘기적 성격에서 오는 섬세, 유연함을 나타내고 있으며, 약간 탐닉적이긴 하지만 여성적인 것이다.

사춘기에 흔히 볼 수 있는 성적인 이탈의 흔적은 전혀 보이지 않는다. 의심할 바 없이 나이에 비해서 그는 아직 너무나 성숙하지 못했다. 따라서 분명히 이것은 발달이 미숙한 경우이다. 그가 필자를 방문한 것이 동성애 때문이었다는 것은 이상의 여러 사실과 맞아떨어지는 셈이다. 그가 처음으로 찾아온 날 밤에 그는 이런 꿈을 꾸었다.

넓고 신비한 어스름이 흐르는 돔dome아래에 있었다. 그것은 마치 루르드의 성지와 같았다. 중앙에는 깊고 어두운 샘이 있다. 그는 그 샘 안으로 내려가려고 하고 있었다.

이 꿈은 분명히 부분부분이 서로 관련된 정서 표현의 꿈이다. 본인의 해설은 다음과 같다.

"루르드는 신비적인 영장靈場입니다. 어제 저는 이런 일을 생각하고 있었습니다. '내일은 선생님 계시는 곳을 찾아가서 진찰을 받게 되는 것이다. 그리고 고쳐 달라는 거다. 루르드에는 병을 고치는 샘이 있다는데 그 물속으로 들어간다는 것은 아마도 그다지 유쾌한 일은 되지 못할는지도 모른다.' 왜냐하면, 교회 안에 샘은 굉장히 깊었던 것입니다."

그럼, 이 꿈은 무엇을 뜻하는가? 얼핏 아주 분명하다. 의사가 있는 곳으로 오기 전날의 기분을 시적으로 표현한 것이라고 해서 치워 버렸으면 그래도 낫다. 그러나 그것만으로 끝내 버려서는 안 된다. 왜냐하면, 경험 속에서의 꿈은 외견과 달라서 매우 의미 깊은 것이기 때문이다.

이 꿈에서 살펴보건대, 그는 어떤 시적인 기분으로 의사에게 찾아와서 마치 신비적인 영장靈場의 거룩한, 어스름 속에서 신성한 예배적인 의식이라도 집행할 참으로 치료를 받으려고 생각한 모양이다. 그런데 이것은 실제의 사정과는 전연 맞지 않는다.

환자는 그저 단순히 어떤 불쾌한 일동성애 때문에 진찰을 받으려고 병원에 온 것이다. 그것은 시적인 일이 아니다. 아무튼 우리들은 전날의 실제 기분으로서는 어떤 꿈이 나타나든지간에 그것이 직접적으로 인과관계를 갖지 않는다고 가정해 버린다면 어째서 그가 이만큼 시적인 꿈을 꾸게 되었는가를 설명할 수는 없다. 그러나 아마도 환자로 하여금 필자가 있는 곳으로 진찰을 받으러 오게 하였던 심히 비문학적인 사항에 대한 인상이야말로 꿈의 계기였다고 보아도 지장이 없을 것이다. 예를 들면 이렇게 가정해 볼 수도 있을 것이다.

환자는 여기 오기 전날의 비문학적 기분 때문에 시적인 꿈을 꾼 것이다. 말하자면 낮 동안에 금식하고 있던 사람이 저녁때에 멋진 음식의 꿈을 보는 것과 같은 것이다. 꿈속에서 치료나 불쾌한 수속 등의 관념은 시적으로 정화될 것이라는 환자의 극히 미적이고 감상적인 욕구가 꼭 맞는 형태로 또다시 나타났다는 것은 부정할 수 없다. 샘은 어둡고 깊으며 물은 차가운데도 불구하고 그는 그런 매력적인 장면에 끌리지 않을 수가 없었을 것이다.

이 꿈의 기분은 어느 정도 잠에서 깨어나서도 꼬리를 끌어 환자가 불쾌하고 비문학적 의무에 복속해야만 하는 그날 아침까지도 남아 있었다. 아마도 회색적인 현실은 꿈의 목적이 아니었을까 싶다. 왜냐하면, 필자의 경험에서 본다면 대개의 꿈은 보상적 성질[8]을 가지고 있기 때문이다. 꿈은 마음의 형편상태를 유지하기 위해서 때때로 다른 면을 강조한다. 그러나 기분의 보상이 꿈 형상의 단 하나의 목적은 아닌 것이다. 꿈속에는 관념의 수정도 포함되어 있는 것이다. 환자는 그가 이제부터 받으려고 하는 진

---

8) 보상의 개념은 이미 알프레트 아들러에 의해서 충분히 이용되고 있다.

찰에 대해서 충분한 관념을 가지고 있지 않았다. 그러나 꿈은 그에게 시적 비유에 의해서 눈앞의 진료 본질을 그려 나타내는 하나의 형상을 부여했다. 이것은 우리들에게 '돔dome 상에 대해서 그가 부여한 주석이나 생각을 더 쫓아나가면 즉시로 뚜렷해진다.

"돔이라고 하면 저는 퀼른의 돔을 생각해 냅니다. 제가 아주 어렸을 때부터 이 퀼른의 돔에 관한 일을 흔히 생각하곤 했습니다. 퀼른의 돔에 대해서는 최초로 모친이 말을 해주었습니다. 그런 기억을 하고 있습니다. 어떤 마을에서 교회를 보게 되면 저는 남에게 이것이 퀼른의 돔이냐고 물어본 일도 기억하고 있습니다. 저는 그런 돔에서 밤낮으로 기거하는 승려가 되겠다고 생각하고 있었습니다."

환자는 이 회상 속에서 한 가지 매우 중대한 어릴 적 체험을 이야기하고 있다. 거의가 이런 종류의 모든 경우에서처럼 이 환자에 있어서도 모친과의 특히 긴밀한 결합을 볼 수가 있다. 그렇다고 해서 그것을 특히 양호한 어떤 강렬한 의식적 관계로 해석할 것이 아니라 의식면에서는 아마도 성격 속에 이미 상대적으로 유아적인 성향이 나타나고 있는 것 같은 은밀한 지하적 결합관계 같은 것이 있다고 해석해야 한다. 물론 인격의 발전은 이러한 무의식적 유아적 결합상태에서의 이탈을 예상한다. 왜냐하면, 무의식적인 심적 태생적胎生的이라고 해도 좋을 상태 속에 정체되어 있는 것만큼, 성격 발전에 장애가 되는 것은 없기 때문이다. 따라서 본능은 때가 되면 다른 대상을 모친 대신에 가지려고 하는 것이다.

이 대상은 어떤 뜻으로는 모친과 관련이 있지 않으면 안 된다. 그렇지 않다면 그것은 모친을 대신하는 것이 될 수 없기 때문이다. 나이 어린 젊은 환자의 경우는 바로 이것이다. 그의 유아적 공상이 퀼른의 돔의 상징을 붙잡은 강도는 모친의 대용품을 찾아내려고 하는 강렬한 무의식적 욕구를 말해주는 것이다.

이 무의식적 욕구는 유아적인 리비도 부착이 그에게 있어서 해소되지 않을 경우에는 더욱 고양된다. 이 환자의 경우, 그의 유아공상을 교회돔의 관념에 달라붙었을 때와 같이 해석해야만 그의 광열주의를 납득할 수 있게 된다. 왜냐하면, 교회는 완전한 뜻에 있어서 또는 모든 의의에 있어서의 모친이다. '어머니'인 교회라는 것만이 아니라, 교회의 품성이라고도 할 수 있다. '샘의 축복'의 예식에서는 세례받은 신의 샘, 더러움 없는 자궁이라고 불린다. 누군가가 이 의의를 의식하고 있음이 틀림없다고 생각지 않을 수 없다.

그렇지가 않다면 이 의의가 공상 속에서 활동할 수는 없기 때문이며, 또한 무지한 아이들은 이같은 의의를 깨닫는 일은 불가능하다고 생각된다. 그러나 이러한 유사성은 의식을 통과하지 않고는 전혀 다른 길을 더듬어서 작용하는 것이다.

즉, 교회는 양친의 단순하고 자연적인, 말하자면, '육체적'인 애정결합의 보다 높은 정신적인 대용물로 되어 있다. 이리하여 교회는 개개인을 무의식적, 자연적 관계에서 해방시킨다. 이 관계는 엄밀하게 말하면 관계라고 할 것이 아니라, 원시의 무의식적 동일성의 한 상태이며, 이 상태는 무의식이기 때문에 모든 정신적 발달에 가장 강한 저항을 하는 매우 게으른 것이다. 또한 이와 같은 상태에 있어서는 인간의 영혼이 동물의 혼과는 다른 이유가 어디에 있는가 하는 것도 거의 알 수 없다.

원시적인 동물에 가까운 상태에서 개인을 해방하는 것을 목표로 하여 그것을 가능하게 한다는 일은 결코 그리스도 교회의 특권이 아니라 아마도 인류와 같이 오랜 본능적인 노력이 근대적으로, 특히 서구적으로 나타난 형식인 것이다. 그것은 말하자면 모든 것이 약간씩 발달한, 아직 사라져 간다는 것을 모르는 미개인들에게 있어서 여러 가지 잡다한 형식으로 증명되어지는 한 노력이다.

성인식의 뜻은 이것이다. 사춘기가 오면 젊은이는 남자들만이 사는 집이나 그 밖의 입문전수入門傳授를 집행하는 곳으로 데려가서 가족과의 접촉을 엄금당할 뿐만 아니라, 갱생한 변화된 인격으로서, 말하자면 새로이 태어난 자로서 새로운 세계에 놓여지게 되는 것이다. 때에 따라서는 성인식에서 흔히 여러 가지 고문이 수반되어지는 일이 있으며 할례割禮나 그와 유사한 일을 수반하게 되는 일도 그다지 진기하지가 않다. 이같은 풍습은 의심할 바 없이 아주 오래된 것이다. 이같은 풍습은 거의가 본능적인 메카니즘으로 되어 있으므로, 그곳에서는 또한 외적 강제가 없더라도 되풀이해서 스스로 행하여진다. 마치 독일의 대학에서 '신입생 환영'이나 독일의 대학을 웃도는 미국의 학생 동아리의 여러 가지 풍속에 있어서와 같이 그같은 풍습은 원상原像으로서 무의식에 새겨져 있는 것이다.

모친이 유아에게 향하여 퀼른 돔의 일을 말해주었을 때에 유아의 내면에 잠들고 있었던 이 원상이 흔들려 움직여서 생명에의 각성으로 되어진 것이다. 그러나 어린애의 주위에는 승려가 없었다. 그곳에서는 각성되어진 것을 더욱 신장시켜 주는 승려의 교육이 주어지지 않았다. 어린이는 모친의 손에 위탁되어져 있었다. 그러므로 자기를 이끌어 갈 남성에의 동경이 어릴 때에 커져갔던 것 같다.

그것은 동성애적 애착의 형식을 채택했던 것이다. 이 동성애적 애착이라고 하는 변칙적인 발달이 생긴 것은 성년 남자가 어릴 때의 공상을 더욱 발달시켜 주지 않았기 때문일 것이다. 어쨌거나 동성애에의 편향은 풍부한 역사적인 선례를 가지고 있다. 다른 미개 집단에 있어서와 마찬가지로 고대 그리스에 있어서는 동성애와 교육이란 한 마디로 합치면 동일한 것이었다.

이런 의미에서 청년시대의 동성애는 성년 남자에 대해 잘못되긴 하였지만 목적에 알맞은 욕구인 것이다. 아마도 우리들은 이렇게 말할 수도 있을 것이다. 모친 콤플렉스에 근거한 근친상간 불안은 모든 일반 여성에게 있다고 말이다. 그러나 미성년의 젊은 남성이 여성에 대해서 불안을 느끼는 일은 타당한 것이라고 생각한다. 왜냐하면, 여성에 대한 그의 여러 관계는 대체로 비틀려져 있기 때문이다.

앞의 꿈의 뜻에서 말한다면, 정신치료를 받기 시작한다는 것은 환자에게 있어서 그 동성애의 극복, 즉 성인 세계에 의한 무리한 가담이라는 것을 뜻한다. 우리들이 여기서 고심하여, 우회하는 듯한 의논을 거듭해 나가지 않으면 완전히 파악할 수가 없는 것을 이 꿈은 근소하게나마 훌륭한 비유 중에 압축하여 학문적 논문 따위와는 비교도 안 될 만큼 강하게 공상, 감정, 오성悟性에 작용하는 하나의 형상을 만들어내고 있다. 이리하여 의학적·교육적인 문구를 많이 쌓아 나가는 것보다도 훨씬 교묘하게 또 의미 깊게 정신 치료받을 준비가 이루어졌는가이런 까닭에서 필자는 귀중한 지도원으로서뿐만 아니라 또한 극히 효과적인 교육수단으로서 이 꿈을 높이 평가하고 싶다를 알 수 있다.

다음은 제2의 꿈이므로, 먼저 말해두어야 할 것은 최초의 치료 때에 상기한 꿈을 전연 채택하지 않았다는 것이다.

환자는 이 꿈의 일은 내색도 하지 않았다. 그 밖의 이 꿈에 조금이라도 관계하는 것 같은 말은 한 마디도 말하지 않았다. 제2의 꿈은 이러하다.

"나는 커다란 고딕 양식의 돔 안에 있다. 제단에는 한 사람의 성직자가 서 있었다. 나는 친구와 함께 이 성직자 앞에 서서 손에는 작은 일본제의 상아 세공을 가지고 있었다. 이 상아 세공에 세례를 받게 될 것 같은 기분이 든다. 갑자기 한 나이든 부인이 찾아와서 친구가 손가락에 끼고 있던 대학생 동아리의 반지를 빼앗아 자기의 손가락에 끼웠다. 친구는 그런 일을 하게 한다면 자기의 몸이 묶여지는 것은 아닌가 하고 불안을 느꼈다. 그러나 그 순간, 불가사의한 오르간 음악의 곡조가 울려왔다."

여기서는 단지 전날의 꿈의 계속이나 보충이 되어 있는 것 같은 여러 점에 대해서 짧게 말해둔다. 제1의 꿈이 제2의 꿈에 이어진다고 하는 것은 분명하다. 환자는 또다시 교회의 내부에, 즉 성인식 때의 상태에 있다. 그러나 새로운 것이 덧붙여져 있다. 그것은 성직자인 것이다. 우리들은 이미 이전의 상황으로는 이 성직자가 의미하고 있던 것을 위에 지적해 두었다. 따라서 이 꿈은 환자의 동성애의 무의식적 의미가 충족되어 바야흐로 새로운 것을 증명하고 있다. 지금이야말로 진정한 성인식의 의식이 집행될 수 있는 것이다. 그것은 바로 제례이다. 꿈의 상징 중에는 필자가 제일 처음으로 말하고 있던 일이 실증되어지고 있다. 즉, 이런 교도와 마음의 개조를 수행하는 것은 그리스도교의 특권이 아니라, 그 배후에는 경우에 따라서 이러한 변화된 모습을 강조하는 원시의 형상이 존재하고 있다는 것이 그것이다.

꿈속에서 세례를 받기로 되어 있는 것은 일본제의 상아 세공이다. 그것에 대해서 환자는 이렇게 말하고 있다.

"조그마하고 우스운 남자의 조각물이 저에게는 남자의 성기를 연상시켰습니다. 이것이 세례를 받는다는 것은 어떻게 되었거나 별스런 일입니다. 그러나 유태인들 사이에서 할례割札는 일종의 세례이지만, 아마도 이것은 저의 동성애에 관계되어 있는 것입니다. 왜냐하면, 저와 함께 제단 앞에 서 있는 친구는 제가 동성애의 관계를 맺고 있는 그 남자이기 때문입니다. 대학생 동아리의 반지는 분명히 우리들 두 사람의 이어짐을 나타내고 있는 것입니다."

일상생활에서 반지는, 예를 들면 결혼 내지는 결합 관계의 표시라고 하는 의미를 가지고 있다는 것은 주지한 바와 같다.

환자가 그 친구와 함께 나온다고 하는 사실이 동성애 관계를 의미하는 것임과 마찬가지로 이 동아리 반지는 동성애 관계의 비유로서 생각하여도 아무런 지장이 없다. 그런데 제거되어야 할 장애는 다름 아닌 동성애 관계인 것이다. 상대적으로 말하여 유아적인 상태에서 환자는, 할례의 의식에 의해서 승려의 도움 아래 성인의 상태로 들어가려고 하는 것이다.

이같은 사상은 첫째의 꿈에 대해서 필자의 해석과 맞아들어간다. 그런 속에서 환자의 발달은 신화 유형적 여러 개념의 원조하에 윤리적으로 우의 있게 계속되어져 나갔을 것이나, 그때 어떤 방해가 나타난다. 나이든 부인이 갑자기 동아리 반지를 빼앗아 버린다.

다른 말로 말한다면 그 부인은 그때까지 동성애 관계였던 것을 자기 쪽으로 끌어당긴 것이다. 이것을 보고 환자는 새로운 성가신 관계 속으로 빠져들어가지 않을까 하고 걱정을 했다. 반지는 이제 부인의 손가락에 있기 때문이다. 이것은 일종의 결론상태가 성립된 것을 뜻할 것이다. 즉 동성애 관계가 이성애 관계로 이행한 것이 된다. 그러나 그것은 좀 별스런 이성애 관계이다. 왜냐하면, 그 상대자가 벌써 나이가 든 부인이기 때문이다.

"그분은 저의 어머님의 친구입니다. 저는 그분을 무척 좋아합니다. 저에게 있어서는 어머님과 같은 기분이 드는 사람입니다."

라고 환자는 고백하는 것이다.

이 진술에서 다음과 같은 꿈의 뜻을 알게 된다. 즉, 성인식에 의해서 동성애적 결합은 파괴되고 그 대신에 이성애적 관계가 생긴다. 그것은 당장에는 어머니와 비슷한 한 부인에의 정신적인 우정이다. 따라서 부인은 모친을 닮았다고는 하지만 이제 모친 그 자체는 아닌 것이다. 따라서 그는 부인에의 관계는 어머니를 넘기 일보 전을 의미하고, 이어서 사춘기의 동성애의 부분적 극복을 뜻한다.

새로운 결합에 대해서 불안을 느낀다는 것의 설명은 쉽게 된다. 우선 모친과 비슷하다는 것에 대한 불안이다. 즉, 동성애 관계가 해소되기는 했지만, 그 때문에 또한 옛날의 모친으로 되돌아왔다고 하는 것도 있을 수 있으므로 ─ 다음으로 그것은 예를 들면 결혼과 같이 여러 가지 의무 부여를 수반하고 있는 성인의 이성애적 상태라고 하는 미지의 새로운 것에 대한 불안이다. 그러나 그것이 후퇴가 아니라 전진이라는 것은 최후에 울려오는 음악에 의해서 증명되어지고 있는 것처럼 보인다. 환자는 음악애호가로 특히 장엄한 오르간곡을 좋아한다. 그런고로 환자에게 있어서는 음악은 극히 긍정적인 감정을 의미하며, 따라서 이 경우에는 꿈의 화해적인 결말을 뜻한다. 이 결말 또는 다음날 아침에는 아름답고 깨끗한 감정을 남기는 데에 크게 도움이 되고 있는 셈이다.

환자가 이 순간까지는 단 한 번의 진료 시간만으로 필자와 대면하고 있는데 지나지 않다고 하는 사실을 염두에 둔다면그때 환자의 일반적 병력 이외의 사항은 거의 이야기하지 않았다, 필자가 들은 위의 두 가지 꿈은 놀랄 만한 지레짐작이라고 해도 결코 부당하지 않을 것이다. 이들 꿈은 어떤 면으로는 환자의 상황을 극히 독특한 의식의 이상한 빛으로 비추어 주고 있는데, 이 빛은 다른 면으로 보면 평범한 의사적 상황에 의한 전망을 준다. 이 전망은 환자의 정신적 특수성에 초점이 맞춰지고 있으며, 그런고로 환자의 미적·지적·종교적 관심을 긴장시킬 수가 있다. 이것에 의해서 치료상 가장 바람직한 여러 전제가 만들어진다.

우리들은 이 꿈의 의의에 대해서 거의 이런 인상을 받게 된다. 즉, 환자는 자기의 유아성을 포기하고 성인이 되려고 확실하게 마음을 정하여 필자의 치료를 받으러 온 인상을 받게 된다. 그런데 현실은 결코 그런 것이 아니었다. 환자의 의식은 주저와 저항에 가득 차 있었다. 다소 치료가 진행되고서도, 그는 언제나 반항적이고 다루기가 어려웠으며, 자칫하다가는 예전의 유아기에로 되돌아가 버릴 것 같은 기색을 계속 나타냈다. 그런고로 두 개의 꿈은 환자의 의식적 태도와 극히 날카롭게 대립하고 있는 것이다.

꿈은 전진적인 선상에서 움직여 가며, 교육자의 구실을 연출하고 있다. 꿈은 그 독자적인 기능을 뚜렷이 인식시키고 있다. 나는 이 기능을 보상이라고 부르고 있다. 무의식의 전진성은 의식의 후퇴성과 대립관계를 형성하고, 이 대립관계는 균형을 유지하고 있다. 교육자의 작용을 하는 것은 저울의 지침이다.

이 청년의 경우, 집합적 무의식의 여러 형상은 극히 적극적인 구실을 연출하고 있다. 이 일은 그가 분명하게 현실을 공상으로 대치시키고, 현실적으로 사는 대신에 공상 속에 산다고 하는 위험한 경향을 가지고 있지 않다고 하는 곳까지 와 있는 것이다. 무의식적 형상의 작용에는 무엇인가 운명적인 것이 있다. 아마도 — 무엇이라고 말할 수 없지만 — 이러한 영원한 여러 현상이야말로 흔히 운명이라고 이름 지어진 것이 아닐까?

신화유형은 말할 필요도 없이 언제 어떠한 장소에서도 활동을 계속하고 있는 것이지만, 실제의 진료상에서는 특히 환자의 연령이 젊은 경우에는 신화유형에 대해서 환자에게 자세하게 납득시킬 수 있는 것이 반드시 필요하지는 않다. 이것에 반해서, 인생의 정오로부터 오후에 걸쳐 있는 집합적 무의식의 여러 형상에는 특별한 주의를 기울일 필요가 있다. 왜냐하면, 인생의 정오를 지나버린 사람에게 있어서는 신화유형집합적 무의식의 여러 형상은 대립문제 해결의 실마리가 얻어지는 셈이 되기 때문이다.

이같은 형상을 의식적으로 정리할 때에는 신화유형에 매개되어 여러 대립을 통합하는 바의 파악형성으로서의 초월적 기능이 생긴다. 이 '파악'이란 단순히 지적 이해를 가리킬 뿐만 아니라, 체험에 의한 이해를 뜻한다. 신화유형은 이미 말한 것처럼 역동적 형상이며, 객관적인 마음의 한 조각이며, 사람들이 이것을 자율적 대립물로서 체험할 때에만 바르게 이해할 수 있는 것이다.

장기간에 걸치는 일도 있는 이 과정을 일반적으로 묘사한다는 것은, 설혹 그런 묘사가 가능하다고 해도 개개인에게 있어서 참으로 여러 가지 잡다한 형식을 취하는 것이므로 무의미하다. 단 한 가지 그곳에서 얻을 수 있는 공통점은 일정한 신화유형이 나타난다는 점이다. 여기서는 특히 그들, 동물, 늙은 현자가 아니라 어머니, 아니무스, 아이들 등의 신화유형에 대하여 기타 여러 가지의 상황을 표현하는 무수한 신화유형을 함께 말하는 데 머물기로 하자. 발달과정의 목표 내지는 여러 목표를 표현하는 신화유형은 특수한 지위를 차지하고 있다. 이 점에 관해서는 졸저拙著《개성화 과정에 있어서의 꿈의 상징》[9]및《종교와 심리학》, 리하르트 빌헬름과의 공저《황금꽃

---

9)《심리학과 연금술》1942년.《심리학 총서》제5권에 수록.

의 비밀》제2판, 1938년을 참조하라.

초월적 기능은 목표도 없이 작용하기 시작하는 것이 아니라 인간 본연의 모습을 보여 주는 것이다. 초월적 기능은 첫째로 단순한 자연과정이며, 경우에 따라서는 우리들이 알지 못하는 중에 우리가 손을 쓰지 않더라도 개인의 저항을 없애고 강인하게 활동하기 시작하는 것도 있다.

이 과정의 의미와 목표와는 본래 태아적 맹아萌芽 상태에 있는 인격을 그 일체의 양상과 함께 실현하는 것에 있다. 그것은 본원적으로 잠재되어 있는 전체성의 형성이며 전개이다. 그때 무의식이 이용하는 상징은 인류가 생길 때부터 전체성이나 완전성이나 완성을 표현하는 데 사용해 왔던 상징이다. 그리고 대체로 13이라는 수의 상징 및 원망의 상징이다. 필자는 이런 이유에서 이 과정을 개별화 과정이라고 명명했다.

개별화의 자연과정은 필자에게 있어서는 치료 방법의 모델 혹은 기준이 되었다. 신경증적 의식 상황의 무의식적 보상 작용은 만약에 그것들이 의식되고 이해되어 심적 현실로서의 의식에 연결된다면 의식의 일면성을 효과적이고도 건전하게 수정할 수 있는 그런 일체의 요소를 포함하고 있다.

극히 드물게는 강한 힘을 가진 꿈을 꿀 수 있으며, 그 충격에 의해서 의식이 안장에서 흔들려 떨어지는 일이 있는데, 대개의 경우 꿈은 의식에 강한 작용을 일으키기에는 너무나 약하며 너무나 이해할 수 없는 것이다. 따라서 무의식의 보상작용은 직접적인 효과를 나타내는 일 없이 행해진다. 그럼에도 불구하고 그곳에는 하나의 작용이 존재한다. 단 이 작용은 간접적이다. 그러나 간접적 작용이 무의식의 반론을 언제나 무시하고 계속하는 경우, 그것은 의식의 의도를 결국 끊임없이 방해하는 것 같은 증상이나 상황을 만들어낸다.

따라서 정신진료는 꿈이나 기타의 무의식의 출현을 될 수 있는 한, 이해하고 조잡하지 않도록 고심한다. 그것은 어쩌면 때가 지남에 따라서 위험한 것이 되어가는 무의식의 반론을 방해하고, 다르게는 보상이라고 하는 고마운 요인이 될 수 있는 한 이용하려고 하기 때문이다. 이와 같은 조작은 말할 것도 없이, 인간이 자기의 전체를 자기의 것으로 할 수가 있다. 즉, 인간은 건강해질 능력을 가지고 있다고 하는 전제 위에 서 있다.

필자가 이 전체의 것을 말하기 시작한 것은, 만약 어떠한 이유에서 자기의 전체성과 충돌하게 되면, 엄밀하게 말해서 그때에도 완전히 살려는 노력을 상실하므로, 아차 하는 순간에 파멸되어 버릴 것 같은 사람들이 있다는 것은 의심할 여지가 없기 때문이다. 그렇다면 오래 사는 사람도 있으나, 그 경우 그 인간은 사회적 또는 심리적으로 무엇엔가에 기대어 살 수밖에 없으므로 단편적인 인간 또는 부분적인 인격에 지나지 않는 것이다.

그런 인간은 많은 경우 남을 불행하게 하는, 정확하게 말하여 사기꾼과도 같고 그들은 깨끗한 겉모습에 의해 그들이 갖고 있는 해로운 허무함을 숨기고 있는 것이다. 그런 인간을 여기서 논한 것 같은 방법으로 고치려고 하는 것은 쓸모없는 일이다. 그 경우에는 단지 도움이 되는 것의 가면만을 유지하고 있을 뿐이다. 그들에게 있어서 진리란 견딜 수가 없는 것이거나 또는 아무런 도움이 되지 않는 어떤 것이다.

어떤 환자가 이상에서 말한 것과 같은 방법으로 치료되면 그 환자의 내부에 있어서 주도권을 쥐는 것은 무의식이다. 그리고 환자의 의식은 비판, 선택, 결정하는 일에 종사한다. 치료가 바르게 진행되어 가면 그것은 꿈에 반영이 된다. 빠른 경우에는 진보를 이야기하는 꿈을 볼 수 있다. 그렇지 않는 경우에는 무의식 측에서 수정이 가해진다. 따라서 치료의 과정은 무의식과 끊임없이 이야기하려고 하는 것이다. 그럴 때 필요한 것은 꿈의 올바른 판독이라고 하는 것이며 어떻게 하면 '바르게'판독할 수 있는가 하는 문제이다.

대충이라도 좋으니까 무엇인가 판독의 올바름을 계측하는 것은 없는가? 이 물음은 타당한 것이다. 그리고 고맙게도 우리들은 이 물음에 대한 대답을 마련하고 있다. 잘못되어 있거나 불완전하거나 하면, 그것은 다음의 꿈에 곧 나타난다. 예를 들면 앞의 꿈의 어떤 주제가 다시 한번 좀 더 명료한 모양으로 되풀이되거나 의사의 해석이 환자의 좀 약아빠진 주석으로 완전히 무가치한 것이 되어 버리거나 하면 그것에 대해 직접적으로 격렬한 반대가 나타나기도 한다.

어떤 해석도 과녁에서 벗어난 것이라고 한다면 우리들의 처치의 일반적인 헛됨과 무가치는 즉시로 치료의 조잡화, 불모성不毛性, 무의미하다고 하는 형태로 나타나서 환자도 의사도 모두 지루해지거나 또는 의혹에 사로잡혀서 이럴 수도 저럴 수도 없게 되어버리거나 한다. 올바른 판단은 활기를 불러일으키므로 위로를 받게 된다고 한다면, 틀린 판독은 정돈, 저항의혹, 나아가 환자와 의사와의 쌍방의 열의 상실의 결과를 초래하기도 한다. 물론 치료과정의 정돈이 환자측의 저항예를 들면 의의를 전혀 상실해 버린 착각을 완고하게 고집하거나, 유아적 욕구를 고집하는 것 같은에 의해서 일어나는 일도 있다.

때로는 의사 측에서 올바른 이해력이 없는 경우도 있다. 필자에게도 예전에 그런 경험이 있었다. 그때의 환자는 매우 지적인 여성이었다. 이 환자는 여러 가지 이유에서 아무래도 좀 미심쩍게 생각되었다. 치료의 시작은 좋았으나 차례로 그녀의 꿈에 대한 판단이 어딘가 잘못되어 있는 것처럼 느끼기 시작했다. 그러나 필자는 오류가 생기는 원천을 규명하지 못하고 자기의 그런 의심을 굳이 억제하려고 했다.

그런 중에 진료시간에 우리들 사이의 대화가 차차로 김이 빠져나가는 것같이 되어가고 있다는 것이 인정되었다. 그와 동시에 차차로 치료가 지루하고 효과가 없다는 사실이 느껴졌다. 그래서 결심을 하고 다음 진료시간에 환자에게 그 일을 명확하게 이야기해 보려고 생각했다. 어떻게 된 일인지 그런 과정을 환자도 알게 된 것으로 생각되었다. 그리고 또다시 환자가 찾아오기 전날 밤, 필자는 이런 꿈을 꾸었다.

"저녁 노을에 빨갛게 물들여져 있는 골짜기를 나는 산책하고 있었다. 오른쪽에는 험한 언덕 위에 성이 서 있었으며, 그 성의 가장 높은 탑 위에 여자가 혼자 난간 위에 앉아 있었다. 나는 그 여자의 모습을 뚜렷이 보려고 머리를 너무나도 뒤로 젖혔기 때문에, 머리 부분에 경련감을 느껴서 잠에서 깨어났다. 꿈속의 여자는 필자의 환자였다."

이 꿈에서 이렇게 결론을 내렸다. 꿈속에서 그렇게 위쪽을 보지 않으면 안 되었으나, 이것은 현실에 있어서는 분명하게 환자를 지나치게 깔본다는 것에 대한 경고가 아닐까?

환자에게 이 꿈과 꿈의 해석을 이야기해 주자, 사태는 즉시로 일변하여 치료는 예상 밖으로 척척 진척되어 나갔다. 여러 가지 경우를 겪어본 결과 이런 경험은 꿈이라는 것이 보상의 기능을 갖는다고 하는 확신을 굳게 해 주는 데 크게 도움이 된 것이다.

최근 20~30년간의 일이나 연구는 모두 이런 치료방법의 풍부한 문제군을 다루어 왔다. 그러나 이 작은 저서에서는 복합심리학 필자는 스스로의 이론적인 시도를 이런 명칭으로 부르고 싶은 것이지만[10]에 대해서 극히 일반적인 설명을

-----

10) 《복합심리학의 문화적 의의》 1935년 중의 〈복합심리학의 기초〉 참조.

시도하려고 한 것이므로 전문화된 자연과학적, 철학적, 종교적인 복잡한 여러 문제를 상세히 논하는 일은 도외시하였다.

그런 방면에 대해서는 필자가 본서 중에 이제까지 거론한 문헌을 참조해 주길 바란다.

제 8 장
무의식의 파악과
일반적인 치료에 관하여

무의식이 차를 마시면서 나누는 화제처럼 아무런 흥미도 없는 것이라고 생각한다면 크게 잘못된 것이다. 확실히 무의식은 언제 어떠한 경우에도 위험한 것이라고는 하지 않지만 신경증이 일어나고 있는 경우, 그것은 무의식의 내부에 이상한 에너지가 쌓여 있다는 증거이며, 에너지가 쌓이는 것은 일종의 폭파장치와 같아서 이것은 언제 폭발할는지 모른다. 따라서 신중을 기하는 것이 바람직하다. 꿈을 분석하기 시작하면 그것에 의해서 대체 어떠한 것이 우리 밖으로 해방되게 되는가? 문제는 그곳에 있다. 그것에 의해서 아마도 무엇인가 깊숙이 있는, 눈에 보이지도 않는 것이 움직이기 시작하는 것이다.

그것이 어느 정도가 되어야 밖으로 나갈 수 있는 것인가라는 것은 예상되지만 만약 꿈의 분석 등에 의해서 그것을 꿰뚫어보지 않았다고 한다면, 그것은 결코 밖으로 나올 수가 없는 것일는지도 모른다. 말하자면 땅을 뚫어 파낸 우물 같은 것으로서 우물은 화산과 맞부딪칠 위험도 있는 것이다.

노이로제의 증상이 존재할 때에는 신중한 태도를 취하도록 하여야 한다. 그러나 노이로제가 반드시 위험하기 짝이 없는 것만은 아니다. 그것보다도 더욱 위험한 것은 이런 경우이다. 즉, 얼핏 보기에 온전한 사람들에게서 특별한 노이로제적 증상은 전연 볼 수가 없다. 그것이 의사나 교육자인 경우도 있다. 그들은 오히려 자기들이 정상이라는 것을 자랑 삼는다.

그들은 사실 올바른 교육의 표본이며, 그 위에 심히 온전한 의견이나 생활 습성의 소유자들이지만 그들이 정상이라는 것은 사실은 잠재적으로 숨겨진 정신병의 인공적 보상인 것이다. 본인은 자기가 어떤 상태에 있는 인간인가 라는 것에 대해서는 전연 알지를 못한다.

그들이 그들 자신의 상태에 관해서 아주 희미하게 감지하고 있는 일은 간접적으로 단지 다음과 같은 사실 속에 누설되어 있다. 즉, 그런 사람들은 심리학이나 정신병학에 특수한 흥미를 가지며, 마치 나방이 등불에 끌려 들어오는 것처럼 심리학이나 정신병학에 끌려 들어오는 것이다.

그런데 분석기술은 무의식을 적극적으로 만들어 무의식이 밖으로 모습을 나타나게 함으로써 지금 말한 것 같은 경우에 있는 그 귀중한 보상작용을 파괴한다. 그리하여 무의식은 이제는 진압할 수 없는 공상이나 그것에 계속되는 흥분 상태처럼 터져나온다. 그런 흥분 상태는 경우에 따라 직접적으로 정신병으로 변화되어 나가는 일이 있으며, 또한 정신병이 되기 전에 자살로 남을 몰아세우는 일도 있다. 이런 잠재적 정신병은 유감스럽지만 그다지 진귀한 것은 아닌 것이다.

무의식의 분석에 종사하는 자는 누구나가 경험이 풍부하고, 그 솜씨가 확실하더라도 지금 말한 바와 같은 상황에 부딪칠 위험이 항상 있다. 그러나 또한 방법이 서툴거나 잘못된 생각을 하거나 제멋대로의 해석을 하거나 하기 위해서, 무엇이든 반드시 그렇게 나쁜 결과가 될 필요도 없는 경우를, 구제할 수 없는 어떤 것으로 변해버리는 일도 있다. 더구나 이것은 구태여 무의식의 분석에 독특한 것이 아니라, 의사의 서툰 솜씨에 항상 따라다니는 일인 것이다. 분석이 남을 미치게 한다는 주장은 정신병 의사가 정신병 환자를 상대하고 있는 동안에 반드시 자기도 미쳐 버린다고 하는 속설과 마찬가지로 사실 보잘것없는 것이다.

진료에 수반하는 여러 가지 위험을 도외시하고라도, 무의식은 또한 본래 위험한 것이 될 수 있는 것이며, 그런 위험의 가장 평범한 형식의 하나는 재난의 유발이다. 불시의 재난이라고 하는 것의 대다수가 이렇게 말해도 믿어지지 않을지도 모르지만, 작은 돌에 걸려서 넘어진다거나 남과 부딪친다거나 손가락에 화상을 입는다거나 그런 조그만 재난에서부터 자동차 사고나 산의 조난 사고에 이르기까지 모두 심리적으로 일어나는 것이다. 이 모두가 심리적으로 야기되고, 때에 따라서는 어떤 재난이 현실적으로 나타나게 될 때까지의 몇 주간, 혹은 몇 개월간이나 심리적으로 준비된 것이다.

이제까지 이런 종류의 경우를 수없이 조사해 왔다. 그리고 때때로 그 사건이 일어나기 몇 주간이나 그 이전에 미리 자기 쪽에서 재난을 만나고 싶다고 하는 마음을 이야기하는 것 같은 꿈을 지적할 수가 있었다. 소위 부주의에서 일어나는 재난의 모든 것을 면밀하게 조사해 보면, 그곳에 심리적인 근거가 존재한다는 것이 판명된다. 어떠한 이유에서 기분이 가다듬어져 있지 않으면 크고 작은 재난이 쏟아져올 뿐만 아니라 심리적으로도 어떤 순간에는 그 사람의 생명까지 빼앗아 버릴 수 있는 위험한 사건도 일어날 수 있다는 것은 사람들이 잘 아는 바이다.

세상에서 흔히 "저 사람이 죽은 것도 역시 그 때가 왔기 때문이야"라는 등의 말을 하지만, 이것은 그 사망이라는 것의 은밀한 심리적인 과정에 대한 뚜렷한 감정에서 나온 문구인 것이다. 육체의 질병도 심리적으로 일어나는 일이 있는데, 질병이 언제까지나 치유되지 않는 것에도 심리적인 원인이 있을 때가 많다. 마음의 작용에는 조금이라도 빗나감이 있으면 육체로 인한 심한 질병에 걸리는 일이 있으며, 반대로 육체의 질환이 마음에 영향을 미치는 일도 큰 것이다. 왜냐하면, 마음과 육체는 산산이 흩어진 두 개의 것이 아니며, 하나의 같은 생명의 양면인 것이다. 설혹 심리적으로 일어난 것이 아니라고 해도 마음에 지대한 영향을 미치지 않는 그런 육체의 질환은 드물게 있는 것이다.

하지만 무의식의 불합리한 면만을 강조해서는 옳지 않을 것이다. 보편적으로 무의식이 불합리 내지는 위험하다고 생각되는 것은 우리들이 무의식과 일치되어져 있지 않고 무의식에 대립하고 있기 때문임에 지나지 않는다. 무의식에 대한 부정적인 태도 또는 무의식의 분열은 무의식의 움직임이 여러 가지 본능의 에너지와 동일한 것이라는 뜻으로 풀이한 것이다. 무의식과 연결되어져 있지 않다는 것은 '본능을 갖고 있지 않다', '뿌리를 갖고 있지 않다'라는 사실을 뜻한다.

필자가 초월적 기능이라고 부른 것을 만들어내는 데 성공하면 무의식과의 불화분열의 상태는 소멸되고, 그렇게 되면 우리들은 무의식의 유리한 면을 향수享受하여 즐길 수 있다. 즉, 그렇게 되면 무의식은 자애심 깊은 자연이 얼마든지 풍족히 인간에게 부여하는 일체의 도움과 격려를 우리들에게 부여해 준다. 의식의 알 수 없는 여러 가지 가능성이 무의식 속에 있다는 것은 말할 필요도 없는 일일 것이다. 왜냐하면, 무의식은 일체의 의식할 수 있는 범위의 심적 내용에서 일체 잊혀진 것이나 누락된 것을 무의식의 신화유형적 조직 속에 침전시키고 있는 무궁한 과거, 미래의 경험에 대하여 알 수 있는 바를 자유롭게 사용하기 때문이다.

무의식은 시간을 묻는 일 없이 활동하고 있어서 미래의 사명에 봉사하는 여러 가지 자료를 조합시킨다. 무의식은의식과 마찬가지로 의식 속에서 알 수 있는 장래의 조합을 만들어낸다. 단, 그것들의 조합은 의식이 만들어내는 조합에 비하여 미묘도나 적용도에 있어서 훨씬 우월하다. 그러므로 무의식은 만약에 인간이 유혹에 견딜 수 있다면, 보통사람에게 비할 바 없는 지도자가 될 수 있는 것이다. 치료의 실제적 진로는 얻어진 치료상의 성과에 의해서 결정된다. 치료상의 성과는 말하자면 치료의 각 단계마다에 질환의 경중經重이 지속기간과는 전혀 관계 없이 나타나는 것이다. 반대로 중환重患의 치료는 매우 오래 끌며, 더구나 좀체로 일의 진행이 잘 되지 않고, 또한 일의 진행이 잘 될 필요도 없다는 것이다.

어느 정도 치료상의 성과가 올라도 환자 자신의 발달을 위해서는 몇 단계인가의 억압을 더 경과해야 한다고 하는 환자도 상당히 많다. 따라서 발달의 전 단계를 통과하지 않으면 안 되기 때문에 그 문제가 극히 중대한 것이 아니라도 된다는 것이다. 그러나 어느 경우에 있어서나 원래 천부적인 재질과 사명을 가진 인간만이, 즉 보다 높은 분화에의 능력과 충동을 모두 가지고 있는 인간만이 보다 고도의 의식화에 성공하는 것이다보다 높은 분화라고 해도 주지한 바와 같이 그곳에는 대단한 차이가 있게 되는 셈이다. 또한 이상의 일은 동물의 세계에서도 마찬가지이며, 동물의 종류 중에서도 퇴영적退嬰的인 종류도 있으며 진화적인 종류도 있다.

자연은 귀족주의적이다. 그러나 그것은 자연이 분화진보의 가능성을 단지 고등종속에만 두고 있다는 뜻은 아니다. 심적인 발전 가능성이라고 해도 마찬가지이며, 그런 가능성은 또 천부적 재질이 있는 인간에게만 보류되어지는 것은 아니다. 바꾸어 말하면 인간이 크게 신장해 나가기 위해서는 특별한 지성도 필요하지 않고 또한 그 밖의 재질도 필요치 않다지성이 뒤늦어지는 경우에는 도덕적 여러 특성이 보상적으로 활동하는 일이 있다. 그러나 치료란 것이 상대방에게 일반적인 공식이나 복잡한 이론을 가르쳐 준다는 것이라고 믿어서는 안 된다. 그것은 터무니없는 이야기이다.

누구나가 그 사람의 방식에 따라서 그 사람이 이해할 수 있는 범위 내에서 자기에게 필요한 것을 손에 넣을 수가 있다. 이 책에 쓴 것은 실제로 행해온 일을 약간 이론적으로 정리해 보았을 뿐으로, 유감스럽지만 실제의 진료가 말로 서로 대화 나누는 일은 아니다. 분석의 곳곳에 삽입해 둔 작은 증례에 의해서 실제 진료의 대략적인 것을 독자는 알게 될 것이다.

만약에 독자가 이 책을 여기까지 읽고서 근래의 의학적 심리학 이론과 실제에 대해서 뚜렷한 관념을 얻은 것 같지는 않다고 생각하더라도, 그것을 각별히 수상하게 여길 마음은 없다. 오히려 그것은 불완전한 서술력에서 온 것으로 생각하고 싶다. 의학적 심리학의 대상인 사고와 체험의 건너다보기 어려운 총체總體를 구체적으로 뚜렷하게 나타내는 것은 능력에 부치는 일이다. 꿈의 판단과 같은 것도 글자로 쓴다면 아마도 닥치는 대로 애매하고 의도적인 것처럼 보일 것이지만, 실제에서는 그것은 비유比類할 바 없이 현실적인 아름다움을 갖는 하나의 작은 드라마이다. 한 가지의 꿈과 그 꿈의 판독을 체험하는 것과 그 문자를 떳떳하게 그냥 읽어나가는 것과는 마치 구름과 진흙과 같은 차이가 있는 것이다.

엄밀하게 말하면 심리학에서는 일체가 체험 없이는 있을 수 없는 것이며, 그 이론조차도 가장 추상적인 방법으로 해나간다고 할 때라 하더라도 체험된 것에서 직접적으로 나온 것이다. 예를 들면 프로이트의 성이론이 일면적이라고 해서 비난받지만, 그것은 구태여 그의 이론이 근거 없는 사변思辨 위에 서 있다는 것은 아니며, 반대로 프로이트의 이론은 관찰의 실제에 서 밀어닥치고 있는 현실적인 여러 사정을 충실하게 베껴놓은 것이다.

그리고 그런 현실에서 추출되어 나온 결론이 일면적인 이론으로 발전되어 갔다는 것도 그런 구체적 여러 사정이객관적으로나 주관적으로나 어느만큼의 설득력을 가지고 다가오는가에 대해 이야기하는 데 지나지 않는다.

자기의 가장 심각한 인상과 그 인상의 추상적 표현을 초월해 간다고 하는 것을 개개의 연구자에게 바라는 것은 무리한 일이다. 왜냐하면, 인상의 획득과 이론적 정리는, 그것만으로 이미 한평생을 보내기에 충분한 일이기 때문이다.

프로이트나 아들러보다 필자가 크게 이익을 얻고 있던 점은 신경증 심리학과 그 일면성의 내부에서 자란 인간이 아니라, 니체에 의해서 근대적 심리학을 수용할 준비가 되어 정신병학에서 이 길로 들어서서, 프로이트의 견해와 어울려 아들러의 견해가 성립되어 나가는 모양을 눈앞에서 볼 수가 있었다는 점이다. 그 때문에 처음부터 갈등 속에 세워져서 기성의 여러 견해만이 아니라, 자신의 견해까지도 상대적인 것으로 보는, 즉 어떤 종류의 심리적인 유형의 발언으로써 보지 않을 수 없게 되었다.

프로이트에 있어서는 이미 말한 블로이어의 경우가 결정적이었던 것처럼, 의사의 여러 견해의 근저에도 한 가지의 결정적인 체험이 가로 놓여져 있다. 의사는 직접 환자를 만나는 경로에서 비교적 장기간에 걸쳐서 한 소녀의 몽유병의 경우를 관찰하였다. 이 경우는 필자의 학위논문[1]의 주제가 되었다.

필자의 학문상의 일을 알아주는 사람에게 있어서는 이미 40년 이전에 씌어진 학위논문을 필자의 후년의 생각과 비교해보는 일은 흥미가 없지 않을까 하고 생각한다. 이 영역에서의 일은 개척자가 해야 할 일이다. 필자는 자주 헤매었고 몇 번인가 처음부터 생각을 다시 해보지 않으면 안 되었다. 그러나 단순히 밤 속에서만 낮이 태어나는 것과 같이, 진리도 또한 오류 속에서 태어난다는 것을 알고 있으며, 그렇기 때문에 자기의 오류를 개의치 않고 진행시켜 온 것이다.

필자는 글리엘모 펠레로의 '학자의 비참한 허영심'이라는 말로 자신을 꾸짖어 왔고, 때문에 오류를 두려워하지도 않고 또한 진정으로 후회도 하지 않았다. 왜냐하면, 학문적 연구활동은 필자에게 있어서 절대로 우유나 요실 따위가 아니라, 환자를 상대하는 나날의 심리학적 경험에 의해서 강제된, 때로는 괴로운 절충이었다. 이런 까닭으로 해서 필자가 제출하고 있는 저술의 처음부터 마지막까지가 단순히 머릿속에서만 쓴 것뿐만이 아니라, 그 속에 어느 정도는 필자의 심장으로 쓴 것이라고 얘기할 수 있다. 이것은 친애하는 독자가 본서의 줄거리를 더듬어 나가고 있는 동안에 때로는 충분하게 글로써 표현해 낼 수 없는 단면에 부딪칠 때는 아마도 빠뜨리지 않은 점일 것이라고 생각한다.

유창한 서술은 이미 알고 있는 사항에 대해서 쓰여지고 있는 경우에만 기대할 수가 있는 일이다. 그러나 원조와 치료의 필연성에 내몰려져서 어떻거나 그 문제를 극복하는 길을 발견하려고 할 때에는 사실 아직도 알려져 있지 않은 그런 사항에 대해서도 말하지 않을 수 없는 것이다.

---

1) 〈소위 心靈的 여러 현상의 심리학과 논리학〉

제 **9** 장
결론

마지막으로 이와 같은 한정된 매수에 이렇게 많은 난해하고 신기한 사항을 감히 담아 넣으려고 기도한 것에 대해서 독자의 용서를 바라야만 하겠다. 이 작은 저서를 감히 독자의 비판적 판단 앞에 내놓겠다. 그것은 혼자 떨어져서 자기만의 길을 가는 자가 그 탐험의 도중에서 찾아낸 것을 세상에 보고하는 일이 인간의 의무라고 생각하기 때문이다.

그것이 목마름을 가라앉히는 차가운 생수인지, 또는 불모의 오류라고 하는 사막인지는 잘 모르지만 차가운 생수라면 사람을 구할 것이고, 사막이라면 사람들에게 멀어질 것이다. 그러나 한 사람 한 사람 같은 시대 사람의 비판이 아니라, 와야 할 장래의 시대가 새로이 발견한 바의 진리와 오류를 결정할 것이다.

오늘날에 있어서는 아직 진리가 아니라도, 아마도 진리라고 하는 것이 허용되지 않지만 다음 날에는 진리인 것 같은 그런 사항이 있는 것이다. 따라서 그것을 운명이라고 느끼고 있는 자는 누구라도 그저 막연한 희망에 이끌려져서 고독과 고독의 심연이 잉태한 위험과를 의식하는 인간에게 열려진 눈을 가지고서 자기만의 길을 걸어나가지 않으면 안 되는 것이다.

여기서 서술한 길이 극히 독특하다는 이유는 우리들이 현실생활에 있어서, 현실생활에 작용하게 되는 심리학에 있어서 이제는 주지적·과학적 입장에 의지하고 있을 수가 없으며 감정의 입장에까지도 따라야 하는 그대로의 혼이 포함되어 있는 모든 것까지 고려하여야만 한다는 사정에 있는 것이다.

이 실제적인 심리학에 있어서는 무엇인가 일반적인 사람의 영혼이라는 것이 문제가 아니라, 인간에게 직접적으로 다가오고 있는 여러 가지 잡다한 문제를 가진 개개의 인간이 문제가 되어 있는 셈이다. 지성만을 만족시키는 심리학은 절대로 실제적이 아니다. 왜냐하면, 지성만을 가지고서는 영혼의 전모를 절대로 포착할 수가 없기 때문이다.

우리들이 바라고 바라지 않건 간에, 세계관이라는 계기는 영혼이 자기 전체를 포괄하는 하나의 표현으로 나타나는 것이기 때문에 억제할 수 없이 우리에게 솟아 나오는 것이다.

제2부 자아와 무의식

Self and unconsciousness

제 1 장

개인 무의식과 집단 무의식

주지하는 바와 같이, 프로이트의 생각에 의하면 무의식의 내용은 유아적 경향에 한정된다. 서로 다른 성질을 가지고 있기 때문에 이들 유아적 경향이 억압되고 있는 것이다. 억압이라는 것은 극히 어린 시기부터 주위의 도덕적 영향을 받으면서 시작되고 생애를 통해서 지속되는 하나의 과정이다. 정신분석에 의하여 이 억압이 제거되고 억압되고 있던 바람이 의식화되게 되는 것이다.

프로이트 이론에 따르면, 무의식은 거의 의식적이라고 해도 좋을, 결국은 교육에 의해서 억눌려 있는 인격 부분을 포함하고 있는 데 불과하다. 어떤 관찰 방법은 무의식이 갖는 유아적 경향들이 더 많이 나타난다고 해서, 그것에 따라 무의식 일반을 정의하거나 평가하는 것은 잘못된 일이다.

― 이 논문의 원본은 《무의식의 구조》라는 제목으로 '심리학 문고'의 책으로 나왔다. 이 장은 독일어로는 발표되지 않은 원본판에 대폭 가필해서 교정을 가한 것이다.

무의식은 또, 한 가지 다른 측면을 가지고 있다. 무의식의 영역에 포함되는 것은 억압된 내용만이 아니라 의식의 한계치에 미치지 못하는 일체의 심적 소재도 포함되는 것이다. 이들 심적 소재가 모두 의식에 미치지 못한다는 것을 억압의 원리로 설명하기는 불가능하다. 그렇지 않다면, 억압이 제거되면 인간은 이미 아무것도 잊지 못하는 보기 드문 기억을 갖게 된다.

무의식의 내용에는 억압된 소재 이외에 의식에 미치지 못하는 일체의 심적인 것이 있다는 것을 우리는 강조해 두고 싶다. 승화된 감각적 지각도 여기에 든다. 그 밖에 우리는 풍부한 경험에서뿐 아니라 이론적인 근거에서 무의식이 의식의 한계치에 아직 미치지 못하고 있는 소재도 포함되어 있다는 것을 알고 있다. 이 소재는 뒤에 가서 의식화되는 내용의 싹인 것이다. 그리고 무의식은 불활성不活性이라고는 하나 결코 정지되어 있는 것은 아니라고 생각해도 좋다. 무의식은 끊임없이 그 내용의 편성이나 재편성에 여념이 없다. 이 무의식의 활동이 제 것인 양 독립하는 것은 신경증이 나타나기 때문이라고 생각해야 할 것이다. 보통 의식과 무의식의 보상관계라는 의미에서 무의식의 활동성은 의식과 병립해 있는 것이다.

이 무의식적 내용들은 그것이 개인적 존재가 획득한 몫이라는 한에서 모두 개인적 성질의 것이다. 개인적 존재는 한도가 있기 때문에 무의식의 몫도 한정된 것이 아닐 수 없다. 그 때문에 정신분석을 함으로써, 또는 무의식의 여러 내용들의 완전한 재산목록을 작성함으로써 무의식을 고찰할 수도 있다는 것이 된다.

무의식은 이미 알고 있는 것이며 의식 속에서 상정되는 것 이외에는 아무것도 없으리라고 생각되는 것이다. 그리고 이미 말한 것처럼, 억압을 제거하면 의식의 여러 내용들이 무의식 속에 가라앉는 것을 막게 되고, 그럼으로써 무의식의 생산활동이 멈추게 될 것이라는 결론도 내릴 수 있다. 우리가 체험에서 아는 바로는 이런 일은 극히 제한된 정도로만 가능하다. 우리는 환자에 대해서 이때까지 억압되어 있었는데 다시 의식에 동화된 여러 내용들을 단단히 잡고 그것을 자기의 인생 설계 안에 집어넣으라고 재촉한다. 그러나 그러한 처치를 했다 해도 무의식은 꼼짝도 안 한다고 우리는 매일 확신하게 된다. 꿈도 환상도 본래의 프로이트 이론에 따르면 개인적 억압에 근거해 있을 터인데 무의식은 아무렇지도 않게 여전히 그 꿈이나 환상을 계속 낳기 때문이다. 이러한 사례에서 논리정연하게 편견에 사로잡히는 일 없이 관찰을 계속해 가면 확실히 어릴 때의 개인적인 내용에 외형적으로는 닮고 있으나 개인적인 것을 초월하고 있다는 것을 시사하는 여러 가지 소재를 찾아볼 수 있다.

이런 것을 설명하는 무슨 좋은 예가 없을까 생각해 보았더니 한 여성 환자의 일이 똑똑히 생각난다. 그녀가 걸려 있는 히스테리성 신경증은 그다지 중증은 아니었다. 그 당시 — 지금으로부터 대략 18년 전에는 그런 말을 썼지만 — 주로 '부친 콤플렉스'에 기인한 노이로제였다. 이것이 어떤 것이냐 하면, 환자의 부친에 대한 독특한 관계가 저해되어 있다는 사실을 가리키는 것이다. 그녀는 자기의 부친그때까지는 살아 있었다과 대단히 좋은 관계를 유지하고 있었다. 관계라고는 하나 주로 감정적인 면에 있어서의 관계이다.

그런 경우 흔히 발달하는 것은 대개 지적인 기능이다. 따라서 후일에 남성과의 교제도 이 지적인 기능이다. 이렇게 해서 환자는 철학과 여대생이 되었다. 타고난 활발한 지적욕구가 그녀를 부친에 대한 감정적 고착으로부터 벗어나게 하는 동인動因이 되었다. 이와 같은 처치는 지성을 기반으로 하는 새로운 단계에서 감정이 작용할 수 있으면 성공한다. 예를 들면 다른 적당한 남성에게 과거의 부친에 대한 것과 같은 감정 관계가 생기기만 하면 된다. 그러나 이 사례에서는 좀처럼 이행이 될 기색이 보이지 않았다. 부친과 그다지 닮지도 않은 한 남성과의 사이에서 감정이 불안정했기 때문이다. 그래서 인생의 진보도 물론 정체되어 버렸다. 그리고 노이로제 특유에 자기와의 불일치가 일어났다.

이른바 정상적인 인간이라면 아마 어떤 강력한 의지 행동으로 두 가지 중에서 어느 한쪽의 감정적 질곡桎梏을 단절할 수도 있었을 것이다. 또는 ─ 어쩌면 이 편이 보통일지도 모르나 ─ 정상인이라면 본능이 명하는 대로 평탄한 길을 쉽게 걸어 무의식 속의 다른 쪽으로 갔을 것이다. 그리고 조금 두통이 있었거나 그 밖의 신체 상태가 좋지 않음을 느끼면 그 배후에서 어떤 갈등이 일어났는지에 관해서는 조금도 모르는 것이다. 그러나 어딘가 하나라도 본능의 약점이 있으면여기에는 여러 가지 원인이 있을 수 있다, 순조로운 무의식적인 이행은 저해를 받을 것이다.

그러면 진보는 갈등을 일으킨다. 거기에서 생기는 삶의 정체는 노이로제와 같다. 즉, 정체 상태의 결과 심적 에너지가 모든 방향으로 방사되어 불필요하다고 생각되는 방향으로 넘쳐 나간다. 예를 들면 교감 신경에 지나치게 강한 자극이 생긴다. 그 결과로써 신경성 위장 장애가 일어난다. 또는 미주 신경이그와 함께 심장이 흥분한다. 또는 그 자체는 조금도 재미있지 않은 공상이나 추억이 과대 평가되어 의식을 번거롭게 한다예를 들면, 이蝨가 코끼리로 변한다.

이와 같은 상태에 있어서는 병적인 길항拮抗을 멈추게 하는 새로운 동인이 필요하다. 인간의 본성 그 자체가 무의식중에, 그리고 간접적으로 전이 현상轉移現狀이라는 것을 통해서 이것을 용이하게 하는 것이다프로이트. 즉, 치료를 해가는 중에 여성 환자는 의사에게 부친상을 전이하여 의사를 부친으로 만들어 버린다. 그리고 또한 의사가 부친이 안 될 경우 자기 것이 되지 못한 남자의 등가물等價物로도 만들어 버린다. 그래서 의사는 부친이나 연인이 된다. 다시 말해서 갈등의 대상이 되는 것이다.

대립관계는 의사에게 통합된다. 그러므로 의사는 갈등의 이상적 해결을 나타내는 것이 된다. 이렇게 해서 의사는 마음에도 없이 국외자局外者에게는 거의 이해되지 않는 여성 환자의 과대평가를 받아 신神과도 같은 추앙을 받는다. 이 은유는 겉으로 보이는 것처럼 그렇게 이상한 것도 아니다. 부친과 연인 역할을 겸하는 것은 사실 너무 부담이 큰 일이다. 아무도 이것을 오래 이겨낼 수 있는 사람은 없다. 그야말로 부담이 되기 때문이다. 이런 역할을 항상 실수 없이 하려면 실제로 거의 반쯤 신이 돼야 한다. 즉, 끊임없이 주는 자가 될 수 있지 않으면 안 된다. 전이상태에 놓인 환자에게 있어서는 이와 같은 잠정적인 해결은 처음에는 이상적인 것처럼 생각될지도 모른다. 그러나 시간이 지남에 따라서 이 해결도 정체상태가 된다. 그러한 상태는 신경증적 갈등과 마찬가지로 바람직하지 못한 것이다. 결국 참된 해결을 바라는 중에 무엇 하나 쓸모 있는 일이 일어나지 않은 것이 된다. 갈등이 전이된 것뿐이다.

아무튼 전이가 잘 된 경우에 그것은 ― 적어도 잠정적으로는 ― 노이로제 전체를 소멸시킬 수도 있다. 따라서 전이라는 현상은 프로이트에 의하여 정당하게 제1급 의료 요인으로 인정된 것이다. 그와 동시에 치유 가능성을 확실히 약속하기도 하지만 결코 치유 자체는 아니다. 단지 잠정적인 상태로밖에는 인정되지 않고 있다.

다소 우회적이고 번거로운 이와 같은 해석은 내가 말한 실례를 이해하기 위해서 필요한 것 같다. 즉, 내가 예로 든 그 여성 환자는 전이상태에 이르고 있으며 이미 정체 상태가 불쾌해지기 시작하는 상한선에 이르고 있었다. 거기서 생긴 의문은 이제부터 어떻게 해야 하는가 하는 것이었다. 물론 나는 어디까지나 구원자이신 하나님이 돼 버렸다.

그러므로 나를 체념해야 한다는 생각이 여성 환자에게는 싫다는 것뿐이 아니고 그야말로 무서운 일이었음은 말할 것도 없다. 이른바 '건강한 인간의 이성'이라면 이런 상황에서 "요컨대 이렇게 해야 한다", "그렇게 해야 할 것이다", "그런 일은 안 된다"는 등의 온갖 신의 말씀을 늘어놓는 것이 보통이다. 다행스럽게도 건강한 인간의 이성은 드물지도 않고 무력한 것도 아니다.비관론자가 있는 것은 알고 있다.

따라서 바로 이와 같은 만족에 의하여 고조된 전이 상태에서는 이성적인 한 계기가 열정을 일으키고, 그 때문에 강력한 의지의 결단으로 뼈아픈 희생을 아무렇지도 않게 참을 수 있는 일이 있을 수도 있다. 이것이 성공하면성공하는 일이 실제로 자주 있다. 이와 같은 희생은 요행히 많은 수확을 가져온다. 즉, 이제까지 병을 앓던 환자가 당장 나아버린 상태가 되는 경우도 일어날 수 있다. 의사는 이와 같은 사태를 만나면 어쨌든 기쁘며, 이론적으로 여러 가지 어려움이 있더라도 이 작은 기적에 익숙해져서 그런 일은 아무것도 아니게 된다.

이와 같은 비약이 성공하지 않는 경우 — 내가 예시한 환자는 성공하지 못했다 — 전이 해소 문제에 직면하게 된다. 여기서 '정신분석'의 이론도 큰 어둠 속에 빠지고 만다. 아무렇게나 될 대로 되라 하는 식이 된다. 즉, 어떻게 되겠지 하는 것이다. 예를 들면 '그 여성 환자에게서 돈이 떨어지면 저절로 해결된다고 생각하는 것이다. 이 말은 빈정거리기를 잘하는 동료가 나에게 한 말이었다. 또는 삶의 가혹한 요청이 있으며 그것이 전이轉移에 언제까지나 머물러 있기를 불가능하게 한다. 자진해서 한 것도 아닌 그 희생을 강제하는 것이다. 때로는 이것은 정도의 차는 있지만 완전한 재발을 동반하는 경우가 있다이러한 예에 관한 기록을 정신분석을 예찬하는 책 속에서 찾아내려 한다면 그것은 무리다.

확실히 어쩔 수 없는 절망적인 사례가 있다. 그러나 한편으로는 절망하지 않는 예, 즉 가련하게도 발길에 걸어 채인 모양으로 전이상태에서 굴러 떨어지지 않는 예도 있다. 나는 자신에게 — 바로 그 예의 여성 환자 사례에서 — 말했다. 이러한 경험에서도 인간을 완전무결하게 자각적으로 이끌어 주는 확실한 길이 있을 것이 틀림없다고……. 그 여성 환자는 확실히 돈이 '떨어져서'가진 것이 없었다전에는 어느 정도 가지고 있었다는 전제하에서 하는 말이지만. 그러나 나는 자연히 어떤 경로를 거쳐서 이 전이에 의한 정체상태의 만족할 만한 해결을 초래하는지를 알고 싶은 호기심에 쫓기고 있었다.

어떤 어려운 상황에서도 어떻게 행동하면 되는지 확실히 알고 있는 건강한 인간의 이성을 자신이 가지고 있다고 자만한 일이 나에게는 결코 없었다. 여성 환자도 나와 마찬가지였다. 그래서 나는 그녀에게 말했다. 제발 우리가 모르면서 아는 척하거나, 우리의 계획이 미치지 못하는 심적인 한 영역에서 오는 그 움직임을 주목해 보자고……. 어쨌든 그 마음의 움직임이라는 것은 꿈을 말하는 것이었다.

꿈에 나오는 이미지나 사고연관思考聯關은 결코 우리가 의식적인 의도를 가지고 만들어낸 것은 아니다. 이들 이미지나 사고연관은 자발적으로 발생한 것이며, 우리가 손질을 한 것은 아니다. 말하자면 자의성이 미치지 않은 심적 활동을 나타내고 있다. 따라서 꿈은 고도의 객관적인 소산이다. 말하자면 마음의 자연적 소산인 것이다. 그렇기 때문에 꿈에서 적어도 마음의 준비가 있는 일정한 기본 경향에 대한 시사나 암시를 기대해도 잘못이 없다. 그런데 심적인 생명 현상은 다른 생명 현상과 마찬가지로, 단지 인과적인 경과만이 아니라 미래 지향적인 합목적적 사상事象이기도 하다. 따라서 심적인 생명 현상의 자화상일 따름인 꿈이라는 것에서, 한편으로는 객관적인 원인성에 관한 정황 증거, 객관적인 경향들에 관한 정황 증거를 기대해도 아무런 상관이 없는 것이다.

이러한 생각에 근거해서 우리는 꿈을 닥치는 대로 철저하게 관찰하고 있었던 것이다. 그때의 일련의 꿈을 남김없이 자세하게 말하는 것은 지나친 일일 것이다. 다만 그 꿈들의 주요 성격을 묘사하면 그것으로 충분한 것이다. 그 꿈들의 대다수는 의사라는 인물에 관련되어 있었다. 즉, 행동하는 인물은 틀림없이 꿈을 꾸는 사람인 그녀와 그녀의 담당의사와 두 사람인 것이다. 그러나 의사 쪽은 그대로의 모습으로 등장하는 일이 결코 없었다. 대개는 독특하게 왜곡되어 있었다. 의사의 모습은 초자연적으로 큰 경우가 있는가 하면, 심하게 늙은 경우도 있고, 그리고 그녀의 부친과 꼭 닮은 경우도 있었다. 다만 그때만은 기묘하게 자연스럽게 배경이 되어 있었다. 예를 들면 다음과 같은 꿈이다.

부친실제로 몸집이 작았다이 그녀와 함께 언덕 위에 서 있다. 언덕은 밀밭으로 덮여 있다. 그녀는 부친에 비해서 작았다. 부친은 마치 거인같이 보였다. 부친은 그녀를 지면에서 들어올려 작은 아이를 안는 것처럼 그녀를 두 팔로 껴안았다. 바람이 들판을 지나고 있다. 밀밭이 바람에 흔들리는 것처럼 부친은 그녀를 팔 안에서 흔들어 주었다.

이러한 꿈, 또는 이와 닮은 꿈에서 나는 여러 가지를 발견할 수 있다. 그 중에서도 내가 부친 겸 연인 역이라는 사실에 그녀의 무의식이 단단히 붙어 있는 것 같은 인상을 받았다. 그것으로 아무래도 해석하지 않으면 안 되는 숙명적 결합이 다시 한번 뚜렷이 강화된 것같이 생각됐다. 그리고 무의식이 부친 겸 연인인, 말하자면 초인간적인 '하나님과 같은' 성격에 비중을 두고 있는 것 같다는 식으로 보지 않을 수 없었다. 이것으로 전이와 결합된 과대평가가 마찬가지로 더욱 강조된 것이다. 그러므로 나는 이 여성 환자는 도대체 여전히 자기의 전이가 완전히 비현실이라는 것을 모르고 있는 것일까? 아니면 결국 무의식이라는 것은 분별 정도로는 도무지 감당할 수 없는 것이며, 마구잡이 백치 같은데다 넌센스한 것, 불가능한 것을 추구하는 것인가? 하고 고개를 갸웃거렸다.

무의식은 '다만 바랄 수 있을 뿐'이라고 하는 프로이트의 생각, 쇼펜하우어의 맹목적·무목적적인 원초적 의지, 잘난 체하여 자기를 완전무결하다고 생각하며 맹목적으로 완고하게 심히 불완전한 것을 만들어내는 그노시스파의 조물주, 이와 같은 본질적으로 네거티브negative한 세계 내지는 영혼의 심연深淵에 대한 비관론적인 회의가 강요하듯 접근했다. 이에 대해서 실은 "너는 이렇게 해야 한다"는 착한 충고와 그 충고를 이 비현실성 전체를 영원히 처부술 큰 영단으로 강화하는 수밖에 없을 것이다.

그러나 여러 가지 꿈을 다시 철저하게 조사하는 동안에 나에게는 다른 가능성이 있다는 것을 알아냈다. 즉, 다음과 같이 나는 생각한 것이다. 앞으로도 꿈이 여성 환자와 나 두 사람이 나누는 대화 속에서 충분히 알 수 있는 은유를 사용해서 계속해서 이야기한다는 것, 이것은 부정할 수 없었다. 여성 환자 자신은 자기의 전이의 비현실성에 관해서 틀림없이 알고 있다. 그녀는 내가 반 신적半神的인 부친 겸 연인으로서 그에게 나타난다는 것을 알고 있다. 그것과 나의 실제 현실의 모습과를 그녀는 적어도 지성적으로 구별할 수가 있다. 즉, 꿈은 분명히 의식적인 비판을 거치지 않은 의식을 반복하고 있다. 이 비판은 결코 충분하지 않다. '건강한 인간의 이성'에 대해서 공상적인 입장을 견지하고 있는 것이라고.

물론 다음과 같이 자신에게 묻기도 했다. 이 '완고함은 어디에서 오는가?', '목적은 무엇인가?' 라고. 꿈이 어떤 목적적인 의미를 가지고 있는 것이 틀림없다고 하는 것은 나에게는 명백했다. 정말로 살아 있는 것이 어떤 합목적적인 의미를 갖고 있지 않은 것은 없기 때문이며, 말을 바꾸면 어느 옛날의 사실이 단순한 잔존물이라고 단정하면 설명이 끝나는 것은 없기 때문이다. 그러나 전이의 에너지는 상당히 강하며 살아 있는 하나의 욕동欲動이라는 인상을 줄 정도이다. 그렇다면 이러한 공상이 노리는 것은 무엇인가?

여러 가지 꿈. 특히 내가 앞에서 말한 예의 꿈을 상세히 고찰하고 분석해 보면 하나의 명백한 경향 — 인간의 척도로 환원하려고 하는 의식의 측면에서의 비판에 대해서 — 즉, 의사라는 인물에게 초인적인 부속물로 비치려는 경향이 있음을 알 수 있다. 거대한 모습, 연로함, 실로 부친보다 몸집이 큰 것, 지면을 스쳐 지나가는 바람, 분명히 또 한 번 신으로 만들려는 것일까? 아니면…… 하고 나는 생각했다. 결국 사태를 반대로 해석할 것인가? 즉, 무의식은 의사라는 인물에서 하나의 신을 만들어 내려고 하는 것인가? 개인적인 외형으로 말하자면 하나의 신의 표상을 해방하려고 하는 것인가?

그러므로 의사라는 인물이 된 전이는 의식 속에서 이루어진 오해이며,

'건강한 인간 이성'의 어리석음에 불과했던가? 무의식의 충동이 인간에게 손을 뻗쳐오는 것은 자칫하면 겉보기 뿐이며 더욱 깊은 곳에서는 사실 하나의 신을 구하고 있는 것이 아닐까? 신을 희구하는 것은 누구의 영향도 받지 않은 지극히 신비로운 욕동 성격에서 나온 정열이 아닐까? 자칫하면 인간이라는 인물에 대한 사랑보다도 깊고 강한 것이 아닐까? 또는 이것이 야말로 전이라고 부르는, 이 무목적적인 사랑의 최고 의미, 다시 말해서 본래의 의미가 아닐까? 어쩌면 15세기 이래 의미에서 모습을 감추고 만, 진짜 '하나님의 사랑'의 하나가 아닐까?

명확한 인간에 대한 정열적 욕구라면 그 현실성에 의문을 던지는 사람은 없을 것이다. 그러나 진찰시간에 의사의 산문적인 모습을 말하고, 먼 옛날에 역사적인 유물이 돼버린 종교 심리학의 한 조각이, 말하자면 중세의 골동품이 ― 메히트힐트·판·마그데부르크가 생각난다 ― 직접 산 현실로서 출현하는 데 이르러서는 이것을 진지하게 받아들이기에는 아마 처음부터 너무나 의외로 생각될 것이다.

참으로 학문적인 태도라는 것은 무전제가 아니면 안 된다. 어떤 가설의 타당성을 재는 유일한 척도는 그 가설이 '발견적 가치를 가지고 있는가?', '설명적 가치를 가지고 있는가?' 하는 것이다. 그런데 문제는 앞에서 말한 모든 가능성이 타당한 가설이라고 볼 수 있느냐 없느냐 하는 것이다. 무의식적 경향이 인간의 피안에 있는 목표를 갖는 것이 불가능하다고 하는 이유는 선험적으로는 전혀 있을 수 없다. 무의식은 '다만 원하기'만 할 수 있는 한에 그렇다. 어느 쪽이 더 적합한 가설인가를 결정하는 것은 첫째로 경험이다.

앞의 여성 환자는 대단히 비판적이었으며, 이 새로운 가설은 좀처럼 납득이 가지 않는 것 같았다. 내가 부친 겸 연인이며 그와 같은 역할로서 갈등 해결의 이상상을 나타내고 있다고 하는 앞서의 견해 쪽이 그녀의 감정에는 비교가 되지 않으리만큼 큰 매력을 주었기 때문이다. 그래도 그녀의 지성은 명석하고 그러한 가설이 이론적으로 가능하다는 것을 알 수 있었다. 그사이에 꿈은 의사의 모습을 더욱더 크게 만들고 있었다. 그것과 결합하여 처음에는 좀 놀라운 일이 일어났다. 즉, 전이의 발밑에 구멍을 파는 것 같은 일이다. 여전히 그녀는 의식 면에서 전이에 매달려 있기는 했지만, 어떤 남자친구와의 관계가 점점 깊어졌던 것이다.

이윽고 나와 헤어질 때가 왔으나 슬픈 장면은 벌어지지 않았다. 지극히 이성적인 이별이었다. 나는 전이 해소 과정에 있어서의 유일한 목격자라고 하는 특권을 가지고 있었다. 초개인적인 조준점이, 말하자면 — 달리 표현할 말이 없으나 — 지도적인 기능을 발휘하여 일보일보 나아가 전진하여 이제까지의 개인적인 과대평가를 모두 자기 쪽으로 이행시켜 이와 같은 에너지를 유입시키는 동시에 저항하는 의식에 대한 영향력까지 획득하는 것을 나는 자세히 볼 수가 있었다. 물론 여성 환자의 의식은 그 일에 관해서 충분히 알지는 못했다. 이런 일을 통해서 꿈이 단순한 환상에 불과한 것이 아니라 무의식의 발전을 스스로 기술한 것이라고 하는 것을 나는 깨닫게 되었다. 이 무의식의 발전 덕분으로 여성 환자의 마음은 서서히 부적당했던 그 개인적인 결합에서 빠져나올 수가 있었다이것에 관해서는《심리학적 유형》p.674〈초월적 기능〉을 참조할 것.

이와 같은 변화가 생기는 것은 이미 앞에서 말한 것처럼 무의식적으로 초개인적 조준점이 발전해 갔기 때문이다. 말하자면 이것은 가상적인 목표라고도 할 수 있는 것이며, 그것이 상징적으로 하나의 형태를 가지고 나타난 것이며, 그 형태는 아마 신의 표상이라는 식으로 부를 수밖에 없을 것이다. 꿈은 의사라는 인물을 초인간적인 형상으로 왜곡한 것이다. 거대한, 나이를 지독히 먹은 부친이기도 하고, 그 팔에 안기고 꿈꾸는 사람은 마치 젖먹이 아기처럼 잠자는 것이었다. 이 그리스도교 교육을 받은 여성 환자의 하나님이라는 의식에 나타난 표상이야말로 일련의 꿈에 나오는 신 이미지의 원인이라고 본다면, 이 신 이미지가 왜곡되어 있다는 것을 다시 강조하지 않을 수 없을 것이다.

종교라는 점에 관해서 이 여성 환자는 비판적 태도, 불가지론적 태도를 가지고 있었다. 만약 신의 존재와 같은 것을 이 환자가 생각하는 경우 그것은 이미 구체적인 형태로 생각할 수 없는 영역, 즉 완전한 추상화의 세계에 속하는 것이 돼 있었다. 그와 같은 신 이미지에 대한 꿈에 있어서의 신의 상은 자연계의 미신이라고 할까, 또는 보탄wotan이라고나 할 고대적인 표상과 대응하고 있다. 즉, '하나님은 영靈이시다'가 여기서는 본래의 의미였던 '바람'으로 소급 번역되어 있다. 즉, 신은 사람이며 인간보다 강하고 크고 눈에 보이지 않는 숨호흡과 같은 존재라고 이해되고 있는 것이다. 히브리어에 있어서도 그렇지만 아라비아어에서도 rush는 숨호흡과 영靈을 가리킨다. 꿈이 개인적인 형태를 근거로 해서 전개하고 있는 것은 고대적인 신 이미지이며, 이것은 의식면에서나 신 개념과는 전혀 다른 것이다.

그것은 단순히 유아적인 이미지, 유년시절의 추억에 불과하다는 반론이 있을지도 모른다. 나로서도 설사 천국의 황금 보좌에 앉아 있는 노인과 같은 이미지라면 그와 같은 반론에 참여할 것이다. 그러나 바로 그러한 센티멘털한 이미지는 아닌 것이다. 여기서 말하는 것은 원시적인 직관이며, 그것은 고대적인 사고방식 밖에는 어울리지 않는 것이다. 이와 같은 원시적 가치의 여러 모습에 관해서는 나의 저서《리비도의 변천과 상징》에서 많은 실례를 들었지만, 이런 것들을 보고 있으면 아무래도 무의식의 소재를 구별하지 않을 수 없다는 생각이 든다.

구별이라고는 하나 '전의식前意識'과 무의식과의 차이라든가 '잠재의식'과 '무의식'과의 차이는 다른 성질의 구별이다. 이와 같은 모든 구별의 정당성에 관해서는 여기서 취급하지 않기로 한다. 그것들은 그 나름의 가치를 가지고 있으며, 아마 각각의 관점으로서 앞으로도 역할을 지속할 것이다. 경험을 쌓는 동안에 나도 구별의 필요성을 느끼게 됐으며 이 구별을 종래의 시점에 보태서 하나의 새로운 시점으로 평가받고 싶다고만 요청해 둔다.

지금까지 말해온 것에서 무의식 속에 하나의 층을 구별할 수가 있고, 이것을 개인적 무의식이라고 불러도 좋을 것이라 생각한다. 이 층에 포함되어 있는 소재는 개인적 성질의 것이다. 이 소재들은 한편으로는 개인적 존재가 획득한 것이라고 하는 특징을 가지고 있으며, 다른 한편으로는 사실을 말하자면 의식의 표면에 떠오를 수 있는 심리적 인지라는 특색1)을 가지고 있다.

확실히 한편에서는 기질이 맞지 않는 심리적 요소가 억압의 지배 아래 들어와서, 그 때문에 무의식이 됐다는 것은 명백한 일이다. 그러나 또 한편으로는 억압된 모든 내용도 일단 인지되면 의식화하고 의식의 세계에 머무를 수 있는 가능성이 주어지는 것이다. 이 소재들은 개인적인 내용이라고 생각되는데, 그 근거는 그러한 영향들이나 부분적인 출현이나 유래 등을 우리의 개인적 과거 속에서 입증할 수 있기 때문이다. 이러한 소재들은 개인을 만드는 불가결한 부분들이며 개인이라고 하는 재산 목록

---

1) 자세한 논증은 융의 《리비도의 변천과 상징》의 색인 〈바람〉을 참조 할 것.

일부이다. 이 모든 부분들이 의식 속에서 결여되면 이러저러한 점에서 열등성이 생긴다. 이 열등성은 기관상의 결함이라든가, 또는 선천적 장애와 같은 심리적 특성을 가지고 있는 것은 아니다. 물론 불이행이라는 의미에서의 열성이며, 그 불이행이라는 것 때문에 윤리적인 원한 감정이 일어나는 것이다. 도덕적인 느낌을 갖는 이 열등성이 결여되어 있는 소재는 본래 이 도덕적 감정이라는 면에서 결여되어 있는 그대로 두어서는 안 된다는 사실을, 다시 말하자면 필요한 노력만 한다면 의식의 무대에 올라갈 수가 있다는 것을 항상 시사한다.

이 경우, 이 도덕적 열등감은 예를 들면 일반적인, 어떤 의미에서는 임의의 도덕율과의 충돌에서 생기는 것은 아니다. 자기 자신과의 갈등에 뿌리를 박고 있다. 자기는 마음의 균형이라는 이유에서 결손 보상을 요구하는 것이다. 열등감이 얼굴을 내미는 곳에서는 으레 그것은 단순히 무의식적인 어떤 것의 동화의 요청이 있다는 것뿐 아니라 동화의 가능성도 있다는 것을 암시한다. 필요성의 인식에서 이런 괴로운 신경성에 의하여 간접적이건 자신의 무의식이건 자기를 동화하고 자기를 의식화하도록 강요하는 것은 결국 그 사람의 도덕적 소질인 것이다.

무의식 속에서 자기의 현실이라고 하는 길을 걸어가는 사람은 필연적으로 개인적 무의식의 알맹이를 의식세계에 옮겨놓는 것이다. 그럼으로써 그 사람의 인격의 스케일이 한층 커지는 것이다. 여기서 당장 첨가해 두고 싶은 것은, 우선 이 확대는 무엇보다도 도덕적인 의식, 자기 인식에 관한 이야기라는 점이다. 그것도 분석에 의하여 해방되어 의식의 영역으로 옮겨지는 무의식의 모든 내용은 통상 처음에는 불쾌하다. 왜냐하면, 그것은 억압된 내용이기 때문이다. 그 속에는 여러 가지 욕망, 기억, 경향, 계획 등이 있다.

이와 같은 내용은 예를 들면 상세하고 총괄적인 고해와도 같은 방법으로 밝은 곳으로 내놓는다. 그러나 밝은 곳으로 내놓은 내용의 정도는 훨씬 제한되어 있는 것이다. 이 이상의 것은 보통 꿈의 분석으로 밝혀진다. 일련의 꿈이 중요한 점을 — 하나씩 극히 세련된 선택을 하면서 — 골라가는 것을 보기란 대단히 흥미 있는 일이 많다. 전체 소재도 의식에 첨부되어 시야의 본질적인 확대나 심화된 자기 인식을 낳게 한다.

자기 인식에 관해서는 다른 데서 찾아볼 수 없을 정도로 인간을 소극적으로 만들고 인간답게 하는 데 어울린다고 추측하지 않을 수 없을지도 모른다. 그러나 자기 인식도 현명한 사람이 효과가 크다고 추측하기는 했으나 그 효과가 미치는 정도는 사람에 따라서 천차만별이다. 이에 관해서 실제로 분석을 하게 되면 대단히 주목할 만한 체험을 하게 될 것이다. 그러나 이에 관해서는 2장에서 다루기로 한다.

고대적인 신의 표상에 관한 나의 실례가 가리키는 대로 무의식은 단순히 개인적인 획득물이나 부속물 이외에도 달리 내포한 것이 있을 듯하다. 앞의 여성 환자에게는 '영'이 '바람'에 유래한다는 것이나, 양자가 유사하다는 것은 어디까지나 의식되어 있지 않았다. 이와 같은 내용은 그녀가 이제까지 생각해 보지도 못했고 배운 것도 아니었다. 신약성서 안에서 문제가 될 만한 곳을 그리스어로 읽었을 리가 없고 또 그녀에게는 관계조차도 없었다<small>바람은 제가 불고 싶은 대로 분다. 요한복음 3장 8절</small>. 또는 — 가령 절대로 개인적으로 획득한 것이라면 — 이른바 잠재기억,[2] 즉 꿈꾸는 자가 언제 어디선가 읽은 적이 있는 생각의 무의식적인 상기일지도 모른다. 그러한 가능성

---

2) 후루르노아 著《인도에서 화성으로 — 언어 특사를 동반하는 몽유병의 연구》1900, 융 著 《분석심리학 논집》 p.86 참조.

에 대해서는 이 특별한 케이스에 있어서 나도 이론을 내세울 수 없다. 그러나 나는 다른 사례를 많이 보아 왔다. — 그 많은 예가 앞에서 말한 내 저서에 있으며, 잠재 기억은 하나의 예도 없다. 설사 이 사례가 — 우선 그런 일이 있을 것 같지는 않지만 — 잠재기억이라 할지라도 다름아닌 그런 이미지가 달라붙어 뒤에서 다시 '현출되는exphoriert'선재적先在的 소인이 무엇이었는지 반드시 설명해야 할 것이다. 아무튼 이것은 잠재 기억의 유무에 관계 없이 참된 원시적인 신神 이미지인 것이다.

이것이 한 현대인의 무의식 속에서 커져 살아 있는 효과를 발휘한 것이다. 그 효과야말로 종교적·심리학적 관점에서 생각하게 하는 힘을 가지고 있었던 것이다. 이 이미지를 '개인적'이라고 부르는 것은 지나친 것 같아서 꺼림칙하다. 이것은 완전히 집합적 이미지이다. 모든 민족에게서 이 이미지가 보이는 것을 훨씬 이전부터 우리는 알고 있다. 역사적이고 광범위하게 유포되어 있는 이 이미지가 자연스럽고 심리적인 기능을 통해서 다시 드러났지만 별로 이상한 일도 아니다. 앞의 그 여성 환자가 가지고 태어난 인간의 두뇌라는 것은 오늘날에도 아마 고대 게르만인의 경우와 마찬가지로 가능한 것이기 때문에 당연한 이야기일 것이다. 즉, 이것은 재생한 원형元型인 것이다. 다른 곳에서 이 원상들을 나는 그와 같이 이름 붙였던 것이다.[3] 이 옛 이미지들을 다시 낳는 것은 꿈이 갖는 원시적인 유사적 사고법인 것이다. 즉, 표상이 승계된 것이 아니라 길을 잡는 방법이 계승되어 가는 것이다.[4]

이러한 사실을 생각하면 무의식은 개인적인 것일 뿐 아니라, 비개인적인

---

3)《심리학적 유형》 p.589 참조.
4) 나의 견해를 '신비적 공상'이라고 단정한 비난은 근거가 없는 논리이다.

것,[5] 계승된 모든 카테고리라는 형태의 집합적인 것 내지는 원형元型을 내포하고 있다고 우리는 가정하지 않을 수 없다. 그러므로 나는 무의식은 그보다 깊은 층에 비교적 생명력을 가진 집합적인 내용을 가지고 있다는 가설을 제창했다. 즉, 내가 말하고 있는 것은 집합적 무의식이라는 것이다.

---

5) 유베르·마우스 공저《종교사 총론》

무의식의 동화 작용이
일으키는 후속 현상

Self and unconsciousness

무의식의 동화 작용이라는 과정은 주목할 만한 여러 현상들을 일으킨다. 즉, 무의식을 동화함으로써 보기 흉할 정도로 고조된 자기 의식 또는 자기감정을 쌓아올리는 사람들이 있다. 이 사람들은 모든 것을 알고 있다. 자기의 무의식에 관해서는 완벽하게 알고 있는 것이다. 무의식의 영역에서 떠오르는 것에 관해서 모두 잘 알고 있다고 그 사람들은 믿고 있다. 한 번 진찰할 때마다 이 사람들은 의사를 훨씬 능가해 버린다. 그러나 한편으로는 의기가 떨어지는 사람도 있다. 그런 사람들은 무의식의 내용에 압박되고 마는 것이다. 그 사람들의 자기 감정은 약해진다. 무의식에 의하여 나타나는 모든 변화를 체념하는 마음으로 바라볼 뿐이다. 처음에 말한 사람들은 자기 감정이 넘치는 가운데 자기의 무의식에 대한 책임을 진다. 그러나 그 책임의 정도가 지나쳐서 현실의 가능성을 벗어나 버린다. 뒤에 말한 사람들은 결국 자기에 대한 책임을 일체 거부한다. 무의식계를 지배하는 숙명에 대한 자기의 무력을 통감하고 낙심하기 때문이다.

그런데 이들 양 극단의 반응을 분석적으로 보다 정확하게 관찰하면 다음과 같은 것을 알 수 있다. 즉, 첫째 그룹에 속하는 사람의 낙관적인 자기 감정의 배후에는 이것을 뒤집어 놓은 것 같은, 훨씬 더 깊은 불안감이 숨겨져 있으며, 이 불안하고 외로운 느낌에 비하면 의식적인 낙관주의는 마치 실패로 끝난 보상으로밖에 보이지 않는다. 그리고 둘째 그룹에 속하는 사람의 비관적인 체념의 배후에는 완강한 권력지향 의지가 있으며 자신이라는 점에서 이 의지는 첫째 그룹 사람의 의식적 낙관주의를 몇 배나 능가하는 것이다.

이와 같은 두 가지의 반응을 소개했지만, 이 두 가지는 크게 양 극단을 보여준 데 불과하다. 더 자세한 뉘앙스의 차이를 지어 나가면 현실에 가까워질 것이다. 이미 다른 곳에서 말한 것처럼 어떤 피분석자도 초기 단계에 있어서, 곧 그 이상으로 치료할 필요가 없을 정도로 증상에서 해방되지 않을 때에는, 새로 획득한 식견을 처음에는 자기의 변칙적인 신경증적 태도 때문에 무의식적으로 남용해 버린다. 이 점에 관한 지극히 중요한 요인은 이 단계에 있어서는 아직 일체가 객체단계에서 이해되는 상황, 즉 이마고 imago와 객체의 구별이 되지 않는, 다시 말해서 객체에 대한 직접적인 관계를 가지고 있다고 하는 상황이다.

따라서 '타인'을 객체로서 가장 중요시하는 사람은 분석의 이 단계에서 자기 인식에 관해서 호흡할 수 있었던 것의 일체를 이렇게 결론내릴 것이다. 즉 '과연 타인이란 이런 것이다'라고. 그러므로 이런 사람은 관용이건 불관용이건 그 사람 나름대로 세상을 계몽할 의무가 있다고 느낄 것이다. 반대로 자기를 다른 사람에 대해서 주체라고 하기보다 객체라고 생각하고 있는 사람은 이와 같은 인식에 부담을 느끼고 그럼으로써 낙심하게 될 것이다 물론 이런 문제들을 암시적으로밖에는 체험하지 못하는 수많은 표면적인 성격을 가진 사람들은 도외시한다.

두 사례는 모두 객체에 대한 관계가 강화된 것을 나타낸다. 처음 예는 능동적인 의미에 있어서이며, 다음 예는 수동적인 의미에 있어서이다. 집합적인 요소의 명백한 강화가 나타난다. 처음 예의 사람은 자기의 행동 영역을 확대하고, 뒤의 예인 사람은 자기의 고뇌의 범위를 확대하게 된다.

아들러는 '하나님을 닮은 것'이라는 표현을 사용한 적이 있는데, 이것은 신경증적인 권력심리학의 몇 가지 특색을 특징짓기 위해서였다 ─ 나도 여기서 《파우스트》에서와 같은 개념을 인용하지만 나의 경우는 메피스토가 학생의 기념수첩에 한 마디 써 주는 그 유명한 대목에 나오는 의미에서 인용하는 것이다.

하나님을 닮았다는 것은 명백히 선과 악을 알고 있다는 것, 인식하고 있음을 가리키는 것이 된다. 무의식의 모든 내용을 분석하고 의식화해 가면 일종의 탁월한 관용의 사태가 저절로 나타난다. 이 관용 때문에 무의식이 갖는 성격 중에서도 특히 소화되기 어려운 여러 부분까지 받아들여지게 된다. 이 관용은 지극히 '탁월'하며 현명하게 보이지만 온갖 결과를 초래하는 화려한 제스처 이상의 것이 아닌 경우가 자주 있다. 그러나 결국은 그때까지 염려스럽게 서로 떨어져 있던 두 영역이 합치한 것이 된다. 결코 적지 않은 저항을 극복하기 시작하여 이 두 가지 대립물의 통합이 성공한 것이다. 적어도 외견상으로는 성공한 것이다.

보다 완벽한 것이 된 식견, 그때까지 나뉘어져 있던 것의 병립, 그것에 의하여 표현되는 도덕적 갈등의 외견상에 있어서의 극복, 이것들은 우월의 감정을 낳게 한다. 이 우월적 감정은 아마 '하나님을 닮았다는 것'에 의하여 표현될 것이다. 그런데 같은 이 선과 악의 병립도 서로 다른 성격의 소유자에게는 또 다른 효과를 발휘할 수가 있다. 반드시 누구나가 초인간의 느낌을 가지고 선악의 척도를 가졌다고 생각할 수도 없다. 그런 것이 아니라 오히려 자기가 궁지에 서 있는 의지할 데 없는 자라고 느낄지도 모른다. 오히려 암초와 소용돌이치는 물결이라도 두 가지 위험에 빠진 키 없는 배와 같이 자기를 느낄지도 모른다.

그리고 스스로는 그런 줄도 모르고 아주 큰, 그리고 가장 오랜 인류의 갈등 속에 빠져서 영원한 원리가 충돌하는 것을 체험하고 오뇌하고 있기 때문에, 자기 자신을 마치 코카사스의 바위에 묶인 프로메테우스나 아니면 십자가에 매달린 예수처럼 느낄지도 모른다. 이것은 고통 속에서 신과 가까이 있는 존재라고나 해야 할 것이다. 그런데 신을 닮았다는 것은 결코 학술적인 개념은 아니다. 그럼에도 불구하고 이 표현은 심리적 사실을 훌륭하게 표현하고 있는 것이다. 그렇다고 해서 독자 여러분이 누구나 '신을 닮았다'는 독특한 정신태도를 선명하게 이해할 수 있다고 나는 생각하지 않는다. 그러기 위해서는 이 표현은 너무나 문학적이다. 그러므로 이 말에 의하여 개념 규정의 한 상태를 더 자세히 설명하는 편이 좋을지도 모른다. 즉, 한 피분석자가 획득하는 식견은, 그때까지 본인에게 있어서 의식되어 있지 않았던 많은 것을 보통 그에게 보여주는 것이다. 물론 그에게 그와 같은 인식이 자기 주위를 향하여 전에는 보이지 않았던 많은 것이 보이게 된다아니면, 보인다고 믿는다.

자기의 인식이 자기에게 유용한 것이라면 다른 사람에게도 유용하리라고 그는 믿을 것이다. 그럼으로써 자칫하면 불손하게 되기 싶다. 본인으로서는 아마 선의라고 믿겠지만 다른 사람에게는 난처한 것이 될 것이다. 그는 자기가 열쇠를 가지고 있는 많은, 또는 모든 문을 여는 열쇠를 가지고 있는 것 같은 기분을 느끼고 있는 것이다. '정신분석'자체가 자기의 한계에 관해서 이와 같이 순진한 무의식성을 가지고 있다.

이 사실은 정신 분석이 예를 들면 예술 작품에 손을 대는 경우의 방법을 보면 잘 알 수 있다. 인간의 본성이라는 것은 단순히 빛으로만 되어 있는 것이 아니고 많은 그림자 부분도 가지고 있기 때문에 실제적인 분석에서 얻은 식견은 쓸모없는 경우가 자주 있다. 그때까지보통 그런 것처럼 정반대를 과시해 왔다면 더욱 더 쓸모없는 것이다. 따라서 새로 얻은 식견을 염려하는 사람도 나타난다. 오히려 지나치게 염려하여 그림자 부분을 가지고 있는 것이 자기만이 아니라는 것을 잊고 만다. 그런 사람들은 너무나 낙심해 버려서 모든 것을 의심하게 되고 이제는 무엇 하나도 바르다고 생각하지 않게 되기가 쉽다.

그러므로 훌륭한 분석가이며 대단히 훌륭한 생각을 가지고 있으면서도 그것을 결코 발표하지 않는 사람도 있다. 그것은 분석가들이 본 심리적 문제가 압도적으로 커서 학문적으로 다루기가 무리라고 그들이 생각하기 때문이다. 한쪽은 낙관주의 때문에 열광적이 되는 사람이 있는가 하면, 한쪽은 비관주의에 의하여 불안하게 되는 사람이 있는 것이다.

큰 갈등은 규모가 축소되기는 했지만 대개 이러한 형태 속에 나타나 있다. 이와 같이 비율이 작아졌어도 본질적인 점은 어려움 없이 알 수 있다. 즉, 한쪽의 생각도, 다른 한쪽의 소심함도 공통점은 하나인데, 그것은 자기의 한계에 관한 확신이 없다는 것이다. 한쪽은 터무니없이 자기 확대를 하고, 다른 쪽은 터무니없이 자기를 축소해 버린다. 어느 쪽이나 개인적 한계가 없다. 그런데 심리적 보상의 결과로서 심한 비하는 교만과 백지 한 장의 차이이며, '교만한 자는 오래가지 못한다'는 것을 생각하면 우월의 배후에는 소심한 열등적 감정의 모든 특성이 보이는 것을 우리는 쉽게 발견할 수 있다.

사실 우리가 주목하는 광신자의 예가 있다. 광신자에게는 확신 같은 것이 없다. 없기 때문에 자신도 별로 확실하다고 생각되지 않는 자설自說의 진실을 자찬하고 자설에 동조해 주는 사람들은 자기 주변에 끌어모아, 그 결과 자기를 신봉하는 일당의 사람들이 자기의 신념의 가치나 신뢰성을 보증하게 한다. 또한 이런 사람들에게 있어서는 너무나 많은 인식이 축적될 경우, 그것을 혼자서 감당한다는 것은 그리 기분 좋은 일은 아니다. 사실 그 사람은 그와 같은 인식과 함께 자기가 고립되어 있다는 느낌을 갖는다. 그런 인식과 함께 고립되어 있다는 은밀한 불안을 가지고 있기 때문에 자기의 의견이나 해석을 끊임없이 내세우고 언제나 그렇게 함으로써 가책하는 의혹으로부터 몸을 지키려고 한다.

그 반대가 소심자이다. 망설이면 망설일수록, 몸을 숨기면 숨길수록 그의 내부에는 이해를 받고 싶고 인정을 받고 싶다는 은밀한 욕구가 고조된다. 자신은 열등성 같은 것을 말하면서도 결코 자기가 열등하다고는 생각하지 않는다. 그의 내부에서 인정하지 않는 자기의 가치에 대해서 억지 확신이 끓어 오른다. 그래서 대수롭지 않은 비난에 대해서도 신경질적이 되어 오해받는 자의 표정을, 자기의 정당한 요구를 침해당한 자의 표정을 항상 보인다. 그렇게 함으로써 병적인 자만과 지대한 불만을 만들어 가는데, 그로서는 결코 그런 것을 갖고 싶지는 않지만 그를 둘러싸고 있는 주위가 그만큼 더욱더 그것을 맛보게 한다.

양자가 모두 지나치게 작은 동시에 지나치게 크다. 개인적 중용은 이전에도 확실히 흔들리지 않았다고는 말하지는 못하지만, 지금은 더욱 흔들리고 있는 것이다. 이와 같은 상태를 가리켜서 '신을 닮았다'고 하는 것이 이상하게 들릴지 모른다. 그러나 양자가 모두 한쪽은 이쪽, 한쪽은 저쪽으로 치우쳐 인간적인 균형을 내딛고 있으며, 따라서 '인간을 초월'하고 있으며, 비유적으로 말하자면 '신을 닮았다'고 하게 되는 것이다.

이 은유가 싫다면 심적 인플레이션이라는 용어를 쓰자고 제안하고 싶다. 이 개념은 문제의 상태가 개인의 한계를 넘은 인격 확대를 의미하는 한에 있어서, 한마디로 말하자면 부풀어 오른 상태를 의미하는 한에 있어서 꼭 그 용어가 잘 맞는다고 나는 생각한다. 이와 같은 상태에서 보통 같으면 차지 않을 공간이 차는 것이다. 이렇게 할 수 있는 것은 오직 그 자체가 존재하는 것으로서 우리의 한계 밖에 있다고 하는 모든 내용이나 모든 특성을 제 것으로 하고 있는 경우뿐이다. 우리의 한계 밖에 있는 것은 타인에 속하든가, 아니면 전체에 속해 있든가, 또는 누구의 것도 아닌 것이다.

심적인 인플레이션은 결코 분석에 의해서만 산출되는 현상이 아니라, 흔히 일상생활에서도 일어나는 것이나, 그 밖의 여러 가지 경우에서도 그것을 조사할 수가 있다. 흔히 있는 경우로서 많은 남성에게서 볼 수 있는 자기의 일·직함과 자기 자신의 고지식한 동일시이다. 확실히 나의 지위는 나에게 속해 있는 활동이기는 하다. 그러나 동시에 집합적 인자因子이기도 해서 많은 사람들의 협력에 의하여 역사적으로 생긴 것이며 그것이 품위를 유지하고 있는 것도 실은 집합적인 동의가 있기 때문이다. 그러므로 가령 나의 지위나 직함과 나 자신을 동일시했다고 하면, 그러한 나의 태도는 내가 마치 하나의 지위가 복합체적인 사회적 인자 전체인 것 같으며, 내가 그 지위의 주인일 뿐 아니라, 동시에 사회의 동의同意인 것처럼 행세하고 있다고나 할 수 있을까. 그러므로 나는 이상하게 자기를 확대하여 결코 내 안에서가 아니라 나의 밖에만 있는 특성을 찬탈해 버린 것이 된다. '짐임금은 국가다.'이것이 그런 사람들의 모토이다.

인식에 의한 인플레이션의 경우 원칙적으로도 닮은 듯한 것이겠지만 심리적으로는 더 미묘한 것이다. 이와 같은 인플레이션을 일으키는 것은 사회적 지위의 위엄이 아니라, 중요한 의미를 가진 공상 쪽인 것이다. 내가 말하고자 하는 것을 치료 체험의 예를 들어 설명해 보고자 한다. 그것을 위해서 내가 선택하는 것은 한 남성 정신병 환자의 사례이며, 이 환자를 나는 개인적으로 알고 있고, 메이더[1]도 어떤 간행물에서 언급하고 있는 인물이다. 이 사례의 특색은 고도의 심적 인플레이션인 것이다.[2] 즉 일반적으로 정신병 환자의 경우에는 정상인에게 있어서는 암시적으로밖에는 존재하지 않는 모든 현상을 보다 거칠고 확대된 형태로 관찰할 수 있다.

이 환자의 질병은 과대망상성 편집광적 백치증이었다. 신의 모친이거나 그런 높은 사람들과 '전화'교신을 할 수 있었다. 사실 그는 자물쇠 기술을 배우다가 중도에서 좌절한 사람이며 19세 때 불치의 정신병에 걸렸다. 결코 지능이 뛰어나지는 않았으나 그는 '세상은 언제라도 자기가 좋을 대로 돌아다닐 수 있는 그림책'이라는 굉장한 생각을 하게 되었다. 그에 의하면 그 증명은 아주 간단하며, 자기가 그저 뒤돌아다보기만 하면 새로운 한 페

---

1) 메이더《정신분석 연감》 제2권 p.209 이하 참조.
2) 내가 취리히 정신병원의 의사였을 때, 한 인텔리 문외한을 안내하여 병실을 돌아다닌 일이 있다. 그때까지 그는 한 번도 정신병원을 안에서 본 적이 없었다. 견학을 마쳤을 때, 감명을 받았다는 듯이 그는 말했다. "이것은 마치 미니 취리히판 같군요. 전시민의 측도입니다. 마치 노상에서 매일 마주치는 모든 타입을 가장 고전적인 견본을 만들어 여기 모아 놓은 것 같습니다. 온갖 깊이와 높이를 갖춘 것이 모두 있군요." 나는 물론 이런 측면에서 이 문제를 보지는 않았지만, 이 사람의 느낌은 어느 정도 정확했다.

이지가 보인다고 한다.

이것은 꾸밈없는 원시적 견해에 의한 쇼펜하우어 식의 '의지와 표상으로서의 세계'이다. 가만히 생각해 보면 그것은 깜짝 놀랄 만한 생각이며, 실로 은밀하고 외롭게 숨어 사는 생활에서 생긴 것이며, 다만 지극히 소박하고 단순한 표현으로 되어 있기 때문에 사람들은 그저 그 황당무계함만을 웃을 뿐이다. 그러나 이와 같은 원시적인 생각이 쇼펜하우어의 천재적인 세계, 환상의 밑바닥에 핵으로 숨어 있다. 천재나 광인도 아니라면 현실의 장벽을 벗어나서 이 세상을 자기의 그림책으로 보려는 곡예는 결코 할 수 없을 것이다.

이 환자는 그러한 견해를 발전시키고 확대시키는 데 성공했을까? 또는 그와 같은 견해를 자기 것으로 몸에 익혔을까? 아니면 결국 그와 같은 견해에 지배되어 그 포로가 되고 말았을까? 환자의 병적인 해체와 심적 인플레이션은 후자이다. 이미 그가 생각하거나 말하는 것이 아니다. 그의 내부에서 무엇인가가 생각하고 말하는 것이다. 그러므로 그는 소리를 듣는 것이다. 따라서 이 환자와 쇼펜하우어와의 차이는 이런 것이다. 즉, 그에게 있어서는 이러한 견해는 단순히 자발적인 발생단계에 그치는 데 반해서 쇼펜하우어는 이러한 견해를 추상화하고 보편적인 언어로 표현했다는 것이다.

그렇게 함으로써 쇼펜하우어는 이 견해를 그 어두운 요람에서 집합적 의식의 밝은 낮빛으로 가져온 것이다. 그런데 이 환자의 견해가 개인적 성격이나 개인적 가치를 갖는, 다시 말해서 환자에게 속하는 것이라 보는 것은 모두 빗나간 것이다. 그렇게 되면 그는 훌륭한 철학자가 되기 때문이다. 그러나 천재적인 철학자라는 존재는 원시적인, 단순히 자연적인 환상을 추상적인 이념으로, 의식적인 공유재산으로 승화시키는 데 성공한 사람에 한한다. 이와 같은 업적이 있어야 비로소 그것이 그 사람의 개인적 가치가 되며 자기의 것이라 인정할 수 있는 것이다. 이렇게 함으로써 심적 인플레이션에 빠지는 일도 없어진다.

한편 환자의 견해는 비개인적으로 자연히 생긴 가치이며 이것에 대해서는 환자가 몸을 버티지 못하며, 오히려 그것에 삼켜져 더욱 크게 소외됨으로써 '이상해진'것이다. 이 견해는 틀릴 까닭이 없는 것으로 환자를 병적인 확대로 부추긴 것이며, 그는 이 이념을 장악하거나 그것을 철학적 세계관으로 확대하는 일은 없었다. 개인적 가치는 철학적 업적이기는 하지만 원시적 비전은 아니다. 철학자에게도 이와 같은 현시적 비전Vision은 주어지고 있다. 그것은 보편적인 인류 재산에 생기는 것이며, 원칙적으로 그것은 각자가 타고나는 것이다. 황금 사과는 같은 나무에 열려 있다. 다만 그것을 줍는 것이, 예컨대 정신 박약의 자물쇠장의 제자이거나 쇼펜하우어와 같은 사람인가 하는 차이이다.

그러나 이 예에서 우리가 배우는 것은 아직도 많다. 즉, 초개인적인 심적 내용은 마음대로 내것을 만들 수 있는 그런 단순한 무차별의 죽은 소재가 아니라는 점이다. 이것은 오히려 매력적으로 의식에 작용하는 산 생물이다. 지위나 칭호와의 동일화는 유혹적인 것조차 가지고 있다. 그래서 그렇게 많은 남성이 사회에서 인정받은 자기의 위엄 이외에 아무것도 아닌 것이 된다. 이 표면 뒤에서 한 개인을 찾아내려고 해도 소용없을 것이다. 이 잘난 체하는 뒤에는 겉보기보다 보잘것없는 불쌍한 소인물이 발견되는 것이 고작이다. 그러므로 지위는또는 이와 같은 외관이 설사 다른 무엇이라 할지라도 극히 유혹적인 것이다. 왜냐하면, 이것은 개인적인 결함을 재빠르게 보상하는 것이 되기 때문이다.

심적 인플레이션을 일으키는 것은 직업이라든가 직함이라든가 그 밖의 사회적 역할과 같은 외면적으로 사람을 끄는 것만이 아니다. 이런 것은 외부 사회에 있는, 집합적 의식 속에 있는 비개인적인 인자에 불과할 것이다. 그러나 개체 저쪽에 사회가 있는 것처럼, 우리의 개인적인 마음 저쪽에는 집합적 마음이 존재한다. 즉, 집합적 무의식이 그것이며, 앞서의 예가 보여 주는 것처럼 매력적인 인자를 그 안에 숨기고 있는 것이다. 한편으로는 자기의 위엄으로 갑자기 세상에 뛰어들어 '여러분, 이제 나는 왕이다.'하는 인간이 있는가 하면, 다른 한편으로는 세상이 완전히 바뀌어 보이는 것 같은 강력한 이미지에 부딪쳐 갑자기 세상에서 모습을 감추는 인간도 있다.

이 강대한 이미지는 저 마술적인 '집합적 표상'이라는 것이며, 이른바 아메리카 사람들의 '슬로건', 즉 표어나 최고 단계에서는 시적 및 종교적 언어의 밑바닥에 있는 것이다. 시인도 아니고 특별히 내세울 것도 없는 어떤 정신병 환자를 나는 생각한다. 이 환자는 성격이 온순하고 조금 몽상적인 경향이 있는 젊은이였다. 한 처녀에게 반했는데, 흔히 있는 것처럼, 그 처녀가 자기의 사랑을 받아줄지 어떨지 확신하지 못하고 있었다. 그의 원시적인 '신비적 분유神秘的 分有'는 그에게 자기의 감동은 당연히 다른 사람의 감동이기도 한다고 쉽게 생각게 했다. 인간 심리의 비교적 깊은 단계에 있어서 이것은 흔한 일이다. 이렇게 해서 그는 몽상적인 사랑의 환상을 쌓아 올렸으나 상대방 처녀가 그를 전혀 문제삼지 않는 것을 발견했을 때 당장 그 환상이 무너졌다.

절망한 그는 물에 몸을 던지려고 강으로 갔다. 밤이 깊었다. 바라다보니, 어두운 물 위에 별이 반짝반짝 빛나고 있었다. 그에게는 마치 별이 한 쌍이 되어 헤엄을 치면서 강물을 타고 내려가는 것같이 생각되어 그는 어떤 신비로운 감정에 사로잡혔다. 자살하려던 생각도 잊고 그 기묘하고 감미로운 광경을 넋을 잃고 바라보았다. 그는 차츰차츰 깨닫게 되었다. 별 하나 하나가 얼굴이라는 것을. 이 별들의 쌍쌍은 연인들이고, 포옹하고 꿈을 꾸면서 지나가고 있다는 것을. 어렴풋이 그는 새로운 인식을 느끼게 되었다. 즉, 마음이 변하고 만 것이다. 그의 운명도 그의 환멸도 그의 애정도 그에게서 떠나고 말았다. 처녀에 대한 생각도 멀어지고 아무래도 좋다고 생각했다. 그대신 ― 그는 그렇게 뚜렷이 느낀 것이다 ― 거액의 부富가 약속돼 있는 것이다. 그는 다 알고 있다. 자신을 위한 막대한 재화가 가까운 천문대에 숨겨져 있다는 것이다. 그리고 새벽 4시에 천문대에 들어가려고 하다가 경찰에 잡히고 말았다.

그 남자에게 무슨 일이 일어났던가. 불쌍한 그 남자는 단테의 신곡과 같은 이미지를 똑똑히 보았다. 이 이미지의 아름다움은 시귀詩句에 표현될 정도로는 느끼지 못했을 것이다. 그러나 그 이미지를 실제로 보고 그 이미지가 그 남자를 변화시킨 것이다. 최대의 고통이었던 것이 지금은 저 멀리 사라졌다. 이 괴로운 지구 저 멀리에 조용히 궤도를 그리고 있는 별들의 새롭고 신비로운 세계가 '명부冥府의 여왕 프로세르피나의 세계의 입구'에 발을 들여놓는 순간에, 그에게 나타난 것이다. 당치도 않은 부를 소유하고 있다는 예감이 ― 마음속에 감추어진 이와 같은 생각을 누가 이해할 수 있겠는가 ― 계시와도 같이 그에게 번뜩였다. 이 사나이의 굳은 두뇌는 짐이 너무 무거웠다. 그는 강물에 빠진 것이 아니라 영원한 이미지에 빠진 것이다. 그 이미지의 아름다움도 그와 함께 지워져 버렸다.

사회의 어느 한 구석이나 사회적 지위 속에서 소멸하며 주위에서 사라져 가는 사람이 있는 것처럼, 한편으로는 내적 환각 속에서 소멸하며 그와 함께 자기 주위에서 사라져 버리는 사람이 있다. 겉으로는 이해하기 어려운 많은 인격의 변모, 예를 들면 돌연한 개심改心이라든가 그 밖의 철저한 심경의 변화 등은 집합적 이미지의 끌어당기는 힘에 근거한다. 앞의 예가 가리키는 것처럼 이 집합적 이미지는 고도의 인플레이션을 일으킬 수 있는 것이며, 그 결과로 인격이 해체되어 버린다. 그러한 인격의 해체야말로 정신병이다.[3] 일과성一過性이거나 지속성持續性 중 어느 쪽이며, '마음의 분열' 또는 '정신분열증'브로일러의 용어이라고 부른다.[4] 병적 인플레이션은 물론 집합적 무의식의 여러 내용의 자율성에 상응하는 대개의 개인이 가지고 태어나는 약함에 기인하고 있다.

대체로 이와 같이 생각하면 진실에 가장 가깝다고 생각된다. 즉, 우리의 의식적이고 개인적인 마음 그 자체는 무의식적이고 유전적이며 보편적인 정신 소인素因이라는 광대한 기초 위에 있는 것이며, 또한 우리의 개인적인 마음과 집합적인 마음의 관계는 거의 개인과 사회의 관계와 필적하는 것이다.

그러나 단지 개인이 유일무이하고 고립된 존재일 뿐 아니라 사회적 존재인 것과 마찬가지로, 인간 정신도 개개의 완전히 개별적 현상일 뿐 아니라, 집합적 현상이기도 한 것이다. 그리고 어떤 종류의 사회적 기능이나 욕동欲動이 개개인의 이해와 대립하는 것처럼 인간 정신도 그 집합적 성격 때문에 개인적 욕구와 대립하는 어떤 종류의 기능이나 욕동을 가지고 있는 것

----

3) 이에 관해서는 졸저 《심리학적 유형》 p.596 이하의 설명을 참조할 것. 레온 도테는 그의 저서 《유전성 매독환자》에서 이 현상을 '정신적 자가 수정自家 受精'이라 부르고, 선조의 영혼의 재생이라고 해석하고 있다.
4) 데멘치아 프라에콕스, 《정신분열증 각군》 1911년

이다. 이와 같은 사실의 근거는 어디에 있는가. 그것은 어떤 인간이나 고도로 분화된 두뇌를 가지고 태어났으며 그 두뇌가 풍부한 정신적 기능의 가능성을 각 사람에게 주고 있는데, 그와 같은 기능을 인간은 결코 개체 발생적으로 획득한 것도 아니고 발전시킨 것도 아니기 때문이다.

인간의 두뇌가 하나같이 분화되어 있는 것과 같은 정도로 두뇌에 의하여 가능해진 정신적 기능도 또한 집합적이고 보편적이다. 이와 같은 사정에서 멀리 떨어져 있는 민족이나 인류들의 무의식이 실로 놀라울 정도로 부합한다는 사실을 설명할 수도 있다. 원주민들의 신화 형식이나 모티브가 쌍둥이처럼 흡사하다고 지적한 사실과, 이 무의식이 부합된다는 것을 가리키고 있다. 인간의 두뇌가 세계적으로 비슷하기 때문에 비슷한 정신기능을 세계 어디서나 발견할 수 있다는 가능성이 생긴다. 이 기능이 집합적인 마음, 바로 그것이다. 민족 또는 종족, 그뿐 아니라 가족에 어울리는 분화가 있는 한 '세계 보편적'인 집합적 마음의 수준을 넘어선 인류나 종족 또는 가족에 한정된 집합적 마음도 존재한다. P. 쟈네[5]의 말을 빌리자면, 집합적 마음은 심적 여러 기능의 '열등 부분'을 내포하고 있다. 즉, 이것은 개인의 마음속에 단단히 붙어 있는, 말하자면 자동적으로 작용하며 유전적이고 어디에나 존재하는 초개인적이고 비개인적인 부분인 것이다.

의식과 개인적 무의식은 심적 여러 기능의 '우월 부분'을 내포한다. 즉, 개체 발생적으로 획득 발생된 부분을 말하는 것이다. 따라서 개인은 자기에게 선험적이고 무의식중에 주어지고 있는 집합적 마음을 자기의 개체 발생적으로 획득한 자산으로까지 자기의 일부인 것처럼 만들게 된다. 그렇게 함으로써 인격의 용량을 확대하게 된다. 이것은 부당한 일이며, 그와 맞

---

5) P. 쟈네 《신경증 환자》 1909년.

먹는 결과를 낳게 된다. 즉, 집합적인 마음이 심적 여러 기능의 일등 부분이며 그와 동시에 각 인격의 기반으로서 인격에 속한 것인 한, 집합적인 마음은 인격에 짐이 되어 그 가치를 떨어뜨린다. 이것은 인플레이션, 즉 자기 감정의 억제나 또는 병적인 권력의지와 상통하는 자기 강조의 그 무의식적 응어리로 나타난다.

분석은 개인적 무의식을 의식화한다. 그것에 의하여 개인은 여러 가지 것을 의식하게 되는데, 사실 이것들은 보통 다른 사람들에게는 이미 의식된 것으로 그 사람에게만 아직 의식되지 못했을 뿐이다. 따라서 의식에 의하여 그 개인은 유일성을 약화시킨다. 즉, 보다 집합적이 된다. 이 집합적이 된다는 것은 굳이 나쁜 면에만 한하는 것이 아니고, 때로는 좋은 면의 것도 있다. 즉, 자기의 좋은 특성을 억압하고 유아적 소원에 의식적으로, 전면적으로 좌우되는 사람들도 있다.

개인적 억압의 배제는 처음에는 순수하게 개인적인 내용을 의식의 영역으로 옮겨놓는다. 그러나 개인적인 내용에는 이미 무의식의 집합적 여러 요소도 붙어 있는 것이다. 일반적으로 널리 존재하고 있는 욕동欲動, 소질 이념이미지이 그것이며, 또한 '통계적'으로 각자가 부분적으로 가지고 있는 평균적인 미덕과 평균적인 악습의 일체도 그것이다. 흔히 말하는 것처럼 어떤 사람이든지 그 안에 천재와 성자의 요소를 가지고 있다. 이렇게 해서 마지막에는 세상이라고 하는 흑백의 판 위를 돌아다니는 거의 모든 것을 포함하는 산 이미지를 성립한다. 즉, 선도 악도 아름다움도 추함도 포함하는 이미지를 이루는 것이다. 이렇게 해서 서서히 많은 사람들이 좋다고 하는 세상과의 유사성을 갖추어 가는 것이다.

이 유사성은 경우에 따라서는 신경증 치료에서 결정적인 인자를 의미하는 수도 있다. 이러한 상태에서 생전 처음으로 애정을 깨닫고 스스로 애정을 느끼는 데 성공한 사례나 가능성이 보이지 않는데도 과감히 뛰어들어 그 희생이 요행히 좋은 결과를 빚어낸 몇 가지 사례를 최종적인 것으로 보고 여러 해에 걸쳐서 일에 열중하여 일종의 심적 상쾌함을 유지한 사례도 적지 않게 보아왔다. 물론 이와 같은 사례도 분석 치료의 성과라고 칭찬하는 소리도 많이 들었다.

그러나 나로서도 이와 같은 심적 상쾌함이나 일에 열중하는 사람들의 사례는 세상과 잘 어울리지 못하는 것 때문에 고통받는 경우이거나 누가 보아도 정말 치료됐다고 할 수는 없다. 이러한 사례는 반은 치료되고 반은 치료되지 않았다고 나는 생각한다. 즉 이와 같은 환자를 추적 조사한 일이 있지만, 점차 여러 가지 '자아 이탈자'의 특징인, 저 공허와 단조로움이 생기는 것이었다. 물론 내가 여기서 말하고 있는 것은 하나의 극단적인 예이므로 굳이 내세울 것이 못 되며 정상적이고 평균적인 사람들의 이야기는 아니다. 평균적인 사람들의 적응 문제는 다루기 어려운 것이 아니고 오히려 기술적인 성질의 것이다.

만약 내가 연구자라기보다 치료자였다면 물론 일종의 낙천적인 판단을 억제할 수는 없을 것이다. 왜냐하면, 치료자였다고 하면 나의 시선은 갑자기 치유자 숫자에 구애될 것이기 때문이다. 그러나 나의 연구자로서의 양심은 숫자에는 관심이 없다. 인간의 질에 관심이 있는 것이다. 자연이라는 것은 그야말로 귀족적이다. 가치 있는 한 사람은 10명의 평범한 사람과 맞먹는다. 가치 있는 사람들을 나의 시선은 좇는다. 그들을 보고 나는 완전히 개인적인 분석의 결과가 갖는 모호함과 그리고 그 모호함의 이유를 이해하는 것도 배운 것이다.

만약 우리가 무의식을 동화함으로써 집합적인 마음을 잘못하여 개인적인 심리 기능의 재산목록 속에 넣는다면 인격의 대립적 양극으로의 분해라는 것이 생긴다. 이미 말한 바로 그 노이로제에 있어서 극히 명확히 볼 수 있는 대립적 양극의 과대망상, 열등 감정 이외에도 아직 많은 대립적 양극의 결합이 있다. 그 중에서 특히 윤리적인 대립적 결합을 하나 지적하고 싶다. 즉, 선과 악이다. 집합적인 마음에는 인간의 독자적인 미덕과 악덕이 다른 모든 것과 같이 포함되어 있다. 그런데 어떤 사람은 집합적인 미덕을 개인적인 공적의 탓으로 돌리고, 어떤 사람은 집합적인 악덕을 개인의 죄로 돌린다. 그러나 양자가 모두 과대나 열등과 마찬가지로 착각이다. 왜냐하면, 공상적인 미덕도, 공상적인 악덕도 집합적인 마음속에 내포되어 있음으로써 느끼게 된 일종의 인공적으로 의식화된 도덕적인 대립의 결합에 불과하기 때문이다.

이 대립적 결합이 집합적인 마음속에 어느 정도 포함되어 있는가 하는 것은 미개 민족의 실례로 알 수 있다. 미개인들을 관찰하고 그 덕이 지극히 높음을 칭찬하는 사람이 있는가 하면, 한편으로는 그 동일한 종족에 관해서 극히 나쁜 인상을 받았다고 보고하는 사람도 있다. 개인의 분화라는 것이 주장하는 것처럼 초기 단계에 있는 미개인에게 있어서는 양쪽이 모두 진실이다. 왜냐하면, 미개인의 마음은 본질적으로 집합적이며, 대부분은 무의식적이기 때문이다. 미개인은 아직 많건 적건 집합적인 마음과 일체를 이루고 있으며 따라서, 개인적으로 끼어드는 일도 있고 내면적인 모순에 괴로워하는 일도 없이 집합적인 미덕과 악덕을 가지고 있는 것이다.

마음의 개인적 발전이 일어나고, 그럴 때 이성이 대립물을 받아들이지 않는 성격을 인정하게 되어 비로소 모순이 일어나는 것이다. 이와 같은 인식의 귀결은 억압 투쟁이다. 사람은 근본적으로 선량하려고 하며, 그래서 악을 억제하지 않을 수 없다. 그런 동시에 집합적인 마음의 낙원도 끝이 나고 만다. 집합적인 마음의 억압은 요컨대 개성의 발달이 가져오는 하나의 필연이다.

미개인에 있어서의 개성의 발달, 또는 더 적절한 표현을 하자면, 개인이라고 하는 것의 발달은 마술적 위신의 문제이다. 주술사 또는 추장 같은 사람은 지도적 존재이다. 양자가 모두 몸에 걸치는 장식품이나 생활 양식의 독자성, 즉 자기들의 역할 표현의 특이성으로 다른 사람과 구별되고 있다. 외적인 표시의 특수성으로 개체의 경계 설정이 이루어지는 것이다. 그리고 특별한 제례상의 비밀을 가짐으로써 특수성이 더욱 강해지는 것이다. 이와 같은 그리고 이와 비슷한 수단을 써서 미개인은 자기 주위에 막을 쳐놓는다. 이것을 페르소나 가면이라고 부를 수 있다.

미개인 사회에서는 가령 토템 축제 때에 인물의 격상이나 변신에 도움이 되는 실제적인 가면을 쓴다는 것은 잘 알려진 사실이다. 가면을 씀으로써 탁월한 개인은 집합적인 마음 층에서 멀어지는 것 같이 보일 것이며, 그 인물을 페르소나와 동일화하는 데 성공하는 정도에 따라서 실제로 멀어지는 것이다. 이 간격이 바로 마술적인 위신을 의미하는 것이다.

권력을 향한 의지가 그러한 발전의 동인이 된다고 주장하는 것도 물론 용이할지 모른다. 그러나 그런 경우 다음의 사실을 완전히 잊고 있다. 즉, 위신 형성은 항상 집합적인 타협의 산물이라는 사실, 즉 한쪽에서 위신을 갖고 싶어 하는 사람이 있는 동시에 위신을 줄 만한 사람을 찾는 일반 대중이 있다는 사실이다.

따라서 이와 같은 사정이 있는데도 단순히 개인적인 권력욕 때문에 위신이 만들어진다고 설명하는 것은 정확하지 못한 것이다. 오히려 이것은 어디까지나 집합적인 문제인 것이다. 집단 전체가 되어 마술적인 힘을 발휘할 수 있는 인물을 갖고 싶은 욕구를 가지고 있기 때문에 한 개인의 권력욕과 그 밖의 많은 복종욕이라는 욕구를 하나의 매개체로 사용하여 개인적 위신을 실현시키게 되는 것이다. 이 후자, 즉 다수의 복종욕은 정치적 여명기의 역사가 말해 주는 것처럼 모든 민족의 공동생활에서 극히 중요한 의미를 갖는 현상이다.

개인적 위신의 중요성은 별로 과대평가할 수 없다. 왜냐하면, 집합적인 마음속에 퇴행적으로 용해되는 가능성은 위험을 뜻하기 때문이다. 그러나 그와 같은 가능성이 생기는 것은 빨라도 위신의 목적이 달성되었을 때, 즉 널리 남에게 알려졌을 때이다. 남에게 알려짐으로써 그 인물은 집합적인 진리가 되어버린다. 이것은 사물의 이치로서 마지막의 시작인 것이다. 즉, 위신을 만드는 것은 탁월한 개인뿐 아니라, 그 일족에게도 유익한 업적이다. 한 사람은 자기의 행위로써 무리 위에 뛰어나서 우월해지고, 그 이외의 다수는 권력을 체념함으로써 전자와 구별된다. 이 태세가 외적의 영향에 항거하여 쟁취되고 유지되는 한 위신을 얻는다는 것은 유익하다. 그러나 이미 장애가 없어지고, 보편 타당성이 획득되고 나면 그 위신도 유익한 가치를 상실하고 보통은 무용지물이 되고 만다. 그렇게 되면 이반離反의 움직임이 생기고, 그 과정이 다시 처음부터 시작되는 것이다.

이 개인은 공동사회의 생활을 위해서 극히 중요하기 때문에, 개인의 발전에 방해가 될지도 모르는 것은 모두 위험한 것이라고 느낀다. 최대의 위험은 뭐니 뭐니 해도 집합적 마음이 붕괴함으로써 위신이 빨리 무너지는 것이다. 절대적 비밀 엄수는 이와 같은 위험을 막기 위한 가장 잘 알려진 원시적 수단의 하나이다. 집합적인 사고나 감정, 집합적인 일은 개인적인 기능이나 일에 비하면 비교적 편하다. 그러므로 개성적 분화 대신에 집합적 기능을 등장시키려고 하는 유혹이 항상 크다.

분화되고 뛰어나고 마술적인 위신에 의하여 보호되고 있던 개성이 천박하게 되고 결국은 집합적 마음속에 매장되어 버림으로써사도 베드로의 부정, 개인의 경우에는 '정신의 상실'이 일어난다. 즉, 중요한 일이 되지 않든가, 또는 취소되어 버리기 때문이다. 따라서 터부禁忌가 타파되기 위해서는 엄벌이 가해지는데, 이것은 그런 사태의 중대성에 완전히 걸맞은 것이다. 이와 같은 일을 간단히 인과적으로 역사적 유물이라든가 근친상간 터부[6]의 전이轉移로 처리해 버리는 것으로는 이러한 조치를 왜 좋다고 하는지 결코 이해하지 못한다. 그러나 목적론적인 입장에서 이 문제를 파악한다면 이제까지 알지 못했던 여러 가지 것이 밝혀질 것이다.

따라서 개성의 발달을 위해서는 집합적 마음과 엄격하게 구별하는 것이 절대적 필요조건이다. 왜냐하면, 조금이라도 이 구별이 불분명해질 경우엔 그 결과로 당장 개인이 집합적인 것 안에 용해되어 버리기 때문이다. 그런데 무의식의 분석에 있어서 집합적인 마음과 개인적인 마음이 구별할 수 없게 될 위험이 있다. 이것은 앞에서 말한, 환영할 수 없는 여러 가지 결과를 가져온다. 이러한 결과는 생활 감정에 유해하거나 또는 환자가 자기 주위에 어떤 영향력을 갖는 경우에는 환자의 주위 사람들에게 유해하다. 즉, 집합적 마음과 일체화함으로써 환자는 틀림없이 자기 무의식의 모든 요구를 다른 사람들에게 강요하려고 시도할 것이다. 왜냐하면, 집합적 마음과 일체화는 당연히 보편타당한 '신과의 유사성'의 감정을 스스로 동반하는

---

6) 프로이트 《토템과 터부》

것이며, 이 보편적으로 타당하다는 것은 동료와 다른 개인적인 마음 같은 것은 완전히 무시해 버린다(보편 타당이라는 감정은 물론 집합적 마음의 보편성에 근거한다).

집합적 태도는 당연히 타인에게 있어서도 같은 집합적 마음을 전제로 한다. 그러나 이것은 개인차의 난폭한 무시 그리고 집합적 마음에도 있는 가장 일반적인 것의 차이, 예를 들면 인종 차와 같이 난폭한 무시를 뜻한다.[7] 개인적인 것의 이러한 무시는 물론 개인적 존재의 질식사를 뜻한다. 이것으로 인해서 한 공동체 안의 차이라는 요소는 없어지고 만다. 차이라는 요소야말로 바로 개인인 것이다. 모든 최고의 덕인 업적도, 최대의 악행도, 어느 것이나 개인적인 것이다. 한 공동체가 크면 클수록 또한 각각 큰 공동체에 고유한 집합적 인자의 총화가 개인의 불이익이 되고, 보수적 편견에 의하여 지탱되고 있는 정도가 크면 클수록 그만큼 개인은 도덕적으로 정신적으로 부정되고, 그와 함께 사회의 윤리적 및 정신적인 진보의 유일한 원천도 끊어지고 만다. 번영하는 것은 당연히 사회적인 것, 개개인에 있어서의 일체의 집합적인 것에 한정된다. 그런 한편 개개인에 있어서의 개성적인 것은 몰락의, 즉 억압의 고통을 당한다.

---

7) 따라서 만약 우리가 유대 심리학의 성과를 보편 타당적이라고 생각한다면 그것은 전혀 용납할 수 없는 잘못이다. 중국이나 인도의 심리학이 우리에게 구속력이 있는 것이라고 본다는 것은 아무도 생각할 수 없는 일일 것이다. 이와 같은 비판을 했기 때문에 나에게 보낸 유대인 배척주의라는 값싼 비난도 반중국주의의 상표를 나에게 붙이는 것과 마찬가지로 무지라고 말할 수밖에 없다. 확실히 마음의 발달의 비교적 초기 단계에 있어서는 아리아인이나 유대인, 함인, 몽고인의 심리의 차이를 찾아내기는 불가능하며 모든 인종은 공통된 집합적인 마음을 가지고 있을지도 모른다. 그러나 인종차가 생기는 동시에 집합적인 마음속에도 본질적인 차이가 생기는 것이다. 이와 같은 이유에서 다른 모든 인종의 정신을 그대로 우리의 심리에 옮겨 놓으면 반드시 우리의 심리를 감각 면에서 해치고 만다. 그래도 곧잘 많은 본능적으로 약한 성질의 사람들을 싫증도 안 내고 인도 철학 같은 것을 속이거나 한다.

이렇게 해서 개성적인 것은 무의식의 영역으로 들어가며, 무의식계에서 규정에 따라 원칙적이고 악한 것으로, 파괴적이고 무정부적인 것으로 변신한다. 그러나 악은 한정된 개개의, 예언적 재능이 있는 개인에게 있어서 뜻밖의 범행국왕 살해와 같은으로써 사회적으로 발각되는 일도 있지만 그 밖의 경우에는 배후로 밀려나서 피할 수 없는 사회의 도덕적 저하 등, 간접적으로 밖에는 나타나지 못하는 것이다. 아무튼 하나의 전체적 존재로서 한 사회의 도덕성은 그 사회의 크기에 반비례한다는 것은 분명한 사실이다.

왜냐하면, 개인이 그만큼 많이 결집하면 할수록 개인적 인자는 더욱 없어지며, 그와 함께 개인의 윤리감과, 불가결한 자유에 전적으로 근거하고 있는 윤리성도 없어져 가기 때문이다. 따라서 개개인은 사회 속에 몸을 담고 있으면 무의식적으로 어떤 의미에서는 스스로 생각하는 것 이상으로 나쁜 사람인 것이다. 왜냐하면, 개개인은 사회의 짐이 되고 있으며 그만큼 자기의 개인적 책임에서 해방되고 있기 때문이다. 훌륭한 사람만이 모인 큰 집단이 도덕과 지성의 면에서는 어리석고 난폭한 큰 동물을 닮은 경우가 있다. 즉 조직이 크면 클수록 그 조직이 부도덕이나 어리석은 상태를 피할 수 없게 된다원로원 의원은 덕 있는 사람이지만, 원로원은 야수이다.

그런데 사회가 개개의 대리인 안에서 이미 자동적으로 집합적인 질을 강조한다면 그것으로 인해서 사회는 모든 범용성凡庸性을 안이하고 무책임하게 빈둥빈둥 살아가는 모든 자를 장려하고 있는 것이 된다. 개성이 벽에 부딪치는 것을 피할 수 없다. 이와 같은 과정은 학교를 비롯해서 대학에서도 계속되고 있으며, 국가가 다루고 있는 모든 것을 지배하고 있다. 사회의 단체가 작을수록 사회 성원의 개성이 보장되고 상대적인 자유도 커지며 그와 함께 의식적인 책임의 가능성도 커진다.

자유 없는 윤리성은 있을 수 없다. 큰 조직체에 대한 우리의 감탄도 이와 같은 기적의 이면, 즉 인간 안에 있는 일체의 원시적인 것의 당치도 않은 퇴적과 강조, 아무리 큰 조직체도 필경 그렇게 될 수밖에 없는 이 괴물의 이익을 위한 인간 개성의 피할 수 없는 말살, 그런 것을 우리가 알아 버리면 없어지고 만다. 오늘의 인간으로 윤리적인 집단 이념에 다소라도 대응하는 것이 있는 사람은 감싸고 숨겨온 것이며, 이것은 그 사람의 무의식을 분석하면 용이하게 증명할 수 있는 것이다. 그 사람 자신은 그것에 조금도 방해를 받지 않고 있어도 그러한 것이다.

그 사람이 정상적으로 주위 환경에 '적응하고'[8] 있는 한, 그가 속한 사회의 어떤 만행이라 할지라도 그 사람을 방해하는 일은 없을 것이다. 다만 그 사람의 대다수 동료가 자기들의 공동체 조직의 높은 윤리성을 믿고 있는 한에서 말이다. 그런데 개인에게 미치는 사회의 영향에 관해서 여기서 내가 말한 것과 같은 일이 개인적인 마음에 미치는 집합적 무의식의 영향에 관해서도 그대로 들어맞는다.

하지만 내가 제시한 몇 가지 예로 알 수 있는 것처럼, 마음에 미치는 영향 쪽은 앞의 경우처럼 영향이 눈으로 볼 수 있는 것과는 반대로 눈에는 보이지 않는 성질의 것이다. 그러므로 내적인 작용이 이해되지 않으면서 그와 같은 것이 생기고 있는 사람을 미치광이라고 부르지 않지만 병적인 비정상인 취급을 해도 크게 이상하지 않다. 만약 그것이 혹 진짜 천재였다면 기껏해야 다음이나 다음다음 시대에 그것을 깨닫게 될 것이다.

어떤 사람이 자기의 위엄에 도취되어 버리는 것이 우리에게 자명한 일로 생각되는 것처럼, 많은 사람들이 바라는 것과는 다른 것을 찾고 그 다른

---

8) 적합과 순응, 《심리학적 유형》 p.480 참조.

것 속에 끊임없이 매몰되어 버리는 인간을 우리는 전혀 이해할 수 없다. 두 타입의 인간에게 유머라는 것을 알아주기 바란다.

유머라는 것은 쇼펜하우어의 말을 빌자면 인간이 가지고 있는 참으로 '신적인' 특성이며, 이것만이 인간의 영혼을 자유상태로 유지하게 하는 것이다. 무의식의 분석으로 활동하고 있다고 인정된 집합적인 욕동, 인간의 사고나 감정의 기본 형식은 의식적인 개성의 획득물이지만 개성은 이 획득물을 취하는 데 중대한 지장을 받는다. 그러므로 실제로 치료를 함에 있어서는 개성이 상처받지 않도록 끊임없이 근심하는 것이 극히 중요한 뜻을 갖는다. 즉, 집합적인 마음이 개체의 개인적인 부속품으로 간주된다면 그것은 개인을 왜곡하고 괴롭히는 것이 되며 처리가 대단히 어렵다. 따라서 개인적인 마음의 내용과 집합적인 마음의 내용을 분명하게 구별하는 것이 시급하다. 그러나 이 구별은 그렇게 쉽지 않다. 개인적인 것은 집합적인 마음에서 성장해 온 것이며, 이것과 분리하기 어렵게 결합되어 있기 때문이다. 그러므로 어느 내용이 집합적이고, 어느 것이 개인적이라고 단정하기가 어렵다. 예를 들면 환상이나 꿈에서 흔히 보는 고대적인 상징이 집합적인 인자라는 것은 의심할 여지가 없다. 사고나 감정의 모든 기본적 욕동이나 기본 형태는 집합적이다. 또한 보편적으로 사람들의 의견이 일치하고 있는 것은 모두 집합적이다. 그리고 일반적으로 널리 이해되고 존재하고 말하고 행위하는 것도 모두 집합적이다.

자세히 보면 우리가 소위 심리학에서 개인적이라고 부르는 상당히 많은 것이 본래는 집합적이었음을 알고 거듭 놀라는 것이다. 개성적인 것이 그 배후에 완전히 감추어질 정도로 그 수가 많다. 그러나 개성화는 전혀 피할 수 없는 심리학적 요구이기 때문에 집합적인 것이 우세함을 보면 이 화사한 식물과도 같은 '개성[9]'에 특별한 주의를 기울여 개성이 집합적인 것에 의하여 완전히 질식해 버리지 않도록 해야 한다는 것을 잘 알 수 있을 것이다.

인간은 집합적 의도를 위해서는 지극히 쓸모가 있으며 개성화를 위해서는 한없이 유해한 능력을 가지고 있다. 그 능력이라는 것은 모방이다. 공동체 심리학은 모방 없이는 불가능하다. 왜냐하면, 모방 없이는 대중의 조직화도 국가도 사회질서도 전혀 불가능하다. 사회질서를 만드는 것은 법률이 아니라 모방이기 때문이다. 그리고 이 모방이라는 개념에는 피암시성被暗示性 암시 정신적 전파도 포함되어 있다.

그러나 우리는 매일 개인적인 차이를 위한 목적 때문에 모방이라는 메커니즘이 이용되고 있다기보다 오용되고 있음을 보고 있다. 즉, 이 목적을 위해서 월등히 탁월한 사람을 모방하거나 보기 드문 특성이라든가 행위를 흉내내거나 한다. 확실히 그렇게 함으로써 표면적으로는 가까운 주위와의 차이가 나타난다. 그 벌로서, 그럼에도 불구하고 없어지지 않는 주위의 정신과의 유사는 주위에 대한 무의식적이고 강압적인 고착으로 고조된다. 보통은 모방에 의하는 거짓된 개별적 차이화의 시도 형태로 끝나고 만다. 그리고 본인이 놓여 있는 단계는 이전에 있었던 단계와 아무런 변화가 없다. 이전보다도 조금 공허해지는 것이 고작이다. 우리 안에서 무엇인가 본래의 개성적인 것을 발견하기 위해서는 철저한 숙고가 필요하다. 그리고 갑자기 우리는 개성의 발견이 얼마나 지독히 어려운가를 알게 될 것이다.

---

9)《심리학적 유형》 p.637 참조. '개성화란 개별적 인격의 발달을 목표로 하는 차별화 과정이다' — 개체는 개별적 존재일 뿐 아니라 그 생존을 위해서는 집합적 관계를 전제로 하기 때문에, 개성화의 과정도 고립화로 가는 것이 아니라 보다 집중적이고 보다 보편적인 집합적 연관에 이르는 것이다.

제 *3* 장

집합적 마음의
일부로서의 페르소나

이 장에서 우리는 만약 그것이 간과된 경우 대혼란을 일으키지 않을 수 없다는 문제에 부딪치게 된다. 개인적 무의식의 분석으로 우선 개인적 내용이 의식 쪽에 결합된다고 하는 것을 앞에서 말했고, 억압되어 있기는 하지만 의식화가 가능한 무의식 부분을 개인적 무의식이라 부르자고 제안했다. 그리고 또한 집합적 무의식이라 부르도록 권하고 싶은 무의식의 더욱 깊은 층이 첨가됨으로써 인격의 확대가 생기고 심적 인플레이션 상태가 된다는 것을 말했다. 이 심적 인플레이션 상태는 분석의 일을 계속해 감으로써 만들어질 수가 있는 것이다.

앞에서 내가 든 예가 그랬다. 분석을 계속함으로써 우리는 여러 가지 비개인적인 보편적 인류의 기본 특성을 개인적 의식에 첨부한다. 그렇게 함으로써 바로 앞에서 말한 심적 인플레이션이 초래되는 것이다. 이것은 말하자면 의식화의 환영할 수 없는 결과라고 볼 수 있을 것이다.[1] 의식적인

---

1) 의식을 확대화한 결과로 생기는 이와 같은 현상은 결코 분석 치료에 특유한 것은 아니다.

개인은 집합적 마음의 어느 한 부분이다.

의식적 개인은 개인적이라고 볼 수 있는 심리적 여러 사업의 종합으로 이루어진다. 첨가어인 '개인적'이라는 말은 다름 아닌 이 일정한 인물에만 속해 있다는 것을 나타낸다. 단지 개인적이기만 한 의식은 일종의 불안을 가지고 그 내용에 관한 소유권과 저작권을 강조함으로써 하나의 총체를 이루려고 한다. 이 총체에 잘 어울리지 않으려는 내용은 간과되어 잊혀지든가 아니면 억압되어 부정되든가 한다. 이것도 일종의 자기 교육이긴 하지만 너무나 자의적恣意的이고 너무나 난폭한 교육이다. 자기를 그렇게 만들려고 하는 이상상理想像을 위해서 보통의 인간적인 요소가 너무나 많이 희생되지 않을 수 없다. 그러므로 이와 같은 '개인적인'사람들은 항상 상처를 받기도 쉽다. 왜냐하면, 그들의 참된개인적인 성격의 환영할 수 없는 부분을

그러한 현상은 인간이 지식이나 인식에 압도되는 경우 어떤 마음에도 생긴다. '지식은 팽창시킨다고 사도 바울은 고린도인들에게 편지에서 말하고 있다. 왜냐하면, 새로운 인식은 언제나 그렇지만 몇몇 사람들을 무심하게 만들었기 때문이다. 심적 인플레이션은 인식의 종류와는 관계가 없다. 관계가 있는 것은 오직 새로운 인식이 약한 두뇌를 가득 메워 그것 이외의 것은 아무것도 보이지도 들리지도 않는다는 사실뿐이다. 새로운 인식에 취하여 그 야말로 세상의 비밀을 해결했다고 믿어버린다. 이것은 주제넘은 것과 같다. 이 과정은 극히 일반적인 반응이며, 이미 창세기 제2장 17절에서 인식의 과실을 따먹는 것은 죽음에 이르는 인간 타락이라고 했다. 다소의 인식 증대가 어느 정도의 주제넘은 태도를 낳게 하여, 왜 위험한 것이 되는지, 물론 직접적으로는 인간은 모를 것이다. 창세기는 의식화를 터부로 기의 파괴로 여겼으며, 인식에 의하여 신성하여 범할 수 없는 경계에 괘씸하게도 짓밟힌 것이다. 보다 큰 의식에 이르는 어떤 제보도 일종의 프로메테우스적인 죄가 되는 한, 창세기는 옳다고 나는 생각한다. 말하자면, 인식에 의하며 신들의 세계에서 불을 약탈해 온 것이며, 다시 말해서 이제까지 무의식의 힘의 소유물이었던 것이 이 자연적인 연관에서 떨어져 나가 의식이 하는 내로의 지배를 받는 것이다. 새로운 인식을 찬달한 인간은 의식이 변혁하든가 확대되고, 그럼으로써 그 사람의 의식은 동료의 의식과는 닮지 않은 것이 된다. 그 사람은 그때까지 인간적인 것의 영역을 넘어서 버렸지만신과 같이 된다 그와 함께 인간에게서 멀어져 버린 것이다. 이 고독의 괴로움은 신들의 복수인 것이다. 그는 이미 인간으로 되돌아갈 수는 없다. 신화가 말하는 것처럼 그는 인적이 끊어진 먼 코카시스의 바위굴에 갇히고 만 것이다. 신들이나 인간에게 버림을 받은 것이다.

그들에게 의식시키는 일이 자칫하면 일어날 수 있기 때문이다.

자주 드는 이 고심 끝에, 집합적인 마음 부분을 나는 페르소나라고 이름 붙였다. 페르소나라는 말은 여기에 꼭 맞는 표현이다. 왜냐하면, 페르소나는 본래 관리가 썼던 가면이며, 관리가 하는 일을 나타내는 것이기 때문이다. 무엇이 개인적인 마음의 부분인가, 무엇이 비개인적인 마음의 부분인가 정확하게 구별하려고 하는 빗나간 계획을 접할 때 당장 우리는 난처해지고 만다. 왜냐하면, 개인의 내용에 관해서도 결국은 집합적 무의식에 관해서 말한 것, 즉 그것은 보편적이라고 말하지 않을 수 없기 때문이다. 다만 페르소나가 다소라도 우연적이라고나 할까, 임의의 집합적인 마음의 부분이라는 사정으로 페르소나를 전체에 있어서 무엇인가 개성적인 것으로 보는 위험에 빠지는 수가 있다. 그러나 그 이름이 가리키는 대로 페르소나는 집합적인 마음의 가면에 불과하다. 개성이라는 것이 있는 것처럼 보이게 하는 가면인 것이다. 즉 가면은 다른 사람들이나 본인 자신을 개성적이라고 믿게 하는 것인데, 실제로는 집합적인 마음이 분장 출현한 역할에 불과하다.

가령 우리가 페르소나를 분석하는 경우, 가면을 벗기고 보면 개성적이라고 생각했던 것이 사실은 집합적이라는 것을, 다시 말해서 페르소나는 집합적인 마음의 가면에 불과하다는 것을 우리는 발견할 것이다. 결국 페르소나는 '현실적인 것'은 아닌 것이다. 페르소나는 '한 인간이 표면적으로 어떻게 보이는가'하는 것에 관한 개체와 사회 사이의 타협의 한 소산이다. 그것은 어떤 이름을 말하거나 칭호를 갖거나 지위를 나타내거나 이것저것이 되기도 한다. 이런 것들은 물론 어떤 의미에서 현실이기도 하다. 그러나 해당자의 개성과의 관련에서는 제2차적인 현실과 같은 것이며 단순한 타협물에 불과하다. 당사자보다도 자주 타인에게 관계되는 일이 많을 수도 있다. 페르소나는 겉보기이다. 농담삼아 말하자면 2차원적인 현실이라고나 할 수 있는 것이다.

전체의 사정을 이 정도의 설명으로 중단해 버리고 페르소나의 독자적인 선택이나 결정에 이미 개성적인 것이 들어 있음을 한쪽에서 인정하지 않는 것은 편파적이라고 해야 할 것이다. 그리고 또한 자아의식과 페르소나가 한결같이 동일성을 가지고 있음에도 불구하고 무의식적인 자기 본래적인 개성이 항상 존재한다는 것, 직접이 아니라도 간접으로라도 그 존재를 알게 한다는 것을 인정해야 할 것이다. 자아의식은 먼저 페르소나와, 즉 개인의 집단 앞에 나타나는 한에 있어서 하나의 역할을 가지고 있는 그 타협물과 동일하지만, 무의식적 자기는 사람의 눈에 띄지 않을 정도로 억압되고 있는 것은 결코 아니다.

무의식적 자기의 영향은 우선 무의식의 대조적이고 보상적인 특수한 모든 내용에 나타나 있다. 의식의 순수하고 개인적인 태도는 무의식 쪽으로부터의 여러 반응을 일으키지만, 그 반응에는 개인적인 억압과 함께 집합적인 환상의 베일 아래 개성 발전의 새싹도 포함되어 있다. 개인적 무의식의 분석을 통해서 집합적인 소재가 개성적인 요소와 함께 의식에 공급된다. 이와 같은 결론은 나의 견해나 나의 방법에 낯선 사람에게는 거의 이해되지 않는 것이라고 해도 좋은 것, 특히 무의식이라는 것을 프로이트 이론의 시점에서 보는 데 익숙해진 사람에게는 전혀 불가해하다는 것을 나는 알고 있다.

그러나 독자가 내가 앞에서 예를 든 철학과 여대생을 상기해 준다면, 그 실례의 도움을 얻어서 내가 이와 같은 공식으로 무엇을 말하려 하는지 아마 짐작할 수 있을 것이다. 그 여성 환자는 치료를 시작할 때 자기의 부친과의 관계가 부친 고착父親 固着이라는 사실을 몰랐다. 그래서 부친과 닮은 남성을 찾게 되었고, 겨우 만난 상대를 그녀의 지성을 가지고 접촉했다는 사실을 의식하지 못했다. 지성을 발휘했다는 것 자체는 잘못이 아니다. 만약 그녀의 지성이 인텔리 여성에게 흔히 있는 성격인 독특한 항의적인 성격이 아니라면 잘못은 아닐 것이다. 그러한 지성은 항상 남의 흠을 잡고 불유쾌할 정도로 개인적인 부속음을 섞어가면서 지독하게 비판적이며, 게다가 그런 주제에 객관적이라고 인정받고 싶어한다.

이것은 으레 남성들의 기분을 상하게 하는 것이며, 흔히 있는 것처럼 이 비판이 보통 같으면 의견의 교환이 유익하기를 바라는 배려에서 접촉을 피하는 약점이 있는 경우 특히 그렇다. 그러나 바로 이것이 여성이 가진 지성의 특징이다. 여성의 지성은 불행하게도 대화의 능력이라기보다 약점을 찾는 것이며, 그것에 매달린다. 그래서 남성을 불안하게 만든다. 특별히 이것은 의식적 의도라기보다도 오히려 남성을 무리하게 우위에 밀어올려 남성을 숭배해야 할 존재로 만들려고 하는 무의식적인 의향인 것이다.

남성 쪽에서는 보통 자기가 주인공이 되는 것을 모르고, 이러한 '풍자'를 불쾌하게 느끼고 결국 남성은 점점 이 여성과의 만남을 피하게 된다. 결국 이 여성에게는 처음부터 자기의 주장을 내세우지 않는, 그래서 숭배의 대상이 되지 않는 남성밖에 남지 않는다.

이런 일에 관해서, 물론 나의 여성 환자에 관해서도 생각해 본 일이 많았다. 그것은 이와 같은 진행과정 전체에 관해서 그녀는 아무것도 몰랐기 때문이다. 게다가 그녀는 부친과 그녀 사이에 어린시절부터 했던 그런 이야기를 인식하지 않으면 안 되었다. 그녀는 이미 어린시절에 부친이 모친을 외면한 그늘진 부분과 무의식중에 이해가 상통하도록 되어 있었다. 그래서 — 나이에 어울리지 않게 — 모친의 라이벌이 되어 있었는데 이 일에 관해서 내가 자세히 말하는 것은 지나친 일일 것이다. 이 모든 일이 개인적 무의식의 분석 내용이었다. 직업상의 이유로 인해 초조한 것은 금물이기 때문에 부득이 내가 주인공이 되어 부친 겸 연인이 되었던 것이다.

이 전이轉移도 처음에는 개인적인 무의식의 내용이었다. 나의 주인공 역할은 단순한 겉보기였다. 그리고 내가 그것으로 단순한 환영이 된 것과 마찬가지로 그녀도 자기의 전통적인 역할을 한 것이었다. 지나치게 현명하고 어른들의 모든 일을 이해할 수 있는 모친 겸 연인의 역할이다. 그것은 단순한 역할이며, 즉 페르소나이며, 그 배후에 진짜 본래적 본성인 그녀의 개성적인 자아가 아직 숨어 있었던 것이다. 그렇다. 그녀는 당장 자기의 역할과 동일한 경우에 있어서 자기 자신의 일에 관해서는 무의식적이었던 것이다. 아직 여전히 유아적 세계의 안개 속에 갇혀 있어서 본래적인 세계를 완전히 발견하지 못하고 있었다. 그러나 분석이 진행됨에 따라서 그녀의 전이의 성질이 그녀에게 의식되어 감에 따라 1장에서 말한 꿈이 나타난 것이다.

그 꿈들은 집합적 무의식의 여러 단편을 가지고 있다. 그와 함께 그의 유아적 세계는 사라지고, 주인공 연극도 끝난 것이다. 그녀는 자기 자신에게 그녀 독점의 진짜 가능성에 이르게 된 것이다. 충분히 분석이 행해지는 대부분의 사례에서는 대개 이와 같은 일이 진행되는 것이 통례이다. 그녀의 개성화의 의식과 태고적 신의 이미지의 재생화가 바로 때를 같이하는 것은 단순히 각기 무관계한 우연의 야합이 아니라, 사견私見에 의하면 무의식의 합법성에 대응하는 지극히 빈번하게 보이는 일이다.

이야기가 옆으로 흘렀기 때문에 본제로 돌아가자. 개인적 억압이 배제되면 서로 혼합된 형태로 개성과 집합적인 마음이 등장하고, 그때까지 억압되어 있던 개인적인 환상이 대신하게 된다. 이제부터 나타나는 환상이나 꿈은 다소 양상을 달리하게 된다.

집합적인 이미지의 정확한 특징은 '우주적인 것'인 것 같다. 즉, 꿈의 이미지나 환상의 이미지가 우주적인 모든 성질과 관련되어 있는 것이다. 예를 들면 시간적 공간적 무한성과 운동의 거대한 스피드로 확대되어 점성술占星術적인 연관과, 지구나 달이나 태양과의 유사analogy, 명백한 육체상의 조화와 변화 등이다. 그리고 꿈속에 신화나 종교의 모티브가 명료하게 이용되는 것도 집합적 무의식의 활동을 시사하고 있다.

집합적인 요소는 자주 독특한 징후를 통해서 나타난다.[2] 예를 들면 다음과 같은 꿈을 통해서 말이다. 혜성과 같이 우주를 나는 꿈, 자기가 지구나 태양이나 별이 되어 있는 꿈, 이상하게 커지거나 소인과 같이 작아져 있는 꿈, 죽어 있는 꿈, 낯설은 땅에 가서 쓸쓸하거나 난처하거나 미쳐버린 꿈 등이다. 마찬가지로 방위 상실감方位 喪失感, 어지러운 감각 등이 인플레이션의 징후와 함께 나타난다.

집합적인 마음이 가지고 있는 가능성이 많은 사람을 곤란하게 하고 현혹시킨다. 즉, 페르소나의 해소와 함께 뜻대로 안 되는 환상이 맹위를 떨친다. 그것은 보아하니 집합적인 마음의 특유한 활동 이외에 아무것도 아닌 것 같다. 이 활동에 의하여 그때까지 그 존재를 예상하지도 못했던 내용이 의식에 떠오르게 한다. 집합적 무의식의 영향이 커짐에 따라서 의식은 그

---

2) 꿈속의 집합적 요소가 결코 분석 치료의 단계에서만 나타나는 것이 아니라는 것을 말해두는 것은 전혀 불필요한 일은 아닐 것이다. 집합적 무의식의 활동성이 현저하게 되는 심리적 상황은 복잡다단하다. 그러나 지금은 그 모든 조건을 해명할 좋은 기회가 아니다.

지도력을 잃는다. 의식은 어느 사이에 끌려가는 쪽이 되고, 무의식적이고 비개인적인 과정 쪽이 점차 주도권을 잡아 간다.

이렇게 해서 의식적인 개인은 모르는 사이에 많은 말 중의 하나가 되어 사람 눈에는 보이지 않는 노름꾼의 장기판 위에 서게 되는 것이다. 그리고 지느냐 이기느냐 하는 승부를 결정하는 것은 이 보이지 않는 노름꾼이며, 의식이나 의식을 의도하는 쪽이 아니다. 이렇게 해서 앞에서 말한 예에 있어서도 의식으로서는 불가능하다고 생각되는 전이 해소가 성취된 것이다.

해결할 수 없다고 생각되는 어려움을 이겨야 할 필요성이 있는 곳에서는 어떻게 하든 이 과정을 밟아야 한다. 이와 같은 필요성이 물론 모든 신경증에 있는 것은 아니라는 것을 지적해 둔다. 잘못하면 대다수의 사례에서는 당장 눈앞에 있는 적응 곤란의 제거만이 문제가 될지 모른다. 중증의 경우에는 물론 철저하게 새사람이 되거나 마음씨를 바꾸지 않으면 치료는 바랄 수 없다. 대부분의 사례에서는 현실에 대한 적응에 힘쓴 나머지, 내면적인 적응이나 집합적 무의식에 대한 적응은 좀처럼 생각할 수 없다.

그러나 이 내면에 대한 적응이 문제가 되면 무의식의 영향력이 커진다는 것은 이와 연결되어 일어나는 페르소나의 해소나 의식의 지도력 저하라는 사정이 첨가되어 심적인 균형 저해의 상태를 뜻한다. 이 상태는 분석 치료의 경우에는 의사가 일부러 자신이 만들어 낸 것이며, 그것은 분석 치료의 진전을 가로막는 어려움을 타파하기 위한 고육지계苦肉之計인 것이다. 물론 계속 장애가 나타나지만, 그것이 하나의 적절한 조언, 어떤 도덕적인 뒷받침, 환자 쪽의 식견이나 어떤 훌륭한 의지에 의하여 극복되는 수가 있다. 그것으로 훌륭한 치료 결과를 얻는 수도 있다.

무의식에 관해서 전혀 한 마디도 거론되지 않는 사례도 적지 않다. 그러나 만족할 만한 해결의 실마리가 전혀 보이지 않는 어려움도 자주 있다. 이와 같은 사례 중에서 치료에 앞서 심적 균형 장애가 아직 나타나지 않은 경우가 있는데, 그런 경우에는 치료 도중에 반드시 나타나게 된다. 그리고 의사가 아무런 손을 쓰지 않고도 그렇게 되는 일이 극히 많다. 이와 같은 환자들을 보고 있으면, 오로지 한 사람의 신뢰할 수 있는 인간을 기다리고 있었던 것인데, 그것은 자기를 포기하고 붕괴해 버리기 위해서 라고 말하는 것 같다.

이와 같은 균형 상실은 원칙적으로 정신병적 장애와 비슷하다. 다시 말해서 정신병의 초기 단계와 무엇이 다른가 하면 오직 한 가지 균형상실의 시간이 지남에 따라서 점점 나아지는데 반해서 후자의 정신병 쪽은 장애가 심해진다는 점뿐이다. 절망적인 착종錯綜을 보게 되면, 그것은 공황상태恐慌狀態이며 자기 포기라고 해야 하는 것이다. 대개는 이 곤란을 극복하려고 하는 필사적인 의지의 노력이 선행되지만, 결국은 붕괴해 버려서 그때까지 지도적이었던 의지가 와해되고 만다. 이렇게 해서 자유롭게 된 에너지는 의식에서는 모습을 감추고 무의식 쪽에 섞여 버린다. 실제로 이와 같은 순간에 무의식 활동의 첫 징후가 나타나는 것이다앞에서 예를 든 젊은 정신병 환자를 상기하기 바란다.

따라서 의식을 떠난 에너지가 무의식을 활성화한 것은 확실하다. 다음에 이어서 생기는 것은 심경의 변화이다. 앞에서 말한 청년의 예에서도 만약 더 강한 두뇌의 소유자였다면 별의 환상을 병이 좋아지는 영감으로 받아들여 인간의 고뇌를 영원의 상으로 보았을 것이고, 그 결과로 자각이 본래대로 회복되었을 터인데 라는 상상을 쉽게 할 수 있을 것이다.[3] 이렇게

3) 후루르노바 저《목적론적 자동 현상》및 융의《정신분열병의 심리학》 p.174 이하.

해서 겉보기에 극복하기 어렵다고 생각됐던 장애가 제거된 것이다. 따라서 나는 균형 상실을 합목적적인 것이라 생각하고 있다.

다만 이 균형 상실은 쓸모없게 되는 의식을 무의식의 자동적이고 본능적인 활동으로 보존하기 때문이다. 무의식의 활동은 새로운 균형을 만들어 내는 것을 목적으로 하며 이 목적을 달성한다. 단, 의식이 무의식이 낳은 모든 내용을 동화한다. 즉, 그것을 이해하고 손을 쓸 수 있다는 전제 아래 하는 말이다. 만약 무의식이 의식을 완전히 거칠게 다루게 되면 정신병이라는 상태가 생긴다. 또한 만약 무의식이 완전히 목적을 이루지 못하고 이해도 받지 못하는 경우에는 갈등이 생기고 꼼짝달싹도 못하게 되어 버린다. 집합적 무의식을 이해하는 문제와 함께 우리는 극히 중대한 곤란에 이르게 되는데, 이런 문제는 다음 장으로 돌리기로 한다.

제 4 장

집합적 마음으로부터의 개성 해방의 시도

A. 페르소나의 퇴행적 복원

의식의 자세가 무너진다는 것은 결코 사소한 일이 아니다. 그것은 항상 작은 세계의 몰락이며 일체의 것이 원초적인 혼돈 상태로 돌아가는 것이다. 그렇게 되면 완전히 손을 들게 되는 것이며, 방향 감각을 잃고 키를 잃은 배나 마찬가지이고, 횡포스러운 자연의 힘에 내맡기게 되는 것처럼 보인다. 그러나 실제로는 집합적 무의식으로 되돌아온 것이 되며, 그것이 앞으로는 지도권을 잡게 되는 것이다. 아차 하는 순간에 위급함을 구해 주는 생각이나 환상이나 '내면적 소리'가 군소리할 수 없는 설득력을 가지고 나타나서 인생의 새로운 방향을 제시했다는 예는 헤아릴 수 없이 많다.

또는 반대로 인생을 파괴해 버리는 파국을 의미하는 것 같은 예도 많다. 그러한 파국을 만나는 것은 그러한 순간에 예사롭지 않은 신념이 꺾이든가, 또는 이것도 다루기 어려운 것이지만, 이상이 완전히 무너지고 말기 때문이다. 전자의 경우에는 심리적인 특이성 내지는 정신 이상이 생긴다. 후자의 경우에는 방향 감각 상실 내지는 의지 저항상태가 일어난다. 무의식의 모든 내용이 의식 속에 스며들어 그 무서울 정도의 설득력으로 의식을 채우면 개체는 그것에 어떻게 반응하는가 하는 문제가 다시 생겨난다.

개체는 이 모든 내용에 압도될 것인가? 아니면 개체는 모든 내용을 단순하게 믿을까? 또는 개체는 모든 내용을 거절할까? 이상적인 사례인 비판적 양해의 예는 여기서는 생각하지 않기로 한다 첫째 예는 편집광 내지 정신분열증을 의미한다. 둘째 예는 예언자적인 괴짜가 아니면 유아적인 인간이 되어 인간의 문화 공동체에서 이탈하고 만다. 셋째 예는 페르소나의 퇴행적 복원을 의미한다. 이와 같은 극히 기술적으로 보이는 공식화를 보면, 아마도 독자가 이것을 분석 치료 중에 관찰할 수 있는 복잡한 심리 반응이라고 추측하는 것도 무리가 아닐 것이다.

그러나 이 예가 나타내고 있는 것이 심리적 치료에 있어서만이라고 생각하는 것은 잘못이다. 이와 같은 일은 그야말로 심리치료 이외의 인생의 여러 국면에 있어서도 마찬가지로, 아니 더욱 자주 잘 관찰할 수 있다. 즉, 어떤 터무니없는 운명이 파괴적으로 닥쳐온 것 같은, 모든 인생의 발자국의 경우가 그렇다. 원치 않는 운명이라는 것은 아마 누구나가 가지고 있을 것이다. 그러나 그것들은 대개가 치유되는 상처이며 상처 자국을 남기는 일도 없다. 그러나 지금 여기서 문제삼고 있는 것은 한 인간을 완전히 때려눕힐지도 모르는, 또는 적어도 영구히 불구를 만들 수도 있는 파괴적인 체험이다.

그 예로서, 너무나 지나치게 대담해서 파산해 버린 한 상인을 생각해 보자. 가령 이 상인이 그와 같은 기력을 깎는 체험에 시달리지 않고 꿋꿋하고 대담한 태도를 가지고 산다면 어쩌면 많은 돈을 벌었을지도 모른다. 그런 경우에 그의 상처는 자국도 없이 치유되는 것이다. 반대로 그가 실패하고 그 이상의 모험을 일체 단념하고 사회적인 평판을 옛날에 비해서 훨씬 좁아진 인격의 틀 속에서 꾸려가는 데 급급하여 겁 많은 아이처럼 별것도 아닌 지위에 앉아서 분명히 자기의 능력을 밑도는 하찮은 일을 하고 있다고 하자. 이 경우, 그는 — 전문적으로 말하자면 — 자기의 페르소나를 퇴행 도상에서 복원한 것이다. 받은 공포가 꼬리를 끌어서 그는 인격 발전의 한 단계 뒤로 후퇴한 것이다. 그는 자기를 비소화卑小化해 버려서 얼핏 보면 자기가 마치 아직도 그 위험한 체험 앞에 서 있는 것 같은 모습을 하고 있다. 그와 같은 모험을 반복한다는 것을 생각하는 것조차 불가능한 주제에 말이다. 아마 옛날에는 자기 실력 이상의 것을 바랐을 것이다. 지금은 자기가 정말 능력이 있는 일조차 할 용기가 없는 것이다.

이와 같은 체험은 인생의 온갖 영역에서 온갖 형식으로 나타난다. 따라서 심리치료 도중에서도 예외는 아니다. 거기에서도 인격의 확대가 문제되며, 외면적 및 내면적 성질의 모험이 문제가 된다. 치료에 있어서의 위기적 체험의 본질이 어떤 것인지는 앞에서 말한 철학과 여대생의 실례가 가르쳐 주고 있다. 즉, 전이轉移이다. 이미 앞에서 말한 것처럼 환자는 전이라고 하는 장애를 의식하지도 않고 넘어가는 수가 있다. 그런 경우에 전이는 체험이 되지 않고 아무런 근본적인 일이 생기지 않는 것이 된다. 의사는 물론 단순히 편하다는 이유 때문에 그러한 환자를 원하는 것이다. 환자의 머리가 좋으면 환자 스스로가 이 문제의 존재를 발견한다. 그런 경우, 상술한 예에서처럼 의사는 부친 겸 연인이 되고, 거기에 따라 여러 가지 요구의 홍수가 한꺼번에 그에게 쏟아진다.

그렇게 되면 의사로서는 좋든 싫든 그러한 요구가 쇄도하는 것을 어떻게 대처하며, 한편으로는 자기가 이 와중에 말려들지 않고 또 한편으로는 환자가 손해를 보지 않게 하는가 하는 방책을 생각하지 않을 수 없다. 즉, 전이를 무리하게 끊으려고 하면 완전히 증상이 좋아지거나 악화되는 수가 있기 때문에 이 문제는 극히 신중하게 다루어야 한다. 그 다음의 가능성은 '시간이 지나면', '어리석은 일'은 스스로 그만두겠지 하는 희망이다. 확실히 시간이 지나가면 모든 것이 언젠가는 그만두어 지겠지만, 그 시간이라는 것이 대단히 긴 경우가 있기 때문에 의사나 환자가 어려움을 참을 수 없게 되어 시간이라는 보조인자를 이런 사례에서는 가능하다면 당장이라도 단념하고 싶어지는 수도 있다.

전이를 '타파'하기 위한 가장 좋은 방법은 프로이트의 신경증 이론을 받아들이는 일 같다. 환자의 의존성을 성욕이 이성적으로 사용될 수 없는 대용물로서의 유아 성욕적 욕구라고 설명하는 것이다. 이와 같은 이점을 주는 것이 아들러 이론[1]이다. 아들러 이론에 의하면, 전이는 유아적인 권력 지향이라고 하며 '자위 경향自衛 傾向'이라고도 한다. 두 이론 모두가 신경증 기질에는 꼭 맞는 것이며 어떠한 신경증의 증례도 두 이론으로 동시에 설명이 된다.[2] 편견을 갖지 않은 자라면 누구라도 시인하지 않을 수 없는 이 주목할 만한 사실은 근본을 밝히자면 프로이트의 '유시 성욕幼時 性慾'과 아들러의 '권력 지향'이 프로이트와 아들러파의 의견 충돌을 별도로 하면 완전히 동일한 것이라는 사실에 근거한다. 전이라는 현상에 있어서 드러나는 것이 제어되지 않은 처음에는 제어가 불가능한 원시적인 욕동성

---

1) 아들러, 《신경질적인 성격에 관하여》, 비스바덴, 1912년.
2) 융, 《정상적인 마음과 병적인 마음에 있어서의 무의식》 랏샤판 취리히에서 취급한 그러한 실례를 참조하라.

의 일부이다. 서서히 의식의 표면에 도달하는 아주 오래된 환상의 여러 가지 형태는 이 사실의 또 하나의 증좌에 불과하다.

양쪽의 이론에 의하여 환자에게 그 욕구가 얼마나 유치하고 얼마나 불가능하고 얼마나 어리석은지를 알도록 시도해 볼 수 있다결국 자칫하면 자기의 이성에로 환자가 되돌아올지 모른다. 앞의 여성 환자가 그것을 하지 않은 유일한 환자는 아니었다. 확실히 의사는 이러한 이론으로 체면을 유지할 수 있을 것이다. 그리고 어쩔 수 없는 상황에서 다소라도 인간답게 빠져나갈 수 있을 것이다. 실제로 더 수고를 해도 수고한 보람이 없는없든가 아니면 없을 것 같이 보이는 환자가 있으며, 그런 방법이 환자의 마음을 무의미하게 해치는 것밖에 의미가 없는 그런 사례도 있다. 앞의 여대생의 경우에서 나는 무엇인가 희미하게 그런 것을 느꼈기 때문에 합리주의적인 시도를 단념했다.

그리고 — 물론 어렴풋한 불신을 품으면서도 — 자연에 대하여 자연 자체의 무의미함그렇게 나에게는 생각되는 것을 정정할 가능성을 주었던 것이다. 이미 말한 것처럼, 이 기회에 나는 실로 중요한 것을 알게 되었다. 즉, 무의식의 자기 조절이 존재한다는 것이다. 무의식은 '바랄'수가 있을 뿐 아니라 자기 자신의 바램을 버릴 수도 있는 것이다. 개성의 완전성에 있어서 더없이 중요한 이러한 인식은 단지 유아기의 일만이 문제라는 생각에 구애되는 사람에게는 끝까지 받아들여지지 않는다.

그러한 사람은 이 인식의 문지방까지 오면 뒤돌아서서 이렇게 혼자 중얼거리는 것이다. 물론 모든 것이 넌센스였다. "나는 마음을 앓는 환상가이며, 무의식이나 그것과 관계되는 일체의 것을 아주 교묘하게 묻거나 또는 버리는 것이다"라고. 그는 자기가 강하게 욕구한 것의 의미를 유아적이고 무의미한 것으로밖에는 처리하지 못할 것이다. 자기의 요구가 어리석은 것이었다는 것을 그는 이해할 것이다. 자기 자신에 대한 관대함과 체념을 그는 배운다. 그가 무슨 일을 할 수 있겠는가. 그는 갈등으로 돌아가서 될 수 있는 한 퇴행적으로 소비한 자기의 페르소나를 다시 만들고 있을 것이다.

예전에 전이에 있어서 꽃피운 온갖 희망이나 기대는 모두 내버리고 말이다. 그렇게 함으로써 그는 지난날에 비하여 작아지고 편협해지고 합리적으로 되었다. 이러한 결과로 모든 인간에게 당연히 불행한 일이었다고 단정할 수는 없을 것이다. 왜냐하면, 그 부적격성 때문에 자유로운 상태보다 합리주의적인 체계 쪽이 좋다는 사람이 너무나 많기 때문이다. 자유로운 상태 쪽이 더 어려운 것이다. 이러한 결과를 잘 견디는 자는 파우스트와 함께 다음과 같이 말해도 좋을 것이다.

"이 세상일은 다 알아버렸다.
천상으로의 길은 닫혀 있다.
눈부시게 위를 보고
구름 위에 자기를 닮은 자가 있다고 공상하는 것은 바보짓이다.
이 대지 위에 꿋꿋이 서서
자기 몸 둘레를 천천히 둘러보는 게 좋다.
이 세계는 유능한 인간에게는 숨겨져 있지 않다.
영원의 경지에 방황할 필요가 있을까?
확고히 인식한 것은 자기 것이 된다.
그렇게 해서 이 세상의 매일을 보내면 된다.
유령이 나와도 너의 길을 가라……."

이와 같은 해결도 무의식을 떨쳐버리고 무의식이 그 효력을 상실할 때까지 무의식에서 에너지를 빼내버리는 데 성공한다면 다행이다. 체험에 의하면 무의식에서 에너지는 부분적으로 밖에는 빼 버릴 수가 없다. 무의식은 끊임없이 활동하고 있다. 왜냐하면, 무의식은 리비도의 원천을 가지고 있고 리비도의 원천 그 자체이며, 거기서 우리에게 마음의 여러 요소들이 흘러들어오기 때문이다.

그러므로 어떤 마술적인 이론이나 방법에 의하여 무의식에서 최종적으로 리비도를 빼앗아 그것으로 무의식을 배제할 수 있었다고 생각하는 것은 착각일 것이다. 이와 같은 착각에 잠시라도 의지한다면 언젠가는 파우스트와 함께 다음과 같이 말하지 않을 수 없게 될 것이다.

> "지금은 주변 만사가 요상해서
> 이것을 어떻게 처리해야 할지 그것을 모르겠다.
> 햇볕이 밝게 이상적으로 미소를 보내 주어도
> 밤에는 꿈의 직물織物속에 우리를 짜 넣어 버린다.
> 싱싱한 들에서 기분좋게 돌아와도 새가 운다.
> 뭐라고 우는가,
> 불길하다고 운다.
> 46시간 동안 마신에 붙들려
> 이변이 일어나고 괴이한 모습이 나타나고 징계의 목소리가 들린다.
> 그 결과 나는 벌벌 떨며 고독하게 있을 수밖에 없다.
> 문이 삐걱하였지만 아무도 들어오는 기색이 없다."
>
> ─《파우스트》제2부, 11409행 이하

아무도 무의식에서 마음대로 활동력을 빼앗을 수는 없다. 잘해 봤자 그런 착각을 하는 것이 고작이다. 아래와 같이 괴테가 말한 그대로다.

"나의 말은 귀에 들리지 않아도
가슴에 울릴 것이다.
모습을 이리저리 바꾸고
무서운 힘을 휘두르는 것이 바로 나다."

- 《파우스트》 제2부, 11424행 이하

무의식에 대립해서 힘을 발휘할 수 있는 것은 하나뿐이다. 그것은 외부의 어쩔 수 없는 고난이다.무의식에 관해서 다소 알고 있는 사람은 외부로부터의 고난의 배후에도 그 이전에 내면에서 바라보고 있던 얼굴을 보는 것이다. 내면적 고난은 외부의 고난으로 변한다. 실제로 단순히 태도만이 아닌 외부로부터의 고난이 있는 한 마음속의 문제는 활동을 정지하는 것이 보통이다. 그러므로 메피스토는 '어리석은 마법의 짓'을 싫어하는 파우스트에게 이렇게 충고하는 것이다.

"그것은 이렇다.
돈도 의사도 마법도 없이 할 수 있는 방법이다.
나가서 전원으로 가라.
그리고 밭을 갈아라.
좁은 세계에 틀어박혀
일체 한눈을 팔지 말라.
익은 것은 입에 대지 말라.
동물과 함께 동물이 되어 살아라.
자기가 가는 밭에 자기가 거름을 주는 것을
부끄럽게 생각하지 말라."

- 《파우스트》 제1부, 2351행 이하

주지하는 바와 같이 '간소한 생활'을 가장할 수는 없는 것이며, 따라서 그와 같은 흉내로 소박한 운명에 몸을 맡기는 생활의 아무 문제도 없는 것 같은 경지를 매수할 수는 절대로 없는 것이다. 그와 같은 생활의 가능성이 아니라, 오히려 필요성을 자신 속에 가지고 있는 사람은 자신의 성격으로 그러한 생활을 하지 않을 수 없게 만들 것이다.

여기에 제기된 문제를 깨닫기에는 그 이해력이 부족하기 때문에 이와 같은 문제는 눈에도 보이지 않고 지나쳐 버릴 것이다. 그러나 이 파우스트적 문제를 발견할 수 있다면 '간소한 생활'을 위한 도피로는 그런 사람에게는 닫혀지고 있다. 과연 시골 방 두 칸 집으로 이사를 가서 앞뜰을 가꾸고 날 순무를 먹는 것을 방해할 자는 없을 것이다. 그러나 이와 같은 기만을 그 본인의 마음은 웃을 것이다. 그 사람의 있는 그대로의 모습만이 치유력을 가지고 있는 것이다.

페르소나의 퇴행적 복원이 인생의 가능성일 수 있는 것은 다음과 같은 경우에 한한다. 즉, 그 사람 인생의 결정적 실패가 그 사람 자신의 거만 때문인 경우이다. 그는 자기의 인격을 축소하고 자기가 감당할 수 있는 규모로 돌아온다. 다른 사례에서는 어떤 경우도 체념과 자기 축소 도피이다. 이 도피는 결국 노이로제 증상에 의해서 밖에는 유지할 수 없는 것이다. 본인의 의식에서 보면 자기의 상태는 물론 도피라고 보이지 않는다. 오히려 문제를 감당할 수 없는 불가능성이라고 보는 것이다.

그는 통상적으로 고립무원孤立無援이다. 오늘의 문화 속에서 그에게 도움이 되는 것은 거의 없거나 전혀 없다. 심리학조차 당장은 퇴행적 견해로 대처할 뿐이다. 즉, 저 과도기 단계의 피할 수 없는 태고의 유시적 성격을 강조하고, 그것으로 인해서 과도기 단계를 그가 승인하기 어렵게 만든다. 의사의 이론이라는 것으로 의사 자신이 대체로 미끈하게 궁지를 빠져나갈 수 있다는 것을 그는 생각하지도 못한다. 이와 같은 퇴행적 이론이 노이로 제의 본질에 잘 어울리는 것도 결국은 그와 같은 이론이 의사 자신에게 도움이 되기 때문이다.

B. 집합적 마음과 동일화

제2의 가능성은 집합적 마음과의 동일화일 것이다. 이것은 심적 인플레이션을 상징하는 것과 같은 의미가 될지도 모르지만, 이쪽은 체계로 되어 있다. 또한 아직 발견되지 않았던 큰 진리의 민족 구원을 의미하는 궁극적 인식의 다행스러운 소유자가 되는 것이다. 그러한 심적 태도는 반드시 직접적인 형태에서의 과대망상일 필요가 없으며, 개혁·예언·순교와 같은 경멸된 형태의 과대망상이면 좋았을 것이다.

자주 볼 수 있는 것처럼, 약한 정신은 그만큼 더욱 과분한 공명심이나 허영심이나 어울리지 않는 소박함을 휘두르지만, 이와 같은 유혹에 굴힐 위험성이 적지 않다.

집합적 마음의 문이 열린다는 것은 개인적으로 인생의 혁신을 의미한다. 그 혁신이 바람직한 것이라 느끼든, 바람직하지 못하다고 해서 받아들여지지 않든, 그것에는 관계없이 말이다.

모두 이 혁신을 든든히 보지保持하려고 한다. 어떤 사람은 그것으로 자기 삶의 감정이 고조되기 때문이다. 어떤 사람은 그것으로 자기 인식에 풍부한 성장이 약속되기 때문이다. 그리고 어떤 사람은 자기의 인생을 변화시키는 열쇠를 찾았기 때문이다. 따라서 집합적인 마음속에 감추어져 있는 큰 가치를 뿌리치고 싶은 사람은 모두 인생의 심연에 대한 이러한 새롭

게 획득한 결합을 어떤 방법으로든지 유지하려고 노력한다.[3]

동일화는 그것을 위한 가장 가까운 길인 것 같다. 왜냐하면, 페르소나를 집합적인 마음속에서 해체하는 것은 틀림없이 이 심연과 혼인 관계를 맺고 일체를 잊어버리고 거기에 동화해 버리는 것이 당연하기 때문이다. 이와 같은 신비주의의 한 장면은 정상적인 인간이라면 누구에게나 일어나는 것이다. 그것은 마치 '모친에 대한 그리움'이라는 것이 실은 지난날 자기가 뛰쳐나온 근원을 뒤돌아보는 것으로써, 어떤 인간에게도 본래적으로 주어져 있는 것과 같다.

오래전에 자세히 말한 것처럼, 프로이트가 '유아 고착幼兒 固着'내지는 '근친상간 욕망'이라고 파악하고 있는 퇴행적 동경에는 특별한 가치와 특별한 필연성이 있다. 이 필연성은 퇴행적 동경에 빠져버려서 스스로 위험을 무릅쓰고 모친인 심연의 괴물에게 잡아먹히는 것이 바로 민족 속에서 가장 강하고 가장 훌륭한 사람임을 가리킨다. 즉, 민족의 주인공이라는 사실에 의하여, 예를 들면 신화에서 두드러지게 나타나는 것이다.

그가 주인공이라고 하는 이유는 오직 그가 마지막에는 잡아 먹히지 않고 괴물을 이김으로써, 그것도 한 번이 아니라 몇 번이나 이기기 때문이다. 집합적인 마음의 정복에서 비로소 참된 가치가 생긴다. 재보財寶의, 백전백승의, 무기의, 마법의, 방어수단의, 또는 항상 신화가 바람직한 물건으로 생각하는 것의 약탈이 일어난다. 따라서 집합적인 마음과 동일화하는 사람

---

3) 여기서 칸트의 흥미있는 말에 여러분의 주의를 환기시켜 두고 싶다.《심리학 강의》라이프치히, 1889년 속에서 칸트는 '우리가 도달할 수 없는 인간의 인식에 깊은 심연을 이루고 있는 어두운 표상表象의 들에 널려 있는 재보財寶'를 시사하고 있다. 이 재보는 이미 졸저《리비도의 변천과 상징》에서 상술한 것처럼, 그 속에서 리비도가 공적으로 그 임무를 맡고 있다고나 할까, 더 잘 표현하자면 리비도의 자기 표현으로서 가장 오랜 이미지군群의 총화인 것이다.

— 신화적 표현을 하자면, 괴물에 잡아 먹혀 — 그 안에서 동화되어 버리는 사람은 확실히 용이 지키는 재보가 있는 곳에 가지만, 좋아서 가는 것은 아니다. 그리고 자기 자신이 큰 손해를 보고 만다.

이 동일화의 어리석음을 의식하고 있는 자는 아마 누구라도 동일화를 원리로 내세울 용기가 없을 것이다. 그러나 그 점에 관해서 위험한 것은 대다수의 사람들에게는 필요한 유머가 결여되어 있다 하더라도 바로 이 장면에서 그것이 나오지 않는다는 것이다. 많은 사람들은 비장감에 싸여 모든 것이 의미있게 보이고, 그래서 유효한 자기 비판이 어느 것이나 방해를 받고 만다. 참된 예언자의 존재를 일반적으로 나는 부정하고 싶지 않다. 그러나 조심하기 위해서 각 사례에 관해서는 우선 한 번쯤 의심을 가지고 대하고 싶다. 왜냐하면, 아무렇게나 이것은 진짜라고 간단히 믿어 버리기에는 그것은 너무나 의심스러운 것이 많은 것이다. 진짜 예언자는 누구나 처음에는 남자답고, 예언자라는 역할에 관한 무의식적인 기대에 저항하는 것이다. 그러나 손바닥을 뒤집을 시간도 없을 정도로 간단하게 예언자가 출현한 것 같은 경우에는 이것은 오히려 심리적인 균형 상실이 아닌가 하고 생각하는 편이 낫다.

예언자가 된다고 하는 가능성과 함께, 그밖에 살펴보면 더 미묘하고 더 정통적인 유혹적 기쁨이 있다. 즉, 예언자의 제자가 된다고 하는 기쁨이다. 이것이야말로 대다수의 사람들에게 꼭 맞는 이상적인 테크닉일 것 같다. 그 이점은 이렇다. '위험스런 번거로움' 즉, 예언자의 초인간적 책무가 그만큼 더욱 감미로운 '위엄 있는 평안'으로 변하는 것이다. 제자 된 자는 위엄이 없다. 근심스럽게 '스승'의 발밑에 앉아서 자기 자신의 생각을 버려야 한다. 정신적 나태가 덕德으로 변한다. 적어도 반은 신이 된 것 같은 존재의 빛을 받는 기쁨은 허락되고 있다. 무의식적 환상의 태고성과 유아성은 자기 배를 가르지 않고도 완전히 자기 기대대로 된다. 왜냐하면, 모든 책무는 '스승'쪽에 전가되기 때문이다. 스승이 추켜 올려짐으로써 모르는 사이에 자기도 올라간다. 게다가 위대한 진리를 — 자신이 발견한 것도 아닌데 — 조금은 '스승'으로부터 직접 전수 받는 것이다. 물론 제자들은 항상 모여든다. 그것은 꼭 애정 때문만은 아니다. 집합적인 화합을 이룸으로써 고생하지 않고 자기 자신의 확신이 선다고 하는 이해할 만한 타산 때문이다.

그런데 이것은 집합적인 마음과의 동일화이지만 이 동일화는 실로 추천할 만한 것처럼 보인다. 타인이 예언자로서의 영예를 짊어지지만 그와 동시에 위험한 책임을 지고 있다. 제자 쪽은 단지 제자에 불과하다. 그러나 스승이 발굴한 큰 보배의 공동 관리자이기도 하다. 그러한 직무의 품위와 부담을 모두 알고 생각이 다른 자들을 모두 꾸짖고 동조자를 모아 인류 일반을 개발하는 일을 지상의 의무, 도덕적인 필연성이라고 보는 — 마치 자기 자신이 예언자인 것 같다. 그리고 다름 아닌 근심스럽게 페르소나의 배후에 숨어 있는 — 사람이야말로 집합적인 마음과의 동일화이며, 일단 팽창하면 갑자기 세계의 표면무대에 모습을 나타내는 것이다. 이것은 예언자가 집합적인 마음의 원상인 것처럼, 그 예언자의 제자도 원상이기 때문이다.

양자의 경우가 모두 집합적 무의식에 의한 인플레이션이 등장한다. 그리고 개성의 자립화는 손해를 본다. 그러나 본래 모든 개성이 자립화를 위한 힘을 가지고 있는 것은 아니기 때문에 자칫하면 제자가 되는 환상이 바로 그러한 개성을 완성할 수 있는 최선일지도 모른다. 이것과 결합되어 있는 심적 인플레이션이 여러 모든 날개를 펴는 것은, 적어도 정신적 자유를 상실하는 데 대한 보잘것없는 대가 때문인 것이다. 참된, 또는 스스로 생각하고 있는 예언자의 생활이 고뇌나 환멸이나 결점이 많다는 것을 경멸해서는 안된다. 그렇기 때문에 찬미讚美의 노래를 부르는 제자들의 무리가 보상을 받을 가치가 있는 것이다. 이 모든 것이 인간적으로 잘 이해할 수 있는 것이기 때문에 그 이상의 어떤 정해진 목적이라는 것이 있다고 하면 놀라지 않을 수 없을 것이다.

제3부 무의식의 이해

Self and unconsciousness

제 1 장
꿈에 관하여

인간은 전달하고자 하는 의미를 나타내기 위하여 말과 글이라는 수단을 사용하며, 이 수단은 상징으로 엮어져 있다. 또한 인간은 의미 전달을 위하여 기호나 이미지를 고안해서 쓰기도 하는데, 이것들은 단지 연관된 사물을 대표하는 것일 뿐이지 상징은 아니다.

소위 상징이라는 것은 용어나 이름이나 일상적으로 친숙한 그림들 가운데 관습적인 의미 외에도 어떤 특정한 함축성을 지니고 있는 것이다. 그것들은 애매모호한 미지의 우리에게 은폐된 그 무엇을 지니고 있다. 예를 들자면 크레타 섬의 기념비들 중에는 쌍도끼의 도안이 새겨져 있는 것이 많다. 이것은 우리가 알고 있는 사물이지만 그 상징적인 의미는 파악할 수가 없다. 또 다른 경우로서, 영국을 다녀온 후 거기에 동물숭배가 있더라고 주장한 인디언의 예가 있다. 그곳 교회에 황소나 사자나 매가 그려져 있었기 때문이었다고 한다. 그 인디언은 그 동물들이 에스겔의 환상에 나타나는 사도의 상징이라는 사실을 몰랐던 것이다.

이러한 것들 외에도 수레바퀴나 십자가 등 세상에 널리 알려져 있지만 상황에 따라서는 상징적인 의미를 갖는 사물들이 존재하고 있다. 그들이 정확히 무엇을 상징하고 있는가는 아직도 논쟁거리가 되고 있는 것이다. 따라서 언어나 이미지는 직접적이고 명료한 의미 이상의 그 무엇을 내포하고 있을 때 비로소 상징적인 것이라고 할 수 있다. 그것은 보다 넓은 무의식의 측면을 가지고 있고, 그 측면은 결코 정의되거나 완전히 설명되지 않는다. 누구도 그것을 정의하거나 완전히 설명하기를 바랄 수는 없다. 인간의 마음이 상징을 탐구하기 시작하면 인간은 이성의 영역을 넘어선 관념의 세계로 인도된다. 수레바퀴의 상징을 연구하다 보면 우리는 '신성한'태양의 개념에 도달할 수도 있을 것이다. 그러나 이 단계에서 이성은 그 무력함을 스스로 인정하지 않으면 안 된다. 즉, 인간이 '신성한'존재를 정의할 수는 없는 것이다. 우리가 어떤 사물을 '신성한'것으로 부를 때 우리는 단지 그것에 호칭을 붙인 것에 불과하며, 그것도 믿음에 기초한 것이지 사실에 기초한 것은 아니다.

이해의 범주를 초월하는 것들에 대해서 우리는 정의할 수도 이해할 수도 없는 개념을 표현하기 위해 늘 상징적인 용어를 쓴다. 이것은 모든 종교가 상징적인 언어나 이미지를 사용하는 이유 중 하나이다. 그러나 이같이 상징을 의식적으로 사용하는 것은 지극히 중요한 심리적 현상의 한 측면에 불과하다. 게다가 인간은 또 꿈이라는 형태를 통하여 상징을 무의식적이며 자연발생적으로 산출하고 있는 것이다.

이 점을 명확히 이해한다는 것은 쉬운 일이 아니다. 그러나 이 점은 우리가 인간 정신의 운동방식에 대해 좀 더 잘 알 수 있게 되면 틀림없이 파악될 수 있을 것이다.

잠시 돌이켜 생각해 보면 인간은 결코 어떤 것을 완전히 지각하거나 이해할 수 없다는 것을 알 수 있다. 인간은 보고 듣고 만지고 맛본다. 그러나 어느 정도로 보고 얼마만큼 듣고 그 촉감에 의해 무엇을 인지하고 또 그 맛에 의해 무엇을 느끼는가는 감각의 양과 질에 의존하고 있다. 주변 세계에 대한 인간의 지각은 이것들에 의해 제한되고 있다. 물론 과학기구를 사용하여 감각의 결함을 부분적으로 보완할 수는 있다. 예컨대, 망원경을 사용하여 멀리 있는 것을 가까이 볼 수 있고, 전기 증폭기를 사용하여 작은 소리를 크게 확대해 들을 수도 있다. 그러나 아무리 정교한 도구라 해도 원거리에 있는 사물의 상을 가시범위 안으로 옮겨오고 희미한 소리를 확대시키는 일 이상의 기능은 할 수가 없다. 어떤 기구를 사용하더라도 인간의 지각은 곧 정확성의 한계에 도달하고, 이 한계는 의식적인 지식으로는 극복할 수 없는 것이다.

더욱이 우리의 현실지각에는 무의식적인 측면이 존재한다. 우선 우리의 감각이 현실세계의 현상, 즉 어느 광경이나 소리에 반응할 때조차 그 현상들은 현실세계의 영역으로부터 마음의 영역으로 이송되는 과정을 거쳐야 한다. 마음속에서 그것들은 심적사상으로 되는데 그 궁극적 성질은 불가해不可解한 것이다 마음이 스스로 그 자신의 실체를 포착하는 것은 불가능하므로. 이같이 우리는 물질 그 자체의 궁극적 성질을 알 수 없기 때문에 모든 구체적 사물은 항상 어떤 측면에서 미지의 것임이 당연하고, 한편 우리의 경험 자체마저도 무수히 불가해한 요소를 가지고 있어, 이 미지성을 더해 주고 있는 것이다.

그리고 마음의 사상 중에는 우리에게 의식되지 않는 것들이 존재한다. 그것들은 의식 영역의 바닥 밑에 체류되어 있는 것으로 보인다. 그것들은 의식에 의해 지각되지 않은 채 형성되어, 잠재의식적으로 흡수된 것이다. 우리는 이같은 상황을 직관에 의해 인지하든가, 또는 깊은 사색 과정을 통해 사후에 이해할 수 있을 뿐이다. 우리는 이 정감적인 생명력의 중요성을 처음에는 무시하지만, 나중에는 일종의 회상에 의해 그것들이 무의식의 영역 밖으로 튀어나오게 되는 것이다.

예컨대 그것은 꿈이라는 형태로 나타나게 될 수 있다. 일반적으로 어떤 사상의 무의식적인 면은, 꿈을 통해 어둠 밖으로 모습을 드러내는데, 그것은 합리적 사고로서가 아니라 상징적인 이미지로서 나타난다. 역사적으로 보아도 심리학자들은 꿈의 연구를 통해서 비로소 의식적인 심리현상의 무의식적인 면을 탐구할 수 있게 되었다.

이같은 근거에 의해 심리학자들은 무의식적인 마음의 존재를 추론한다 — 많은 과학자와 철학자들이 무의식의 존재를 부정하는데, 그들은 이같은 가설을 동일 개인 속에 두 개의 '주체', 좀 더 일반적인 표현법을 쓰면 두 개의 인격의 존재를 의미하는 것이므로 그릇된 것이라고 소박한 반론을 편다. 그러나 이것이야말로 정확히 — 실로 정확히 — 우리의 가설을 의미하는 것이다. 그리고 많은 사람들을 고심케 하는 이 인격의 분리는 근대인이 겪어야 하는 하나의 과정이다. 이것은 결코 병적 징후가 아니라 어느 때 어느 곳에서나 볼 수 있는 평범한 현상이다. 그것은 왼손이 무엇을 하고 있는가를 오른손이 모른다는 식의 징후이고, 전 인류가 거부하고 싶어 하는 공통의 유산이다.

인간은 문명시대문자가 최초로 발견된 것은 BC 4000년 경에 도달하기까지 무한히 장구한 세월 동안 부단한 노고를 통해 의식을 서서히 확립해 왔다. 그러나 이 진화는 아직도 완전한 것은 아니다. 인간 정신의 대부분은 아직 어둠 속에 감추어져 있기 때문이다. 우리가 '마음'이라고 부르는 것은 우리의 의식 및 그 내용과 동일한 것이 아니다.

무의식의 존재를 부정하는 사람들은 모두 마음에 관한 우리의 지식이 전체적인 것이라고 추론하고 있다. 이 생각은 우리가 자연과 우주에 대해서 알 것은 모두 알아 버렸다고 가정하는 것과 다를 바 없는 명백한 오류이다. 우리의 마음은 자연의 일부이고 이 수수께끼는 끝이 없다. 그래서 우리는 자연도 마음도 정의할 수 없는 것이다. 우리는 그것들이 이런 것이겠거니 믿고, 그것들이 어떻게 기능하는가를 가능한 한 잘 설명하려고 노력할 수 있을 뿐이다. 그런 까닭에 의학적인 연구에 의해 축적된 증거와는 완전히 별도로 '무의식은 존재하지 않는다'는 주장을 패퇴시킬 만한 강한 논리적 기반이 있는 것이다. 무의식이 존재하지 않는다는 주장은 예로부터 고질적으로 존재해 온 보수주의 — 새로운 미지의 것에 대한 공포 — 의 자기 표명에 불과하다.

인간의 마음속에 아직도 미지의 부분이 남아 있다는 생각에 대한 저항이 존재하는 데는 역사적인 이유가 있다. 의식은 자연의 지극히 새로운 획득물이고 아직까지는 '실험적'상태에 있다. 그것은 아직 허약하며 위협당하고 상처받기 쉬운 것이다. 인류학자들이 기술한 대로 미개인들 사이에 최초로 보편적으로 발생한 정신착란증은 — 그들이 '혼의 상실'이라고 부른 것 — 그 이름에서 알 수 있듯이 의식의 현저한 붕괴혹은 보다 학술적으로는 의식의 분열였다.

이런 사람들의 의식은 우리의 의식과는 상이한 발달 단계에 있고 그 영혼은 하나의 통일체로서 감지되지 못한다. 미개인들은 스스로 자기 자신의 영혼뿐 아니라 '초원의 영혼'을 갖고 있다고 생각한다. 이 초원의 영혼은 야생동물이나 숲속 나무의 형태로 나타나고, 인간은 이에 대해 일종의 심리적인 동일성을 느끼는 것이다. 이것이 프랑스의 민속학자 루시앙 레비 발루르가 '신비적 참여'라고 일컬었던 그것이다. 그는 이 용어를 반대론자들의 압력에 굴복하여 취소했지만, 나는 그에 대한 비판이 잘못되었다고 생각한다. 인간이 다른 사람이나 동물에 대해 그같은 무의식적 동일성을 느낀다는 것은 매우 잘 알려진 심리적 현상이다.

이 동일성은 미개인들 사이에 여러 가지 형태로 나타난다. 만일 초원의 혼이 동물에 깃들어 있다고 한다면, 그 동물은 인간의 형제로 간주되는 것이다. 예컨대 악어와 형제관계인 사람은 악어가 우글거리는 강에서 수영을 해도 안전하다는 식이다. 만일 나무가 초원의 혼이라고 한다면, 그 나무는 부모와 같은 권위를 갖고 있는 것으로 간주된다. 더욱이 초원의 혼을 해치는 것은 그에 속한 인간을 해치는 행위라고 믿어진다.

또 어떤 종족은 인간이 여러 개의 혼을 갖고 있다고 생각한다. 그들은 그들 자신이 여러 개의 연결된, 그러나 상이한 부분들로 구성되어 있다고 느낀 것이다. 이는 인간의 마음이 안정되게 통합되어 있다는 것과는 거리가 먼 얘기이고 오히려 역으로 그 마음은 억제할 수 없는 감정에 의해 공격 받을 때 쉽게 분해될 우려가 있다는 것을 의미한다.

이런 사실은 인류학자들의 연구에 의해 잘 알려져 있지만, 이것이 우리 자신의 발달된 문명과 전혀 무관한 것은 아니다. 우리도 때로는 분열하여 자기의 동일성을 상실해 버릴 때가 있다. 우리는 무드에 사로잡히거나 그에 의해 변화하기도 하며, 자신이나 다른 사람에 대해 매우 중요한 문제를 생각해 내지 못하거나 비합리적으로 행동하기도 한다. 때문에 사람들은 "무엇인가에 홀려 있는 것이 아닌가?" 하고 묻는다. 우리는 흔히 '자신을 통제하는 것'이 가능하다고 장담하지만 자신을 통제할 수 있다는 것은 매우 드물고도 훌륭한 품성이다. 우리 스스로는 자신을 통제할 수 있다고 생각하지만, 자기도 느끼지 못하는 점을 친구들로부터 지적당하는 경우가 종종 있는 것이다.

소위 고도의 문명 수준에 있어서도 인간의 의식이 적절한 연속성을 갖추지 못했다는 것은 의심할 여지가 없다. 의식은 아직 상처받기 쉽고, 파괴되기 쉬운 존재이다. 그런데 실제로 자신의 마음 일부분을 고립화시킬 수 있는 능력은 하나의 가치 있는 특성이다. 이 특성 때문에 우리는 일시적으로 한 가지 일에만 전념하고 주의를 끄는 다른 모든 것들을 배제시킬 수 있는 것이다. 그러나 분리할 것을 의식적으로 결정하고, 일시적으로 자기 마음의 일부분을 억제하는 것과 자신도 모르는 사이에 자기 의도와는 오히려 반대되는 일이 자연스레 생기는 것과는 전혀 다른 것이다. 전자는 문명의 소산이지만, 후자는 미개의 '혼의 상실'이고, 신경증의 병리적 원인이기조차 하다.

따라서 현대에 있어서도 의식의 통합성 여부는 여전히 의심스러운 문제이다. 그것은 너무나도 간단히 파괴된다. 더욱이 자신의 감정을 통제할 수 있는 능력은 어떤 면에서 보면 대단히 바람직하지만 또 다른 각도에서 보면 회의스러운 것이기도 하다. 결국 그것은 사회적 교제에서의 다양한 색조, 온정 등을 제거해 버릴 것이기 때문이다.

바로 이같은 사실들을 배경으로 삼아, 꿈 — 쉽게 잊혀지고, 난해하며, 믿기도 어렵고, 막연하며, 불확실한 것 — 의 중요성을 재검토하지 않으면 안 된다. 이제 나는 나의 생각이 오랫동안 거쳐온 과정과 꿈이 인간의 상징 기능을 연구하기 위한 가장 흔하며 일반적으로 접근하기 쉬운 자료라는 결론에 어떻게 도달했는가를 서술하겠다.

지그문트 프로이트는 의식의 배경을 구성하는 무의식을 경험적으로 탐구한 최초의 개척자였다. 그는 꿈이 우연히 발생하는 현상이 아니라 의식적인 사고나 문제와 관련해서 생긴다는 일반적 가정에 기초하여 연구를 진행시켰다. 이 가설은 결코 특출한 착상은 아니다. 그것은 저명한 신경학자들예를 들면, 피에르 쟈네의 결론, 즉 신경증의 증상은 어떤 의식적인 체험에 관계된다는 사실에 기초한 것이었다. 그것들은 단편적으로 분리된 의식형태로 나타나기도 하고, 시기와 조건에 따라 의식화되기도 한다.

금세기가 시작되기 전에 이미 프로이트와 요셉 브로이어는 신경증의 증상 — 히스테리, 각종 통증, 기이한 행동 등 — 이 상징적 의미를 갖는다는 것을 인식하고 있었다. 신경증의 증상은 꿈과 마찬가지로 무의식의 자기 표출 방법이며 또한 상징적이다. 예를 들면 꾹 참아 이겨내고 싶은 상황에 처한 어떤 환자는 물건을 삼켜 버리려 하는 경련 발작을 일으킨다. 결국 그는 '그것을 삼킬 수참을 수 없는 것이다.' 똑같은 심리상황에 처한 어떤 환자는 천식 발작을 일으킨다. 그는 '그 분위기에 대해 숨막힐 것같이 느끼고 있다'는 것이다.

어떤 환자는 아무런 이유 없이 다리가 마비된다. 그는 걸을 수 없고 결국 '더 이상 나아갈 수 없다'는 상태가 된다. 또 어떤 환자는 식사 중에 구토를 한다. 무엇인가 불유쾌한 사실을 '소화해낼 수 없다'는 것이다. 나는 이같은 예를 얼마든지 인용할 수 있다. 그러나 이같은 신체적 반응은 우리를 무의식적으로 괴롭히는 문제가 자기를 표출하는 방식의 한 형태에 불과하다. 그것들은 우리의 꿈속에서 보다 자주 나타난다.

사람들로부터 각양각색의 꿈 이야기를 들을 때, 심리학자라면 누구나 꿈의 상징이 신경증의 신체증상보다 훨씬 변화무쌍하다는 것을 알 수 있다. 꿈은 으레 정교하게 묘사된 공상으로 구성되어 있다. 그러나 이 꿈이라는 자료에 직면한 분석가인 프로이트가 처음 사용한 '자유연상'법을 써 보면 꿈은 결국 어떤 기본적 형태로 환원된다는 것을 알 수 있을 것이다. 이 자유연상법에 의해, 꿈을 환자의 무의식적인 문제를 탐구하는 출발점으로서 사용할 수 있게 되었기 때문에, 이 기법은 정신분석의 발달사에서 중요한 위치를 차지하게 되었다.

프로이트는 매우 단순하지만 예리한 관찰을 행했다. 즉, 꿈을 꾼 사람에게 그 꿈의 이미지와 그 이미지에 자극되어 마음속에 떠오르는 생각에 대해 계속 말을 하게 하면, 그는 자신이 말한 것과 의도적으로 말하지 않은 것들 가운데서 자신의 진의를 생각해내어 그 병病의 무의식적인 배경을 노출시키게 되는 것이다.

환자의 사고는 비합리적이며 요점을 벗어난 것처럼 보이지만, 조금만 주의를 기울이면 그가 무엇을 회피하려 하고 어떤 불유쾌한 생각이나 경험을 억누르려 하는지를 비교적 쉽게 발견해 낼 수 있다.

그가 아무리 거짓말을 하려 해도 말하는 것 중의 무엇인가가 그의 상태의 핵심을 제시한다. 의사는 환자 생활의 이면으로부터 획득한 정보들을 기초로 삼아 환자가 심경 변화의 신호로서 나타내는 힌트들을 해석하면 속아넘어갈 염려는 없다. 결국 의사가 알아내는 사실들은 공교롭게도 그의 예상을 확증시키는 것들이다. 이제까지 살펴본 대로 꿈 상징의 원인이 억압과 욕망충족이라는 프로이트의 이론에 대해서는 누구도 반대할 수 없다.

프로이트는 꿈을 자유연상 과정의 출발점으로서 특히 중시하고 있다. 그러나 나는 세월이 흐름에 따라 그것은 무의식이 수면 중에 산출한 풍부한 공상에 대한 해석으로서는 불충분한 것이며 부적절한 것이라고 느끼기 시작했다. 이같은 의심은 한 동료로부터 러시아에서의 긴 기차 여행 시의 경험에 관한 이야기를 듣던 중에 시작되었다. 그는 러시아어를 전혀 몰랐고 쉬루르 문자를 판독할 수 없었지만 철도 안내판 등에 씌어 있는 기묘한 문자에 흥미를 갖고 공상에 열중하여, 그것들의 의미에 대해 생각해 보았다.

안락한 무드 속에 잠긴 그는 '자유연상'에 따라 지나간 기억들이 하나하나 되살아나는 것을 느꼈다. 그 중에는 오랫동안 망각하고 있던 불유쾌한 기억들 — 그가 잊어버리고 싶어했고 의식적으로 잊혀져 버린 것들 — 이 있는 것을 깨닫고, 그는 괴로웠다. 심리학자들이 소위 '콤플렉스'라고 부르는 것 — 즉, 억압된 감정적 주체로서, 보통 심리적 장애를 일으키고 많은 경우에 신경증의 증상마저 보이는 것 — 에 맞부딪친 것이다.

이 에피소드가 내게 밝은 빛을 던져 주었다. 요컨대 환자의 콤플렉스를 발견하기 위해서라면 '자유연상'과정의 출발점으로 구태여 꿈을 이용할 필요는 없는 것이다. 콤플렉스는 주변의 어떤 다른 지점에서부터 시작하더라도 곧장 중심에 도달할 수 있을 것으로 생각되었다. 즉, 쉬루르 문자, 수정 구슬을 통한 점쟁이의 명상, 기도차 근대회화 혹은 아주 사소한 것에 관한 기탄없는 대화에서도 출발할 수 있을 것이다. 이 점에 관해서, 꿈은 상징할 수 있는 다른 어떤 출발점 이상도 그 이하도 아니다. 그럼에도 불구하고 꿈은 무엇인가 특별한 의미를 가지고 있다. 물론 그것은 만성적인 콤플렉스가 관련하고 있는 정감적인 쇼크로부터 생성되는 것이지만만성적인 콤플렉스는 마음의 약점이고 외적인 자극이나 장해에 대해 가장 빨리 반응한다, 이 때문에 자유연상법을 쓰면 어떤 꿈을 소재로 삼더라도 그 사람의 중대한 사고의 비밀에 도달할 수 있는 것이다.

그러나 바로 이 때문에 또지금까지 내가 옳았다고 한다면 꿈은 그 자신만의 독특한, 보다 의미 있는 기능을 갖고 있다는 생각이 당연히 나타난다. 꿈은 의식의 저변에 흐르는 생각이나 의도를 나타내고 — 그것은 일반적으로 난해한 것이지만 — 확정적인, 명확한 목적을 갖는 구조를 이루고 있다. 때문에 나는 '자유연상'에 의해 도출되는 관념의 연쇄를 통해서 콤플렉스에 도달하는 것보다는 오히려 꿈의 실제 형태와 내용에 더 주목해야 하지 않는가 하고 생각하기 시작했다. 콤플렉스에 도달하기 위해서라면 다른 소재도 얼마든지 있기 때문이다.

이 새로운 생각은 나의 심리학의 발전에 전기가 되었다. 그것은 내가 꿈의 원문으로부터 요원한 연상을 추구하는 방법을 점차 포기하는 것을 의미했다. 나는 오히려 꿈 자체에 대한 연상에 집중하는 방법을 택했다. 즉, 꿈은 무의식이 말하고자 하는 어떤 특별한 것을 표현하고 있다고 확신하게 된 것이다.

꿈에 대한 나의 태도의 이러한 변화에는 방법의 변화도 수반되었다. 즉, 새로운 기법은 꿈의 다양한, 보다 광범위한 측면들을 총체적으로 고려하는 것으로 되었다. 의식적으로 하는 이야기에는 도입, 전개, 종결이 있다. 그러나 꿈의 경우에는 그렇지 못하다. 시간과 공간의 차원마저도 완연히 다르다. 따라서 꿈을 이해하기 위해서는 가능한 모든 측면에서 그것을 조사하지 않으면 안 된다이것은 마치 미지의 물건을 손에 집어들고, 그 형태의 가장 세부적인 것마저 모조리 이해할 수 있을 때까지 이리저리 자세히 뜯어보는 것과 같은 것이다.

내가 어째서 프로이트가 최초로 사용한 '자유연상법'과 점차 의견을 달리하게 되었는가는 충분히 설명되었을 줄로 생각한다. 나는 되도록이면 꿈 자체에 밀착함으로써 꿈이 불러일으키는 무관한 관념과 연상들을 모두 배제하려 했던 것이다. 이러한 관념이나 연상들은 환자의 콤플렉스에 도달케 해줄 것이다. 그러나 신경증 장애를 야기하는 콤플렉스를 밝혀내는 방법은 꿈 외에도 얼마든지 있다. 예를 들면 언어연상 테스트제시된 일련의 단어들에 대해 환자가 무엇을 연상해 내는가를 연구하는 것를 사용해도 심리학자는 자신이 원하는 모든 힌트를 얻어낼 수 있다. 따라서 어떤 사람의 총체적 인격의 심리적인 생명 현상을 파악하기 위해서는 꿈 자체와 그 상징적인 이미지가 보다 중요하다는 것을 알아야 한다.

예를 들면 잘 알려져 있는 바와 같이 성행위를 상징하는 이미지혹은 비유에는 여러 가지가 있다. 이들 이미지를 연상하는 과정을 통해 연구하면, 성교에 대한 생각이나 성적 태도 속에 잠재해 있는 특정 콤플렉스를 밝혀낼 수 있다. 그러나 이같은 콤플렉스는 판독할 수 없는 러시아 문자의 조합을 보고 떠오르는 백일몽의 내용에 의해서도 밝혀질 수 있는 것이다. 따라서 나는 꿈이 성적인 비유 이상의 다른 정보를 가지고 있으리라는 점에 착안했다.

어떤 남성이 열쇠를 구멍에 꽂는 꿈이나, 무거운 몽둥이를 휘두르고, 문짝을 망치로 때려 부수는 꿈을 꾸었다고 하자. 그 어느 것이든 성적인 비유라고 간주할 수 있다. 그러나 그의 무의식이 그들 특정 이미지 중의 하나를 선택했다는 사실이 보다 중요한 의미를 갖는 것이다. 진짜 알아내야 할 일은 왜 몽둥이보다도 열쇠가, 혹은 망치보다도 몽둥이가 선택되었는가를 이해하는 것이다. 경우에 따라서 이는 꿈이 나타내려는 것이 성적인 행위가 아니라, 전혀 다른 심리적 문제를 암시하는 것일지도 모른다.

이같은 추론에 따라 나는 명백하게 눈에 띄는 부분인 꿈의 소재만을 해석에 사용해야 한다는 결론에 이르렀다. 꿈은 그 자신의 한계를 갖고 있다. 때문에 꿈 그 자체의 특정한 형태에 집착해야만 꿈이 무엇을 표현하려 하며 무엇을 회피하려고 하는지 알 수 있다. 그런데 '자유연상'의 방법은 꿈의 소재로부터 지그재그 선을 그리면서 점점 더 멀어지는 방향으로 우리의 사고를 유인해 간다. 그와 달리, 내가 사용하는 방법은 꿈의 내용을 중심으로 삼아 그 주변을 돌면서 그로부터 도피하려고 하는 환자들의 시도를 묵살한다. 나는 "자, 꿈으로 돌아가시오. 꿈은 무엇을 말하고 있는가 요?"라는 말을 수없이 반복해야만 했다.

내 환자 중에 술에 취해 헝클어진 머리로 비틀거리는 품위 없는 여자의 꿈을 꾼 사람이 있었다. 꿈속에서 그 여자는 그의 부인으로 나타났다. 그러나 실제로는 그의 부인은 매우 고상하고 품위 있는 여자였다. 그러므로 표면적으로 보면 이 꿈은 말도 안 되는 허위이고, 환자는 이 꿈을 넌센스라고 하여 거부해 버렸다. 이때 내가 의사로서 '자유연상'을 권유한다면 그는 분명히 그 꿈의 불유쾌한 암시로부터 가능한 한 멀리 달아나려고 할 것이다. 결국 우리는 그의 주된 콤플렉스 ― 아마도 그의 부인과는 아무런 관계도 없는 콤플렉스 ― 에 도달하게 될 것이다. 그러나 우리는 이 특정한 꿈의 독특한 의미에 대해서는 아무것도 알아낼 수 없는 것이다.

그렇다면 그의 무의식이 그같이 명백한 거짓 증인에 의해 나타내려고 한 것은 무엇일까? 틀림없이 그것은 꿈 꾼 사람의 생활에 밀접한 관계가 있는 타락한 여성상에 관해서 무엇인가를 표현하고 있다. 그러나 그 부인에게 그 이미지가 투영되었다는 것은 부당하며, 사실상 허구이기 때문에 나는 이 꿈이 무엇을 나타내려고 했는가를 알아 내려고 하기 전에 다른 것들을 조사하지 않으면 안 되었다.

생리학자들이 호르몬샘의 구조를 기초로 해서 모든 인간에게는 남성적 요소와 여성적 요소가 공존하고 있다고 지적하기 훨씬 이전인 중세에도 "모든 남성은 자기 자신 속에 한 사람의 여성을 지니고 있다"는 말이 있었다. 내가 '아니마'라고 부르는 것은 모든 남성 속에 있는 바로 이 여성적인 요소이다. 이 여성적인 면은, 본질적으로는 모든 주위 사람들, 특히 여성에 대한 관계성을 형성하는 기능의 열등한 형태이지만 그것은 자신에 대해서는 물론이고 타인에 대해서도 주의 깊게 은폐되어 있다. 바꾸어 말하면 한 남성의 외적인 인격이 지극히 정상적이라 해도 그는 '내적인 여성'이라는 가련한 존재를 타인에게 — 심지어는 자기 자신에게까지 — 은폐하고 있다는 것이다.

바로 이것이 우리 환자의 경우였다. 그의 여성적인 면은 매우 잘 은폐되어 있었다. 실례로 꿈은 그에게 "당신은 어떤 점에서 타락한 여성같이 행동하고 있다"고 알리고 있다. 이것은 그에게 적절한 쇼크를 주었다물론 이 같은 예를 무의식이 '도덕적'명령에 관련되어 있다는 식으로 해석해서는 안 된다. 꿈은 환자에게 "보다 잘 행동하라"고 명령하는 것이 아니라, 외적으로는 약간의 빈틈도 없어 보이는 완전한 신사인 자기 모습의 허구성을 보상하여 의식의 평형을 이루려는 것에 불과하다.

꿈을 꾼 사람들이 꿈의 메시지를 무시하거나 거부하려고 하는 것도 쉽게 이해될 수 있다. 물론 의식은 무의식의 것, 혹은 미지의 것에 대해 늘 저항한다.

미개인들 사이에도 존재했던 소위 보수주의라는 것, 즉 새로운 것에 대한 뿌리 깊은 미신적 공포에 대해서는 이미 지적한 바있다. 미개인들은 심한 경우에는 마치 야생동물 같은 반응마저 보인다. 그러나 '문명'인도 새로운 관념에 대해서는 거의 똑같은 방법으로 반응하고, 새로운 것에 직면하여 생기는 쇼크로부터 자신을 지키려고 심리적인 방어벽을 세운다. 이는 꿈이 무엇인가 놀랄 만한 사실을 지각케 하는 경우, 사람들이 그에 대해 나타내는 반응 속에서 쉽게 관찰할 수 있다.

철학, 과학, 문학 세계에 있어서조차 선구자들은 그 시대인들의 본능적 보수주의의 희생물이 되곤 하였던 것이다. 심리학은 과학 중에서 가장 힘든 학문이다. 그것은 무의식의 운동 양태를 연구하는 것이기 때문에, 항상 극단적인 보수주의에 직면할 수밖에 없는 것이다.

제 **2** 장
시간에 관하여

꿈을 이해하는 데 있어서 기초가 되는 원리에 관하여 개략적인 설명을 했다. 상징을 만들어 내는 인간의 기능에 대해 연구하려고 할 때 꿈은 그 목적을 위해 가장 기본적이며, 입수하기 쉬운 소재이기 때문이다. 꿈을 취급하는 데 있어서 기본적으로 유의해야 할 점이 두 가지 있다. 첫째, 꿈은 하나의 사실로서 취급되어야 하며, 꿈이란 여하튼 간에 의미를 가지고 있다는 것 이외에는 어떠한 전제도 있어서는 안 된다. 둘째, 꿈은 무의식의 고유한 표현 중 하나이다.

이 이상 겸허한 원리는 생각할 수 없을 것이다. 무의식을 아무리 경시하는 사람이라도 그것이 적어도 연구할 가치가 있다는 사실에는 틀림없이 동의할 것이다. 무의식이라는 것은, 적어도 곤충학자에게 성실한 흥미를 불러일으키는 이[蝨] 정도의 중요성을 가진다. 꿈에 대해 경험도 지식도 거의 없는 사람이 꾸는 꿈은 의미 없는 혼란된 현상이라고 생각한다면, 그것은 우리가 상관할 바가 아니다. 그러나 만일 꿈이 정상적인 현상이라고 추론한다면실제로 그렇지만 꿈은 인과적이든가, 어떤 의미에서 목적을 가지고 있든가, 또는 그 양쪽 모두라고 생각하지 않을 수 없을 것이다.

이미 의식과 무의식의 내용이 어떤 형태로 결합하여 있는가를 조금 더 상세하게 살펴보자. 조금 전까지만 해도 사고가 아주 명료했었는데, 갑자기 무슨 말을 내뱉었는지가 생각나지 않는다든가, 혹은 친구를 소개하려는데, 그 이름이 입안에서만 맴돌고 전혀 생각나지 않는 경우가 있다. 이럴 때, 당신은 생각이 떠오르지 않는다고 말한다. 그러나 실제로는 사고가 무의식으로 변화한 것이고, 또는 적어도 일시적으로 의식으로부터 이탈한 것이다. 우리는 마찬가지 현상을 감각기능에서도 찾아볼 수 있다. 가령, 우리가 소리가 나는지 안 나는지도 모를 정도로 작은 연속음에 귀를 기울이면, 그 소리는 규칙적인 간격으로 들렸다가 들리지 않았다가 하게 된다. 이같은 변동은 인간의 주의력의 주기적인 감소와 증가에 의한 것이지, 음音의 변화에 의한 것은 아니다.

어떤 기억이 우리의 의식에서 사라졌다 해도 그것이 존재를 상실해 버린 것은 아니다. 그것은 마치 길모퉁이에서 시야로부터 사라져 버린 자동차처럼, 다만 보이지 않게 되었을 뿐이다. 나중에 우리가 그 차를 다시 보게 되듯이 일시적으로 잃어버렸던 생각은 언젠가 다시 떠오르게 되는 것이다.

이같이 무의식은 일시적으로 불명확해진 생각이나 인상 혹은 이미지의 중첩으로 구성되어 있고, 그것은 잃어버린 것임에도 불구하고 우리의 의식에 계속 영향을 미치고 있다. 주의가 산만한 혹은 '머리가 빈'사람이 무엇인가를 찾으려고 방 안을 걷고 있다. 그는 갑자기 멈춰섰는데 왠지 곤혹스런 표정이다. 그는 자기가 무엇을 찾고 있었던가를 잊어버리고 만 것이다. 흡사 몽유병 환자처럼 그의 양손이 테이블 위의 물건을 만지작거린다. 본래의 목적은 불투명해졌지만 그는 무의식적으로 그것에 의해 이끌려지고 있다. 그러던 중 그는 자신이 바라고 있는 것이 무엇이었던가를 깨닫는다. 그의 무의식이 그의 기억을 일깨워 준 것이다.

신경증 환자의 행동을 관찰해 보면 그는 마치 의식적 합목적적으로 여러 가지 일을 행하고 있는 것처럼 보일 것이다. 그러나 그를 추궁해 보면 그는 그 일들에 대해서 전혀 무의식이든가 혹은 전혀 다른 일을 생각하고 있다는 것을 느끼게 될 것이다. 신경증 환자는 듣고 있지만 귀머거리이고, 보고 있지만 장님이며, 알고 있지만 무지하다. 이러한 예는 지극히 평범한 것으로서 마음속의 무의식적인 내용이 흡사 의식을 가지고 있는 것처럼 행동케 하며 또 그러한 경우에는 그 생각이나 말, 행동이 의식적인지 아닌지 명확치 않다는 것이 전문가들에게는 잘 알려져 있다.

이와 같은 행동 때문에 의사들 중에는 히스테리 환자가 하는 말은 모두 거짓이라고 단정지으려고 하는 사람이 많다. 실제로 이런 환자들은 보통 사람들보다도 많은 허위를 조작해낸다. 그러나 여기에 '거의 간섭'에 의해 예측할 수 없는 의식 장애를 일으키는 그들의 정신상태는 불확실한 행위의 원인이 된다. 그들의 피부감각조차도 이와 유사한 인지 상실을 보인다. 히스테리성 환자의 팔뚝을 바늘로 찌르면 어떤 순간에는 통증을 느끼지만, 또 어떤 때는 아무것도 느끼지 못한다. 만약 그의 주의력이 일정한 대상에 집중되면 그의 신체 전체가 완전히 마취되고, 그 상태는 감각 상실을 야기한 긴장이 사라질 때까지 계속된다. 긴장이 없어지면 감각은 즉시 회복된다. 그러나 그 기간 중에도 무슨 일이 일어나고 있는가에 대해서는 무의식적으로 인지하고 있다.

이런 환자에게 최면을 걸어보면 이 과정을 확실하게 관찰할 수 있다. 환자가 세세한 일들을 모두 인지하고 있었다는 것을 쉽사리 알 수 있는 것이다. 그는 팔뚝을 바늘로 찌른 일이나, 의식을 잃었을 때 내뱉은 말 등을 마치 감각마비나 '망각'이 전혀 없었던 것처럼 정확히 기억해 낼 수 있다.

전에 완전한 혼수상태에 빠져 병원으로 실려 온 부인이 있었다. 다음날 의식을 회복했을 때, 그녀는 자신이 누군지는 알고 있었지만 쓰러진 그곳이 어딘지, 어떻게 해서 어떤 이유로 그곳에 왔는지는 물론, 날짜조차도 기억해 내지 못했다. 그러나 내가 최면을 걸자, 그녀는 어째서 병이 일어났는가, 어떻게 병원으로 옮겨졌는가, 또 누가 입원시켰는가를 나에게 말해 주었다. 이들 세부적 사실들은 모두 틀림없는 사실임이 입증되었다. 최면상태에서 그녀는 너무도 명석해서 마치 의식이 온전한 사람처럼 보였다.

이같은 문제를 설명하기 위해서는 늘 임상적 관찰에 의해 얻어진 사실을 인용할 필요가 있다. 때문에 무의식 또는 모든 미묘한 무의식의 표출은 정신병리학의 문제에만 속한다고 생각하는 사람이 많다. 이런 사람들은 무의식의 발현이 신경증적 정신병적인 것이라고 생각하고 정상 정신상태와는 전혀 무관한 것이라고 생각한다. 그러나 신경증적인 현상은 결코 질병에 의해서만 일어나는 것은 아니다. 그것은 사실 정상적인 현상이 병적으로 확대된 것에 불과하며, 그것은 과장된 것이기 때문에 정상적인 상태에 비해 보다 확실하게 눈에 띨 뿐인 것이다. 히스테리 증상은 모든 정상인에게서 찾아볼 수 있지만 대부분 지극히 미미한 정도여서 일반적으로 간과되고 만다.

예를 들면 망각이라는 것은 정상적인 과정이다. 그것은 어떤 의식적 사고가 우리의 주의력이 다른 곳으로 쏠리게 될 때 특정 에너지를 상실케 되는 현상이다. 흥미가 다른 방향으로 쏠리면 여태까지 관심을 끌던 대상이

어둠 속에 내팽개쳐진다. 그것은 마치 서치라이트가 새로운 대상을 비출 때, 다른 곳에는 어둠에 잠기게 되는 것과 마찬가지이다. 이는 어쩔 수 없는 일이다. 왜냐하면, 의식이 일정 시점에서 완전하고 명확하게 보존시킬 수 있는 이미지의 총수는 그리 많지 않으며, 더욱이 수용된 이미지라 하더라도 그 명료성에는 강약의 변전變轉이 일어나게 되기 때문이다.

그러나 망각이란 기억 자체의 존재 상실을 의미하는 것이 아니다. 그것은 의지에 의해 재생될 수는 없지만, 잠재적 상태로 존재하고 있기 때문에 때를 가리지 않고 자연발생적으로 다시 튀어나오게 되는 것이다. 때로는 완전히 망각된 것 같았던 기억이 수년 후에 되살아나는 일도 종종 있다.

이제까지는 의식적으로 보고 들었던 것을 차후에 망각한 경우에 대해 이야기했다. 그러나 우리는 인지하지 못하면서도 보고 듣고 냄새 맡고 맛보는 경우가 많이 있다. 이런 경우는 우리의 주의력이 그 대상에 집중되어 있지 않든가 또는 감각에 대한 자극이 의식적인 인상을 남기기에는 너무 약하기 때문에 일어난다. 그러나 무의식은 그 대상에 주의를 쏟고 있다. 또한 우리가 의식하지 않고 있더라도 잠재적인 지각은 정해진 사건이나 인간에 대한 우리의 반응 방향에 영향을 미치고 있다.

이 문제점을 보다 명료하게 해 줄 예를 들어 보겠다. 어떤 교수가 학생과 대화에 열중하면서 시골길을 거닐고 있을 때, 갑자기 그는 유년 시절에 대한 뜻밖의 기억에 의해 사고의 흐름이 방해받고 있는 것을 느꼈다. 그는 이 같은 주의력의 혼란을 설명할 수 없었다. 그때 그들의 대화 내용은 그 기억과는 전혀 관계가 없는 것이었다. 곰곰이 되새겨보니 유년 시절의 기억이 솟아오른 것은 그가 농장을 지나쳐 올 때였다. 그는 그 공상이 시작됐다고 추측되는 지점으로 되돌아가 보자고 학생에게 말했다. 농장에 당도하자, 거위의 울음소리가 들려왔다. 그는 곧 자신이 느낀 기억의 흐름을 혼란시킨 것은 이 울음소리였다고 말했다.

그는 어렸을 때, 거위를 기르는 농장에서 살았었다. 그 특유의 울음소리는 이미 잊혀졌지만, 지속적인 인상을 남기고 있었던 것이다. 산책 중, 농장을 통과할 때 그는 거위의 울음소리를 잠재적으로 인지하고, 그의 무의식적인 지각이 오래도록 잊혀져 있던 유년 시절의 경험을 되살아나게 한 것이다. 그때 주의력은 다른 곳에 쏠려 있었고 자극은 그의 주의력을 잡아끌거나 직접적으로 의식에 도달할 만큼 강한 것이 아니었으므로 지각도 잠재적이었다. 그러나 그것은 '잊혀진' 기억을 되살아나게 한 것이다.

이같은 '실마리' 또는 '방아쇠' 효과는 어떤 광경이나 냄새나 소리가 과거의 상황을 재생시키는 기억의 일반 형태를 설명해 줄 뿐 아니라, 신경증 증상의 발현도 설명해 준다. 예컨대 한 소녀가 사무실에서 분주하게 일을 하고 있고 건강도 매우 좋아 보인다. 그런데 갑자기 머리가 깨질 듯한 두통이 일고 다른 고통의 징후도 보이기 시작한다. 그녀는 의식적으로는 느끼지 못하고 있었지만 멀리서 들려오는 기적 소리 때문에 이미 잊혀진 애인과의 불행한 이별을 무의식적으로 기억해 낸 것이다.

정상적인 망각은 차차하더라도 프로이트는 불쾌한 기억의 망각에 대한 여러 가지 사례들을 기록하고 있다. 니체가 말한 것처럼 자부심이 특히 강한 사람의 경우, 기억은 오히려 그것에 의하여 밀려나게 된다. 이와 같이 망각된 기억들 중에는 그 불유쾌함과 양립할 수 없는 자부심이라는 성질 때문에 잠재적인 상태로 전환된 것들이 많다. 심리학에서는 이런 것들을 억압된 내용이라고 한다.

이에 대한 예로서 자기 고용주의 친구 한 사람을 질투하고 있는 여비서가 있었다. 그녀는 그 사람의 이름을 자기 기록부에 분명히 기록해 두고 있으면서도 회의가 있을 때마다 항상 잊어버리고 초청장을 보내지 않았다. 그러나 이 점에 대하여 해명을 요구할 때면 그녀는 단지 "잊었다"라든가 "혼돈했다"라고 말했다. 그녀는 자기 자신도 그 실수의 진정한 까닭을 전혀 인식하지 못하고 있었다.

대부분의 사람들은 의지력의 역할을 지나치게 과대평가하여 자기 스스로 결정하거나 의도하지 않은 일은 결코 일어날 수 없다고 믿고 있다. 그러나 우리는 마음속의 의도적인 내용과 무의도적인 내용을 주의깊게 구별할 수 있어야 한다. 전자는 자아 인격으로부터 분출되는 것이고, 후자는 자아와 동일시할 수 없는, 그러나 자아의 '또 다른'면의 원천으로부터 분출되는 것이다. 앞의 예에서 그 여비서로 하여금 초청장 발송을 잊게 한 것도 사실은 자아의 또 다른 면인 것이다.

우리가 인식하거나 체험한 것을 잊는 데에는 지극히 많은 까닭이 있다. 또 그것들이 우리의 마음속에서 되살아나는 방법도 다양하다. 이에 대한 흥미깊은 예는 소위 '잠재기억'혹은 '은폐된 기억'이다. 글을 쓰는 사람들은 처음에 기획한 대로 논의를 진행시키고 주제를 발전시키면서 저술해 간다. 그러나 갑자기 줄거리가 막히는 일이 있다. 이것은 틀림없이 새로운 생각이 떠올랐든가, 다른 이미지나 새로운 줄거리가 생겨났기 때문일 것이다. 무엇 때문에 그같은 탈선이 일어났는가를 그에게 추궁해 보아도 답을 얻을 수 없다. 그는 전에는 알지 못했던 새로운 자료를 만들어 내면서도 그런 변화를 스스로 느끼지 못한 것으로, 더욱이 때로는 그의 저술이 타인의 것과 거의 비슷한 — 그 자신은 한 번도 읽은 기억이 없는데도 — 경우도 있다.

이와 같은 흥미로운 예를 니체의《자라투스트라는 이렇게 말했다》가운데서 찾아볼 수 있었다. 니체는 이 책 속에서 1686년에 항해 일지로서 보고된 사건을 한 마디씩 재현하고 있다. 완전한 우연이지만 그는 1835년즉, 니체가 그 책을 쓰기 반세기 전에 발행된 선원의 수기를 읽은 일이 있었다. 그리고 내가 그 책에서 똑같은 줄거리를 찾아냈을 때, 이것은 니체 특유의 언어와는 전혀 다른 문체로 기술되어 있었다. 니체는 이에 대해 전혀 언급이 없었지만, 나는 '그가 그 고서를 틀림없이 읽었다.'고 확신할 수 있었다. 더욱이 그 당시까지 생존해 있던 니체의 누이동생은 편지를 통해 니체가 11세 때 그 수기를 읽었다고 확인해 주었다. 전체적인 흐름을 볼 때 그 수기를 표절하려는 의도가 니체에게 있었으리라고는 생각할 수 없다. 아마도 50여 년이 지난 후에 혼돈된 그의 의식 속에서 그 내용이 우연히 되살아난 것이라고 나는 생각하고 있다.

이와 비슷한 예로서, '순수기억'이라는 것이 있다. 이같은 일이 음악가에게도 일어날 수가 있는데, 어렸을 때 농부의 노래나 유행가를 들었던 음악가가 나이가 든 후에 작곡 중인 교향곡 악장의 테마로서 그것을 사용하는 경우가 있다. 이것은 뜻밖의 이미지가 무의식으로부터 의식세계로 흘러들어 온 것이다.

무의식에 대하여 이제까지 서술한 내용은 인간의 마음속에 이 복잡다단한 부분의 성질과 기능에 대한 조잡한 스케치에 불과하다. 그러나 꿈이라는 상징을 자연스럽게 산출시키는 잠재적 소재의 종류에 대해 저술할 수는 있었다고 생각한다. 이 잠재적 소재는 모든 동기, 충동, 경향성, 모든 지각과 직관, 합리적이거나 비합리적인 사고, 결론, 귀납, 연역, 전제, 그리고 모든 종류의 감정들로 구성되어 있다. 이들 중 어느 것이나 부분적, 일시적으로 혹은 항구적으로 무의식의 형태를 취할 수 있는 것이다.

이와 같은 소재들이 무의식으로 전환되는 것은 대개 의식적인 마음속에는 그것을 보존할 여지가 없기 때문이다. 우리의 사고 중의 일부가 그 에너지를 잃고 잠재적으로 된다. 그것들이 흥미가 없어지거나 우리와 무관하게 되거나 혹은 그것들은 우리의 시계視界 밖으로 밀쳐내려는 어떤 이유가 존재하기 때문이다.

이와 같이 망각이라는 것은 우리에게 지극히 정상적인 일이고 또 필요한 것이다. 우리의 의식 속에 새로운 인상이나 관념이 들어설 수 있는 자리가 제공되기 때문이다. 망각이 일어나지 않으면 우리의 경험 모두가 의식 영역 속에 빽빽이 들어서서 우리의 마음은 갈피를 못 잡고 혼란 속에 빠지게 될 것이다. 이 현상은 오늘날 매우 널리 알려져 있고 심리학적 지식이 있는 사람이라면 이것을 당연한 것으로 여기는 것이다.

의식의 내용이 무의식 속으로 소거되는 것과 마찬가지로, 새로운 내용이 무의식으로부터 분출되는 일이 있다. 예를 들자면 사람들은 무엇인가가 의식 속으로 들어오려고 하는 것을 어렴풋이 느끼는 일이 있다. 무의식이 단순한 고물 창고가 아니라 미래의 심적 상황이나 사고의 가능성으로 가득 차 있다는 사실을 발견함으로써 나는 심리학에 대한 새로운 접근법을 시도하게 되었다. 이 점을 둘러싸고 상당히 많은 논쟁이 있었다. 그러나 의식된 과거의 기억과는 전혀 다른 새로운 사고나 창조적 관념이 무의식으로부터 분출된다는 것은 사실이다. 그것들은 마음속 어둡고 깊은 곳에서 자라나 잠재적인 마음의 가장 중요한 부분을 형성하고 있다.

이러한 사실은 일상생활의 딜레마들이 종종 놀라울 만한 새로운 제의에 의해 해결되는 예에서 쉽게 확인될 수 있다. 즉, 수많은 예술가, 철학자, 과학자에 있어서도 그 최고의 업적은 무의식으로부터 돌연히 솟아오르는 영감에 의해 이룩되는 것이다. 이와 같은 소재의 풍부한 광맥에 도달하여 그것을 효과적으로 철학, 문학, 음악, 과학적 발견으로 전환시키는 능력은 소위 천재들의 공통된 특성이다.

이와 같은 사실에 대한 확실한 증거는 과학사에서도 발견할 수 있다. 예를 들자면 프랑스의 수학자 포앙카레나 화학자 케쿨레는 자기들이 과학상의 발견을 하게 된 것은 별안간 무의식에서 솟아난 화학적 계시에 의한 것이었다고 스스로 인정하였다. 철학자 데카르트의 '신비한 체험'이라는 말에는 그가 모든 과학의 질서를 한순간에 보았다고 하는 돌발적인 계시가 내포되어 있다. 영국의 작가 로버트 스티븐슨은 '인간이 이중성격을 가졌다는 강한 느낌'에 상통하는 이야기를 찾으려고 다년간 애를 쓰다가 갑자기 꿈속에서《지킬 박사와 하이드》의 이야기를 발견하였다고 한다.

그러한 자료가 어떻게 해서 무의식으로부터 솟아나게 되었는가를 나중에 자세히 설명키로 한다. 그리고 그것이 표현되는 형식에 관해서도 검토할 것이다. 꿈의 상진을 말하고 있는 이 순간에 내가 지적하고 싶은 것은 이와 같이 새로운 자료를 산출하는 인간의 심적 능력이 유난히 의미심장하다는 것이다. 왜냐하면, 내가 전문적인 직업에 종사하는 가운데 꿈의 이미지나 관념은 기억이라는 말로써는 설명할 수 없었다는 것을 거듭 발견했기 때문이다. 그것들은 의식의 세계에 나타나 본 일이 없는 전혀 새로운 생각들이었다.

제 *3* 장
역할에 관하여

  꿈은 안타깝게도 이해하기가 어렵다. 꿈은 의식적인 마음이 말해 주는 이야기와는 전혀 다르다. 우리가 일상생활에서는 하고 싶은 말의 내용을 곰곰이 생각하고 그 말을 가장 효과적으로 나타낼 수 있는 방법을 선택하여 우리의 말을 논리적으로 일관성 있게 만든다. 예를 들자면 교육을 받은 사람은 자기의 견해가 혼란스럽다는 인상을 주는 것을 꺼려서 모순된 비유를 섞지 않으려고 한다. 그러나 꿈의 구성은 이와는 달리 이루어진다. 모순되고 이치에 맞지 않는 이미지들이 꿈꾸는 사람의 마음에 쇄도한다. 보통 때의 시간 감각은 상실되고 예사로운 일들이 매혹적인 모습이나 위협적인 모습을 띠고 나타난다.

  우리가 깨어 있을 때에 생각하는 사고를 통제하는 것과는 전혀 다른 식으로 무의식적 자료들을 정리하여 나가기 때문에 이상하게 보일 것이다. 그러나 과거에 꾼 꿈을 회상해 보려고 한 사람이라면 누구든지 이와 같은 대조적인 말을 알게 될 것이다. 이것은 꿈을 난해하게 만들어 주는 중요한 요인이기도 하다. 정상적으로 깨어 있을 때의 경험적 관점에서 본다면 꿈은 무의미하다. 그래서 사람들은 꿈을 무시하거나 무엇인지 모르겠다고 손을 들어버린다.

보기에는 질서 정연한 듯하지만 우리가 깨어 있을 때에 생기는 관념들이 생각보다는 부정확하다는 것을 미리 알고 있으면 앞에서 기술한 것을 보다 잘 이해할 수 있을 것이다. 오히려 반대로 관념들의 의미우리에게 주는 그 관념들의 중요성는 세밀히 검토해 볼수록 더욱 더 정확성이 없어진다. 그렇게 되는 까닭은 우리가 듣거나 경험하는 것은 무엇이든지 잠재의식이 될 수 있기 때문이다. 다시 말하자면 무의식 속으로 들어갈 수 있기 때문이다. 우리가 의식 속에 가지고 있고 원하면 언제나 재생할 수 있는 것까지도 무의식의 색조를 띠게 되어 그 관념이 떠오를 때는 언제나 무의식적으로 물들게 마련이다. 사실상 우리가 의식적으로 받는 인상까지도 무의식적 의미의 요소를 갖게 되며, 이것은 우리에게 실제적으로 중요한 것이다. 그러나 이와 같은 잠재의식적인 의미가 있다는 것과 그것이 어떤 모양으로 전통적인 의미를 연장해서 복잡하게 만드는가를 우리는 의식하지 못한다.

이와 같은 차이는 사람마다 다르다. 추상적인 것이든 일반적인 것이든 사람마다 그 마음의 틀에 따라 다른 것이다. 그러므로 우리는 그것을 나름대로 이해하고 적용하게 된다. 대화를 하면서 내가 지위니 돈이니 건강이니 사회 등의 말을 쓸 때 나는 상대방도 내가 뜻하고자 하는 것과 대강 같은 뜻으로 그 말을 이해했으리라고 생각할 것이다. 그런데 그 '대강 같은 뜻'이라는 것이 문제가 된다.

말이라는 것은 문화적 배경이 같은 사람들 사이에서도 개인에 따라서 그 뜻이 달라지는 것이다. 그러한 차이는 일반적인 개념이 개개인의 마음의 틀대로 받아들여지는 데서 비롯된다. 그러므로 사회적, 정치적, 종교적 및 심리적 체험이 다르게 되면 그 뜻의 차이는 확대된다.

개념과 말이 같을 때 뜻의 변조는 거의 발견되지 않고, 어떠한 영향도 받지 않는다. 그러나 정확한 정의나 세심한 설명이 필요할 경우에는 뜻의 차이가 다양해지며, 그것은 순수한 지적 이해에서뿐만 아니라 정서적 자세에서나 실제적 적용에서 그렇다. 대체로 그러한 차이는 잠재의식적이어서 의식되지 않는다.

그러한 차이는 별다른 뜻이 없는 것이므로 일상생활에서도 별 쓸모없는 것으로 백안시되는 경향이 있다. 하지만 뜻의 변조가 있다는 사실 자체가 분명한 의식의 내용이 불확실한 명암에 싸여 있다는 것을 나타내 주는 것이다. 세심하게 정의된 철학적, 수학적 개념도 우리가 정의한 것 이상의 뜻을 지니는 것이다. 그것은 정신적인 일이어서 어느 부분만 알 수가 없다.

우리가 상용하는 숫자라는 것도 우리가 생각하는 것 이상의 뜻을 지닌다. 그것들은 또한 신비한 것이기도 하다. 그러나 숫자를 실제적인 목적을 위해 적용할 경우에는 그러한 신비성은 인지되지 못한다.

간단히 말하자면, 우리들의 의식적인 마음속에 있는 개개의 개념이 자체의 심리적 연상을 한다는 것이다. 그러한 연상의 감도가 달라지는가 하면, 연상은 또한 개개의 개념의 일반적인 성격을 변화시키는 힘을 지니고 있다. 그 개념은 의식의 표면을 돌아다니는 동안에 전혀 다른 것이 될 수도 있다.

이처럼 우리에게 일어나는 한 개개의 잠재의식적인 면이 우리들의 일상생활에서 하는 역할이 미미한 것 같지만, 무의식의 표현을 다루는 정신분석학적 꿈의 분석에 있어서는 매우 중요하다. 그 까닭은 그 잠재의식적인 면이 우리들의 의식적인 생각의 보이지 않는 바탕이기 때문이다.

방문이 잠겨지거나, 혹은 기차를 놓치는 등의 사소한 꿈을 꾸어도 우리의 마음은 산란해져서 그만 꿈을 깨는 경우가 있다. 그것은 꿈속에서는 일반적인 사물이나 생각이 매우 강력한 정신적 의의를 지니기 때문이다.

꿈속에서 보이는 이미지는 보통 때 지니는 개념이나 경험보다 훨씬 더 그림 같고 생생하다. 그러한 이유 중의 하나는 꿈속에서는 그 개념들이 무의식적 의미를 표현할 수 있기 때문이다. 의식적인 생각 속에서는 우리들 스스로 제약을 가하여 합리적인 진술의 한계를 넘지 못하게 된다. 그것은 우리가 심리적 연상을 없앴기 때문에 보잘것없다.

나로서도 해석하기 어려운 내 꿈의 한 예가 있다. 꿈속에서, 어떤 사람이 내 뒤로 와서 내 등에 올라타려고 했다. 전혀 미지의 사람이었는데, 다만 그는 내가 그전에 한 말의 뜻을 비꼬아서 이상스럽게 했다.

나는 그것을 풀이할 수가 없었다. 정신과 의사 생활을 통하여 나는 다른 사람들이 내 말을 오해하는 경우를 많이 겪어왔으므로 그러한 일에는 화도 내지 않았다. 자신의 정서반응을 의식적으로 통제하는 일은 유익한 일이리라. 아마 내 꿈은 바로 그것을 보여 주고자 한 것이 아니었을까?

그 꿈은 상징적이었는지도 모른다. 왜냐하면, 그 상황을 직접 나타내지 않고 처음에 내가 이해할 수 없었던 은유로, 간접적으로 나타냈기 때문이다. 그러한 일이 생기는 것은 꿈이 의도적으로 위장을 하기 때문이 아니다. 그것은 단지 정서적인 회화적 언어에 대한 우리의 이해가 미치지 못하는 것을 보여 주는 것이다.

우리는 사물을 될 수 있는 한 정확하게 나타내야 하므로 우리의 언어나 사고에 있어서 환상적인 면을 타개해야 한다고 여겨왔기 때문에 아직도 미개인의 마음의 특징을 이루고 있는 한가지를 상실한 것이다. 우리들은 모든 사물이나 관념이 지니고 있는 환상적, 심적 연상을 모두 무의식의 탓으로 돌려 버렸다. 하지만 미개인들은 아직도 그러한 심적 특성들을 의식하고 있다. 그들은 우리로서는 이해할 수 없게도 동식물이나 돌에 어떤 힘이 있다고 여기는 것이다.

한 예로, 아프리카 토인이 한낮에 밤에만 돌아다니는 동물을 발견할 경우에는 그는 그것을 병 고치는 무당이 잠시 모양을 바꾼 것으로 여기거나, 초원의 혼령이나 조상의 혼령으로 생각할 것이다.

한 그루의 나무가 미개인의 생활 속에서 중요한 역할을 하는 수가 있다. 미개인은 그 나무가 혼과 소리를 지니고 있고, 자기와 운명을 함께 한다고 느끼는 것이다.

남미의 어떤 인디언들은 자기네가 날개와 부리를 갖추고 있지 않다는 것을 알고 있으면서도 자기네가 빨간 아라라 앵무새라고 여긴다. 그 까닭은 미개인의 세계에서는 이성의 세계에서처럼 사물 간에 분명한 한계가 지어져 있지 않기 때문이다.

심리학에서 '심적 동일성' 혹은 '신비적 참여'로 불리우는 것이 우리들의 세계에서는 상실되었다. 그런데 미개인의 세계에 다양하고 환상적인 것을 안겨 주는 것은 바로 그 무의식의 연상이다. 우리는 그것을 거의 다 상실해 버렸기 때문에 그것을 거의 느끼지 못할 정도가 되었다. 그러한 무의식의 연상이 우리들에게 있어서는 의식 밑에 있기 때문에, 그것들이 위로 떠오르면 이상하게 여기게 된다.

고도로 교육받은 사람들이 이상한 꿈을 꾸거나 환상을 보고서 충격을 받은 나머지 상담을 청하는 일들이 많다. 마음이 건강한 상태에 있을 때에는 그러한 괴로움을 경험하는 일이 없고 마음에 이상이 있는 사람만이 환상을 겪는 것이라고 그들은 믿고 있다. 어떤 신학자는 언젠가 나에게 에스겔이 병적으로 환상을 본 것이며, 모세와 같은 사람들은 환각적으로 하늘의 소리를 들었던 것이라고 말했다. 그런데 그러한 일이 그 사람에게 일어났을 경우, 그 자신은 얼마나 기겁을 했을까?

보기에 너무도 합리적인 우리들 세계에 익숙해져 있으므로, 우리는 상식적으로 설명할 수 없는 것도 있다는 것을 생각하기 어려운 것이다. 그와 같은 환상에 접했을 때 미개인은 자신의 정신 상태가 온전하다는 것을 의심하지도 않고서 산신령이라든가 귀신 등으로 생각할 것이다.

그런데 우리의 정서도 마찬가지다. 인간의 슬기가 이루어 낸 문명이 초래한 두려움은 미개인들이 귀신에 대하여 느끼는 두려움보다 더 무서운 것이다. 문명인의 태도를 살피면서 생각나는 한 정신병 환자가 있었다. 우리 병원을 찾은 그 정신병 환자는 자신이 의사였다. 어느 날 아침에 내가 문안 인사를 하니, 그는 하늘을 온통 염화수은으로 소독하면서 구석구석을 소독했지만 신은 자취를 찾을 수 없었다고 했다.

우리는 거기에서 신경증 이상의 나쁜 증상을 보게 되는 것이다. 신 혹은 신에 대한 두려움 대신에 불안신경증이나 공포감 등이 발견되는 것이다. 정서의 대상이 그 명성과 성격을 모두 격하시킨 꼴이다.

암에 대한 두려움 때문에 온 한 철학 교수가 있었다. 그는 자기가 악성종양에 걸렸다는 강박관념 때문에 고통스러워 했는데 여러 차례의 검진 결과로는 아무 이상도 나타나지 않는 것이었다.

"아무 이상이 없다는 것을 알고 있습니다. 그런데도 혹시나 무엇인가……" 그는 이렇게 말하곤 했다.

그러한 생각은 도대체 어디에서 비롯되는 것일까? 분명히 그것은 의식적으로 형성되지 않은 어떤 공포심에서 비롯되는 것이다. 그 병적인 생각이 불시에 엄습하면 그는 그것을 통제할 힘을 잃는 것이다. 지식인인 그 사람이 그 사실을 받아들인다는 것은 미개인이 귀신에게 홀렸다고 자인하는 것보다 훨씬 더 어려운 일이다. 미개인의 문화 속에서는 그러한 귀신의 악영향이 받아들여질 수 있는 가설이다. 그러나 문명인이 자신의 고뇌가 상상에 지나지 않았다고 인정하기는 매우 어려운 것이다. 귀신들린다는 원시적 현상은 없어지지 않았다. 그것은 그대로 있다. 다만 그것이 달리 상서롭지 않게 풀이된다는 것이 달라진 점이다.

나는 현대인과 미개인을 몇 가지 점에서 비교해 보았다. 그러한 비교는 뒤에 다시 다루게 될 것이지만, 인간의 상징형성의 경향과 상징을 나타내는 데 있어서나 꿈이 하는 역할을 이해하는 데 있어서 필요불가결한 것이다. 왜냐하면, 꿈이 미개인의 생각이나 신화의식에 비슷한 이미지나 연상을 나타내 주는 경우가 많기 때문이다. 그러한 꿈의 이미지는 프로이트가 이른바 '고대적 잔재'라고 부르는 것으로서 그 내용이 매우 오랜 고대 인간의 마음속에 남아 있던 심적 요소라는 것을 시사하는 것이다. 이와 같은 견해는 무의식을 단순히 부속물이라고 보려는 사람들에게서 발견된다.

후에 연구를 더 해가면서 나는 이상과 같은 태도가 바람직하지 못하므로 버려야겠다는 생각을 하게 되었다. 나는 연상과 이미지가 무의식의 구성 요소라는 것과, 따라서 꿈꾸는 사람의 교육 정도가 높거나 낮거나 상관없이 어떤 꿈에서든지 볼 수 있다는 것을 알게 되었다. 신의 이미지는 어떤 각도에서 보나 생명이 없고 무의미한 잔재는 아니다. 그것은 이 순간에도 작용을 하고 꿈의 이미지는 역사적 성격을 띠었기 때문에 특별히 중요한 것이다. 그것은 우리의 생각을 표현하는 의식적 방법과 회화적이고 다채로운 원시적 표현방법 사이에서 교량의 역할을 한다. 느낌과 정서에 직접 호소하는 것도 이 원시적 표현 방법이다. 그래서 역사적 연상은 합리적인 의식의 세계와 본능의 세계를 연결하여 준다.

나는 이미 깨어 있을 때의 통제된 생각과 꿈속에 나타나는 풍부한 이미지 사이의 흥미 깊은 대조를 논하였다. 이와 같은 차이가 생기는 또 하나의 이유가 있다는 것을 우리는 알 수가 있다. 우리들의 문명생활에 있어서는 우리가 많은 관념에서 정서적 에너지를 빼앗아 버렸기 때문에 그 관념들에 대하여 우리는 이미 반응을 일으키지 않는다. 우리들이 그 관념을 우리들의 말에다 사용하고, 또 남이 그것을 사용할 때에는 관습에 따른 반응을 일으키지만 깊은 인상은 주지 못한다. 우리들의 태도와 행동이 변화를 일으킬 정도로 절실한 무엇을 느끼게 만들려면 그 이상의 무엇이 필요하다. 그 역할을 '꿈의 언어'가 해낼 수 있다. 꿈의 상징은 대단히 많은 심적 에너지를 가지고 있으므로 우리들은 자연히 주의를 기울이게 된다.

예를 들면 한 여인이 있었는데, 그녀는 어리석은 편견과 합리적인 주장에 대한 어리석은 반항으로 유명하였다. 밤새도록 논의를 해봤자 아무런 효과가 없는 그런 류의 여자였다. 남의 말은 귓등으로도 안 듣는다. 그런데 그녀의 꿈은 전혀 딴 방향으로 나아갔다. 어느 날 밤 그녀는 사회적으로 매우 중요한 어떤 모임에 참석하는 꿈을 꾸었다. 주인 여자가 다음과 같은 말로 그녀를 맞이하였다.

"와 주셔서 참 고마워요, 친구들이 모두 와서 기다리고 있어요."주인 여자가 그녀를 이끌고 가서 문을 열었다. 그녀가 문 안으로 들어간 곳은 소외양간이었다.

이 꿈이 나타내는 언어는 너무나도 단순해서 누구라도 이해할 수 있었다. 처음에는 그녀가 자기의 자만심을 정면으로 공격하는 꿈의 의미를 인정하지 않으려고 하였다. 그러나 마침내는 그 의미가 마음을 찔러서 자기 스스로가 초래한 야유를 인정하지 않을 수가 없었다.

무의식이 보내는 이와 같은 메시지는 사람들이 생각하는 것보다 훨씬 더 중요하다. 우리들의 의식적 생활 속에서 우리는 여러 가지 영향을 받게 된다. 남들은 우리를 자극하지 않으면 우리들의 기를 죽이고, 또 회사나 그 밖의 사회생활에서 일어나는 일들은 우리의 주의를 산만하게 만든다. 그런 일들이 우리를 유혹해서 우리들 각자로 하여금 바람직하지 못한 길을 따르게 만든다. 그것들이 우리들의 의식에 미치는 영향을 우리가 의식하느냐 의식하지 못하느냐에 관계 없이 우리 의식은 아무런 방비도 없이 그것들에게 노출되어 혼란을 겪는다. 마음이 외향적이어서 항상 외적인 사물만 중요시하는 사람이나 열등의식에 사로잡혀서 자신의 깊은 내면적 인격에 대하여 의심을 품는 사람의 경우가 바로 그런 예이다.

의식의 편견이나 오류나 공상이나 아동기의 욕망에 영향을 받으면 받을수록 이미 생긴 균열이 더 커져서 신경병적 분열을 일으키고 건강한 본능, 자연, 진실과는 거리가 먼 인위적이고 부자연스러운 생활로 빠져들어 가게 된다.

꿈의 일반적 기능은 기묘한 방법으로 정신적 평형 전체를 회복하여 줄 수 있는 꿈의 재료를 산출함으로써 심리적 균형을 되찾는 것이다. 나는 이것을 우리의 심적 확장을 보충하여 주는 꿈의 역할이라고 부른다. 이것은 비현실적인 생각을 가진 사람들이나, 자신을 과대평가하는 사람들, 특히 자신의 능력에 부치는 어마어마한 계획을 세우는 사람들이 날아가는 꿈이나 떨어지는 꿈을 꾸게 되는 이유를 설명하여 준다. 꿈은 인격의 결함을 보충하여 주고 동시에 그 방향을 따르면 위험이 있다는 경고를 하여 준다. 만일에 꿈이 주는 경고를 무시하면, 실제로 사고가 발생할지도 모른다. 실제로 아래층으로 떨어지거나, 자동차에 치이는 사고가 생길지도 모르는 것이다.

많은 불투명한 사건에 복잡하게 얽혀 있던 어떤 사람의 경우가 지금 생각난다. 그는 일종의 보상 방법으로서 병적이라고 생각할 정도의 등산열을 지녔다. 그는 자기 이상의 무엇이 되려고 추구하였다. 하루는 꿈을 꾸었는데, 자기가 정상에서 발을 헛디뎌 허공에 떨어졌다. 그가 나에게 꿈이야기를 할 때에 나는 당장에 위험을 깨닫고 엄한 경고를 하여 그에게 근신할 것을 당부하였다. 나는 그의 꿈이 그가 산속에서 죽을지도 모른다는 것을 암시한다고까지 말하였다. 그러나 허사였다. 6개월 후에 그는 실제로 떨어진 것이다. 한 안내원이 그 사람과 그의 친구가 어려운 지점에서 밧줄을 타고 내려가는 것을 지켜보았다. 친구가 바위틈에서 잠시 발디딜 곳을 발견하여 서려는 순간, 그 꿈 꾼 사람이 그의 뒤를 따라 내려가다가 갑자기 로프를 놓친 것이었다. 안내원의 말에 의하면 "그가 마치 허공을 뛰어내리는 듯하였다"는 것이다. 그 사람이 친구 위를 덮쳐서 둘이 다 추락하여 죽은 것이다.

또 하나의 전형적인 예는 분수에 넘치게 생활을 하는 한 여인의 경우이다. 그녀가 일상생활에서는 고상하고 야단스럽지만 여러 가지 불미스러운 일들을 생각나게 하는 충격적인 꿈을 자꾸만 꾸었다. 그러나 내가 그 진상을 밝혔을 때 그녀는 그것을 부인하였다. 그러나 꿈은 강박적인 것으로 변하고 그 내용은 주로 그녀가 혼자서 거닐면서 아름다운 환상에 잠기는 산책길에 관한 것이었다. 얼마 안 가서 그녀는 숲속에서 변태성욕자에게 능욕을 당했는데, 비명소리를 듣고 쫓아온 사람들이 아니었더라면 그녀는 살해당했을 것이다.

여기에 무슨 마술이 개입되어 있는 것은 아니다. 그녀의 꿈이 나에게 말해준 것은 그녀가 은근히 그와 같은 모험을 기다리고 있었다는 사실이었다. 그것은, 그 등산가가 힘든 곳을 빠져나가는 길을 찾아내는 등산의 만족감을 무의식중에 추구하고 있었던 것과 똑같은 것이다. 두 사람 모두 거기에 엄격한 대가가 따른다는 것을 몰랐던 게 분명하다. 그녀는 뼈가 몇 대 부러지고, 그 등산가는 생명을 잃은 것이다.

이처럼 어떤 일이 일어나면 오래 전에 꿈이 이를 예고하는 경우가 많다. 그렇다고 그것이 반드시 기적이나 예지는 아니다. 우리가 생활 속에서 경험하는 많은 위기들은 긴 무의식의 역사를 가지고 있다. 우리는 위험이 점증하고 있음을 깨닫지 못하고 그 위험들을 향하여 한 걸음 한 걸음 접근하여 간다. 그러나 우리의 의식이 보지 못한 것을 무의식이 보는 경우가 많고, 무의식은 그것을 꿈을 통하여 전해주는 것이다. 꿈이 아마도 이런 식으로 우리에게 자주 경고를 보내지만 그렇지 않은 것처럼 보이는 때가 있다. 그러므로 자비의 손이 사전에 우리를 막아준다는 추측은 의심스럽다. 또는 좀 더 구체적으로 말한다면 그 자비의 손길이 어떤 때에는 작용을 하고, 어떤 때에는 작용을 안 하는지도 모른다. 신비의 손은 파멸로 떨어지는 길을 가리키는 때도 있다. 꿈이 때로는 덫이라는 것이 판명되기도 하지만, 단지 그렇다는 생각이 들 때도 있다.

꿈이 때로는 크로이서스 왕에게 내린 델피의 신탁과도 같은 작용을 한다. 강을 건너서 싸우다가 완전히 패한 왕은 신탁에서 언급된 왕국이 자기의 왕국임을 비로소 깨닫게 된다. 꿈을 취급하는 사람이 단순해서는 안 된다. 꿈은 인간이라기보다는 오히려 자연의 입김이 강한 데서, 즉 아름답고 관대하면서도 잔인한 여신의 정신에서 발생한다. 만약 이 정신의 특성을 알고 싶으면 근대인의 의식보다도 고대의 신화나 원시시대 숲속의 민화 영역에서 찾아볼 수 있을 것이다. 문명사회가 발전한 결과로서 얻은 이익을 부정하는 것은 아니다. 그러나 이와 같은 이익은 막대한 손실이라는 대가를 치르고 얻은 것이며, 그 손실의 막대함은 헤아릴 수가 없을 정도이다. 내가 원시인과 문명인의 상태를 비교한 것은 그것이 계기가 되어 득실의 차를 보여주기 위함이었다.

원시인들은 자신을 제어하는 것을 배운 합리적인 근대적 후손들보다는 훨씬 더 본능의 지배를 받았다. 이 문명화의 과정에 있어서 우리들은 우리들의 의식을 인간 심리의 보다 더 깊은 본능적 층으로부터 더욱더 분리시키고, 드디어는 우리들의 의식을 심리현상의 신체적 기초로부터 분리시켰다. 그러나 다행인 것은 우리가 기본적이고 본능적인 기반을 완전히 잃지 않았다는 사실이다. 그것은 꿈이라는 형식을 통해서만 우리들에게 표시되는 것이지만 여전히 무의식의 일부로 남아 있다. 이와 같은 본능적 현상은 상징적 성격을 띠었기 때문에 그것이 무엇인가를 언제나 인지할 수는 없지만, 앞서 말한 꿈의 보상적 기능이라는 점에서 중요한 역할을 한다.

정신적 안정뿐만 아니라 신체적 건강을 위해서도 무의식과 의식은 통합되어 평행적인 작용을 하지 않으면 안 된다. 만일 그것들이 분열하면 심리적 장애를 일으킨다. 이런 점에서 꿈의 상징은 인간의 마음의 본능적 부분에서 합리적 부분으로 메시지를 전해주는 전달자이다. 꿈의 상징을 풀이함으로써 빈곤한 의식이 풍부해지고, 상실했던 본능의 언어를 다시 이해할 수 있게 되는 것이다. 물론 사람들은 종종 꿈의 상징을 의식하지 못하거나 이해하지 못하는 경우가 많기 때문에 이 기능에 대하여 불신을 느끼지 않을 수 없다. 일상생활에 있어서 꿈의 해석 같은 것은 소용없는 것으로 생각한다. 이것은 내가 동부 아프리카의 미개인에 관하여 얻은 경험을 통하여 설명할 수 있다. 놀랍게도 이 종족들은 꿈을 꾸지 않는다는 것이었다. 그러나 화제를 돌려가며 참을성 있게 대화를 이끌어 가는 중에 그들도 역시 남들과 같이 꿈은 꾸지만 그 꿈을 무의미한 것이라고 믿고 있음을 발견하였다.

"보통 사람들의 꿈은 의미가 없습니다"라고 그들은 말하였다. 그들은 추장들과 무당들의 꿈만이 중요하다고 생각하는데 그 이유는 종족의 이익과 밀접한 관계가 있다고 믿기 때문이다. 그런데 한 가지 곤란한 사실은 추장도 무당도 의미 있는 꿈을 꾸지 못한다고 주장하는 것이었다. 그들을 다스리는 영국인 지방장관들이 지금까지 그 종족의 행동을 이끌어 주던 '큰 꿈'의 기능을 앗아간 셈이었다. 이 종족들이 꿈을 꾸면서도 그들의 꿈이 무의미하다고 생각하는 것은 근대인들이 꿈이 이해가 안 되고 무의미하다고 생각하는 것이나 마찬가지이다.

그러나 문명인들도 꿈이 좋은 방향으로든 나쁜 방향으로든 사람 감정을 변하게 한다는 것을 관찰할 때가 있다그러나 꿈 자체는 잊어버려서 기억이 안 날지도 모른다. 그 꿈이 이해는 됐지만 그것은 잠재적으로 이해된 것이다. 그리고 그것은 흔히 있는 일이다. 대부분의 사람들이 해몽을 원할 정도로 꿈이 인상적이고 일정한 시간에 반복되는 일은 매우 드물다.

여기서 나는 지식도 자격도 없이 꿈을 분석하려 드는 사람에게 경고를 해야겠다. 어떤 사람들은 정신상태가 너무나도 평형을 잃어서 꿈의 분석이 매우 위험한 경우가 있다. 그럴 때에는 극단적으로 한편으로 치우친 의식이 그것과 맞먹을 정도로 불합리하고 광적인 무의식과 분리 된 것인데, 그들을 한데 모으려면 반드시 특별한 예비조치가 필요하다.

좀 더 평범하게 말한다면 참고서를 한 권 사서 상징 하나하나의 뜻을 찾아보면 된다는 듯이 꿈 해몽을 위하여 만들어진 해설책을 믿는다면 그것은 아주 어리석은 짓이다. 꿈의 상징은 꿈을 꾼 본인과 분리하여 생각할 수 없고, 어떤 꿈이든지 이미 정해진 해석이란 있을 수 없다. 의식이 무의식을 보상하는 방법은 개인에 따라서 현저하게 다르기 때문에 꿈과 꿈의 상징이 어느 정도로 분류될 수 있는가를 확정하기란 불가능한 것이다.

전형적이고 자주 나타나는 꿈과 단일 상징들나는 그것들을 모티브라고 불렀으면 좋겠다이 있는 것은 사실이다. 그런 모티브 가운데에는 떨어지는 것과 나는 것과 위험한 동물이나 앙심을 품은 사람들한테 박해를 당하는 것과 사람들 앞에서 옷이 벗겨졌다든가, 옷차림이 우스꽝스럽다든가, 바삐 어디를 가고 있다든가, 군중의 소용돌이 속에 빠져들었다든가, 쓰지 못할 무기를 가지고 싸운다든가, 무방비 상태라든가, 아무리 달려도 목적지에 도달하지 못한다든가 하는 것들이 들어 있다.

전형적인 아동적 꿈의 모티브는 한없이 작아졌다 커졌다 하는 것이나 자꾸만 딴 것으로 변용되어 나가기 마련인데, 예를 들면 루이스 캐롤의《이상한 나라의 앨리스》에 나오는 주제같은 것이다. 그러나 다시금 내가 강조하는 것은 이런 주제들도 꿈의 문맥에 맞도록 풀이를 해야지, 자명한 암호 같은 것으로 오인해서는 안 된다는 점이다.

같은 꿈이 반복되는 것은 주목할 만한 현상이다. 같은 꿈을 어렸을 때부터 늙을 때까지 반복해서 꾼다는 사람들이 있다. 이런 꿈은 보통 꿈을 꾸는 사람의 생활 태도에 있어서 어떤 부족한 것을 보상하려는 시도이다. 또는 그런 것이 어떤 편견을 뒤에다 남겨주는 영구적 충격을 받은 순간부터 시작될 때도 있다. 또는 그것이 장래에 일어날 중요한 사건을 예측할 수도 있다는 것이다.

Catch unconsciousness

처음에 나는 상징과 기호의 차이를 강조했다. 기호는 보통 그것이 대표하는 개념보다 약간 미흡한 것을 나타내고, 상징은 항상 표면에 나타나 보이는 의미 이상의 것을 표현한다. 더욱이 상징은 인위적 조작 없이 자연히 생기는 것이다. 아무리 초인이라도 손에 펜이나 붓을 들고 "이제 나는 상징을 한 가지 만들 것이다"라고 할 수는 없는 것이다.

의식적 노력에 의해서 논리적 귀결로써 얻은 합리적인 생각에다 상징적 형식을 부여하지는 못한다. 이와 같은 생각에다 아무리 환상적인 옷을 입힌다고 해도 그것은 이면에 숨어 있는 의식적인 생각과 결부되어 있는 기호이지 미지의 어떤 것을 암시하는 상징은 아니다. 상징은 꿈속에서 자연히 생긴다. 꿈은 생기는 것이지 만들어지는 것이 아니다. 그러므로 꿈은 상징에 관한 모든 지식의 주요 원천이라 할 것이다.

그러나 상징이 꿈속에서만 생기는 것이 아니라는 것을 나는 지적해야만 하겠다. 상징은 모든 심리적 표현에서 나타난다. 그래서 상징적인 생각이,

상징적인 감정이, 상징적인 행동이, 그리고, 상징적인 상황이 있는 것이다. 때에 따라서는 무생물도 상징적인 형태를 이루는 데 있어서 무의식과 어울리는 것 같은 때도 있다. 주인이 죽으니까 시계가 멈추었다는 이야기는 많은 예를 남겨 왔다. 그러한 예 중의 하나로 프레데릭 왕의 궁궐에 있는 나무 종시계 이야기가 있다. 그 시계는 왕이 숨을 거두자 멈추었다는 것이다. 그 밖의 다른 예들로, 사람이 죽을 때 거울이 깨지든가, 액자가 떨어진다든가, 그리고 사람들이 정서적 위기를 겪을 때에 납득할 수도 설명할 수도 없는 자잘한 파손이 일어나든가 하는 등의 사례들이 있다고 하겠다. 회의적인 사람은 그만한 사례를 믿지 않겠지만 그와 유사한 이야기들은 허다하고, 그것만으로도 심리적 중요성이 내재되어 있다는 충분한 증거가 될 수도 있을 것이다.

많은 상징이 있는데, 그 중에서도 가장 중요한 것은 성격이나 기원에 있어서 개체적이 아니라 보편적인 것이다. 그러한 상징은 주로 종교적인 이미지이다. 신자들은 그 상징들이 신으로부터 기원하는 것으로, 즉 신이 인간에게 계시하는 것으로 생각한다. 회의적인 사람들은 그것들이 인간에 의해서 만들어진 것이라고 단언할 것이다. 그러나 쌍방이 모두 잘못이다.

회의적 인간이 지적하는 대로 종교적 상징과 개념은 여러 세기에 걸쳐서 주의깊게 의식적으로 만들어진 것임이 틀림없다. 그러나 신자들이 생각하는 것처럼 그 기원이 먼 과거의 신비 속에 잠겨서 인간에게서 기원한 것이 아닌것 처럼 보이는 것도 역시 사실이다. 그러나 그러한 상징들은 태고의 꿈과 '창조적 환상'에서 생긴 '보편적 표상'이다. 이와 같이 그 이미지들은 아무런 의도도 없이 자연히 나타나게 된 것이지, 의도적으로 만들어진 것은 아니다.

뒤에 설명이 될 것이지만, 그 사실은 꿈을 해석하는 데 있어서 직접적이고 중요한 관계를 갖는다. 꿈을 상징적이라고 보는 사람들은 꿈에서 생기게 되는 생각이나 감정이 단순히 꿈이라는 탈을 썼다고 믿는 사람들과는 꿈을 달리 해석하게 된 것이다. 후자에게 있어서는 꿈을 해석한다는 것이 무의미할 것이다. 왜냐하면, 꿈의 해석은 이미 알고 있던 것을 발견하는 데 불과하기 때문이다.

그리하여 나는 내 제자들에게 다음과 같이 말해 왔다. "상징에 대하여 배울 수 있는 대로 배우시오. 그리고 꿈을 분석할 때에는 모두 잊어버리시오." 이 충고는 실제적으로 매우 중요하기 때문에 꿈을 완전히 이해하여 꼭 맞는 풀이를 하기는 불가능하다는 것을 나 스스로 명심하고자 한 것이다. 이것은 나 자신의 일상이나 반응의 흐름에 제동을 걸고자 하는 것인데, 그렇게 하지 않으면 나의 일상과 반응이 환자의 불확실하고 주저하는 마음을 내 멋대로 설득시킬 우려가 있기 때문이다. 분석하는 사람이 꿈의 메시지를 세세하게 아는 것이 치료에 있어서 매우 중요하기 때문에 이를테면 무의식이 의식에 공헌하는 과정이기 때문에 꿈의 내용을 자세히 조사하는 일은 필요 불가결한 것이다.

나는 이것을 명백히 보여주는 꿈을 프로이트와 함께 일할 때에 꾼 적이 있다. 내가 집에 있는 꿈이었다. 분명히 2층이었고, 18세기 식으로 꾸민 아늑한 거실이었다. 나는 그전에 그 방을 본 적이 없었기 때문에 놀랐다. 그리고 아래층은 어떻게 생겼을까 하는 생각이 떠올랐다. 그래서 아래층으로 내려갔더니 거울로 둘러싸인 방이 있었다. 16세기나 그 이전의 것으로 여겨지는 우람한 가구들이 놓여 있었다. 나의 놀라움과 호기심은 더욱 커져서 나는 그 집의 구조 전체를 알고 싶어졌다.

그래서 지하실로 내려서니 문이 열리고, 돌층계가 있고, 그 층계는 아치형으로 된 천정이 있는 매우 커다란 방으로 통해 있었다. 바닥에는 널다랗고 평평한 돌이 깔려 있고, 벽은 매우 오래된 것이었다. 벽을 쌓을 때 사용한 회반죽을 조사해 보았더니 벽돌 파편을 섞은 것이었다. 그리고 그것은 분명히 로마시대에서 비롯된 것이었다. 나는 점점 신바람이 났다. 나는 한 구석에서 석판에 철제 바퀴가 달린 물건을 발견하였다. 그 석판을 끌어올리니까 또 한 층의 층계가 밑으로 이어져서 동굴 같은 데로 통해 있었다. 그것은 선사시대의 무덤으로 보였고, 두개골과 뼈와 토기 조각이 흩어져 있었다. 나는 거기에서 꿈을 깨었다.

프로이트가 그 꿈을 분석할 때에 개개의 연상과 내용을 더듬어 나가는 나의 방법을 따랐더라면 그는 보다 더 깊은 심층에 도달하는 이야기를 들었을 것이다. 그러나 프로이트는 그것은 자기 자신의 문제를 회피하려는 노력에 불과하다고 거절했던 것이다. 그 꿈은 실로 나의 인생의 축도였다. 보다 정확히 말한다면 나의 정신적 발전의 축도였다. 나는 200여 년이 된 집에서 자랐고, 대부분의 가구가 300여 년이 되었고, 정신적으로는 내가 그때까지 칸트와 쇼펜하우어의 철학을 공부하고 있었다. 그 당시에 있어서 최대의 새로운 소식은 찰스 다윈의 업적이었다. 이것보다 조금 앞서서 나는 나의 부모님들의 중세기적 관념과 더불어 살았는데, 그분들은 세상이 하나님의 전능과 섭리에 의하여 다스려진다고 믿고 있었다. 그러나 그와 같은 세상은 구태의연하고 시대에 뒤진 것이었다. 나 자신의 신앙은 동양의 종교와 그리스 철학과 만남으로써 상대적인 것이 되었다. 그래서 내 꿈속에서 아래층은 그토록 조용하고 어둡고 사람이 살지 않는 것 같았다.

역사에 관한 그 당시의 나의 관심은 내가 해부학 교실에서 조수 일을 보았을 때, 비교 해부학과 고생물학에 관한 본래부터의 관심에서 비롯된 것이었다. 나는 화석이 된 인간의 뼈에 대하여 흥미를 느끼고, 특히 그 무렵에 많이 논의되었던 네안데르탈인이나 그보다 더 논의의 대상이었던 듀보아의 피테칸트로푸스에 관심이 끌렸다. 실제로 이러한 것들은 나의 꿈에 관하여 생긴 나 자신의 연상이었다. 그러나 해골이니 뼈니 시체니 하는 화제를 프로이트가 받아들이지 않을 것을 알고 나는 거론도 하지 않았다.

　프로이트는 자기가 일찍 죽을 것을 내가 은근히 기대하고 있다는 야릇한 생각을 품고 있었다. 그가 그와 같은 결론을 내린 것은 내가 브레멘의 블라이켈레라고 하는 곳에 있는 미이라가 된 시체에 많은 흥미를 느꼈다는 사실 때문이 아니었던가 싶다. 블라이켈러는 우리가 미국으로 가는 배를 타러 가던 도중에 함께 들렀던 곳이었다.

　그러한 경험이 있었기 때문에 프로이트 정신상태의 바탕과 나의 정신상태의 바탕 사이에는 좁힐 수 없는 공간이 있다는 것을 절실하게 느꼈으므로 나의 생각을 털어 놓기를 주저했던 것이다. 만약 내가 나의 내적 세계를 그에게 펼쳐 보인다면 그에게는 매우 기이하게 보였을 것이고, 따라서 그러한 사정 때문에 그와의 우정을 잃을지도 모른다는 염려가 들었다. 나 자신의 심리에 대해서는 확신이 없었기 때문에 나의 자유연상에 대해서도 거의 자동적으로 거짓말을 했었는데, 매우 이질적인 나의 됨됨이에 관하여 그를 계몽시켜 보려는 불가능한 시도를 회피할 셈이었던 것이다.

　프로이트에게 나의 꿈에 대한 이야기를 한 것이 난처한 상황을 초래하게 되었던 일은 실제로 꿈을 분석할 때에 말려들기 쉬운 난처한 일이 그 예가 된다고 하겠다. 분석자와 피분석자 사이의 차이가 많은 것을 좌우하기 때문이라고 할 수 있다.

나는 프로이트가 견해라고는 양립할 수 없는 무엇인가를 원하고 있다는 것을 곧 깨달았다. 그러므로 나는 내가 꿈에서 본 두개골이 어쩌면 내가 무슨 이유인지는 모르지만 죽기를 원하는 내 가족 중의 누구를 넌지시 시사하는 것이 아닌가 하는 견해를 시험적으로 피력했더니 프로이트도 동감하였다. 그러나 나는 그와 같은 애매한 결론이 못마땅했다.

프로이트의 질문에 대한 알맞은 답을 모색하던 중에 심리적 이해를 하는 데 있어서는 주관적 요인이 작용을 한다는 직관에 부딪쳐서 나는 갑자기 당황하게 되었다. 나의 직관은 너무 압도적이어서 내가 감당하기 어려운 그 난처한 처지를 어떻게 빠져나갈 것인가를 생각한 끝에, 나는 거짓말을 하는 쉬운 방법을 택했던 것이다. 이러한 방법은 아름답지도 못하고, 도의상 바람직하지도 못한 것이었지만, 그렇게 하지 않았더라면 프로이트와의 결정적인 불화를 피할 길이 없었을 것이다. 그리고 여러 가지 이유로 인하여 나는 불화까지 초래할 필요는 없다고 생각했다.

나의 직관이란 내가 꾼 꿈은 나 자신이고, 내 삶이고, 내 세계라는 것을 불시의 순간에 갑자기 깨달은 나의 통찰력이었다. 나의 꿈은 남들이 자기 마음대로 자신들의 이유와 목적을 위하여 만들어 낸 이론적 구조와는 다른 나의 현실 전체라는 것이었다. 그렇기 때문에 나는 나의 꿈이 뜻하는 것을 한순간 이해한 것이다.

앞에서 말한 상충은 꿈의 분석에 있어서 중요한 것이라고 하겠다. 그것은 습득할 수 있거나, 법칙을 따라 적용할 수 있는 기술이 아니라 두 개의 다른 인격 사이에서 오가는 변증법적 대화이다. 이것을 기계적으로 다루면 꿈을 꾸는 사람의 심리적 인격은 상실되고 임상적 문제는 두 관련자인 분석가와 꿈을 꾼 사람 중 어느 편이 더 지배적이냐 하는 단순한 질문으로 변해 버리는 것이다.

그러므로 나는 최면 요법을 포기했다. 나는 나의 의지를 다른 사람에게 부과하는 것을 원치 않기 때문이었다. 나는 치료의 과정이 환자 자신의 인격에서 생겨나기를 바라고 일시적인 효과밖에 없는 나의 암시에서 나오기를 바라지 않기 때문이었다. 나의 목적은 환자의 권위와 자유를 지켜주고 보존해 주는 데 있다. 그렇게 함으로써 환자는 자신이 바라는 대로 자신의 삶을 살 수 있다고 본다.

개개인이 유일한 현실이다. 개인을 떠나서 인류라는 추상적 관념을 향할수록 우리는 오류에 빠지기 쉽게 되는 것이다. 오늘날과 같이 사회적 혼란과 급격한 변화가 많은 시대에는 개인으로서의 인간을 더욱 더 잘 알 필요가 있다. 너무도 많은 일들이 개인의 정신적, 도덕적 됨됨이에 의존하고 있기 때문이다. 그러나 옳은 원근법에 의하여 사물을 보려면 우리는 인간의 현재뿐만 아니라 과거에 관해서도 이해를 해야 된다. 그러므로 신뢰와 상징의 이해가 근본적으로 중요한 것이다.

제 **5** 장

유형에 관하여

심리학 이외의 모든 과학 분야에서는 하나의 가설을 비개성적인 주체에 적용하는 것이 정당한 방법으로 인정되고 있다. 그러나 심리학에서는 어쩔 수 없이 두 개인 사이의 생생한 관계에 직면하지 않을 수 없다. 즉, 양자 어느 쪽에 대해서도 그 주관적 인격을 무시할 수 없고, 여타 방법으로 비인격화할 수도 없는 것이다. 분석가와 환자는 어떤 특정한 문제를 비개인적 객관적인 방법으로 취급하기로 약속할 수도 있다.

그러나 그들이 그 문제에 몰입하지 않는다 하더라도, 어쩔 수 없이 그들의 전인격이 논의 속으로 끌려들어 가게 된다. 따라서 서로의 약속이 완전히 지켜지는 경우에만 한 발짝이라도 진전이 이루어질 수 있게 되는 것이다. 또, 최종적인 결과에 대한 객관적 판단이라는 것이 대체 가능한 것일까?

우리의 결론과 하나의 표준, 즉 우리가 속해 있는 사회적 환경 속에서 일반적으로 가치가 있다고 인정되고 있는 표준 사이의 비교가 이루어진 경우에만 판단은 가려진다. 그러나 설사 비교가 이루어진다 해도 우리는 당사자의 정신적 평형에 대해 고려하지 않으면 안 된다. 즉, 판단이 내려졌다고 해서 사회의 규범이 그를 적용시키기 위해 완전히 그 개성을 일반화시켜 버릴 수는 없는 것이다. 그것은 아주 부자연스러운 상황을 초래하게 될 것이다. 건강하고 정상적인 사회라면, 구성원 모두의 전체적 동의는 있을 수 없다.

인간 본성이라는 부면部面 이외에서 만장일치가 이루어진다는 것은 매우 드문 일이기 때문이다. 불일치라는 것은 사회에 있어서 정신적 생활의 한 원동력으로서 기능한 일이다. 물론 불일치 그 자체가 목적일 수는 없다. 일치하는 것도 마찬가지로 중요하다. 심리학은 기본적으로 균형이 이루어진 상극성相剋性에 의존해 있는 것으로서, 어떤 판단도 그 역의 판단이 고려되지 않는 한, 최종적인 것이라고 말하기는 어렵다.

이와 같은 특수성이 생기는 것은, 심리학의 내부에도 외부에도 심리란 무엇인가에 관한 최종적 판단을 내리게 하는 기준점이 없기 때문이다. 꿈은 개별적으로 취급되어야 하지만, 심리학자가 여러 사람들을 연구하여 모은 소재를 분류하고 분석하기 위해서는 일반화가 필요하게 된다.

다수의 개별 사례들이 가지는 공통점이나 차이점을 규명하려는 노력도 없이, 단순히 기술하는 것만으로 심리학 이론을 정립한다든가, 가르친다는 것은 불가능한 일이다. 어떤 일반적인 성격이라도 기초로 삼을 수는 있다. 예를 들면 비교적 단순한 구별로서 어떤 사람의 성격이 '외향적'인가를 구별지을 수는 있다. 이것은 보편적으로 가능한 일반화 중의 한 가지에 불과하다. 그러나 분석가가 흔치 않은 타입의 사람이고, 환자가 그와 전혀 다른 타입의 사람일 때 생기는 난점을 직접 봐둘 필요는 없는 것이다.

꿈에 대한 우리의 심오한 분석이라도, 여기에는 결국 두 명의 인간이 개입하게 되므로 그들의 태도 유형이 같고 다름에 따라 큰 차이가 생기게 된다. 양자가 동일한 유형에 속할 때에는 두 사람 모두 오랫동안 잘 화합해 나갈 수 있을 것이다. 그러나 한 사람은 외향적이고 다른 한 사람이 내향적일 때, 그들이 자신의 유형에 대해 알지 못할 때, 또는 자신의 유형 쪽이 올바른 것이라고 맹신盲信하고 있을 때, 충돌은 더 빈번하게 일어난다.

예를 들면 외향적인 사람은 다수 측의 견해를 선택할 것이고, 내향적인 사람은 그것이 유행이라는 이유만으로도 거부할 것이다. 한 쪽에게 가치 있는 것은 다른 한 쪽에게는 무가치한 것이므로 이러한 의견 차이는 쉽게 생기게 된다. 예컨대 프로이트는 내향적 유형을 자신에 관해 병적인 관심을 가지고 있는 인간형으로 해석하고 있다. 그러나 내적 성찰과 자기 자신에 관한 지식은 다른 무엇에도 비할 수 없는 가치와 중요성을 가질 수 있는 것이다.

꿈의 해석에 임할 때 이와 같은 인격의 차이를 고려하는 것은 매우 중요한 일이다. 분석가가 심리학 이론과 그에 적용할 수 있는 기술을 몸에 지니고 있다는 이유만으로 그같은 차이를 초월한 존재라고 할 수는 없다. 분석가는 자신의 이론과 기술이 절대적인 진실이며 인간 심리의 전체를 파악할 수 있다고 가정할 때에만 자신을 우위에 둘 수 있다. 그러나 그와 같은 가정은 너무나 의혹스러운 것이므로 실제로는 분석가가 확신을 갖는다는 것은 불가능하다. 따라서 그가 그의 이론과 기술을 가지고 환자의 전인간성에 직면할 때, 그 자신의 생생한 전체성에 입각하지 않는다면, 그는 끊임없는 내적 의혹에 시달리게 될 것이다.

분석가는 자신의 전인격을 동원해야만 환자의 인격에 충분히 대응할 수 있을 것이다. 심리학적인 경험과 지식은 분석가에게 단순한 이점 이상의 것을 확보해 줄 수는 없다. 이러한 체험과 지식을 갖추고 있다고 해도 환자뿐 아니라 분석가 자신마저 시험대 위에 올려놓아야 하는 이 투쟁을 모면할 수는 없다. 따라서 '인격이 조화를 이루고 있는가?'또는 '갈등하고 있는가?'혹은 '상호 보완적으로 작용하고 있는가?'하는 것은 매우 중요한 문제가 되는 것이다.

내향과 외향은 인간 행동의 허다한 특성 중의 한 가지에 불과하다. 예컨대 외향적인 사람들에 대해 조사해 보면 그들도 많은 점에서 서로 다르다는 것을 쉽사리 알 수 있으며, 외향적이라는 것은 특성적 규범으로서는 너무 표면적이고 지나치게 일반적이라는 것을 알 수 있다. 때문에, 나는 오래 전부터 다른 기본적 특성 ─ 즉, 인간의 속성은 무한히 다양한 것처럼 보이지만, 그것에 어떤 규칙성을 부여하기에 적합한 특성 ─ 을 발견하려고 했다.

나는 상당수의 사람들이 자신들의 지적 능력을 사용하지 않으려 하고 그것을 사용할 때에도 형편없이 어리석은 방법에 의존하고 있다는 사실에 대해 늘 놀라움을 금치 못했다. 또 나는 철저하게 지적인 사람들이 자신들 감각기관의 사용방법을 전혀 모르는 듯이 생활해 나가는 데 대해서도 놀라움을 금치 못하고 있다. 그들은 자기 눈앞에 있는 것을 보지 않고 자기 귀에 들려오는 소리를 듣지 않고, 자신이 관계하거나 체험하고 있는 것을 인정하지 않으려 한다. 또 어떤 사람들은 자기 자신의 신체 상태를 거의 인식하지 못한 채 살아가고 있다.

혹은 아주 색다른 의식 상태를 가지고 살아가는 사람들도 있다. 그들은 오늘날이 최종적인 시점이라고 믿으며, 변화의 가능성은 전혀 없고 또 세계와 인간심리는 정적이고 늘 이 상태로 머물러 있을 듯이 생활하고 있다. 그들은 모든 상상을 포기하고 오로지 자신의 감각기관에만 의존하고 있다. 우연성이나 가능성은 그들 시계에는 존재하지 않는다. 따라서 '오늘' 외에 '내일'이라는 것은 있을 수 없다. 미래라는 것은 과거의 반복에 불과하다.

나는 여기서 내가 여러 사람들을 관찰하기 시작했을 때 최초로 가지게 된 인상을 독자들에게 전달해 보려고 한다. 자신의 지적 능력을 사용하는 사람이란, 곧 생각하는 사람을 의미하는 것이다. 즉, 자기 자신을 환경과 주위 사람들에게 적용시키기 위해 자신의 지적 기능을 사용하고 있는 사람들이다. 따라서 지능은 있지만 생각하지 않는 사람들이란 자신의 적응 방법을 감정에 의해 찾아내려 하는 사람들이다.

감정이라는 말에 대해서는 약간 설명해 둘 필요가 있다. 예컨대 '센티멘트'에 해당하는 감정이 있다. 그러나 감정이라는 말은 의견을 뜻하기도 한다. 한 예로 백악관으로부터의 커뮤니케이션에 따르면 "대통령은 ……라고 느끼고 있습니다"의 경우이다. 또 이 말은 직관을 표현할 때에 쓰일 수 있다. 즉, "……라는 느낌을 줍니다만……"하는 경우이다.

내가 사고에 대비해서 이 '감정'이라는 말을 쓸 때에 이는 가치 판단, 즉 쾌·불쾌 또는 선·악 등의 가치 판단에 관한 것이다. 이 정의에 따르면 감정은 정감이 아니다(정감은 그 말에서 알 수 있듯이 자연발생적인 것이다). 하나의 기능이지만 그에 비해 직관은 비합리적인(무언가를 인식하는 기능이다). 직관은 하나의 감각이라는 의미에서 볼 때 의도적인 행위에 의해 도출된 것은 아니다. 그것은 판단의 행위라기보다는 자연발생적인 것으로써 외적, 내적인 환경변화에 의해 좌우되고 있다. 직관은 감각지각感覺知覺과 같은 것이고,

정신적인 원인보다는 신체적인 원인에 의한 외적인 자극에 의해 본질적으로 결정되는 것이므로 이는 비합리적인 것이다.

이러한 네 가지 유형의 기능을 의식은 그 경험의 방향성을 획득하는 방법에 대해 각기 기여하고 있다. 감각즉, 감각지각은 우리에게 무언가가 존재하고 있다는 것을 알리고, 사고는 그것이 무엇이라는 것을 알려주고, 감정은 그것이 쾌감을 주는지 여부에 대해서 알려 주고, 직관은 그것이 어디에서 와서 어디로 가는지 알려준다.

인간의 행동 유형에 관한 이 네 가지 기준은 그 밖의 여러 가지들, 즉 권력에의 의지라든가 기질, 상상력, 기억 등등 중에서 겨우 네 개의 것에 불과하다는 점을 이해해 주었으면 좋겠다. 이 기준들은 전혀 도그마틱한 것이 아니며, 오히려 그 기본 성질 때문에 분류를 위한 적당한 기준으로서 이해될 수 있다고 생각한다. 나는 이것들이, 양친에게 자식에 관하여 설명하거나 남편에게 그 부인에 관해 설명할 때, 혹은 그 반대의 경우에 매우 유용하리라고 생각한다. 또 이것들은 자기 자신의 편견을 이해하는 데에도 유용할 것이다.

만약 당신이 다른 사람의 꿈을 이해하려고 한다면, 자기 자신의 기호를 희생하고, 편견을 버리지 않으면 안 된다. 이는 쉬운 일이 아니며, 결코 기분 좋은 일도 아니다. 그것은 하나의 윤리적인 노력이며, 모든 사람이 좋아하는 일이라고는 할 수 없기 때문이다. 분석가가 자기 자신의 입장을 비판하거나, 그 상대성을 인정하지 않으려고 한다면, 환자의 심리에 대한 정확한 정보를 얻어 충분히 통찰한다는 것은 불가능하다.

분석가는 적어도 환자에 대해 자기 의견에 귀를 기울이고, 진지하게 받아들여 줄 것을 기대한다. 그러나 환자도 똑같은 권리를 갖지 않으면 안 된다. 이와 같은 관계는 여하한 형태의 상호 이해를 위해서도 불가결한 것이므로, 그 필요성은 명백한 것이지만, 치료에 있어서는 분석가의 이론적 기대가 만족되는 것보다도 환자가 이해해 주는 것이 더욱 중요하다는 것을 명심하지 않으면 안 된다. 분석가의 해석에 대한 환자의 저항이 반드시 나쁜 것은 아니다. 그것은 무언가가 '꼭 맞아떨어지지 않는다'는 신호이다. 이것은 환자는 분석가가 이해한 점까지 도달하지 않았든지, 또는 그 해석이 적절하지 못하다는 것이다.

우리는 다른 사람의 꿈의 상징을 해석하려 할 때, 자신의 이해의 갭gap을 투영 — 즉, 분석가가 보고 생각하는 것은 피분석자도 똑같이 보고 생각한다는 단순한 가정 — 에 의해 메꾸려는 경향 때문에 늘 장애를 받는다. 이러한 종류의 오류를 극복하기 위해서, 나는 꿈의 일반에 관한 이론적인 모든 가정 — 꿈이 어떤 의미를 갖는다는 가정을 제외한 — 을 배제하고, 그 개개의 꿈의 흐름으로부터 이탈하지 않는 것이 중요하다는 것을 항상 주장하여 왔다.

지금까지 설명해 온 것만으로도, 꿈의 해석에 있어서 일반적인 규칙을 설정하는 것이 불가능하다는 것은 명백할 것이다. 나는 앞에서 꿈의 일반적인 기능은 의식적인 심리의 결함을 보상하려는 것으로 여겨진다고 설명했지만, 그것은 이 가정이 어떤 종류의 꿈의 성질에 대해 접근해 가는 가장 효과 있는 방법을 개발한 것을 의미한 것이다.

어떤 사례에 있어서는 이 기능이 명백히 시사하고 있는 것을 볼 수 있다. 나의 환자 중 한 사람은 자신을 과대평가하여 그를 알고 있는 대부분의 사람들이 그의 고상한 체하는 태도에 역겨워하고 있는 것을 전혀 알지 못했다.

그는 꿈에서 술에 취한 부랑자가 하수구로 굴러떨어지는 것을 본 적이 있다. 그 광경에 대해 그는 방자하고 거만한 코멘트를 했다. "인간의 아주 낮은 곳까지 떨어져 들어가는 것을 보는 것은 아주 두려운 것이다"라고.

이 꿈의 불유쾌성, 적어도 그 자신의 장점에 대한 과장된 의견을 상쇄하는 시도인 것은 명확할 것이다. 그러나 그것 이상의 무엇인가가 거기에 있었는데, 그의 형제 중에 알코올 중독자가 있었음이 알려졌다. 이 꿈은 그의 우월적인 태도가 그의 외적인 혹은 내적인 형상으로서의 이 형제를 보상하고 있는 것이라는 것도 분명히 보여 주는 것이었다.

또 다른 예를 생각해 보면, 심리학에 대한 자신의 지적인 이해를 과대평가하고 있는 부인이 친구에 대한 꿈을 몇 번인가 꾸었다. 일상생활에서 그 꿈속의 부인을 만날 때에 그녀는 그 부인이 허영적이고 정직하지 못한 책략가라고 생각하여 혐오감을 가졌었다.

그러나 꿈속에서 그 부인은 자매처럼 아주 친하고 호감이 가는 모습으로 나타났다. 그 환자는 자신이 혐오하는 부인에게 대하여 어쩌면 그렇게도 좋아하는 꿈을 꾸지 않으면 안 되었는가에 대해 이해할 수 없다. 그러나 이러한 꿈은 그녀 자신이 그녀 꿈에 나타난 부인과 유사한 무의식적인 성격에 의해 '영향을 받고 있다'는 것을 밝히려는 것이었다. 자기 자신의 인격에 대해 명확한 신뢰를 갖고 있는 이 환자가, 그 꿈이 자신의 권력 콤플렉스와 더불어 자신의 은폐된 동기에 대해 말해 주고 있는 것을 인정한다는 것은 아주 곤란한 일이었다.

이와 같이 무의식적인 영향은 친구 사이에서 아주 불유쾌한 다툼을 야기할 수 있는 것이었다. 그녀는 이런 경우에 항상 남을 책망하고 자신의 잘못은 인정치 않았던 것이다. 우리가 묵인한다든지, 무시한다든지, 억압한다는 것은 우리 인격의 '그늘진'부분만은 아니다. 그 예로서 생각되는 것은, 얼핏 보기에 겸손하고 소극적인 남자로, 더구나 무언가 매력적인 느낌을 주는 사람의 경우이다. 그는 항상 뒤쪽의 좌석에 앉는 것에 만족해하고 있었다.

조심성이 많기는 하지만, 어쨌든 출석만은 고집스럽게 하였다. 말을 할 기회가 오면, 만사에 통달한 의견을 펴지만, 그는 결코 그것을 강요하지는 않았다. 때로는 주어진 문제에 대해서, 어떤 고차원에서는 훨씬 탁월한 방법으로 처리할 수 있지는 않을까 하고 시사할 때가 있었다그러나 그는 결코 그 방법에 대해서는 설명하지 않았다. 그는 꿈속에서만 늘 나폴레옹이나 알렉산더 대왕 같은 위대한 역사적 인물과 만났던 것이다.

이러한 꿈은 분명히 열등감의 보상이었다. 그러나 그것은 다른 의미도 갖고 있다. 그 꿈은 이와 같이 저명한 사람의 방문을 받는, 그리고는 '나'라는 사람은 도대체 어떤 인간일까 하는 의문을 제기하는 것이다. 이것에 관하여 꿈은 이 사람의 열등감을 해소하려는 은폐된 과대망상적인 측면을 나타내고 있다. 이 무의식적인 위대함의 관념은 환경이라는 현실로부터 그를 고립시키고 다른 사람들에 대한 불가피한 의무에 대해 무관심한 체하는 것을 가능케 하고 있다. 그는 자신의 우수한 판단이 그 탁월한 장점에 기인하고 있다는 것은 ─ 자신에 대해서도, 타인에 대해서도 ─ 증명할 필요도 없다고 느끼고 있다.

실제로 그는 무의식적으로 엉뚱한 게임을 하고 있는 것이다. 그리고 꿈은 기묘하고 막연한 방법으로 의식의 수준까지 그것을 끌어들이려고 하고 있는 것이다. 나폴레옹과 친하게 교제한다든지 알렉산더 대왕과 대화한다든지 하는 것은 분명히 열등 콤플렉스 때문에 생겨난 일종의 공상이다. 그러나 꿈이 그것에 관해 왜 직접적으로 표명하지 않는가, 또 말해야만 하는 것을 왜 확실히 말하지 않는가 라는 의문이 떠오르게 된다.

나는 종종 이와 같은 질문을 받고 의문을 가져 보았다. 꿈이 지나치게 애매한 방법으로 명확한 정보를 피하고, 결정적인 점을 덮어 둔다든지 하는 점에 나는 자주 놀라게 된다. 프로이트는 심중의 어떤 특수한 존재를 추정하여 그것을 '검열'이라 불렀다. 그는 검열기관이 꿈의 이미지를 왜곡시켜 무언가 인정할 수 없는 것, 오해하기 쉬운 것으로 바꿔 버려 꿈의 참된 주제에 대하여 꿈꾸고 있는 의식을 속이는 것이라 생각하였다. 꿈을 꾼 사람에 대한 비판적인 생각을 감춤으로써 그 '검열기관'이 불유쾌한 기억에 의한 쇼크로부터 편안한 수면을 보호하고 있다는 것이다. 그러나 나는 꿈이 안면安眠의 보호자라는 이 이론에 대해서는 회의적이다. 즉, 꿈은 종종 안면을 방해하기도 한다는 것이다.

의식에의 접근은 심리의 잠재적인 내용에 있어서 '소지所持'효과를 갖고 있는 것처럼 생각되어진다. 잠재의식의 상태는 관념과 이미지를 의식 내에 있어서 보다 더 낮은 긴장의 레벨에서 유지하고 있다. 잠재의식적인 조건에 대해서는 관념과 이미지는 그 정의의 명확성을 잃는다. 그러한 관계는 보다 필연적이지 않게 되고, 애매하게 비유적으로 되고 합리성을 잃어서 보다 더 이해하기 어려운 것으로 된다. 이것은 피로와 열병과 중독 등에 의한 모든 꿈과 같은 상태에서 관찰하는 것이 가능하다. 그러나 이러한 이미지의 어딘가에 보다 높은 긴장을 주는 것이 생기면, 그 이미지는 비교적 잠재적이지 않게 되고 그것들이 의식영역에 가까이 감에 따라서 보다 명확히 정의되어진다.

이 사실로부터 어째서 꿈이 종종 비유적 표현을 사용하고 있는가, 혹은 왜 우리들이 각성해 있을 때의 논리적·시간적인 척도를 적용하지 못하는 가를 이해하는 것이 가능할 것이다. 꿈이 취하고 있는 이 형태는 무의식에 있어서 자연스러운 것이다. 이는 꿈이 산출하고 있는 소재라는 것이 잠재의식의 상태에 있어서는 바로 그와 같은 형태로 유지되고 있기 때문이다. 꿈은 프로이트가 말하고 있는 것같이 '인정할 수 없는 원망'으로부터 안면을 지키려 하고 있는 것은 아니다. 프로이트가 꿈의 '변장'이라 부르고 있는 것은, 실제는 모든 충동이 무의식 내에서 자연적으로 취하고 있는 형태인 것이다.

그러므로 꿈은 명확한 사고를 산출하는 것은 아니다. 만약 꿈이 명확히 되기 시작한다면 그것은 의식영역을 넘기 때문에 꿈이라고는 할 수 없게 되어 버린다. 꿈은 의식적인 심리에 있어서 가장 중요한 점을 떨어뜨려 개기일식 때의 희미한 별빛같이 오히려 '의식의 테두리 장식'을 연출하는 것처럼 보이는 것도 이 때문이다.

우리들은 꿈의 상징이 대부분 의식의 제어를 초월한 심리의 표출이라는 것을 이해해야만 한다. 의미의 목적성은 심리의 특전이 아니라 그것은 생명체 전체에 작용하고 있는 것이다. 식물이 꽃을 만들어내는 것과 같이, 심리는 상징을 창조해낸다. 모든 꿈은 이 과정의 표출인 것이다.

이리하여 꿈에 의해서 직관이나 충동, 기타 자연발생적인 것과 더불어 본능적인 힘은 의식의 활동에 영향을 준다. 그 영향이 보다 좋은 쪽인가, 혹은 보다 나쁜 쪽인가 하는 것은 무의식의 실제 내용에 따르고 있다. 무의식이 통상 의식화되어야 하는 것보다도 지나치게 많은 것을 포함하고 있을 때에 그 기능은 왜곡되어 편견을 초래하게 된다. 거기에 표출된 동기는 참된 본능에 기초한 것이 아니라, 그 존재와 심적인 중요성이 억압과 부정에 의해 무의식 속에 나타나게 되는 것이라는 사실에 입각해 있다고 볼 수 있다.

그것들은 마치 통상의 무의식에 겹쳐져 그 기본적인 상징과 주제를 표출하는 자연스런 경향을 왜곡시키고 있는 것 같다. 그렇기 때문에 분석가는 정신적인 장애의 원인에 대해 환자로부터 어느 정도 자발적인 고백을 들어 환자가 싫어하거나 두려워하는 것 모두를 깨달음으로써 치료를 시작해 가는 것이 당연하다.

이것은 마치 아주 옛날 어떤 교리의 고백과 마찬가지이며, 고백은 여러 점에서 근대의 심리학적인 기술을 선취하고 있는 것이다. 적어도 이것이 일반적인 규칙이다. 그러나 실제로 이것은 역의 작용을 하는 경우도 있다. 압도적인 열등감이나 심각한 약점은 환자가 자기 자신의 부적합성의 새로운 증거에 직면해 가는 것을 아주 어렵게 한다든가, 혹은 불가능하게 할 수조차 있기 때문이다. 이 때문에 나는 환자에 대하여 애초에 확신적인 견해를 주는 것이 유익하다는 것을 종종 느끼고 있다. 이것은 환자가 보다 고통스러운 통찰에 접근했을 때 좀 더 편안한 안정감을 줄 수 있도록 준비해 두는 것이 된다.

예를 들면 영국 여왕과 차를 마시고 있었다든가, 법왕과 다정하게 얘기하고 있었다는 '독선적인 과시'의 꿈을 예로 들어보자. 만약 꿈을 꾼 사람이 분열증이 아닌 경우 이 상징의 실제적인 해석은 그 환자의 그때의 심리상황 — 즉, 그의 자아의 조건 — 에 비상하게 의존하고 있다. 꿈을 꾼 사람이 자신의 가치를 과대평가하는 사람이라면 관념 연합에 의해 보여진 자료로부터 그 사람의 의도가 얼마나 부적절한 어린애 같은 것이며 그들이 그의 양친과 동등하고 싶다. 혹은 그것을 초월하고 싶다는 유아적인 소망으로부터 나타난다는 것을 쉽게 보여준다.

그러나 그것이 열등감의 경우여서 전체에 퍼진 무가치감이 이미 인격의 적극적인 면을 압도하고 있는 경우에는 그가 얼마나 유아적이고 어리석은가, 도착적이기까지 한가 등으로 생각되어 그 환자를 보다 억압적으로 대하는 것은 잘못된 것이다. 그와 같은 것은 잔혹하게도 그의 열등감을 증가시키는 것으로 되고, 따라서 치료를 달갑게 여기지 않아 이것이 불필요한 저항의 원인으로 될 것이다.

치료자가 받아들인 모든 사례는 어떤 특별한 조건에 있는 개인이므로 일반적으로 적용할 수 있는 치료기술이나 치료이론이란 것은 존재하지 않는다. 나는 9년간에 걸쳐 치료하지 않으면 안 되었던 한 사람의 환자를 생각한다. 그는 외국에 살고 있었으므로 매년 1, 3주간밖에 만날 수 없었다. 처음부터 나는 그의 진정한 문제가 무엇인가를 알고 있었다. 그러나 진실로 가까워지기 위한 다소의 시도조차 매우 거친 방위 반응defense reaction을 일으켜 그 때문에 우리 둘 사이가 완전히 갈라져 버릴 염려가 있다고 나는 보고 있었다.

그를 좋아할 수도, 좋아하지 않을 수도 없는 처지에서 우리의 관계를 유지하여 그의 경향에 따라가는 것에 최선을 다하지 않으면 안 되었다. 이 경향은 그의 꿈에 의해 지지되고 우리의 대화는 그의 신경증의 근본과는 다른 방향으로 진행하였다. 그의 말의 범위가 너무나도 넓어서 나는 환자를 미혹시켜 버리는 것은 아닐까 하고 종종 자신을 책망하였다. 그의 상황이 천천히 그리고 확실히 개선되어가는 사실만을 신뢰하고, 나는 그에게 잔혹한 진실을 말하는 것을 피하고 있었다.

그러나 10년째 되어 환자는 나에게 자신은 나았으며 모든 병증세로부터 해방되었다고 이야기했다. 이론적으로는 그의 상황은 치료 불가능한 것이였으므로 나는 놀랐다. 나의 놀라움을 알고 그는 미소를 띠면서 말했다.

"나는 나의 신경증의 난처한 원인에 대하여 우회하는 것을 도와준 당신의 정확한 방법과 인내에 대해서 특히 감사하고 싶습니다. 지금은 어떻게라도 말할 수 있습니다. 만약 내가 곧이곧대로 자유로이 말을 들었더라면 최초의 상담 때 말했을 겁니다. 그러나 그 때문에 우리의 관계는 거칠어지고 그렇게 되었다면 후에 나는 어떻게 되었을까요? 아마도 나는 심리적으로 파멸해 버렸을 겁니다. 이러한 10년의 기간 동안 나는 당신을 믿는 것을 배웠습니다. 그리고 신뢰가 더해감에 따라 나의 상황은 호전되어 갔습니다. 이 완만한 과정이 내 자신에 대한 신뢰를 되찾는 것에 유용했기 때문이라고 생각합니다. 나를 파괴하여 버린 것 같은 그런 문제에 대하여 지금 나는 말할 만한 충분한 힘이 있습니다."

거기에서 그는 자신의 문제를 아주 솔직히 고백하였다. 그의 문제는 우리들의 치료가 따르지 않으면 안 되었던 특이한 과정의 이유를 보여주는 것이었다. 그 근본의 쇼크가 너무나도 강했던 것으로, 그는 그것에 혼자 직면할 수가 없었던 것이다. 그는 어쨌든 타인의 도움을 필요로 한 것이며, 치료란 서서히 신뢰를 확립하는 것이어서 임상적인 이론을 혼동하는 것은 아니었다.

이와 같은 사례로부터 나는 어떤 특정의 사례에는 적용 불가능할지도 모를 일반적 고찰로 뛰어 들어가는 것보다는 자신의 방법을 개개 환자의 요구에 적용하는 것을 배웠다. 60년간에 걸친 실제적인 경험을 통하여 내가 축적한 인간성에 관한 지식과 모든 사례를 아주 새로운 것으로 생각하고, 무엇보다 우선 개별적인 접근법을 탐색해 내야만 한다는 것이었다.

때때로 나는 유아적인 사실이나 공상을 주의깊게 조사하는 것을 주저하지 않고, 또 때로는 위쪽으로부터 말을 시작하여 설령 그것이 가장 동떨어진 형이상학적 사변으로 비약해 버려도 개의치 않았다. 그것은 모두 개개 환자의 말을 배우는 것, 환자의 무의식이 빛을 찾아 손을 더듬는 것에 따라가는 것이다. 어떤 사례는 어떤 특정 방법을 요구하고, 다른 사례는 다른 방법을 요구하는 것이다. 이것은 상징의 해석을 하려는 것에 있어서 특히 진리이다.

두 명의 다른 사람이 거의 비슷한 꿈을 꾸는 경우도 있다임상적 경험으로는 흔히 볼 수 있는 것이지만, 이것은 보통 사람이 생각하는 정도로 희귀한 것은 아니다. 그러나 예를 들면 그 꿈을 꾼 한 사람은 젊고, 다른 한 사람은 나이가 든 경우, 그들에게 장애를 주고 있는 문제는 연령에 따라 다른 것이다. 그래서 두 개의 꿈을 같은 방법으로 해석하는 것은 분명히 어리석은 일이다.

지금 생각한 한 예는, 젊은 사람들의 한 그룹이 말을 타고 넓은 들판을 횡단해 가고 있는 꿈이다. 꿈을 꾼 사람은 맨 앞에 서서 물이 가득 흐르고 있는 강을 뛰어넘고 장애를 극복한 것이다. 남은 사람들은 강으로 떨어져 들어가 버렸다. 그런데 이 꿈을 처음으로 내게 말했던 젊은이는 아주 사려 깊은 내향적인 타입의 사람이었다. 그러나 나는 이와 똑같은 꿈을 무모한 성질을 가진 활동적이고 모험적인 생활을 하고 있는 노인으로부터 들었던 적이 있었다. 이 꿈을 꾼 때에 그는 환자였는데, 의사와 간호사를 몹시 당황하게 하였다. 그는 실제 의사의 지시를 따르지 않았기 때문에 자기 자신을 해치는 결과를 맞았다.

젊은이에 대해서, 이 꿈은 그가 실제로 무엇을 성취해야만 하는가를 알려주고 있는 것이 분명하다. 그러나, 노인에 대해서는 현재 그가 행하고 있는 것을 알려주는 것이다. 주저하고 있는 젊은이에게 꿈은 원기를 북돋아

주고 있으며, 노인에게 그와 같은 격려는 불필요한 것이다. 아직 그의 심중에 떠오르고 있는 모험심이란 것은 실제로 그에게 있어서는 커다란 고민거리이다. 이 예는 꿈과 상징의 해석이 꿈을 꾼 사람의 개인적인 상황과 그 심리의 조건에 긴밀하게 의존하고 있다는 것을 보여 주고 있다.

제 **6** 장

원형에 관하여

보상의 목적으로 꿈이 사용된다는 것은 앞에서 설명하였다. 그 가정은 꿈이 정상적인 심리현상이며, 무의식의 반응과 자연발생적인 충동을 의식에 전달하는 것임을 의미하고 있다. 꿈은 대부분 꿈을 꾼 사람의 도움에 의해 해석할 수가 있다. 꿈을 꾼 사람은 꿈의 이미지에 대한 연상과 꿈의 이미지의 문맥을 설명하고, 그에 의해 꿈의 모든 면을 다 볼 수가 있다.

이 방법은 모든 일반적 사례에 적절하다. 예컨대 친척이나 친구나 환자가 대화 중에 말하는 꿈의 경우가 그러하다. 그러나 그것이 강박적인 꿈이든지 지나치게 정감성이 강한 꿈일 경우에는 보통 꿈을 꾼 사람에 의한 개인적인 연상만으로는 만족한 해석을 할 수 없다. 그와 같은 경우 우리는 ― 프로이트가 최초로 언급한 것이지만 ― 꿈 중에는 비개인적인 것이나 혹은 꿈을 꾼 사람의 개인적인 경험으로부터 인출해 낼 수 없는 요소가 종종 생긴다는 점을 고려하지 않으면 안 된다. 그러한 요소는 앞에서 설명한 바와 같이 프로이트가 '고대의 잔존물'이라 부른 것이다이것은 그 존재 이유를 개인 자신의 생활만으로는 설명할 수 없는 심리형태로서 원초적으로 예부터 계승되어 온 유전적인 인간의 심리형태로 간주할 수 있다.

인간의 신체가 오랜 진화적인 역사를 배경으로 갖고 있는 신체기관들의 박물관을 형성하고 있는 것같이, 심리도 똑같은 방법으로 구성되어 있다고 기대할 수 있다. 심리는 신체와 마찬가지로 역사 없이는 생겨나지 못한다. 여기서 '역사'라는 것은, 심리가 형성된 역사를 의미하는 것이므로 언어와 다른 문화적인 전통을 통하여 과거에 대해 의식적으로 창조한 것을 지칭하고 있는 것이다. 나는 인간의 심리가 아직 동물과 유사했던 고대의 인간이 생물학적으로 역사 이전의 무의식적인 심리 발달에 관하여 기술하고 있다.

이와 같은 옛날의 심리가 우리 심리의 기초를 형성하고 있다. 그것은 마치 우리의 신체가 포유류의 일반적인 해부학적 형태에 근거하고 있는 것과 같다. 숙련된 해부학자나 생물학자의 눈은 우리들의 신체 내에서 원초적인 형태의 흔적을 많이 찾아낸다. 이와 똑같이 경험을 많이 쌓은 심리 연구자는 근대인의 꿈의 이미지와 원시인이 만든 꿈의 '보편적인 이미지'와 신화적인 모티브 사이에서 유사성을 찾아낼 수가 있다.

그러나 생물학자가 '비교 해부학'을 필요로 하는 것처럼, 심리학자도 심리에 관한 '비교 해부학'없이는 일을 할 수가 없다. 바꿔 말한다면 실제면에서는 심리학자는 꿈과 기타의 무의식적인 활동의 산물에 관한 충분한 경험뿐 아니라 가장 넓은 의미에서의 신화에 대해서도 지식을 갖지 않으면 안 된다는 것이다. 이와 같은 의욕 없이 중요한 유사성을 찾아내는 것은 불가능하다. 예를 들면 강박 신경증의 사례와 고전적인 그것과의 사이의 유사성은 양자에 관한 실제적인 지식 없이 찾아낼 수 없는 것이다.

'고대의 잔존물'을 나는 '원형'이나 '원시 심상'이라 부르고 있는데, 그에 관한 충분한 지식을 갖지 못한 사람들에 의해 늘 비판받아 왔다. '원형'이라는 용어는 종종 어떤 명확한 신화적인 이미지나 모티브를 뜻하는 것으로 오해를 받고 있다. 그러나 신화적인 이미지나 모티브들은 의식적인 표상에 지나지 않는 것이다. 그와 같은 변화하기 쉬운 표상이 유전된다고 하는 건 아주 우스운 일이다.

원형이란 것은, 그와 같은 모티브의 표상을 형성하는 경향이다. 그 표상은 기본적인 패턴을 잃지 않으면서도 세부에 있으면서 잘 변화할 수 있는 것이다. 예를 들면 절대적인 종족의 모티브를 나타내는 표상은 여러 가지가 있지만, 모티브 그 자체는 동일한 것이다. 나에 대한 비판자는 내가 '유전된 표상'을 취급하고 있다고 잘못 추론하고, 그와 같은 기초에 서서 원형의 개념을 단순한 미신으로 매도해 버렸다. 그들은 만약 원형이 우리들의 의식으로부터 생겨난 표상이라면, 우리들은 분명히 그것들을 이해할 수 있고, 그것들이 우리의 의식에 제시될 때에 당황하거나 놀라지는 않을 것이라는 사실을 고려하고 있지 않다. 원형이란 실제로 본능적인 경향이 있어서 새가 집을 짓는 충동이나 개미가 조직화된 집단을 형성하는 것과 같이 현저한 것이다.

여기에서 나는 본능과 원형 사이의 관계를 분명히 해 두어야 하겠다. 우리들이 정확히 본능이라고 부르는 것은 생리적인 충동으로서 감각에 의해 인지되고 있다. 그러나 동시에 그것들은 공상 중에도 나타나 그 존재를 상징적인 이미지에 의해서만 표명한다. 여기서 이 표명이 내가 부르고 있는 원형이다. 그것들은 밝혀진 기원을 갖고 있지 않다. 또 세계의 어느 시각, 어느 장소에 있어서도 직접적 유전 내지 이주移住에 의한 '잡교雜交 수정'등 생각할 수도 없는 식으로 산출한다.

많은 사람들이 자기 자신의 꿈과 자식들의 꿈에 놀라서 상담하러 온다. 그들은 꿈의 언어를 전혀 이해하지 못해 곤혹을 치르고 있었던 것이다. 즉, 그 꿈은 그들이 생각해 내는 것이나 자식들에게 전해져야만 하는 것과 관련지을 수 없는 이미지를 포함하고 있기 때문이다. 더구나 그 사람들 중에는 고등 교육을 받은 사람도 있었고 현직 정신과 의사도 있었다.

나는 어떤 대학교수가 돌연 환상을 보고 자신은 정신병자가 아닌가 하고 찾아온 사례를 생생히 기억하고 있다. 그 교수는 아주 심한 혼돈상태에 빠져 내게 찾아왔다. 나는 단지 400년 전의 목판화를 선반에서 꺼내 그의 그 환상을 그대로 묘사하고 있는 오래된 목판화를 그에게 보여주었다. 그리고 "당신은 자신을 미치광이라고 생각할 이유가 전혀 없습니다"고 말하고 "당신의 그와 같은 환상은 400년 전부터 알려져 있는 것입니다"라고 설명해 주었다. 그는 정신이 나간 듯이 앉아 있다가 다시 정상으로 돌아왔다.

한 정신과 의사는 아주 중요한 사례를 내게 제공해 주었다. 그는 10세가 된 딸로부터 크리스마스 선물로 받은 작은 노트를 내게 가져왔다. 그 노트에는 그의 딸이 8세 때 꾼 꿈들이 기록되어 있었다. 그 꿈들은 어째서 부친이 그것에 단순한 곤혹 이상의 것을 느꼈는가를 잘 이해할 수 있게 하였다. 아주 어린애다운 것이지만 너무 이상해서 아버지로서는 그 기원을 전혀 이해할 수 없는 이미지로 꿈은 가득 차 있었다.

여기서 꿈에 나타난 관련된 주제들을 살펴보자.

첫째, 악마, 즉 다수의 뿔을 가진 뱀과 같은 괴물이 다른 동물을 삼켜 버린다. 그러나 하나님이 네 가지의 각기 다른 모습을 하고 네 귀퉁이로부터 나와 죽은 동물들을 모두 환생시킨다.

둘째, 천국으로 올라가면 거기서는 이교도의 무용의식이 한창이다. 그리고 지옥으로 내려가면 천사들이 선행을 행하고 있다.

셋째, 작은 동물의 무리가 꿈을 꾸고 있는 이 아이를 위협한다. 동물들은 굉장히 커지고 그 중의 하나가 이 소녀를 삼켜 버린다.

넷째, 한 마리의 작은 쥐 속에 송충이, 뱀, 물고기, 그리고 맨 나중에 인간이 들어가 있었다. 이렇게 해서 쥐는 인간으로 된다. 이것은 인류의 기원에 관한 4개의 단계를 보이고 있는 것이다.

다섯째, 한 방울의 물이 현미경으로 보고 있는 것처럼 크게 보인다. 소녀는 그 한 방울의 물로 나뭇가지가 자라나는 것을 본다. 이것은 세계의 기원을 보이고 있는 것이다.

여섯째, 악한 소년이 한 덩이의 흙을 갖고 있다가 길을 지나가는 사람들에게 마구 집어 던진다. 이렇게 해서 그곳을 지나가는 사람은 전부 악하게 된다.

일곱째, 술에 취한 여인이 물에 빠졌다가 다행히 제정신이 되어 빠져 나온다.

여덟째, 미국에서의 광경인데, 수많은 사람이 개미 떼의 습격받아 개미 떼 위를 굴러다니고 있다. 이 소녀는 혼돈상태에서 강물 속으로 빠져들어 간다.

아홉째, 달 표면에 사막이 있고 거기서 이 소녀는 모래 속으로 계속 잠겨 들어가 마침내 지옥으로 떨어져 버린다.

열째, 이 꿈에서 소녀는 눈부시게 빛나는 구슬의 환상을 본다. 그녀가 그것에 손을 대면 증기가 거기서 발산된다. 남자가 와서 그녀를 죽인다.

열한째, 이 소녀는 자신이 아주 위독한 환자가 되어 있는 꿈을 꾼다. 돌연 작은 새가 그녀의 피부로부터 날아 나와 그녀를 폭 덮어씌워 버린다.

열두째, 모기 떼가 태양을 가리고, 달을 가리고, 별 하나만을 남기고 모든 별을 가려버린다. 그 남은 한 개의 별이 꿈을 꾸고 있는 소녀 위에 떨어진다.

생략하지 않은, 원래 독일어로 쓰어진 글에서는 모든 꿈이 옛날이야기처럼 "옛날 한 옛날에……"로 시작된다. 이 말 때문에 꿈을 꾼 소녀는 이 꿈들을 일종의 옛날이야기인 것처럼 느끼고, 그것을 아버지에게 크리스마스 선물로 이야기한다는 것을 암시하고 있다.

아버지는 꿈의 문맥 속에서 이 꿈을 설명하려고 시도하였다. 그러나 그것에 관한 개인적인 연상이 없었기 때문에 그렇게 할 수가 없었다. 이러한 꿈이 의식적으로 만들어진 것이 아니라고 믿을 수 있는 사람은 이 어린애를 잘 알고 그녀가 거짓말하고 있지 않다고 절대적으로 확신할 수 있는 사람뿐이다그러나 그것들이 설령 공상이라고 해도 그것을 우리들이 어떻게 이해할 것인가라는 문제는 남게 된다.

이 경우, 아버지는 꿈은 거짓이 아니라고 확신했고, 나에게도 그것을 의심할 이유가 하나도 없었다. 나 자신은 그 소녀를 알고 있었지만 그것은 소녀가 아버지에게 꿈을 전하기 이전이었으므로 그녀에게 그 점을 찾아볼 기회가 없었다. 왜냐하면, 그녀는 외국에 살다가 그해 크리스마스로부터 1년 뒤에 전염병으로 죽었다.

그녀의 꿈은 분명히 특이한 성격을 갖고 있다. 그 주도적인 사고방식은 개념으로서는 현저하게 철학적이다. 최초의 것을 예를 들면 악마 같은 괴수가 다른 동물을 잡아먹어도 하나님이 그것을 성스러운 복원, 즉 개신의 힘에 의해 환생시킨다는 것에 대해 말하고 있다. 서양에서는 이 생각은 그리스도교의 전통을 통해서 알려져 있다. 예를 들면《사도행전》3장 21절에, "예수는 만유를 회복할 때까지 하늘에 머물러 있도록 하셨다"라는 구절이 있다.

정교회 초기의 그리스인 신부들예를 들면, 올리겐은 이 세상의 종말에는 만물이 구세주에 의해 그 원래의 완전한 상태로 복원될 것이라는 관념으로 무장하고 있었다. 그러나《마태복음》17장 11절에 따르면, 이미 유태의 전통에 있어서도 "확실히먼저 엘리야가 와서 만사를 원래대로 고칠 것이다"라고 말하고 있다. 또《고린도 전서》15장 22절은 다음과 같은 말로 같은 그 관념을 나타내고 있다. "아담에게 있어 모든 사람이 죽어 있는 것과 마찬가지로 그리스도에 있어 모든 사람은 소생되는 것이다."

이 어린애가 종교 교육을 통하여 이 사고방식을 얻었다고 추정할 수도 있다. 그런데 그녀는 종교적인 배경을 거의 갖고 있지 않았던 것이다. 그녀의 양친은 명목상 프로테스탄트였지만, 그러나 사실 그들은《성경》에 대해서도 단지 귀동냥으로 알고 있을 뿐이었다. 이 소녀가 심오한 복원의 이미지의 설명을 들었다는 일은 더욱 있을 수 없었다. 확실히 그녀의 아버지는 이와 같은 신비적인 생각에 대해 들은 바가 없었다.

12개의 꿈 중 9개는 파괴와 복원의 테마의 영향을 받고 있다. 그리고 어떤 꿈도 특별히 그리스도적인 교육 혹은 영향의 흔적을 보이지 않는다. 오히려 반대로 그것들은 원시적인 신화에 밀접한 관계를 갖고 있다. 이 관계는 모티브 — 창세 신화, 이것은 4번째, 5번째의 꿈에 나타나고 있다 — 에 의하여 확증되고 있다. 이러한 관련은 먼저 인용한《고린도 전서》15장 22절에서 볼 수 있다.

이 절에서도 또 아담과 그리스도는 서로 관련되고 있다. 구세주로서의 그리스도의 일반적인 개념은 세계 속에 존재하고, 그리스도교 이전의 영웅으로서의 구세주라는 주제에 속하고 있다. 즉, 영웅은 괴물에게 잡혀 먹히지만 잡아먹은 괴물이 무엇이든 그것 속에서 싸워 이겨 이기적인 방법으로 재생한다. 이와 같은 모티브가 언제 어디서 시작되었는지 누구도 알지 못한다. 그 문제를 어떻게 연구할지 우리는 모른다. 다만 한 가지 확실한 것은 모든 세대가 그것을 전 시대로부터의 전승에 의해 알고 있다는 것이다.

따라서 우리들은 그것이 영웅신화를 갖고 있는 인간이라는 것조차 몰랐던 시대에 '기원한 것'이라고 추정할 수 있다. 즉, 인간이 자신의 말에 대하여 의식적으로 반성할 수도 없었던 시대이다. 영웅상은 하나의 원형이며 그것은 유사 이전부터 존재하고 있다. 어린아이에 의한 원형의 산출은 특히 의미가 깊다. 즉, 어린애가 전통과 직접 접촉하고 있지 않다는 것이 확실한 경우가 때때로 있기 때문이다.

앞의 예에서는 이 소녀의 가족은 그리스도교의 전통에 의해서는 극히 천박한 지식 이상의 것은 갖고 있지 않다. 물론 그리스도교적인 테마가 신神, 천사, 천국, 지옥, 악마 등의 관념에 의해 보여지고 있을지도 모른다. 그러나 이 어린아이의 수용방식을 보면, 그것들이 전혀 비그리스도교적인 기원임을 알 수 있다.

첫 번째 꿈에 나타난 신을 생각해 보면, 이 신은 실제로는 '네모퉁이'로부터 나온 네 사람의 신으로 구성되어 있다. 이 모퉁이란 어떤 모퉁이인가? 꿈속에는 방과 같은 것에 대하여는 하나도 설명되어 있지 않았다. 보편적 존재 자체가 게재된, 분명히 우주적인 사건의 이미지에는 방과 같은 것은 하나도 설명되어 있지 않다. 4개의 관념즉, 4의 요소 그 자체가 기묘한 관념이다. 그러나 그것은 많은 종교와 철학에서 크나큰 역할을 차지하고 있다. 그리스도교에 있어서는 그것이 삼위일체三位一體에 옮겨질 수가 있다. 이 삼위일체라는 관념을 어린아이가 알고 있었다고 가정하지 않으면 안 된다.

그러나 현대의 중류 가정에 있어서 '신성한 4'에 대하여 알고 있는 사람이 있을까? 이 생각은 중세의 연금술 철학자들 사이에서는 꽤 인기가 있었지만 18세기 초부터 점차 쇠퇴하여 최근 200년 사이에 완전히 없어져 버린 것이다. 그렇다면 이 어린아이는 어디서 그것을 입수한 것일까? 에스겔의 환상으로부터인가? 그러나 천사들을 신과 동일시하는 가르침은 그리스도교에는 없다. 뿔이 달린 뱀에 대해서도 똑같은 의문이 생긴다.

《성서》속의 예를 들면 〈묵시록〉에 뿔을 가진 동물이 많이 나오는 것은 사실이다. 그러나 그것들은 네 발 달린 짐승이다. 다만 그 왕은 용이며 용에 해당하는 그리스어는 뱀을 의미하는 것이지만 뿔이 있는 뱀은 16으로 기재되어 있고, 이것은 머큐리로마 신들의 사자의 상징으로서 그리스도교의 삼위일체와 대립하는 것이다. 그러나 이것과의 연관은 확실치가 않다. 내가 알고 있는 한, 단지 한 사람의 저자에 의해 인용되고 있는 것을 이 어린아이가 알고 있을 리가 없다.

두 번째의 꿈에 있어서 분명하게 비그리스도적인 기성적 가치의 역전逆轉을 내포하는 주제가 나타나고 있다. 예를 들면 이교도의 춤이 천국에서 행해지고 천사의 선행이 지옥에서 행해지고 있다. 이 상징은 도덕적인 가치의 상대성을 암시하고 있다. 이 어린아이가 니체의 천재성에 비길 만한 이와 같은 혁명적인 생각을 어디서 찾아낸 것일까?

이와 같은 의문은 다시 다른 의문으로 우리들을 이끈다. 즉, 이 소녀가 분명히 상당히 중요한 의미를 부여하고 그 때문에 아버지에게 크리스마스 선물로까지 준 이 꿈은 어떠한 보상적인 의미를 가지고 있을까? 만약 이 꿈을 꾼 사람이 미개한 무당이었다면 이러한 꿈이 죽음, 부활과 만물의 갱신, 세계의 시작, 인간의 창조, 가치의 상대성 등에 관한 철학적인 주제의 다양성을 나타내고 있는 것이라고 추론해도 이상하지는 않다. 그러나 이러한 꿈을 개인적인 수준에서 해석하려 한다면 대처하기 어려워지게 되어 버릴 것이다.

이러한 꿈은 의심할 바 없이 '보편적인 이미지'를 포함하고, 미개 종족에 있어서 젊은이들의 성인식에서 가르치는 교양과 어떤 의미에서는 아주 유사한 것이다. 그들은 신神이나 혹은 이 세계를 창조한 동물들이 무엇을 했는가? 그리고 죽음의 의미는 무엇인가? 라는 것을 배운다. 그리스도교 문명에서 이와 같은 가르침이 우리들에게 주어지는 때가 있는가? 그것은 사춘기 때이다. 그러나 많은 사람들이 이와 같은 것을 노년이 되면서부터 죽음에 가까이 감에 따라 다시 생각하기 시작한다.

이 소녀는 그때 이 두 가지 상황에 동시에 처해 있었다. 즉, 그녀는 사춘기였으며 동시에 그녀의 생명이 종말에 가까워 있었다. 그녀의 꿈의 상징에는 거의 혹은 전혀라고 말해도 좋을 만큼 일반적 성인 생활의 시작을 보여 주는 것은 없지만, 그러나 파괴와 회복의 암시는 많이 있다. 그녀의 꿈을 처음으로 읽었을 때 실로 그것이 아주 절박한 재난을 암시하는 것이라는 이상한 느낌을 받았다. 그렇게 느낀 이유는 그 상징으로부터 내가 추론할 수 있었던 보상의 특이성에 있다. 그것은 보통 나이 어린 소녀의 의식에 보이는 것으로 기대할 수 있는 것과는 정반대의 것이었다.

이 꿈은 생명과 죽음에 대한 새로운, 그리고 오히려 두려운 면을 분명히 하고 있다. 이와 같은 이미지는 보통 미래보다는 자신의 생애를 되돌아보고 있는 노인에게 있어서 기대되는 것이다. 그러한 분위기는 인생의 봄에 있어서의 기쁨과 새싹이라기보다 오히려 고대 로마인이 말한 것처럼 "인생은 짧은 꿈이다"라는 것을 생각케 한다. 즉, 이 어린아이의 생애는 로마 시인이 말한 것과 같이 '봄의 희생물의 맹세'와 같은 것이었다. 우리들의 경험으로는 알 수 없는 죽음의 접근이 그 희생자의 생활과 꿈에 예견적인 그림자를 던진 것을 알 수 있다. 그리스도교의 교회 제단조차 한편으로는 묘지를, 다른 한편으로는 부활의 장소 — 죽음을 영원의 생명에로 변용시키는 장소 — 를 뜻하고 있다.

이 꿈이 소녀에게 야기한 관념은 다음과 같은 것이다. 그것은 미개인들의 전수 입문식에서처럼 선문답같이 짧은 말을 통하여 시사된 죽음에의 준비였다. 이 이미지는 정통적인 그리스도교의 교양보다도 미개인의 생각에 더 흡사한 것이다. 그것은 역사적인 전통 이외에 유사 이전부터 생과 사에 대한 철학적 혹은 종교적인 고찰을 풍성히 축적해 온, 오랫동안 잊혀져 있던 심리의 원천으로부터 생성된 것이라고 생각된다.

그것은 이 어린 소녀 속에 보통 때는 작용하지 않던 표상을 불러일으켜 그 운명적인 사건의 접근을 묘사함으로써 미래의 사진이 그 그림자를 던지고 있는 것과 같다. 그것들이 표현된 개개의 형태는 많든 적든 개인적인 것이지만 그 일반적인 형태는 보편적이다. 그것들은 어떤 장소 어느 시기에나 볼 수 있고, 그것은 마치 동물의 본능이 종류에 따라 서로 다르지만 동일한 일반적인 목적에 이용되는 것과 같은 이치이다.

우리들은 새롭게 태어난 각 동물이 그 자신의 본능을 개별적 자질로서 창조해 간다고 생각지 않고, 또 개개의 인간이 그 인간적인 방법을 새로운 탄생 때마다 새로 만든다고 생각하지는 않는다. 인간 심리의 보편적인 사고 형태는 본능과 마찬가지로 선천적인 예로부터 계승된 것이다. 그것들은 경우에 따라서 우리들 모두에게 다소 같은 방법으로 작용한다.

이와 같은 사고 형태가 속해 있는 정감적인 표현은 지구상의 어디에서나 동일한 것이다. 우리들은 그것들을 동물에서도 확인할 수 있고 동물들은 서로 종種이 다르더라도 이 점에 있어서는 서로 이해한다. 그렇다면 곤충의 복잡한 상징적인 기능은 어떤가? 곤충들은 대부분 자신의 부모도 알지 못하고 더군다나 부모로부터 배운 것은 아무것도 없다. 그렇다면 왜 인류만이 그 특정 본능을 빼앗기고, 그 심리가 모든 진화의 자취를 결여하고 있다고 추론해야만 하는가?

만약 심리를 의식과 동일시한다면 인간은 이 세상에 텅 빈 심리를 갖고 태어나, 그 심리는 후에 개인적 경험에 의해 배운 것 이외에 아무것도 갖고 있지 않다는 식의 오류를 범하게 될 것이다. 그러나 심리는 의식 이상의 것이다. 동물은 거의 의식을 갖고 있지 않지만 심리를 갖고 있음을 암시하는 많은 충동과 반응을 보여 주고 있다. 그리고 미개인은 스스로 의미를 알 수 없는 것들을 많이 갖고 있다.

문명인에게 있어서 크리스마스 트리와 부활절 계란의 진정한 의미를 찾는다는 것은 헛수고일 것이다. 실제 그들은 그것들의 의미를 모르고 있는 것이다. 나는 일이라는 것이 일반적으로 우선 행해지고, 오랜 세월이 지난 다음에 어째서 그런 일을 행한 것일까 하고 누군가가 의문을 갖게 되는 것이라고 생각하고 있다. 의학적 심리학자는, 항상 다른 점에서는 지적이지만 예상할 수도 없는 특이한 행동을 하고 자신이 무엇을 말하며 행동하고 있는지도 제대로 느끼지 못하는 환자에게 직면하게 된다. 그들은 자신도 설명할 수 없는 불합리한 감정에 돌연히 사로잡히곤 하는 것이다.

표면적으로 그와 같은 반응과 충동은 극히 개인적인 성질의 것이라고 생각되므로 우리들은 그것들을 특이한 충동으로 매도해 버린다. 그런데 실제는 그런 행위가 인류의 특성이며, 예전부터 만들어져 완성되어 있는, 이해할 수 있는 몸짓이나 태도들 중 대다수는 인류가 성찰적인 의식을 발전시키기 훨씬 전에 확립된 형태에 따르고 있다. 인류의 성찰 능력은 강한 정감적인 폭발의 고통에 못 이기게 될 때 생겨난 것이라고까지 인정되고 있다. 이 점에 관한 단순한 예로서, 어부가 고기를 잡는 데 실패하여 분노와 실망에 찬 나머지 사랑하는 외아들을 교살하고 그 죽은 아들을 팔에 안은 채 깊은 후회에 사로잡혀 있는 경우를 보자.

이와 같은 사람은 이 고통의 찬 순간을 영원히 잊지 못할 것이다. 이런 종류의 경험이 실제로 인간 의식 발전의 최초 원인인지 어떤지를 우리들은 알 수 없다. 그러나 이런 종류의 정감적인 체험의 쇼크는 사람들을 각성시켜 자신이 하고 있는 일에 주의를 기울이게 하기 때문에 종종 필요하다는 것은 의심의 여지가 없다.

여기서 13세기의 스페인 귀족인 레이몽 루울의 유명한 예를 들어보자. 그는 사모하던 여인을 장기간 따라다닌 끝에 밀회에 성공하였다. 그런데 그녀는 말없이 옷을 벗더니 암으로 짓무른 그녀의 가슴을 그에게 보여주었다. 이 쇼크는 루울의 인생을 변화시켰다. 그는 그 후 저명한 신학자가 되어 가장 위대한 전도자 중의 한 사람이 되었다.

이와 같은 돌변한 변화의 경우에는 원형이 무의식 속에서 장기간 작용하여, 그 위기를 불러일으킨 상태를 교묘하게 설정하고 있다는 것이 증명될 수 있다. 이와 같은 경험은 원형적인 형태가 단순한 정적인 형태는 아니라

는 것을 보이고 있다. 그것들은 본능과 같이 자연발생적으로 충동 속에서
나타나는 동적動的인 요소인 것이다.

어떤 종류의 꿈이나 환상이나 생각은 돌연히 생기는데 아무리 주의깊게
탐색해도 그 원인이 무엇인지 찾아낼 수 없다. 그러나 그것은 확실히 원인
을 갖고 있다. 하지만 그 원인이 너무나 동떨어져 있고 불명료하여 무엇인
지를 알 수 없는 것이다. 우리들은 이와 같은 경우 꿈과 꿈의 의미가 충분
히 이해되기까지 혹은 꿈을 설명하는 외적인 사건이 일어나기까지 기다리
지 않으면 안 된다.

꿈을 꿀 때에 나타난 사상事象은 미래 속에서 기다리고 있을지도 모른
다. 그러나 우리들의 의식이 종종 미래나 그 가능성에서 파악되는 것과 마
찬가지로 무의식과 그 꿈도 미래에서 파악된다. 꿈의 주된 기능은 미래의
예견에 있다는 것이 오래 전부터 일반적으로 믿어지고 있다.

고대에 있어서, 그리고 중세에 있어서조차 꿈은 의학적 예견에서 일익을
담당하고 있었다. 2세기 경에 다르다스의 아르테미드로스가 인용하고 있
는 꿈에서 나타나는 예견혹은 예지의 요소를 나는 최근의 꿈에 의해서 확증
할 수가 있다.

아르테미드로스가 인용한 것은 어떤 남자가 자기 부친이 불난 집의 화
염 속에서 죽어가는 것을 본 꿈이었다. 얼마 후에 그 자신이 플레그몽
Phlegmon：불 혹은 고열을 뜻한다에 걸려 죽는다. 그런데 그것은 아마 폐렴이었
을 것이라고 나는 생각하고 있다. 내 동료 중 한 사람이 전에 아주 지독한
괴질성 열병으로 고생하고 있었다. — 실제 그것은 플레그몽이었다.

그의 환자 중 한 사람이 자기 의사의 병이 어떤 종류의 것인지는 전혀 몰
랐지만 그 의사가 큰 불 속에서 죽어가는 꿈을 꾸었다. 그때 의사는 막 입

원할 때로서 병이 이제 막 시작될 때였다. 꿈을 꾼 사람은 의사가 병을 앓고 있는 것, 그리고 병원에 있는 것 등 대충의 사실 이외에는 아무것도 알지 못했다. 그러나 3주 후에 그 의사는 죽었다.

이 예가 보여주듯이 꿈 가운데는 예상하거나 예견하는 성질을 갖는 것도 있다. 그리고 꿈을 해석하려고 하는 사람은 누구나 이것을 고려하지 않으면 안 된다. 분명히 의미깊은 꿈인데 설명하기에 충분한 문맥을 갖지 않는 경우에는 특히 그러하다. 이같은 꿈은 때때로 아주 돌연히 나타난다. 도대체 무엇이 그것을 자극한 것인지 의심스럽게 생각된다.

물론 그 비밀스런 메시지를 알고 있다면 원인은 명확하게 될 것이다. 즉, 그것을 알 수 없는 것은 우리들의 의식일 뿐, 무의식은 이미 감지하여 꿈에 보여진 것 같은 결론에 도달해 있는 것이다. 실제 무의식은 의식과 다를 바 없이 검열한다든지 여러 가지 사실로부터 결론을 인출해 낼 수도 있다고 생각된다. 그것은 어떤 종류의 사실을 이용할 수도 있으며, 그 가능한 결과를 예지한다. 이것은 결국 우리들이 그것에 대해 의식하지 않기 때문에 비로소 가능한 것이다.

그러나 꿈으로부터 알 수 있는 바로는 무의식의 사고는 본능적으로 이루어진다. 이 차이가 중요하다. 논리적인 분석은 의식의 특권이다. 결국 우리들은 이성과 지식에 의해 선택한다. 그런데 무의식은 주로 본능적인 경향, 그것에 상응하는 사고 형태 — 결국 원형에 의해 표상되는 경향에 이끌린다고 생각된다. 질환의 진행과정에 대하여 설명할 때 의사는 '감염'이라든가 '열'이라는 합리적인 개념을 사용할 것이다. 그런데 꿈은 제법 시적詩的이다. 꿈은 병든 신체를 인간 세상의 집으로 나타내고 열은 집을 파괴하는 화재로 나타낸다.

위에서 말한 꿈에서 알 수 있듯이 원형적인 심리는 그 상황을 아르데미드로스의 시대에 있어서와 똑같은 방법으로 취급하고 있다. 무엇인지 성질을 알 수 없는 어떤 사물이 직관적으로 무의식에 의해 파악되고 원형적인 처리를 받는다. 이것은 의식적인 사고가 적용되는 추론의 과정 대신에 원형적인 심리가 끼어들어와 예견된 사건을 인수한다는 것을 시사하고 있다. 원형은 이와 같이 그것 자신이 주도권을 가지며 그 자신의 특정한 에너지를 갖고 있다.

이러한 힘에 의해 원형은 그 자신의 상징적인 스타일로 의미깊은 해석을 산출하거나, 그 자체의 충동과 사고 형태에 따라 상황에 개입할 수 있게 된다. 이 점에 있어서 원형은 콤플렉스와 똑같이 작용한다. 그것은 제맘대로 나타났다가 사라져 때때로 우리들의 의식적인 의도에 대하여 여러 방식으로 장애를 주거나 수정해 버리거나 한다.

우리들이 원형에 수반되는 특별한 매력을 경험할 때 그 특수한 에너지를 인지할 수 있다. 그것들은 특별한 매력을 갖고 있는 것 같다. 이와 같이 독특한 성질은 또 개인적 콤플렉스의 특성이기도 하다. 그리고 개인의 콤플렉스가 그 개개의 역사를 갖는 것과 같이 원형적인 성질을 갖는 사회적인 콤플렉스도 역사를 갖고 있다. 그러나 개인적인 콤플렉스는 개인적 편견 이상의 것을 산출하지는 않지만 원형은 신화나 종교나 철학 등에 대해 한 나라 혹은 한 시대에 영향을 주어 특성적인 신화, 종교, 철학을 만들어낸다. 우리들은 개인적인 콤플렉스를 의식의 일면적 내지는 이질적 태도의 보상으로 간주하지만 이와 똑같이 종교적 성격을 갖는 신화는 인류 일반의 고뇌와 불안 — 기아, 전쟁, 질병, 노쇠, 사망 등 — 에 대한 일종의 정신적 치료로 해석할 수 있다.

예를 들면 영웅신화는 항상 용, 뱀, 괴물, 악마 등의 모습으로 악에 승리하여 인간을 파괴와 죽음으로부터 해방하는 강한 인간 혹은 신인神人에 관한 것이다. 성전을 읽고 의식을 반복하고 춤, 음악, 찬미가, 기도, 제사 등에 의해 그와 같은 인물을 숭배하는 행위는 청중이 마치 마력적인 주문을 외우는 듯 뉴미너스신과의 영적 교섭에 있어서 느끼는 매혹과 두려움이 뒤엉킨 감정한 감동에 사로잡히게 하여 영웅과의 동질감을 느끼게끔 개인을 고양시킨다.

이와 같은 장면을 의혹 없는 눈으로 본다면 우리들은 아마 보통 사람들이 어떻게 그 개인적인 무력감과 불행으로부터 해방되어 거의 초인적인 성질을 적어도 일시적으로 얻게 되는지를 이해할 수 있을 것이다. 때때로 그와 같은 확신은 상당히 장기간 동안 그를 지탱시키고 그의 인생에 특정한 스타일을 부여한다. 그것은 사회 전체에 일종의 색조를 주기도 한다. 이 유명한 예는 엘레우시스의 기적에서 보여진다. 이것은 7세기 초의 그리스도교 시대에 억압되었지만 델포이의 신탁과 더불어 고대 그리스의 본질과 정신을 보여 주고 있다. 보다 큰 규모의 그리스도교 시대의 교도들, 그 이름과 의의는 고대 이집트의 오실리스와 오르스의 원형적인 신화에서 등장하는 신인神人의 신화에 따른 것이다.

기본적인 신화의 관념은 유사 이전의 어느 시기에 현명한 노철학자나 예언자에 의해 '만들어진'후 광신적인 사람들과 무비판적인 사람들에 의해 '믿어져'왔다 라고 일반적으로 생각되고 있다. 힘을 구하는 성직자에 의해 전파되는 전설은 '진실'이 아니라 단순한 '원망 충족적인 사고'라고 간주된다. 그러나 그 '만들어 낸다'라는 말 자체는 라틴어의 'inventire'로부터 유래하여 '발견하다', 따라서 뭔가를 '찾는다'는 것으로써 발견해 냄을 의미하고 있다. 후자의 경우 찾는다는 말에는 찾아내려고 하는 것에 대한 어떤 잠재지식의 존재가 시사되고 있다.

　여기서 앞의 예, 소녀의 꿈에 포함된 기묘한 관념으로 되돌아가 보자. 그녀가 그것들을 보고 놀란 것을 보면 그 관념들은 그녀가 탐색해 낸 것은 아니었을 것이다. 오히려 그것들은 그녀에게 있어 기묘한 얘기로 뜻밖에 떠오른 것이었으며 아버지에게 크리스마스 선물로 줄 정도로 특별한 것이었다. 그러나 그렇게 함으로써 그녀는 꿈속의 얘기를 아직 일어나지 않은 그리스도교의 기적 — 새로이 태어나 빛을 받는 상록수의 비밀과 혼합된 우리들의 신의 탄생 — 에까지 끌어올렸던 것이다이것은 5번째의 꿈과 관련되어 있다.

　그리스도와 나무와의 상징적인 관계에 대해서는 많은 역사적인 증거가 있지만, 이 소녀의 양친은 그리스도의 탄생을 경축하기 위해 불이 켜진 양초로 나무를 장식하는 행위가 무엇을 의미하는지에 대해 잘 모르고 있었을 것이다. "그것은 단지 크리스마스의 풍습이란다"라고 말했을 것이다. 이것에 대해 참뜻을 말하자면 죽어간 신에 대한 상징주의나 그와 성모 및 그 상징으로서의 나무에 대한 숭배의 관계에 대한 이 복잡한 문제의 일면만을 취급한다고 해도 긴 논문을 필요로 할 것이다.

　'보편적인 이미지'이것을 교회적인 표현으로 말하면 교양의 기원을 깊이 탐구할수록 우리들은 끝도 없어 보이는 원형적인 패턴의 그물을 벗겨가게 된다. 이 패턴은 근대에 이르기까지 결코 의식적 반성의 대상으로는 되지 않았던 것이다. 따라서 아주 역설적이기는 하지만 우리들은 이전의 어느 시대보다도 신화적인 상징에 대하여 많은 것을 알고 있는 것이다. 사실 前시대 사람들은 상징에 대하여 생각해 보지도 않았다. 즉, 그들은 상징에 의해 살고, 그 의미에 의해 무의식 속에 생명을 불어넣고 있었던 것이다. 이것을 내가 일찍이 아프리카의 엘곤산山의 미개인과 함께 지내면서 한 경험으로부터 설명해 보겠다.

그들은 새벽녘에는 늘 오두막집에서 나와 자신의 손에 숨결과 침을 받아 손바닥을 여명을 향해 펼쳐 본다. 마치 그것은 그들이 숨결과 침을 떠오르는 신 — 뭉구mungu — 에게 받들어 올리는 것 같았다이 스와히리어語의 뭉구는 의식적인 행위를 설명하는 것으로 쓰이고 있지만 이것에 해당하는 폴리네시아어 마나mana라든가 물룸구mulumgu로부터 유래하고 있다.

이러한 말들은 기묘한 효과와 삼투성을 갖는 신성적인 '힘'을 나타낸다. 따라서 뭉구라는 말은 그들의 알라혹은 신와 같다. 그와 같은 행위가 무엇을 의미하는가 혹은 왜 그렇게 하는가? 라고 물었을 때, 그들은 당황했다. 그들은 단지 "우리들은 언제나 이렇게 해왔기 때문이다. 태양이 떠오를 때는 언제나 이렇게 한다"라고 말했을 따름이다. 태양이 뭉구라는 단순한 생각을 대개 그들은 비웃었다. 태양은 수평선 위로 떠오른 다음에는 이미 뭉구가 아니다. 뭉구는 태양이 떠오르는 바로 그 순간인 것이다. 그 행위의 의미는 명확했다. 그러나 그들에게는 분명하지 않았다. 그들은 단지 행할 뿐이고 자신이 하고 있는 일에 대하여 결코 생각하지 않았다.

따라서 그들은 자기 자신을 설명할 수 없었다. 나는 그들이 자신들의 영혼을 뭉구에게 바치고 있는 것이라고 결론지었다. 즉, 생명의 호흡과 침은 '영혼의 실체'를 의미하기 때문이다. 어떤 대상에게 호흡과 침을 바치는 행위는 '마력적인' 효과를 전할 수 있다고 믿어지고 있다. 예를 들면 그리스도가 맹인을 치료할 때 침을 사용하였고 또 죽어가는 부친의 최후의 호흡을 그 자식이 부친의 영혼을 이어받기 위해 받아들이는 것이다. 이 아프리카인들이 자신들의 의식의 의미를 먼 과거에 일찍이 알고 있었으리라고는 생각되지 않는다. 실제 그들의 선조는 동기에 대해서 전혀 무의식했고 그 행위의 의미에 대해서도 전혀 알지 못했을 것이다.

괴테의《파우스트》는, "태초에 행위가 있었도다"라고 적절히 말하고 있다. 이 행위는 결코 생각해 낸 것이 아니라 행해진 것이다. 그런데 생각한다는 것은 인간 역사 중에서 비교적 후기의 발견이다. 우선 인간은 무의식적인 요인에 의해 자신도 모르게 행위를 했다. 자신을 움직인 원인에 대하여 반성하기 시작한 것은 꽤 시간이 지난 후부터이다. 그리고 인간이 자신을 움직인 것은 자기 자신임에 틀림없다 라는 부자연스런 관념 — 자기 자신 이외에서, 동기를 부여하는 힘을 찾아내지 못하게 된 심리상태 — 에 도달하기까지는 아주 긴 시간이 필요했던 것이다.

식물과 동물이 스스로를 창조했다는 생각을 우리들은 조소할 것이다. 그러나 심리와 정신은 스스로를 창조하고, 따라서 자신이 자기 존재의 창조자라고 확신하고 있는 사람은 많이 있다. 실제로 한 개의 도토리가 떡갈나무로까지 성장해 온 것을 생각해 보라. 심리는 지금까지 오래도록 발전해 온 것과 같이 내적인 힘에 의해서도 움직여지고 있는 것이다.

이러한 내적인 동기는 깊은 원천으로부터 생기는 것으로서 의식에 의해 만들어지는 것이 아니며, 그 제어 하에 있는 것도 아니다. 고대의 신화에 있어서 이러한 힘은 마녀 혹은 정령精靈, 악마 혹은 신이라고 불리었다. 그것들은 옛날과 같이 지금도 좋은 활동을 하고 있다.

그것들이 우리들의 소망과 일치했을 때에 우리들은 그것은 좋은 착상이라든가 동기라 부르며 무릎을 치면서 자신의 현명함에 만족한다. 그런데 그것들이 우리들 의도와 반대로 움직일 때에는 우리들은 불운하든가 혹은 자신을 적대시 한다든가, 우리들의 불행의 원인은 어떤 병적인 것임에 틀림없다는 식으로 말한다. 우리들이 스스로 제어할 수 없는 힘에 의해 움직이고 있다는 것만은 누구도 인정하려 하지 않는 것이다.

그러나 근대의 문명인은 어느 정도의 의지력을 갖고 있는 것도 사실이다. 그 의지력을 우리들은 마음대로 사용할 수가 있다. 근대인은 자신에게 최면을 걸어서 행동을 유발시키기 위해 노래를 하거나 북을 치지 않고도 효과적으로 일을 할 수 있게 되었다. 신의 도움을 구하기 위해 날마다 기도할 수도 있다. 그는 자신이 하고 싶어 하는 것을 생각해 낼 수 있고 자신의 생각을 거침없이 행동화할 수도 있다. 그것에 대해 미개인은 각 단계에서 공포나 미신이나 여타 생각할 수 없는 장애 때문에 행동을 저지당해 온 것으로 생각된다. '뜻이 있는 곳에 길이 있다'는 것은 근대의 미신이다.

그러나 그 신조를 받음으로써 근대인은 내적 성찰의 현저한 결여라는 대가를 치르고 있다. 근대인은 합리성이나 능률성을 가지고 있으면서 자신이 제어할 수 없는 힘에 의해 억압되고 있다는 사실은 깨닫지 못하고 있다. 신과 악마는 사라진 것이 아니라 새로운 이름으로 심리적인 분규, 약품이나 알콜이나 담배나 약초에 대한 끊임없는 욕구 — 그리고 특히 노이로제 — 를 주고 있다.

제 **7** 장
정신에 관하여

문명화된 의식은 근본적인 본능으로부터 스스로를 분리시켜 왔다. 그러나 본능이 사라진 것은 아니다. 단지 본능은 의식과의 접촉을 잃게 되었을 뿐이며 간접적인 방법으로 자신의 존재를 확인시키는 것 뿐이다. 이것은 신경증의 생리적 증상이나 설명하기 어려운 무드, 감각, 망각, 실언 등 여러 가지 형태의 돌발적인 사건으로 나타날 것이다.

인간은 누구나 자기 정신의 주인이라고 믿고 있다. 그러나 자신의 감각이나 감정을 제어하지 못하고 무의식적인 요소가 계획이나 결정 속에 몰래 끼어들 때 사용하는 트릭에 대해 의지하지 못한다면, 인간은 진정한 자신의 주인이라고는 할 수 없다. 이들 무의식적인 요소는 원형의 자율성에 의해 그 존재가 결정된다. 근대인은 자신의 분리된 상태를 보지 않으려고 하기 때문에 마음속에 단절의 시스템을 가지고 있다. 외적인 생활의 일정 부분과 자기 행동의 특정 부분이 전혀 다르게 추출되어 받아들여진 양, 서로 아무런 연관이 없고 대결하지 않고 있는 것처럼 위장되어 있다.

이 단절의 심리에 대한 예로서 어떤 알콜 중독자의 사례를 들 수 있다. 그는 어떤 종교 운동에 깊게 심취하고 열광하게 됨에 따라 자신에게 술이 필요하다는 사실을 망각하게 되었다. 그는 분명히 기적적으로 예수에 의해 치유된 것이다. 이런 의미에서 그는 신의 은총 또는 그 종교 조직의 영험의 증인으로서 모두에게 소개되었다. 그런데 간증을 하고 난 뒤 2, 3주 후에는 새 생활에 점차 싫증이 나고 다시 술 생각이 간절해지기 시작했다. 그러자 이 원조 단체에서는 그 사례가 병적인 것이고 따라서 예수가 개입하기에는 적절치 못하다는 결정을 내렸다. 그는 병원으로 연행되어 신성의 치유보다 훨씬 훌륭한 치료를 의사에 의해 받게 되었다. 이것은 근대의 문화적 사고방식의 일면으로서 주목할 만한 가치가 있는 사례이다. 이 예는 분명히 분열과 심리적 혼란을 보여 주고 있다.

인류를 한 사람의 개인이라고 가정한다면 인류도 무의식의 힘에 의해 움직여지고 있는 하나의 인간이라는 것을 알 수 있다. 즉, 인류도 어떤 종류의 문제는 여타의 문제들로부터 분리된 추출물로서 처리해 버리고 싶어 하는 경향이 있는 것이다. 그러나 바로 이 때문에 우리는 자신이 하고 있는 일에 대해 매우 깊이 고려하지 않으면 안 된다. 이는 인류가 스스로 창조해 냈으면서도 우리 손이 미치지 못할 정도로 커져 버린 엄청난 위험에 직면하고 있기 때문이다. 우리의 세계는 소위 신경증 환자의 정신처럼 분리되어 있고, 철의 장막이 그 분열의 선을 상징하고 있다. 서방측 사람들은 공산측의 무력에 대해 공격적인 의지를 인식하고 지나칠 정도까지 방위하지 않으면 안 된다고 느끼면서, 동시에 자신들의 덕성과 선의에 대해서는 이상할 정도로 자부심을 가지고 있다.

그런데 그들이 간과하고 있는 것은, 그것이 그들 자신의 악덕한 소행의 결과라는 사실이다. 그들은 그것을 허울 좋은 국제적 풍습을 빙자하여 오늘날까지 숨겨 왔으나 공산 세계에 의해 조직적으로 비판받아 왔다. 서방측 사람들이 은밀하게, 그러나 거의 수치심도 느끼지 못하면서 자행해 온 일들외교적 위협이나 조직적 기만, 또는 은밀한 협박 등이 공산측으로부터 보다 노골적인 형태로 되돌아오자 우리들은 신경증적인 편집에 사로잡히고 만 것이다. 철의 장막 속에서 서방측 사람들을 향해 이를 드러내고 웃고 있는 것은 바로 우리 자신의 사악한 얼굴의 그림자인 것이다.

서방측 사회에서 지극히 많은 사람들이 독특한 무력감을 느끼고 있는 것은 이로부터 설명될 수 있다. 서방측의 사람들은 우리가 직면하고 있는 곤란은 윤리적인 문제이고, 핵무기를 축적하는 정책이나 경제적인 경쟁에 의해 그 문제에 답하려는 시도는 필경 수포로 돌아갈 것이라는 사실을 깨닫기 시작하고 있다. 이같은 시도는 두 날을 가진 칼이기 때문이다. 우리들은 대부분 윤리적 혹은 정신적인 방법이 보다 효과적이라는 사실을 이해하고 있다. 이런 방법들은 계속 증대해 가는 감염 가능성에 대한 심리적인 면역성을 제공해 줄 수 있기 때문이다.

그러나 이러한 모든 시도로 우리가 자기 자신과 세계에서 그들소위 우리의 적대자만이 위반하고 있다고 주장하는 한 결코 효과는 볼 수 없을 것이다. 자기 얼굴의 그림자와 그 사악한 행위를 인정하려는 성실한 노력이 우리에게는 보다 중요한 것이다. 자신의 그림자우리 성격의 어두운 부분를 인식할 수 있다면 우리는 윤리적·정신적인 감염과 영합에 대해 면역을 얻게 될 것이다. 현재의 상황에서 알 수 있듯이 우리는 모든 감염원에 대해 무방비 상태이다. 이는 우리가 실제로 그들과 똑같은 짓을 자행하고 있기 때문이다. 단지 우리는 자신이 하고 있는 일에 예의 절차라는 커버를 씌우고 있기 때문에 그 행위를 볼 수도 이해할 수도 없다는 결점을 지니고 있을 뿐이다.

공산사회도 하나의 위대한 신화를 가지고 있다보다 우수한 우리의 판단이 그것을 소멸시키리라는 헛된 희망에서 우리는 그것을 환상이라 부르고 있다. 그것은 옛부터 동경해 온 황금시대즉, 낙원의 원형적인 꿈이다. 그곳에서는 모든 사람들에게 물자가 평등하게 분배되고 있고 위대하고 올바르고 현명한 추장이 이 인간 유치원을 지배하고 있다. 이 강력한 원형이 유치한 상태로 그들을 사로잡았다. 그러나 우리가 보다 우월한 견해를 가지고 있다고 해도 그것이 세계에서 소멸되어 버리는 일은 결코 없을 것이다. 우리는 우리 자신의 유치성에 의해 오히려 그것을 지지해 주고 있는 것이다. 우리 서방측 문명도 비슷한 양태의 신화에 의해 파악되고 있기 때문이다. 무의식적으로 우리는 동일한 형태의 편견과 희망과 기대를 키우고 있다. 우리도 복지국가를 믿고 세계의 평화, 인간의 평등, 영구 불멸의 인권, 정의, 진리, 그리고 분명 큰소리로 말하지는 않겠지만 지상에서의 신의 왕국의 도래를 믿고 있다.

인간의 현실생활이 냉혹한 상극성의 얽힘, 낮과 밤, 탄생과 사망, 행복과 불행, 선과 악으로 구성되어 있다는 것은 처절한 진실이다. 우리는 대체 어느 것이 어느 것보다 우세한가? 선은 악을 극복할 수 있는가? 또는 쾌락이 고통을 이길 것인가에 대해서도 확신할 수 없다. 인생은 하나의 전장이며 예전에도 그랬듯이 앞으로도 항상 그럴 것이다. 만일 그렇지 않다면 존재 자체가 종식되는 것이다. 틀림없이 이같은 인간의 내적 갈등 때문에 초기 그리스도교인들은 이 세상의 종말을 기대하고 소망했던 것이며, 불교에서는 모든 지상의 욕망과 야욕을 떨쳐 버리라고 설파했던 것이다.

두 종교의 대부분을 이루는 세계에 대한 근원적 거부를 어느 정도 수정하는 특이한 정신적·윤리적 관념이나 행위와의 결합이 이루어지지 않았다면 이 종교들의 기본적인 답은 분명 자살적인 것이었을 것이다. 이 점을 강조하는 것은 오늘날 매우 많은 사람들이 종교에 대한 신앙을 상실해 버렸기 때문이다. 이들은 종교를 이미 이해할 수 없게 되었다. 종교 없이도 인생이 목적한 대로 나아간다면 별 문제가 없지만 고뇌가 생겼을 때에는 이야기가 달라진다. 이런 때 사람들은 비로소 해결의 실마리를 찾으려고 애쓰고 인생의 의미와 고통에 가득 찬 그 체험에 대해 내적으로 성찰하려고 하기 시작한다.

내가 체험한 바로는 카운셀러에게 상담하러 찾아오는 사람 중에는 가톨릭교도 보다도 유태교도나 프로테스탄트가 훨씬 많다는 것은 의미심장하다. 이는 가톨릭교회가 아직까지 영혼의 복음Cura animarum에 대해 책임을 자부하고 있다는 사실에서 그 원인을 추측해 볼 수 있을 것이다. 그러나 현대와 같은 과학시대에 있어서 정신과 의사는 전에는 신학자의 영역에 속해 있었던 문제에 대해 자주 질문을 받고 있다. 사람들은 의미 있는 삶에 대해 오는 신과 불사不死에 대해 절대적인 신앙을 가지는 것만으로 위대해질 수 있을지도 모른다고 느끼고 있다. 죽음이 가까워지고 있다는 공포가 점점 강한 자극으로 되어 이러한 사고를 형성하게 한다. 유사 이전부터 인류는 초월적인 존재하나 혹은 다수의에 대한 또는 내세來世에 대한 관념을 가지고 있었다. 인간이 이런 관념 없이도 잘 살 수 있다고 생각하게 된 것은 현대에 이르러서였다.

우리는 전파망원경으로 우주 공간에서 신의 왕좌를 찾을 수도 없고 사랑하는 부모의 혼령이 어느 정도 육체를 갖춘 모습으로 주위를 떠도는 것을 확인할 수 없기 때문에 그러한 관념은 진실이 아니라고 판단한다. 나는 차라리 그것들이 완벽한 진실은 아니라고 말하고 싶다. 그러한 사고는 유사 이전부터 존재해 왔고, 오늘날도 어느 정도의 자극에 의해 의식 속에 스며들어 오는 개념이기 때문이다.

근대인은 그런 것 없이도 살아갈 수 있다고 주장할 것이다. 그리고 그 진실을 증명할 만한 과학적 증거가 없다는 점을 강조하여 자신의 의견을 강화하려 할지도 모른다. 또는 오히려 그 같은 확신의 상실을 애석해 할지도 모르겠다. 그러나 우리는 눈에 보이지 않는 알 수 없는 것을 취급하고 있는데신은 인간의 이해를 초월한 것이고, 불멸성을 증명할 방법은 없는 것이므로 대체로 그 증거에 대해 고민할 필요가 있는 것인가? 음식물에 넣는 소금의 필요성을 이성적으로 파악하지 못한다 해도 우리는 소금을 사용함으로써 이익을 얻는다. 소금의 사용은 맛의 환각 혹은 미신이라고 말할 수도 있을 것이다. 그러나 그럼에도 불구하고 소금은 우리의 건강에 도움을 준다. 그렇다면 위기에 처했을 때 도움이 되고 우리의 존재에 의미를 부여해 줄 수 있는 견해를 어째서 없애야 한다는 것인가?

그리고 이같은 관념이 진실이 아니라는 것을 우리가 어떻게 알 수 있겠는가? 내가 이같은 관념은 환각에 불과한 것이라고 단호하게 결정내리면 많은 사람들의 찬성을 받을 것이다. 그러나 그들은 종교적 신앙을 주장하는 것과 마찬가지로 그에 대한 부정도 증명할 수 없다는 사실을 모르고 있다. 우리가 어느 쪽의 견해를 선택하는가는 완전히 자유이다. 어느 쪽이건 우리 마음의 결정에 따른 것일 것이다.

그러나 증명 불가능이라는 사고방식을 심화해야만 하는 경험적 이유가 존재한다. 즉, 그런 사고방식은 그의 인생에 의미를 부여하고 세계 속의 자신의 위치를 제시해 줄 수 있는 보편적 관념과 확신을 필요로 한다. 그것들에 의미가 있다고 확신하면 인간은 놀랄 만한 견고성을 확립할 수가 있다. 인간은 자신이 '어리석은 자가 하는 이야기'에 참가하고 있다고 인정하지 않을 수 없게 될 때 완전히 좌절하고 마는 것이다.

종교적인 상징의 역할은 인생에 의미를 부여하는 것이다. 프에블로의 인디언들은 스스로 태양의 아들이라고 믿는다. 그 신앙이 그들의 존재의 한계를 훨씬 뛰어넘는 장래에 대한 예측을 그들 인생에 부여하고 있다. 신앙은 그들에게 인격 발전을 위한 광대한 공간을 주고 전 생애를 전인全人으로서 살 수 있게 해준다. 우리 문명인들이 자신은 인생에 어떤 내적 의미를 갖지 못한 열등한 사람이라고 알고 있는 데 비해 그들의 상태는 훨씬 만족스러운 것이다.

자신의 존재에 대해 폭넓은 의미를 느낀다는 것은 인간을 단지 돕는다든가 가치 있게 한다는 것 이상으로 지고至高한 것이다. 이런 느낌이 없으면 인간은 비천하고 불행하게 된다. 만일 성 파울로가 자신은 떠돌이 옷감 장수일 수밖에 없다고 믿었다면 그는 실제로 그런 인간이 되지는 못했을 것이다. 그의 뜻깊은 인생은 자신이 신의 사자使者라는 내적 확신에 의해 가능했던 것이다. 그를 과대망상증 환자라고 비난하는 사람도 있었을 것이다. 그러나 그같은 비난은 역사의 증언과 후세의 판단 앞에서 무색해 질 수밖에 없게 되었다. 그를 확고하게 사로잡았던 신화가 그를 위대하게 만들었던 것이다.

그러나 이같은 신화는 의식적으로 만들어지는 것이 아니라 상징에 의해 성립된다. 그것들은 자연스럽게 생겨나는 것이다. '신 = 인간'이라는 신화를 창조해 낸 것은 인간으로서의 예수가 아니었다. 그 신화는 그가 탄생하기 수세기 전부터 존재해 왔다. 그는 이 상징적인 사고에 사로잡혔고 그것이 성 마르코가 서술한 것처럼 나사렛의 목수라는 협소한 생애로부터 그를 승화시킨 것이다.

신화는 미개인 예언자나 그의 꿈, 그의 감명적 공상에 의해 감동받은 사람들에게 영향을 미친다. 이들은 후세 사람들이 시인이나 철학자라고 부르는 사람들과 큰 차이가 없었다. 미개인 예언자는 공상의 기원에 대해서는 관심이 없다. 기원이 어디에 있는가를 생각하기 시작한 것은 훨씬 후세의 일이기 때문이다. 그러나 고대 그리스 시대에 이르러 인간들의 마음은 상당히 진보되어 신들에 관한 이야기는 옛날에 죽은 왕이나 족장들의 과장된 전설에 불과한 것이라고 추측하기 시작했다. 사람들은 이미 신화는 황당무계한 것이며 서술된 내용 그 자체를 의미하는 것은 아니라는 견해를 가지게 되었다. 따라서 사람들은 신화를 일반적으로 이해될 수 있는 형태로 환원시키려고 하였다.

훨씬 근대에 이르러 꿈의 상징에 대해서도 똑같은 일이 일어났다. 심리학이 아직 요람에서 벗어나지 못했던 시기에 우리는 꿈이 무언가 중요한 의미를 가지고 있다는 것을 인식하기 시작했다. 그러나 그리스인들이 신화는 보통의 역사를 단지 아름답게 표현한 것에 불과하다고 확신한 것과 마찬가지로, 심리학의 몇몇 선구자들은 꿈이 표면적으로 의미하고 있는 것 그대로를 받아들여서는 안 된다고 결론 내렸다. 꿈이 보여주는 이미지와 상징은 억압된 마음의 내용이 의식 세계에 기묘한 형태로 표현된 것이라 하여 제거되었다. 이리하여 꿈은 그것이 표면적으로 서술하고 있는 것 이외의 어떤 의미를 가지고 있다는 사실이 받아들여지게 되었다.

나는 이같은 사고방식에 찬성할 수 없다는 것을 이미 밝혔다. 바로 이 때문에 나는 꿈의 내용뿐 아니라 형태까지 연구하게 된 것이었다. 어째서 꿈은 그 내용 이외의 무엇인가를 의미하지 않으면 안 되는가? 대체, 있는 그대로의 것 이상의 그 무엇이 존재한단 말인가? 꿈은 일반적인 자연현상이고, 따라서 자신 이외의 다른 무엇을 의미하고 있지는 않다.《탈무드》에서는 '꿈은 자신의 해석이다'라고 말하고 있다. 단지 꿈의 내용은 상징적이며 따라서 한 개 이상의 의미를 가지고 있기 때문에 혼란이 생길 뿐이다. 상징은 우리가 의식에 의해 파악하는 사실과는 다른 방향을 지시한다. 때문에 상징은 무의식적인 것 혹은 적어도 완전히 의식적이지는 않은 그 무엇인가에 관계하고 있다.

과학적인 정신에게 상징적인 사고라는 현상은 귀찮은 존재이다. 그것들은 지적·논리적으로 만족스럽게 공식화할 수가 없기 때문이다. 물론 심리학에 있어서 귀찮은 존재가 상징적 사고만은 아니다. 그와 똑같은 장애가 '감정'이나 정서 현상에 있어서도 일어난다. 그것들은 마치 심리학 자체의 정의에 의해 확인되기라도 하듯이 심리학자의 모든 연구로부터 제외된다. 장애의 원인은 어느 경우나 모두 동일하다. 즉, 거기에는 무의식이 개입하고 있는 것이다.

나는 과학적 관점을 충분히 승인하고 있으므로 완전히 또는 정확하게 파악될 수 없는 사실을 취급하는 것이 매우 곤란하다는 것쯤은 알고 있다. 이같은 현상에서는 곤란한 점을 부정할 수 없으므로 지적인 용어에 의해 그것을 공식화할 수 없다는 고충이 따른다. 때문에 생명 자체를 파악하는 것도 불가능하지 않으면 안 될 것이다. 정감과 상징적 사고를 산출하고 있는 것은 생명 그 자체이기 때문이다.

아카데믹한 심리학자가 정감의 현상이나 무의식의 개념혹은 양자 모두을 연구대상에서 제외하려 한다면 그건 그들의 자유다. 그러나 적어도 의학적 심리학자는 이것들에 대해 적절한 주의를 쏟지 않으면 안 된다. 정감적 갈등과 무의식의 개입은 의학적 심리학의 고전적 특성이다. 적어도 그가 환자를 취급하는 한 지적인 용어로 공식화할 수 없는 이 비합리성에 직면하게 될 것이다. 사격장에서 표적을 쏘는 연습은 전쟁과는 어느 정도 거리가 먼 것이다. 의사는 실제의 전쟁터에서 예측할 수 없는 재난을 취급하지 않으면 안 된다. 그것들의 과학적 정의를 내릴 수 없다 하더라도 마음의 현실에 관여하지 않으면 안 되는 것이다. 때문에 어떤 교과서도 심리학을 깨우쳐 줄 수는 없다. 그것은 실제의 체험을 통해서만 배울 수 있는 것이다.

우리는 잘 알려진 상징에 대해 조사해 봄으로써 이 점을 보다 명확히 알 수 있다. 예컨대 그리스도교의 십자가는 여러 가지 측면이나 사고나 감정을 표명하는 의미 깊은 상징이다. 그러나 인명 기록부의 이름 앞에 그려진 십자가는 단지 그 사람이 죽었다는 것만을 뜻한다. 남근상은 힌두교에 있어서는 모든 사물을 포괄하는 상징으로서 기능하고 있다. 그러나 도시의 개구쟁이가 건물 벽에 남근상 그리면 그것은 단지 그 아이의 페니스에 대한 흥미를 반영할 뿐이다. 유아기 및 사춘기의 공상은 종종 성인 생활에까지 이어져 명백히 성적인 의미를 암시하는 꿈도 많이 꾼다. 이 꿈들을 어떤 다른 것으로 이해한다는 것은 어처구니없는 것이 되리라.

그러나 한 석공이 서로 기대고 있는 남자 수도승과 여자 수도승에 대해서 얘기한다거나, 전기 기능공이 플러그와 콘센트에 대해서 이야기한대서 그가 달아오르는 젊은 날의 환상에 잠겨 있다고 생각하는 것도 우스운 일이라 할 것이다. 그는 단지 그의 도구에 다양한 표현으로 이름을 붙여 사용하고 있을 뿐인 것이다.

어느 교육 받는 힌두교도가 여러분에게 린감 신화에서 시바Siva 신을 나타내는 남근상에 대해서 이야기 할 때, 여러분은 보통의 서양인으로서는 전혀 페니스를 연상하지 않고 다른 것으로 듣게 될 것이다. 린감은 확실히 음란스러운 암시가 아니고 십자가는 단순히 죽음의 표시가 아니라, 이러한 것들의 대부분이 이러한 이미지를 이루어내는 꿈을 꾸는 사람의 성숙도에 의존하는 것이다.

　꿈이나 상징의 해석은 지성을 필요로 한다. 그것을 기계적인 시스템으로 치환置換하여 상상력이 없는 머릿속에 밀어 넣을 수는 없다. 꿈을 꾼 사람의 개성에 대한 충분한 지식과 해석자 측의 자기 인식이 필요한 것이다. 이 영역에서 경험자라면 어느 정도 증명할 수 있는 규칙이 존재한다는 것을 부정하지 않으면 안 된다. 그러나 그 규칙들은 신중하게 지성적으로 적용하지 않으면 안 된다. 모든 올바른 규칙에 따르면서도 보다 지성이 높은 사람이라면 결코 간과하지 않을 세부적 사항을 별로 중요치 않은 외견 때문에 간과하여 엄청난 넌센스에 빠지는 일이 있다. 높은 지성을 가진 사람들조차도 직관과 감정 기능의 결여 때문에 갈피를 못 잡는 경우가 있다.

　상징을 이해하려 할 때 우리는 상징 그 자체만 대결하는 것이 아니라 그것을 산출한 한 개인의 전체성과 대결하는 것이다. 이는 그 사람의 문화적 배경을 연구하면서 그 과정을 통해 자기 자신의 교육에 있어서의 허다한 갭을 메꾸는 것이다. 나는 모든 사례에 대해서 그에 대한 ABC조차도 모르며 완전히 새로운 문제로서 생각해 본다는 태도를 버릇으로 삼고 있다. 상투적인 반응 방식은 표면적인 것을 취급할 때에는 실제로 유용하지만, 생생한 문제에 관계하게 되면 인생 그 자체가 개입하게 되므로 가장 명쾌한 이론적 전제조차도 부질없는 말로 변해 버리고 만다.

　상상력과 직관은 우리의 이해를 위해 매우 중요하다. 일반적 생각으로 그것은 주로 시인이나 예술가그것은 실제적인 일에 관해서는 결코 신용될 수 없으므로에게만 가치가 있다. 그러나 그것은 고도의 과학에 있어서도 역시 매우 중요하다. 여기에서 그것은 합리적인 지성의 역할이나 특정 문제에 관한 그 적용을 보완하는 것으로써 매우 중요한 역할을 담당하고 있다. 응용과학 중에서 가장 엄밀하다고 할 수 있는 물리학조차도 무의식의 작용에 의한 직관에 놀라울 정도로 의존하고 있다직관과 동일한 결론에 이르는 논리적 방법을 사후적으로 증명할 수는 있지만.

상징을 해석할 때 직관이 결여되어서는 안 된다. 꿈을 꾼 사람에 의해 상징이 곧바로 이해되는 경우가 종종 있는 것은 이 때문이다. 그처럼 운 좋게 얻은 직관은 확신에 넘치는 것이겠지만 한편으로는 매우 위험스러운 것이기도 하다. 그것은 우리를 무사안일주의로 유혹할 수도 있다. 예컨대 그것은 해석자와 꿈을 꾼 사람 쌍방이 공통된 꿈을 꾼 것처럼 착각하는 상황까지 조성한다. 만약 직관에 의해 이해한다는 막연한 만족감에 안심한다면 진정으로 지적인 지식이나 정신적인 이해의 확실한 기초는 잃고 만다. 직관을 사실에 대한 확실한 지식이나 그 논리적인 관련성까지 환원시킨 사람만이 그것에 대해 설명하고 또 알 수가 있는 것이다.

정직한 연구자라면 항상 그렇게까지 할 수는 없다는 것을 인정해야 할 것이다. 그러나 그런 사실을 늘 마음속에 품지 않는다면 그것은 불성실한 것이다. 과학자도 역시 인간이다. 그도 역시 자신이 설명할 수 없는 대상을 싫어한다. 우리가 오늘날 알고 있는 사실들은 모두 당연한 것이라는 것은 일반적으로 가지고 있는 환상이다. 그러나 과학적인 이론만큼 무너지기 쉬운 것은 없다. 그것은 사실을 설명하려는 불필요한 시도에 지나지 않으며, 영구히 지속될 수 있는 진리 자체는 아닐 것이다.

제 8 장

상징에 관하여

의학심리학자가 상징에 흥미를 느끼는 것은 주로 자연의 상징에 관한 것이며, 이것은 문화적인 상징과는 구별되는 것이다. 자연의 상징은 마음과 무의식의 내용으로부터 파생하며, 따라서 근원적인 원형적 심상의 다양한 변화를 보여준다. 대부분의 경우 우리는 이들의 고대적인 기원 — 우리가 가장 오래된 기록이나 미개인의 사회에서 찾아볼 수 있는 관념과 이미지 — 을 추적할 수 있다. 한편 문화적인 상징은 '영원한 진실'을 표현하기 위해 사용되어 왔던 것으로 오늘날까지도 많은 종교에서 사용되고 있다. 이들은 많은 변용과 많건 적건 의식적인 발전의 오랜 과정을 거쳐서 문명사회에 의해 받아들여진 보편적인 이미지가 되었던 것이다.

그럼에도 불구하고 이와 같은 문화적인 상징에는 그 근원적인 신비성이나 마력이 다분히 내포되어 있다. 이들은 어떤 사람들에 대해 깊은 정서적 반응을 불러일으킬 수 있으며, 그 심리적인 반응은 사람들에 대한 편견과 동일한 방법으로 가능하게 한다는 것이 알려져 있다.

이들은 심리학자가 고려하지 않으면 안 될 중요한 요인이다. 필경 이러한 것들을 합리적인 관점에서 터무니없다든지 무관계하다는 이유로 사상捨象해 버리는 것은 어리석은 짓이다. 그것들은 우리의 정신적 구조의 중요한 성분이고 인간사회를 창출해 나가는 데 있어서 중요한 힘이며, 이러한 것들을 제거한다는 것은 중요한 손실이 아닐 수 없다. 이러한 것들이 억압되거나 무시된다면 그 특정한 에너지는 무의식 속으로 사라져 예측하기 어려운 결과를 발생하게 될 것이다. 이러한 방법으로 없어졌을 것이라고 보여지는 심적 에너지가 실제는 무의식의 최상위最上位에 존재하는 것을 어떤 형태로든 — 대부분 그것은 오늘날까지 표현될 기회를 갖지 못했든가 아니면 적어도 의식 내에 있어서 무제한 한 존재로서 허용받지 못했던 경향에 있었지만 — 되살리든지 강화하는 역할을 하였다.

이와 같은 경향은 우리의 의식에 대해 잠재적으로 항시 존재하는 파괴적인 그림자를 만들어낸다. 어떤 경우에는 좋은 영향을 미칠는지도 모르는 경향에서조차 그것들이 억압될 때에는 도깨비로 변신해 버린다. 이로 인해 많은 선의의 인간들이 무의식을 두려워하고 더불어 심리학을 두려워하는 것도 타당하다고 보겠다.

우리의 시대는 지하 세계의 문을 여는 것이 무엇을 의미하는가를 예증하여 왔다. 금세기 초엽의 목가적인 평화 속에서는 상상조차 할 수 없었던 사건들이 발생하여 우리의 세계를 뒤집어 버렸으며, 그 이후 이 세계는 분열병의 상태에 처하게 되었다. 문명국인 독일이 그 가공할 미개성을 토해 내었을 뿐만 아니라, 러시아도 또한 미개성에 의해서 지배되고, 아프리카에서는 불길에 휩싸여 있다. 따라서 서구의 세계가 불안을 느끼는 것은 당연한 것이다.

근대인은 그들의 '합리주의'— 빛을 발하는 상징이나 관념에 의해 반응하는 인간의 능력을 파괴하여 버린 것 — 가 어떻게 인간을 심적인 지하 세계에 그대로 맡겨 버렸는지를 이해하지 못하고 인간이 미신으로부터 자유롭게 되었다고 생각하고 있다. 그러나 그 과정에 있어서 인간은 완전히 위험한 상태에까지 그의 정신적인 가치가 근대 문명의 충격에 잃어버리고 있다. 도덕적 혹은 정신적 전통은 붕괴되고, 인간은 이러한 세계적인 규모의 분열과 분리하는 값비싼 대가를 지불하고 있는 것이다.

　인류학자는 종종 미개인의 사회에 있어서 그 정신적인 가치가 근대문명에 부딪혀 맞닥뜨리게 된 경우에 어떠한 일이 벌어지는가를 서술한다. 미개인들은 자기 생활의 의미를 잃어 버리고, 그들의 사회조직은 붕괴되며 자기 자신도 도덕적으로 쇠퇴하게 된다. 우리는 오늘날 동일한 조건에 처해 있다. 그러나 우리는 실제로 무엇을 잃어버렸는지를 결코 이해하지 못하고 있다. 이것은 정신적인 지도자들이 불행하게도 그들의 조직을 보호해 주는 데에 신비성을 이해하는 것보다도 그들의 조직의 신비성을 관심에 두었기 때문이다.

　나의 견해로는 신앙이 사고 — 이것은 인간의 가장 강력한 무기이지만 — 를 배제하지 않았지만 불행하게도 상당히 많은 신앙인들이 과학 — 따라서 심리학 — 을 두려워한 나머지, 인간의 운명을 항상 지배하여 온 원형적인 마음의 힘을 외면하고 있다. 우리는 모든 것으로부터 그 신비성이나 마력을 박탈하여 버렸다. 이제는 성스러운 것이라곤 아무것도 존재하지 않게 되었다.

　훨씬 이전의 시기에 있어서는 인간의 마음속에 본능적인 사고가 용솟음치듯 일고 있었으며, 의식적인 마음은 의심할 것도 없이 이러한 것들을 집약하여 어떤 마음의 패턴 속에 통합할 수 있었다. 그러나 '문명인'은 이미 이와 같은 일을 할 수 없게 되어 버렸다. 그들의 '진보된' 의식은 본능이나 무의식으로부터의 보조적인, 동화할 수 있는 방법을 없애 버렸다. 이러한 동화나 통합의 기관은 일반적인 동의에 의해 성스러운 것으로 인정되어 온 신비적인 상징이다.

예컨대 오늘날 우리들이 '물질'에 관해서 이야기할 때 그 물질적인 성질에 대해 기술하고 그 외관이 갖는 몇몇을 보여주기 위해 실험실에서 실험을 행한다. 그러나 이 물질이라고 하는 말은 이미 메말라서 비인간적이고 하등의 심리적인 의미도 갖지 못하는 완전히 지적인 개념이 되고 말았다. 이것은 이전의 물질이 가지고 있던 이미지와 어떻게 달라져 있는가? 그것은 대지인 어미의 깊은 감정적인 의미를 포함하여 표현될 수 있는 것이었다. 마찬가지로 일찍이 정신이었던 것은 오늘날 지능과 동일시되어 만물의 어버이로서의 역할을 상실하였다. 그것은 인간의 한정된 자아의 사고로 추락하여 갔으며, '어버이인 것'의 이미지로 표명되어 온 거대한 정감적인 에너지는 지능이라고 하는 사막의 모래 속에 파묻혀 사라져 버렸다.

이들 두 가지의 원형적인 원리는 동양과 서양의 대조적인 체계의 기초를 이루어 왔다. 그렇지만 대중과 그 지도자들은 이러한 세계의 원리를 서양 세계에서와 같이 남성 — 어버이정신 — 이라고 불렀는지, 아니면 공산주의자들처럼 여성 — 어미물질 — 이라고 불렀는지에 대해서는 깨닫지 못하고 있다. 본질적으로 우리는 이쪽이나 저쪽이나 거의 아무도 알지 못한다는 것이었다. 이전에는 이 두 가지의 원리는 모든 종류의 의식에 있어서 숭상되어 왔었다. 의식은 적어도 이러한 원리가 인간에 대해 가지고 있는 심리적인 의미를 보여 주고 있다. 그러나 이것들은 오늘날 단순한 추상적인 개

넘으로 변하고 말았다.

과학적인 이해가 발달함에 따라 우리의 세계는 비인간화되어 왔다. 인간은 이제 자연 속에 포함되어 있지 않고 자연현상과의 사이에 존재하는 정감적인 '무의식적 동일성'을 잃어버렸으며 우주 속에서 고립되어 있다. 천둥은 이미 분노하는 신의 음성이 아니며, 번개는 그의 도구가 아닌 것이다. 하천은 정기를 갖지 않고, 수목은 인간 생명의 원리가 아니며, 또한 뱀은 지혜의 구현자가 아니며, 산의 동굴은 더 이상 산신령의 거처가 아니다. 이제는 돌도 식물도 동물도 인간에게는 말하지 않으며, 인간도 들을 수 있다고 믿지 않아 그들에게 말을 걸지 않게 되었다. 즉 인간과 자연과의 접촉이 없어져 버린 것이다. 그것과 동시에 그러한 상징적인 결합이 창출하여 온 깊은 정감적인 에너지도 소멸되었던 것이다.

이 커다란 손실은 우리의 꿈이 갖는 상징에 의해 보상된다. 꿈의 특징은 우리의 근본적인 성질 — 그 본능이나 특이한 사고 — 을 표현하는 것이다. 그렇지만 불행하게도 그것들은 그 내용을 언어로 표현하는데, 그것은 우리에게 있어서 기묘하며 이해하기 어려운 것이다. 그로 인해 우리는 그것을 현대적인 언어의 합리적인 용어와 개념으로 바꾸는 일에 직면하게 된다. 현대적인 언어는 원시적인 매개성 — 특히 그것이 표현하고 있는 사태와의 신비적인 관여 — 으로부터 벗어나고 말았다. 오늘날 우리가 유령이나 다른 신비적인 상像에 관해서 말할 때 이미 그것을 불러일으키고자 하는 의도는 아니다. 힘도 영광도 그 예전에 위력을 발휘하던 언어로부터 더 이상 솟아나오지 못하게 되었다. 우리는 마술적인 공식의 힘을 이제는 믿지 않게 되었으며, 결국 터부Taboo라든가 비슷한 형태의 문제는 어디에서도 찾아볼 수 없게 되었다.

이러한 우리들의 세계는 모두 이와 같이 미신적인 마력, 예컨대 마녀, 마법사, 도깨비, 여기에 귀신이라든지 흡혈귀라든지 초원의 영혼 등은 말할 것도 없이 원시시대의 숲에 가득했던 그 밖의 수많은 요괴들을 모조리 쓸어 없애 버렸다고 볼 수 있다. 보다 정확하게 말한다면, 우리 세계의 표면은 모두 미신적 혹은 비합리적인 요소를 깨끗이 청소하여 버렸다고 볼 수 있다.

그렇지만 인간의 진정한 내적 세계 ─ 그것에 대한 우리의 원망충족적인 허구가 아닌 ─ 도 이미 원시성으로부터 해방되어 있는지의 여부는 별개의 문제이다. 숫자 13은 많은 사람들에게 있어서는 아직도 터부시되고 있지 않은가! 비합리적인 편견이나 투영이나 어린아이 같은 환상에 사로잡혀 있는 사람들이 아직도 많지 않은가! 인간의 마음이 가지고 있는 현실적인 모습은 그와 같은 많은 원시적인 경향이나 잔존물을 보여 주고 있으며, 그러한 것들은 과거 5백년 사이에 아무런 일도 일어나지 않았던 것처럼 자기들의 역할을 연출하고 있다.

이 사실을 인식하는 것은 중요한 일이다. 현대인은 실제 인류의 정신적 발달에 있어서 오랜 기간에 걸쳐 획득된 많은 특성을 가진 불가사의한 혼합물이다. 이 혼합물이 우리가 취급하고자 하는 인간과 그 상징이며, 우리는 그 정신적인 산출물을 특히 주의깊게 탐구하지 않으면 안 된다. 회의성이나 과학적인 확신이 인간 속에서 낡은 편견과 시대에 뒤떨어진 사고나 감정의 습관 및 완고한 오해, 일자무식과 함께 존재하고 있다. 우리들 심리학자가 연구하는 상징을 산출하고 있는 현대의 인간이란 바로 이와 같은 것이다. 이러한 상징이나 의미를 설명하기 위해서는 그 표상이 완전히 순수한 개인적 체험에 관계하고 있는 것인가, 아니면 일반적이고 의식적인 지식이 축적된 것들로부터 특별한 목적을 위해 꿈에 의해서 선택된 것인가를 아는 것은 중요한 일이다.

예컨대 13이란 숫자가 나타난 꿈을 상정想定해 보면, 이 꿈을 꾼 사람 자신이 13이란 숫자가 가지는 불행한 성질을 습관적으로 믿고 있었는지의 여부나 혹은 이 꿈이 그와 같은 미신을 아직도 믿고 있는 사람들에 대한 단순한 빈정거림인지를 아는 것이 문제이다. 그에 대한 대답에 따라 해석에 큰 차이가 발생하게 되는데, 전자의 경우에는 그 사람이 아직도 불행한 13의 저주 아래에 있고 따라서 호텔의 13호실이라든지 13명의 사람이 동시에 테이블에 앉아 있는 것을 매우 불쾌하게 느낀다고 하는 사실을 고려하지 않으면 안 된다. 후자의 경우에는 13은 단순히 크게 떠드는 말 이상의 아무것도 아닐는지도 모른다. '미신적인'사람은 아직 13의 저주를 느낄 것이고, 보다 '합리적인'사람은 아직 13에 있던 원래 색채를 제거하여 받아들일 것이다.

이러한 논의는 원형이 실제 체험에 있어서 어떠한 방법으로 발생하는지를 보여 주고 있다. 원형은 이미지이고 또한 정감이다. 이 양자가 동시에 존재할 때에만 원형이라고 할 수 있다. 단순한 이미지뿐일 때는 그것은 단순한 그림문자에 불과한 것으로 아무런 결과도 가져오지 못한다. 그러나 정감을 그 속에 담음으로써 이미지는 그의 마력 — 혹은 심적 에너지 — 을 획득한다. 따라서 그것이 역동적으로 변하며 무엇인가의 결과가 거기에서 나오리라는 것은 틀림없는 사실이다. 원형의 개념을 파악하는 것이 곤란하다는 것을 나는 알고 있다. 그 본래의 성질로부터 정확한 정의를 끌어내는 것을 불가능하게 하는 무엇인가를 나는 언어를 사용하여 기술하려고 하기 때문이다. 그러나 매우 많은 사람들이 원형을 마치 기계적인 부분이며 따라서 기계적인 방법으로 알 수 있다고 생각하므로, 원형이 단순한 명칭이나 철학적인 개념이 아님을 강조한다는 것은 매우 중요한 일이다. 원형은 생명 그 자체의 부분 — 정감이라고 하는 다리에 의해서 살아 있는 개인의 통일적으로 결합되어 있는 이미지 — 인 것이다. 이 때문에 어떤 원형에 대해서도 임의의 — 혹은 일반적인 — 해석을 부여하는 것은 불가능하다. 그것은 관계되어 있는 특정 개인의 전 생활 상태에서 보여지는 양식에 의해서 설명되지 않으면 안 된다.

일찍이 독실한 신앙을 가지고 있는 기독교인들의 경우에는 십자가의 상징은 기독교의 맥락을 좇아서만 해석될 수 있었다. 다만 꿈이 그것을 초월하여 보여 주는 것과 같은 강한 이유를 제시하는 경우는 다르지만, 그때조차도 특정한 기독교적인 의미는 마음에 간직해 두어야 한다. 그러나 십자가의 상징이 어떠한 때나 어떤 조건에 있어서도 모두 동일한 의미를 갖고 있다고는 말할 수 없다. 만약 그렇게 된다면 십자가가 갖는 마력은 없어지고 그 생명력을 잃어 단순한 언어로 전락해 버릴 것이다.

원형이 갖는 특수한 감정의 색채를 알지 못하는 사람은 그것을 신화적인 개념의 기묘한 집합에 불과하다고 생각해 버릴 것이다. 이 기묘한 집합은, 모든 것은 무엇인가 의미를 갖는다 — 혹은 거꾸로 말하면 아무것도 의미하지 않는다 — 라는 것을 보여 주기 때문에 서로 긴밀히 연결되어 있을 수 있을 것이다. 그러나 살아 있는 개개인은 동일하지 않다. 원형이라고 하는 것은 이것이 어떠한 이유로 혹은 어떠한 방법으로 살아 있는 개인에게 의미를 갖는가를 아주 철저하게 발견하고자 시도할 때에만 비로소 생명을 가지는 것이다.

그것이 무엇을 의미하는가를 알지 못한 채 단지 말만을 사용하는 것은 무모한 것이다. 이것은 특히 심리학에 있어서 여실히 드러난다. 심리학에서는 우리가 말하지 않든지, 아니무스에 대해서 말하는 것처럼 원형에 대해서 말한다. 성인, 현자, 예언자 및 그 밖의 신 같은 인간들, 게다가 세계의 모든 근원에 관해 모두 알 수는 있다. 하지만 그러한 것들이 단순한 이미지에 불과하고, 그 원천적인 것을 체험한 것이 아닌 경우에는 마치 잠꼬대를 하는 것과 마찬가지가 될 것이며, 무엇에 대해서 이야기를 하고 있는 것인가를 이해하지 못하게 되어 버릴 것이다. 사용하고 있는 단순한 언어는 공허하고 무가치한 것이 될 것이다. 그러한 것들의 근원 — 살아 있는 개인에 대한 그들의 관계 — 을 고려하는 경우에 있어서만 원형은 생명력과 의미를 획득한다. 그때 비로소 말의 의미 여하에 관계 없이 핵심적인 것은 원형이 개인에게 어떻게 관계하는가? 라고 하는 것임이 이해되기 시작한다.

꿈의 상징을 만들어내는 기능은 이리하여 인간의 근원적인 마음을 보다 진보한 혹은 보다 분화한 의식으로 이끌어가는 시도이다. 그러한 근원적인 마음은 의식 속에 예전부터 포함되어 있던 것이 아니며, 따라서 비판적인 자기반성으로 만들어지는 것도 아니다. 이렇게 말할 수 있는 것은 오랜 옛날에 있어서 그 근원적인 마음이 인간의 인격 전체였기 때문이다. 인간이 의식을 발전시킴에 따라 의식적인 마음은 이러한 원시적인 마음속 에너지의 어떤 것과의 접촉을 잃어가고 있다. 그리고 의식은 근원적인 마음에 대해서는 알지 못하게 되며 이것은 그것을 인지할 수 있는 유일한 것으로, 매우 분화分化한 의식의 발전도상에 있어서 근원적인 마음이 사장되어 버렸기 때문이다.

그렇지만 우리가 무의식이라고 부르고 있는 것은 근원적인 마음의 일부를 구성하고 있는 원시적인 특성을 보존하고 있는 것처럼 생각된다. 꿈의 상징이 항상 관련을 가지는 것은 이와 같은 특성이며, 무의식은 마음이 발전함에 따라 떨어져나간 모든 과거의 것들 — 환각, 공상, 고대적인 사고 형태, 기본적인 본능 등 — 을 회복하면 찾아질 수 있을 것이다. 이것은 사람들이 무의식적인 사태가 다가올 때 저항이나 때로는 공포를 종종 경험하는 사실을 설명하고 있다. 이러한 잔존물의 내용은 단지 중성적인 것이나 혹은 어찌되든 좋다고 하는 그러한 것은 아니다. 역으로, 그러한 것들은 상당한 에너지를 가지고 있어 누차 단순한 불쾌감 이상의 것으로 변한다. 그러한 것들은 진정한 공포를 불러일으키는 것이 가능하다. 억압되면 될수록 그러한 것들은 전인격 속에 신경증이라는 형태를 띠고 퍼져간다.

잔존물에 그와 같은 중요성을 부여하는 것이 이러한 심적인 에너지이다. 그것은 마치 무의식의 상태를 경험한 사람이 자신의 기억 속에 틈이 있다고 하는 것 — 생각해 낼 수 없는 중요한 일이 일어난 듯한 것 — 을 갑자기 인식하지 않으면 안 될 때와 같은 것이다. 마음이라고 하는 것이 완전히 개인적인 일 — 이것은 보통 가정되고 있는 것이지만 — 로, 잃었던 유아기의 기억을 돌이키려고 노력할 것이다. 그러나 그러한 유아기의 기억의 틈이라고 하는 것은 보다 큰 손실 — 원시적인 마음의 상실 — 의 단순한 징후에 불과하다.

태아의 발달 과정이 유사 이전의 것을 반복하는 것처럼 마음도 또한 일련의 유사 이전의 단계를 통해 발전하여 간다. 꿈의 중요한 임무는 유아기의 세계뿐만 아니라 가장 원시적인 본능의 수준에까지 올라가서 일종의 유사 이전의 것들을 회상하게 하는 것이다. 그같은 회상은 어떤 종류의 사례에 있어서는 프로이트가 훨씬 이전에 인식했던 것과 같이 현저하게 치유적인 효과를 가져왔다. 이러한 관찰은 유아기적 기억의 틈 — 소위 건망 —
이 중대한 손실을 가져다주는 것이고, 그것으로부터의 회복은 생명과 행
복의 증가를 가져온다 라는 생각을 확증해 주는 것이다.

아이들은 신체도 작고 그 의식적인 사고도 빈곤하고 단순하여, 우리는
유아의 마음이 유사 이전의 마음과의 근원적인 동일성을 기본적으로 가
지고 있으며 상당한 복잡성을 가지고 있음을 알지 못하고 있다. 그러한 근
원적인 마음은 인간의 진화의 단계가 태아의 신체 속에 있는 것과 마찬가
지로 유아 속에 어느 정도 존재하며 오늘날도 작용하고 있다. 앞에 들었던
예에서 자신의 꿈을 아버지에게 선물로 드렸던 어린 소녀의 멋진 꿈을 떠
올려 보면, 독자는 내가 의미하고 있는 것에 대하여 적절한 생각을 가질 것
이다. 유아기의 건망 속에 기묘한 신화적인 면은 후에 누차 정신병 속에서
도 인정되었다. 이와 같은 종류의 이미지는 근원적이며 따라서 매우 중요
하다. 성인에 있어서 그와 같은 회상이 재현되게 되면 어떤 경우에는 상당
한 심리적 장애를 불러일으키며 또한 다른 사람에 있어서는 기적적인 치유
나 종교적인 회심을 불러일으킬 수가 있다. 종종 그러한 것들은 오랫동안
잃어버리고 있었던 생명력을 가져오고 인간 생활에 목적을 부여하며 풍부
하게 해주는 것이다.

유아기의 기억을 회상하는 것이나 마음의 작용이 갖는 원형적인 존재방
식의 재현을 통해서 — 잃어버리고 재 획득된 내용을 의식으로 동화하고
통합하는 것에 성공한 경우에 있어서는 의식의 보다 커다란 지평과 광활
함을 창출할 수 있다. 그러한 것들은 중성적인 것은 아닌 것으로 그들 자
신이 변화를 따라가지 않으면 안 되는 것처럼 그러한 동화는 인격을 변화
시키는 것으로 될 것이다. 개성화의 과정이라 부르는 이 부분 — 이것에

대해서는M.L. 폰 프란츠 박사가 이 책의 뒷부분에서 서술하고 있다. ─
에 있어서 해석이 중요한 실제적 역할을 점하는 것이며, 이것은 상징이라
고 하는 것이 마음속에 있어서 대립을 조화시키고 재통합하는 자연의 시
도이기 때문이다.

물론 상징을 단지 볼 뿐 그 후에는 무시하여 버리는 것으로는 그러한 효
과를 가져올 수 없다. 단지 과거의 신경증의 조건을 재현시킴에 불과하고
통합에 대한 시도를 파괴하는 것이 되고 말 것이다. 그러나 불행하게도 원
형의 존재 그 자체를 거부하지는 않는 소수의 사람들이 대개 한사코 원형
을 단순한 언어로서 취급하고 그 살아 있는 현실성을 망각해 버린다. 이리
하여 그들의 마력이 축출되어 버릴 때 제한 없는 치환의 과정이 시작된다
바꾸어 말하면 원형으로부터 원형으로 이동하고 모든 것은 모든 것을 의미한다고 하는 것으
로 된다. 물론 원형의 형태는 어느 정도는 교환 가능한 것이지만, 그러나 그
마력은 하나의 사실이고, 사실로서 그치며 원형적인 사상의 가치를 보여
주는 것이다. 이러한 정감적인 가치는 마음에 새겨두고 꿈의 해석에 있어
서의 지적인 전과정을 통하여 고려하지 않으면 안 된다.

사고와 감정은 필시 대립적이고, 사고하는 것은 자동적으로 감정의 가치
를 방기放棄하며 또한 그 역도 성립하지만 이와 같은 가치를 잃어버리는 것
은 필시 자주 일어나는 일이다. 심리학은 가치, 즉 감정의 요소를 고려하지
않으면 안 되는 유일한 과학이며, 이렇게 말할 수 있는 것은 감정이 마음의
현상과 생명을 연결해 주는 것이기 때문이다. 이 점에 관해 심리학은 종종
과학적이 아니라는 비난을 받지만, 그와 같은 비판은 감정에 적절한 고려
를 하지 않으면 안 된다 라는 과학적·실제적인 필요성을 이해하지 못하는
데서 기인한다.

제 9 장
치유에 관하여

인간의 지력地力은 자연을 지배하는 새로운 세계를 이루어 내고, 거기에 수많은 기계를 투입했다. 그 유용성 때문에 우리는 기계를 제거한다거나 혹은 기계에 예속된다는 따위의 가능성을 생각해 보지 않는다. 인간은 과학적·발견적인 정신의 모험으로 가득 찬 선동에 따르는 것이든지 혹은 자신이 이루어 놓은 근사한 일 때문에 스스로를 찬미하는 것일지도 모른다. 마찬가지로 인간의 천재는 전보다 한층 더 위험한 발명을 하는 무의미한 경향을 보여 주고 있다. 이렇게 말하는 것은 그것이 대규모적인 자살의 보다 뛰어난 수단을 보여 주고 있기 때문이다.

세계 인구의 급격한 증가를 고려해서 인간은 이미 그러한 증가를 제어하는 방법과 수단을 찾기 시작하고 있다. 그러나 자연은 인간 자신의 창조력을 인간에게 되돌리려고 하는 시도를 예기하고 있을지도 모른다. 예컨대 수소폭탄이 인구증가에 대한 효과적인 제지 수단일지도 모른다. 자연에 대한 우리의 오만한 지배에도 불구하고 우리는 또한 자연의 희생자이며, 이것은 우리가 자기 자신의 성질을 제어하는 것을 배우지 못하였기 때문이다. 서서히이기는 하지만 우리가 재난을 불러들이고 있다는 것은 피할 수 없는 사실이다.

우리가 도와줍소사 하고 기도하는 신은 이제는 존재하지 않을지도 모른다. 세계의 위대한 종교는 빈혈증에 걸려 있으며, 이렇게 말할 수 있는 것은 도움이 될 수 있는 힘이 숲이나 하천, 산, 동물로부터 사라져 버리고 신, 즉 인간은 무의식의 지하 세계로 밀려나 사라져 버렸기 때문이다. 이리하여 우리는 종교를 과거의 유물에 파묻힌 수치스러운 생활을 이끌어내는 것으로 업신여기고 있다.

우리의 현재 생활은 이성의 여신에 의해 지배되고, 그것은 우리 최대의 가장 비극적 환상이다. 이성의 도움을 받아 우리는 '자연을 정복'했다고 믿고 있는 것이다. 그러나 그것은 단순한 슬로건에 불과하다. 이것은 소위 자연의 정복이 과잉인구라고 하는 자연현상에 의해서 우리를 압도하고, 필요한 정치적 협조에 대한 우리의 심리적 무능력에 의해서 곤란함을 더해가고 있다. 인간이 타인에 비해 우세하기 위해 싸우는 것도 당연한 것이다. 그렇다면 우리는 어떻게 자연을 '정복'한 것일까?

무엇인가의 변화가 어딘가에서 생겨야만 한다면, 그것은 변화를 체험하고 그것을 지속시키려고 하는 개개의 사람들이다. 변화는 실제 개인에 의해서 시작되지 않으면 안 된다. 그것은 우리 중에 누구부터 시작해도 좋다. 자기 자신이 싫어하는 것을 누군가 타인이 할 것이라고 방관하는 것은 불가능하다. 그러나 누구도 무엇을 해야 하는가를 알지 못하므로 각 개인의 무의식이 무엇인가 도움이 될 만한 것을 알고 있는지 어떤지에 관해 찾아보는 것이 가치 있는 것이 아닐까. 확실히 의식적인 마음은 이 점에 관해서는 하등 유용한 것을 만드는 것이 불가능하다. 인간은 오늘날 그 위대한 종교나 각종 철학이 세계의 현재 상황에 직면하여 필요한 안전성을 주고 격려해 주는 강력한 관념을 제공할 수 없음을 안타까워하고 있다.

나는 불교도들이 어떻게 말할 것인지 잘 알고 있다. 요컨대, 사람들이 불법의 '8성도八聖道'에 따르게 되면, 그리고 참된 자아에 대한 통찰을 얻게 되면 세상사가 뜻대로 될 것이라고 말한다. 또한 그리스도교도들은 사람들이 하나님을 믿기만 하면 우리는 보다 나은 세계를 가질 것이라고 말하고 있다. 합리주의자는 사람들이 지적이고 합리적이 되면 우리의 문제는 모두 해결될 것이라고 주장한다. 그러나 문제는 그들 자신의 누구도 문제를 스스로 해결하고자 하지 않는다는 점이다.

그리스도교들은 이전에는 하나님이 그들에게 말을 걸어왔다고 믿고 있는데 어찌하여 오늘날에는 하나님이 그렇게 걸어오지 않는가를 종종 문제로 삼는다. 그와 같은 의문을 들을 때 나는 항상 어떤 '랍비'의 말을 생각해 낸다. 옛날에는 신이 인간들 앞에 모습을 자주 나타냈는데 현재에는 누구도 신을 볼 수 없는 이유가 무언가 찾아보고 이렇게 답을 하였던 것이다. "오늘날, 이제는 누구도 머리를 낮게 숙여 경배하는 사람이 없게 되었기 때문이다"라고.

이 해답은 핵심을 지적하고 있다. 우리는 필시 주관적인 의식의 세계에 사로잡혀 옛부터 진리인 신은 오로지 꿈이나 환상을 통해 말을 걸어온다고 하는 사실을 잊고 있었다. 불교도는 무의식적인 공상을 무용한 환상으로서 제거시켜 버리고, 그리스도교도들은 교회와 그 '성서'를 자신과 자신의 무의식 속에 끼워넣고 있다. 그리고 합리적이고 지적인 사람은 자신의 의식이 곧 마음 전체가 아니라는 사실을 아직도 알지 못한다. 70년 이상

걸쳐 무의식이라고 하는 것이 기본적인 과학적 개념이며, 무엇인가 중요한 심리학적 연구에서 빠져서는 안 된다고 하는 사실에도 불구하고 그와 같은 무지가 현재까지 계속되고 있다.

우리는 이미 자기 자신을 전능한 신과 같이 보아서 자연현상의 유익성이나 해로움에 관한 판단자로 행세할 수는 없다. 우리는 식물학을 유익한 식물과 무익한 식물이라고 하는 옛날식의 분류에 기초하여 세우려고는 하지 않으며, 또한 동물학을 무해한 동물과 위험한 동물의 소박한 구별 위에 세우려고 하지 않는다. 그러나 우리는 아직 의식은 의미가 있고, 무의식은 의미가 없다고 추론하는 것에 만족하고 있다. 과학에 있어서는 이와 같은 가정은 일소에 붙일 만한 것이다. 예를 들면 미생물은 의미가 있는 것인가, 그렇지 않으면 의미가 없는 것인가?

무의식의 어떤 것이라 해도 그것은 상징을 산출하는 하나의 자연현상이며, 상징이 어떠한 의미를 갖는다는 것은 이해되고 있다. 우리는 현미경을 통하여 사물을 본 일이 없는 사람을 미생물의 권위자로서 기대할 수는 없다. 마찬가지로 자연의 상징을 성실하게 연구한 일이 없는 사람을 이 점에 있어서 유능한 판단자라고 생각할 수는 없다. 그렇지만 인간의 정신에 관한 일반적인 평가는 너무나 저조하여 위대한 종교나 철학이나 과학적인 합리주의는 그것을 두 번 다시 보려고 하지 않는 것이다.

가톨릭 교회가 신에 의해서 주어진 꿈이 발생하는 것을 인정하고 있다고 하는 사실에도 불구하고 가톨릭 사상가들의 대부분은 꿈을 진정으로 이해하려고 시도하지 않는다. 프로테스탄트의 논의나 교회에 있어서 신의 음성이 꿈속에서 인지될 수 있는 가능성을 허용할 정도로 겸손한지 의심스럽다. 그러나 신학자가 신의 존재를 진정으로 믿게 된다면 어떠한 권위에 의해서 신이 꿈을 통해 말을 걸어올 수 없다는 등의 뜻을 시사할 수 있을 것인가.

나는 자연의 상징에 관한 연구로 반세기 이상을 보내왔다. 그리고 꿈과 그 상징을 터무니없는 것도 아니고 무의미한 것도 아니라는 결론에 도달하였다. 차라리 반대로 꿈은 그 상징을 이해하려고 노력하는 자에게 있어서는 가장 흥미로운 정보를 제공하는 것이다. 그 결과가 이 세상 사람들이 특별한 관심을 가지고 있는 실제적인 일에 대개 관계가 없는 것이라는 것은 사실이다. 하지만 인생의 의미는 직업생활에 의해 모두 설명되어지는 것은 아니며, 인간의 마음속에 존재하는 깊은 욕망은 은행隱行의 감정에 의해 답을 얻을 수 있는 것도 아니다.

이용할 수 있는 모든 에너지가 자연의 탐구에 쓰여지고 있는 인류사의 한 시기에 있어서 인간의 본질에 관해 거의 주의가 기울여지지 않고 있는 것이다. 대부분의 연구는 그 의식적인 작용에 있어서 이루어지고 있지만, 인간의 본질은 그의 마음이다. 그러나 인간의 마음에 있어서 참으로 복잡하여 잘 알려져 있지 않은 부분은 거기에서부터 매일 밤 신호를 받고 있으면서 그와 같은 정보를 해독하는 것은 너무나 뒤떨어져 있고, 중심적인 소수를 제외하고는 그러한 것에 마음을 두는 사람이 없다는 것을 거의 믿기가 어려울 정도이다. 인간의 최대의 장치인 마음은 너무나 고려되고 있지 않다. 그것은 여러 차례 신뢰되지 못하고 경시되었다.

'그것은 단지 심리적인 것에 불과하다'고 하는 것은 종종 '그것은 아무것도 아니다'라는 뜻을 의미하고 있다. 실제 이와 같은 강한 편견은 어디에서 나오는 것일까? 우리는 분명히 우리가 생각하고 있는 문제에 너무나도 마음을 쓰고 있지 않아 무의식이 우리에 관해 생각하고 있는 것을 찾는 일을

까맣게 잊어버리고 있다. 프로이트의 생각은 많은 사람들이 본래 가지고 있던 마음에 대한 경멸을 확고하게 해버렸다. 프로이트 이전에 있어서는 마음은 단지 간과되고 무시되어졌던 것에 지나지 않았지만, 오늘날 그것은 도덕적인 거부로 사장되어 버렸다.

이와 같이 근대적인 관점은 분명히 일방적이고 부당한 것이다. 그것은 이미 알고 있는 사실과 일치하지도 않는다. 무의식에 대한 우리가 가지고 있는 실제의 지식에 의하면 그것은 자연의 현상이며, 자연 그 자체와 같이 적어도 중성적인 것이다. 무의식은 인간의 성질의 모든 측면, 요컨대 밝음과 어두움, 아름다움과 추함, 선과 악, 사려 깊음과 어리석음을 포함하고 있다. 집단적인 면만이 아니라 개인적인 측면에서도 상징에 관한 연구는 커다란 일이며, 아직 달성되지 않은 일이다.

그러나 그 단서를 마련한 초기의 결과는 희망적인 것이며, 그러한 것들은 현재의 인류에게 아직까지 해결될 수 없었던 많은 의문에 대해 해결점을 제시해 줄 것이다.

C. G. 융

그 심원한 삶과 탐구의 길

C. G. 융

그 심원한 삶과 탐구의 길

유년기

칼 구스타프 융Carl Gustav Jung은 1875년 여름, 스위스 보덴 호湖 연안의 조그만 캐스빌 읍에서 태어났다.

목사의 외아들로 자라난 그는 아버지의 담임교구가 옮겨가는 대로 이사를 했는데 4살 때는 어머니의 고향인 바젤 근교 크라인휴닝겐으로 이사를 했고, 어린시절을 그곳에서 보내게 되었다.

크라인휴닝겐으로 이사했을 무렵엔 어머니가 어린 융을 집에 남겨둔 채 장기 요양생활을 했기 때문에 아버지와 생활하게 되었다고 한다. 그를 돌봐 준 분은 나이 많은 큰어머니와 가정부였는데 결코 어머니를 대신할 수는 없었던 것 같다.

오랫동안 어머니와 떨어져 있는 생활은 어린 그에게 "깊은 슬픔을 안겨주었을 뿐만 아니라 사랑이라든가 여성스러움 같은 것에 대하여 믿음을 잃게 했다"고 그가 후일 술회한 적이 있다.

유년기에 그가 크게 영향을 받은 쪽은 양친 중에서 아버지 쪽이었던 것 같다. 아버지는 친절하고 정열적이고 학구적인 사람이었다고 한다. 그러한 아버지에 대해 "그 시절에는 언제나 의지할 수 있는 존재였다"고 회상하기도 했다.

그의 아버지는 본래 학자 지망생으로 대학시절에는 준수한 동양학도였다고 한다. 그런데 갑자기 조부가 타계하고 경제적 곤란이 겹쳐서 대학생활을 지속할 수 없었는데, 마침 신학神學 전공자를 후원하는 장학 유산을 남겨 놓은 친족 측의 후원으로 신학을 전공하여 목사가 되었다고 한다.

한편 그의 어머니는 상당히 변덕스러운 성격의 소유자였다고 한다. 누구에게나 친절한 아버지가 교구민들과 어울려 담소를 나누노라면 어머니는 그것을 못마땅해 했고, 그가 부근 농가 아이들과 어울려 노는 것도 달가워하지 않았다고 한다.

그러면서도 다른 사람들 앞에서는 어머니는 전혀 다른 언행을 취하곤 했다고 한다.

아버지의 열성으로 그는 6살 때부터 라틴어를 배웠는데, 그 덕택으로 그는 일생을 통하여 라틴어에는 구애받지 않을 수 있었다.

한동안 그는 정원 안에서 자기만의 사상세계를 펼치고 어린애답지 않게 생각에 잠기기도 했다고 한다. 커다란 돌 위에 앉아서 오래도록 명상에 잠기기도 하고, 보고 느끼는 사물에 대하여 상상력을 발휘하여 나름대로의 관념을 키워갔다.

김나지움 시절

12살이 되면서 융은 인문계 중고등 과정인 김나지움에 입학했다. 그의 학교는 바젤에 있었는데, 시골에서 자라난 소년 융에게 바젤의 생활은 딴 세계처럼 보였다.

들로 강으로 뛰어다니며 놀던 순박한 시골 친구들에 비하여 바젤의 친구들은 너무나 세련되었다. 세련된 불어까지 유창하게 구사하는 집안의 아들 딸인 김나지움의 친구들은 시골 목사의 아들인 융이 상상도 못할 정도로 풍요로운 생활을 자랑하고 있었다. 그때마다 융은 자신이 가난한 시골 출신이라는 것을 절감하면서 씁쓸한 기분을 달래야 했다.

따라서 학교생활도 따분하기만 했다. 자연에 묻혀서 그 신비와 아름다움을 보고 느끼면서 풍부한 감수성을 키워 온 융에게 있어서 아무런 여유도 없이 연속적으로 개념을 전개해 나가는 수학은 참으로 고통스러운 과목이었다. '수'란 무엇인가 하는 개념을 이해하는 것조차 곤혹스러웠다고 한다. 숫자만의 나열이나 수학적 개념에 접하면 일종의 모욕감이나 공포감을 느꼈다고 한다. 기계적이고 세련된 동작이 요구되는 체육도 싫은 과목이었다.

그 무렵에 한 급우가 귀가하는 그에게 장난을 걸어 넘어뜨리는 바람에 길 위에 있는 돌에 머리를 부딪쳐서 거의 의식을 잃었는데, 그대로 누운 채 깨어났을 때도 그는 잠시 그대로 누워있어 주위 사람들을 놀라게 했다. 그 이후 그는 부담스러운 학과공부나 숙제에 부딪치면 의식을 잃는 발작을 일으키게 되었다.

그 때문에 학교를 휴학하게 되었는데 그로서는 부담스럽고 고통스럽기만 한 학습으로부터 벗어나서 숲이나 시냇가나 들이나 호숫가에서, 혹은 아버지의 서재에서 마음껏 상상의 날개를 펴거나 사색에 잠길 수 있어서 그지없이 행복한 일이었다.

때때로 주위 사람들이 그가 불치의 간질병적 발작을 되풀이하지나 않을까 하고 우려하기도 했는데, 그때마다 그는 자신의 꾀병 부리기의 비밀 때문에 혼자 웃음을 짓곤 했다.

그러던 어느 날 저녁, 그의 아버지가 친구분과 함께 극성스러워하는 대화를 듣게 되었다.

"칼을 위해서라면 모든 것을 다 바쳐도 좋은데, 만일 끝내 치료가 불가능하다면 그의 장래가 어찌 되겠는가?"

이 비탄에 젖은 아버지의 말을 엿듣고 나서 그는 곰곰이 생각에 잠겼다. 더는 약해져서는 안 되겠다고 결심했다. 학교생활에 용기를 내기로 했다.

다시 학교에 돌아간 융은 학교생활에 충실했다. 학습 중에라도 발작의 기미가 느껴지면 대단한 노력으로 그것을 억눌렀다. 때로 그것은 견딜 수 없는 고통이었고 어쩔 수 없는 경우 발작을 일으키기도 했지만, 그는 차츰 자신을 다스릴 수 있는 힘을 키워 갔다. 그 눈물겨운 노력을 통하여 그는 드디어 그 신경증적 발작을 극복하기에 이르렀다.

그것은 사실 꾀병 부리기도 아니었고, 간질도 아니었으며, 오늘날의 정신의학적 견지에서 보면 '소아성 신경증적 발작'혹은 경미한 '정신운동 발작'이 아니었던가 싶다.

그 이후로 발작은 결코 되풀이되지 않았으며, 그것은 그에게 신경증이란 무엇인가를 가르쳐 준 잊을 수 없는 체험이었다. 이 시절의 쓰라린 경험이 은연중에 그로 하여금 위대한 정신의학자의 소양을 싹트게 해주었는지도 모른다.

예컨대 융은 만년에 이르러 정신치료에 있어서 도덕의 문제를 중요시했는데, 이 관념은 그 어린시절의 인식에서 싹튼 것일지 모른다. 그 발작증을 극복해 내던 시절, 그는 자기 자신이 그 발작을 일으키는 상황을 예비하는 듯이 느껴질 때마다 자신에 대한 심한 분노와 수치를 느꼈다. 자기 스스로를 욕되게 하고 바보가 되어간다는 깨우침이 일어났던 것이다.

김나지움의 상급생이 되면서 융은 사물에 대한 철학적 인식에 눈뜨기 시작했다. 그는 철학 개설서들을 통독해 가면서 철학상의 여러 가지 문제를 의식할 수 있었으며, 여러 철학자들의 사상을 섭렵하면서 철학의 흐름을 어느 정도 조감할 수도 있었다.

에크하르트로부터는 삶에의 생기를 느꼈고, 헤겔로부터는 변증법의 논리를 구체적으로 터득했으며, 쇼펜하우어로부터는 이 세상을 이루고 있는 비극적 문제를 응시하는 용기를 접했다. 또한 칸트에 관심을 돌려서 지성이란 무엇인가 라는 문제에 고심하기도 했다. 이러한 철학적 인식과 고뇌는 그가 의과 대학생이 될 때까지 계속되었다.

의과대학 시절

융이 의학을 지망하게 된 동기나 소망에 관해서는 자세히 알려지지 않고 있다. 다만 그 무렵 신앙과 삶에 관하여 아버지와 자주 논쟁을 벌였으며, 인간이란 무엇인가 하는 문제로 철학적 사색에 잠기곤 했다는 사실로 미루어, 삶과 인간 자체에 대한 관심이 의학 지망으로 이어지지 않았는가 추측된다.

1895년에 그는 바젤 대학교에 입학했다. 그의 학구적인 자세와 관심의 세계는 의학도로서는 남다른 면모가 많았다. 실험이나 실습이 따르는 과목을 좋아하지 않았으며, 다소 철학적 사고가 요구되는 과목을 좋아했다. 그런데 그가 2학년에 진학했을 때 그의 아버지가 지병을 앓다가 타계했다. 집안형편이 급전락하게 되었고, 당장 학업을 지속할 수 없는 사정이었다. 다행히 친척들의 도움이 위기를 면케 해주었다. 외숙부가 어머니와의 생활비를, 백부가 그의 학비를 보조해 주기로 했기 때문에 가까스로 생활과 학업을 유지할 수 있었다. 그는 가정교사 등의 아르바이트를 통하여 학비를 충당해야 했다.

매우 고난스러운 의과대학 생활이 영위될 수밖에 없었지만, 그의 생활자세는 언제나 의연하였다. 틈틈이 교양을 쌓는 독서를 생활화하고 있었고 고학년이 되어 임상 학기를 맞으면서도 그는 철학적 섭렵을 계속했다. 그러한 생활은 그로 하여금 주위의 동료들과는 상당히 큰 인식의 차이를 느끼게 했다.

졸업을 맞으면서 그는 어떤 전문 과를 택할 것인가 생각했다. 내과나 외과를 택하기로 결심했다. 학업의 평점 문제와 대학 내에서 자기에 대한 별로 좋지 않은 평판 때문에 교수들의 호의와 지지를 얻어 대학병원에서 조수 자리를 얻을 수 있으리라고는 기대하지 않았다. 그는 비교적 자리를 얻기 쉬운 지방의 주립 병원에 지원하기로 했다.

재학 중에 정신의학 강의나 임상실습은 그에게 별로 감흥을 주지 못했다. 늘 사물에 대한 철학적 인식을 모색해 온 그에게 있어서 기계론적인 강의와 실습은 매우 공허한 것이었다. 그러나 국가 의사시험 준비과정에서 그는 정신의학을 재인식하게 되었고, 이때의 공부가 그의 일생을 바꾸어 놓았다.

그로 하여금 정신의학의 길을 들어서게 한 숙명을 부여한 것은 한 권의 책이었다. 국가시험을 준비하면서 정신의학 참고서로 택한 크라프트 에빙의《정신의학》이란 책이 그의 운명을 바꾸어 놓게 된 것이었다. 그가 그토록 그 책에 열중하게 된 것은 책의 서문에서 정신질환을 '인격의 병'으로 해석하는 에빙의 자세에 감동 받았기 때문이었다. 에빙의 해석은 마치 계시처럼 그의 학구적 관심과 정열을 사로잡았고, 그는 바로 그 정신의학을 필생의 과업으로 추구해 나가기로 결심하기에 이르렀던 것이다. 사실 이 무렵의 감흥과 결심이 그의 평생의 학문적 자세의 바람을 이루었다고 할 것이다.

의사로서 / 학자로서

1900년, 오이겐 블로일러 교수의 제자로서, 취리히 부르그펠츠리 정신병원의 조수로 융은 의사생활을 시작하게 되었다. 성장기의 오랜 세월을 보낸 바젤을 떠나서 한 사람의 사회인으로서 학자로서의 길을 떠난 것이었다.

부르그펠츠리 정신병원 수업을 시작하면서 그는 뇌腦조직 병리학 실험을 시작했다. 그 얼마 후에 A. 폴레르에게서 사사받으면서 최면술을 통한 정신병리 연구를 시도했다. 그러나 모두 성과 없이 끝나고 말았다.

대부분의 그의 동료들이 환자의 증상이나 기록이나 통계적 처리나 최종 진단 등에만 관심이 급급했지만, 그의 깊은 관심사는 정신병자의 내면세계에서 일어나고 있는 일이었다. 인간의 마음이 와해될 때 나타나는 반응을 문제시하면서 그는 정상적인 마음이 병적인 변화를 점차적으로 나타내 가는 과정에 대한 연구에 몰두했다. 아직 치료 과정에 대해서는 무관심했다.

그가 환자들의 증상과 진단 결정에 머물지 않고, 그 환자들의 마음속에 무엇이 일어나고 있는가, 마음이 와해될 때 어떠한 반응이 나타나는가 하는 동태적인 의문을 제기하게 되었을 때, 그는 이미 학자로서의 가야 할 길에 들어서고 있었다.

그리고 그 길에서 그는 필연적으로 S. 프로이트와의 만남을 향하고 있었다. 그 시작에 관하여 융은 이렇게 말했다 R. I. 에반스 교수의 《C. G. 융과의 대화》에서.

"1900년 12월이던가요, 블로일러 교수는 나에게 갓 출간된 프로이트 선생의 꿈의 해석에 관한 저서를 읽고 요약 비평해 보라고 했습니다. 유감스럽게도 그 저술은 나에게는 분명치 않고, 납득할 수 없는 부분들이 있었습니다. 그러나 다른 한편으로 프로이트 선생은 자기가 말하고자 하는 것을 알고 있는 사람이구나 라고 생각했으며, 그 책이 미래에 대단한 걸작이 될 것이라고 생각했지요."

이어서 그는 이렇게도 말했다.

"그때 나는 막 입문하는 단계였고, 아직 나 자신의 관념체계를 갖추지 못했지요. 나는 당시 뮌헨 대학에서 시도하던 칸트의 실험적 연상의 방법을 사용하여 실험심리, 혹은 실험정신병리학의 수업을 시작했습니다. 그리고 '자극하는 말'에 반응하는 것에는 흥미를 느끼지 않고, 왜 어떤 '자극하는 말에는 반응할 수 없는가, 그리고 어떤 '자극하는 말'에는 부적절한 반응을 나타내는가 하는 것에 관심을 가졌습니다. 그리하여 마음의 밑바탕에는 피시험자의 극히 비밀스러운 개인적인 요소가 작용한다는 것을 알게 되었습니다. 실험시에는 피시험자가 그것에 의식이 미치지 않으므로 그 의미에는 무의식에 바탕을 둔 언어로 표현하는 것을 억제하고 있는 것입니다. 프로이트 선생은 그것을 '억압'이라고 부르는데, 나는 그가 다르게 '상징'이라고 부르는 현상도 보았지요."

그는 F. 리크린과 함께 일련의 연상 실험을 통하여 많은 논문을 발표하기도 했다. 그리하여 1903년에 다시 《꿈의 해석》을 읽게 되었을 때 그는 프로이트의 관념체계가 자기가 이루어 가는 관념체계와 유사하다는 것을, 그리고 프로이트에 공감해 가는 자신을 발견하기에 이르렀다.

프로이트의 정신병리학은 융에게 깊은 의미를 심게 되었다. 융이 잠시 파리의 피엘 쟈네 곁에서 공부하고 있을 때, 그는 자신의 실험 결과가 프로이트의 이론에 일치한다는 사실을 알게 되었다. 한편, 그는 프로이트가 피억압자로서 외상적 성체험을 포착한 것에 대한 비판을 곁들여 콤플렉스의 개념을 제창했다. 그에 따르면, 그것은 복잡한 정서적 관념이며 병인적病因的 작용을 내포하고 있다는 것이었다.

이 무렵 융은 생애의 반려자로서 엠마 라우셴바하와 결혼하게 되고, 취리히 대학 정신의학 교실의 지원연구 의사가 되었다.

리크린과의 공동으로 저술한 논문 〈정상인의 연상連想에 관한 실험적 연구〉1904~1905년 등에서 비류된 일련의 연상실험의 연구는 차츰 취리히학파와 함께 융의 이름이 정신병리학 분야에서 부각되기 시작했다.

융은 자신의 언어연상실험의 결과가 쟈네의 '심적 긴장의 저하에 따라

인격 분리가 일어난다'는 학설보다도 프로이트의 '억압설'에 의해서 설명될
수 있다는 것을 알았다.

　　1905년, 취리히 대학 정신과 지도의사가 되면서, 최면요법에 관한 외래
　　　실습의 지도를 맡았다. 또 강사로서 신경증론과 심리학을 강의
　　　하기 시작했다.

　　1906년, 프로이트로부터 〈신경증학 소론〉을 받아 보고서 성性이론에 대한
　　　이의를 느낀 것 외에 대체로 동의했다. 《뮌헨 의학 주보》에 〈프
　　　로이트의 히스테리 학설〉을 투고하여 당시 정신의학계에 태두된
　　　아샤펜부르크의 프로이트 비판론과 충돌하기도 했다.

　　1907년, 동부인해서 비인의 프로이트를 방문하고 강렬한 인상을 받게
　　　되었다. 융은 프로이트가 이제까지 만나본 어느 누구보다도 중
　　　요한 인물임을 느꼈고, 프로이트가 대단히 명석하고 비범한 인
　　　물이라는 사실을 발견했다. 또한, 논문 〈조발성치매의 심리에
　　　관하여〉를 발표했다. 오랜 세월 입원해 있던 한 여자 환자의 동
　　　태를 통하여 그 환자를 발병케 한 계기가 된 남자의 형태를 즉,
　　　그 환자는 그 남자와의 동일시同一視를 나타내 보이고 있다는 사
　　　실을 고찰한 결과였다.

　　1908년, 프로이트가 융을 방문했고, 융은 찰츠부르크에서 열린 제1회 국
　　　제 정신분석학회에 참가했다. 그 무렵부터 퀴스나하트에서 개인

진료를 시작했다.

1909년, 비인으로 재차 프로이트를 방문했는데 과학성과 초과학성에 관한 토론으로 상당한 거리감을 느끼게 되었다고 하는데, 이 거리감은 그때 이래로 차츰 심화되어 갔다.

융이 취리히 대학 정신과 지도의사 직을 사임하고 개인 진료와 신화학神話學에 열중하고 있을 때 미국 클라크 대학에서 융과 프로이트를 함께 초청을 해왔다. 융은 〈연상법〉을 발표하여 학계에 주목을 받았다.

그 여행 중에 프로이트와 꿈의 해석에 대하여 토론하면서 융은 매우 진지하게 임했으나 '프로이트는 독선적이고 권위주의적인 자세를 풀지 않았다'융의 자서전《꿈과 회상》에서고 한다. 그리고 인간적인 면모에서 두 사람은 돌이킬 수 없을 만큼 서로에 대한 깊은 상위성을 느꼈다고 한다.

프로이트와의 상위성에도 불구하고 융은 뉘렌베르크에서 개최된 제2회 국제 정신분석학회에 참가해서 그 회장직에 추대되었다. 그런데 그의 피선에는 프로이트의 배려가 있었다고 한다. 유태계 학자들이 많은 정신분석학회의 비非유태인계인 융을 추대함으로써 정신분석의 국제화에 박차를 가할 수 있다고 생각한 것이다.

대부분이 유태인으로 구성된 내국파 이외의 지지가 필요했던 것이다. 그래서 프로이트는 비인이 아닌 취리히를 정신분석학회의 새로운 중심지로 삼고자 했다. 그리고 프로이트의 융에 대한 관심과 배려는 아들러나 쉬테겔 같은 동문의 반발을 살 정도로 각별했던 것이다. 그 결과 여기저기 흩어져 있던 정신분석학자들이 국제 정신분석학회를 향하게 되었다.

그러나 제3회 국제 정신분석학회에는 독자적인 길을 선언한 아들러 같은 이는 참석하지 않았다. 그리고 제4회 국제 정신분석학회는 취리히 학파가 비인 학파와 갖는 마지막 회동이었다. 이때의 두 학파 간의 논쟁은 오이디푸스 콤플렉스나 성적 발달 단계의 본질에 관한 것이었다. 비인 학파는 취리히 학파의 이론이 정신분석학의 정통성을 벗어났다고 비난했다. 그들의 이론이 이미 정신분석학이 아니라고 했다.

이때부터 융은 취리히 학파의 이론을 '분석심리학'Analytishe Psychologic이라고 부르기로 했다. 이 무렵 융은 자신의 무의식적 심상心像과 대결에 노력했다. 이러한 노력은 뒤에 〈자아와 무의식과의 관계〉로 정리된다.

1916년, 〈무의식의 구조〉를 발표했는데 여기서는 개인 무의식과 집단 무의식의 개념, 아니마, 아니무스, 개성화 등의 개념이 적용되었다.

1917년, 〈무의식 과정의 심리학〉을 발표했는데 뒤에 〈무의식의 심리학〉으로 보완되었다.

1919년, 영국 왕립 의학협회 정신의학부에서 〈정신병에 있어서 심인성의 문제〉를 발표했다.

1920년, 아프리카를 여행하면서 인간의 심층의식에 남아있는 원시성을 확인하게 되었다.

1921년,《심리적 유형》을 출간했고 그 이듬해에는 취리히 호반에 토지를 사들여 '탑'이라는 이름의 별장을 짓기 시작했다.

1924년, 미국을 방문하여 푸에블로 인디언에 관한 연구에 종사하면서 새로운 시각으로 문명권을 탐구할 수 있다는 것을 깨달았다. 그리고 다시 아프리카 여행을 통하여 기시 현상déjà Vu을 체험했으며, 관망한 사막의 정적 속에서 인간의식의 우주적인 의미를 깨달았다고 한다.

1928년, 〈자아와 무의식의 관계〉를 발표했다.

1932년, 취리히 시市 문학상을 수상했으며, 그 이듬해부터 취리히 대학에서 '현대 심리학' 강좌를 맡았다. 이 무렵에 논문 〈개성화과정의 경험적 발견〉을 발표했다. 융의 활동은 눈부신 것이었다. 그는 《정신요법과 경계영역》지誌를 편집 간행했으며, 전全 정신의학 운동의 결실로 국제 전全정신의료협회가 설립되어 회장직을 맡게 되었다. 그리고 개인적으로는 논문 〈집단 무의식의 원형〉을 발표했다. 그러나 이 무렵에 융은 누이동생 겔트루트의 사망을 겪게 된다.

1936년, 60세에 이른 융은 에이드케노스 대학으로부터 명예교수로 추대되었다. 논문 〈개성화과정에 있어서의 꿈의 상징〉을 발표했고, 영국 의학심리학회의 초청강연에 응하여 논문 〈분석심리학의 기초〉를 발표했다. 이어서 미국 하버드 대학에서 명예박사 학위를 받았고, 논문 〈연금술에 있어서의 구제의 개념〉을 발표했다.

1937년, 예일 대학에 초청되어 〈심리학과 종교〉를 강연했고, 논문 〈조시모스의 환영〉을 발표했다.

1938년, 인도 정부의 초청으로 캘커타 대학 25주년 행사에서 기념 강연을 했고, 오랫동안 원했던 대로 인도를 여행하면서 동양적인 슬기에 대한 새로운 인식을 갖게 되었다. 다시 저술생활로 돌아오자마자 융은 논문 〈모母 원형의 심리학적 견해〉를 발표했으며, 국제의학심리요법협회에 참석했다.

1939년, 다시 영국 왕립의학협회 정신의학부 초청에 응하여 논문 〈정신분열증의 심인설心因說〉을 발표했는데, 이 논문은 동同 협회에서 1919년에 발표한 〈정신병의 심인성에 관한 문제〉를 수정 보완한 것이어서 주목을 끌었다. 이후에 논문 〈재생再生에 관하여〉, 〈삼위일체론에 관한 심리학적 해석론〉을 발표했다.

1941년, K. 케레니와 함께 《신화학적 본질에 관한 서설》을 공동 저술했고, 이어서 논문 〈미사에 있어서의 변화와 상징〉을 발표했다.

1943년, 스위스 과학아카데미의 명예회원으로 추대되었고, 《무의식의 심리학》을 간행했다.

1944년, 드디어 바젤 대학 의학심리학 정교수가 되었으나 발병으로 사직
하고, 《심리학과 연금술》을 간행했다.

1945년, 70세를 맞으며 제네바 대학으로부터 명예학위를 받았으며 그의
논문 〈혼의 심리학〉, 〈동화 속의 정신 현상학〉을 간행했다.

1946년, 《심리학과 교육》과 《감정전이의 심리학》을 간행했으며, 논문 〈
심리학의 정신〉을 발표했다.

1951년, 《아이온》을 간행했으며, 논문 〈동시성에 대하여〉를 발표했다. 그
렇게 왕성한 저술활동을 통하여 융은 취리히 학파의 이론적 기
반을 굳건히 했다.

1952년, 다시 발병했으나 여전히 왕성한 실력을 발휘하여 《변화의 상징》
을 펴냈으며, 그 뒤에 《욥에의 응답》을 펴내기도 했다.

1954년, 그의 명저로 꼽히는 《의식의 뿌리에 관하여》를 펴냈다. 그의 나
이 79세 때였으니 대가의 경륜이 놀라운 경지를 보였다고 할 수
있을 것이다.

1955년, 평생의 반려자였던 아내 엠마가 세상을 떠났다. 아내의 죽음은
융으로 하여금 자서전을 구상케 했다. 그 결과로 뒤에 자서전적
기록 《회상과 꿈과 사상》을 펴내게 되었다.

1958년,《근대의 신화 — 하늘에서 보이는 것》을 펴냈는데, 융은 이 무렵 하늘을 날아가는 원반을 꿈꾸었다고 한다. 그는 이것을 시공時空을 초월한 영원한 인간과 지상적 인간의 관계를 상징한다고 해석했다.

1960년, 85세의 생일을 맞으면서 퀴스나하트의 명예시민으로 추대되었다. 그의 생애의 마지막 해가 되는 1961년에는 평생 동안 일관되었던 학문적 지고를 거두고, 영국 BBC방송의 요청을 받아들여 취리히 학파의 이론을 풀어서 인간의 무의식 세계에 대한 일련의 강연을 했다. 그 반응이 놀라울 정도였기에 융 자신도 크게 감동되어 연구실 속의 지식을 대중화해야 할 의무를 느끼게 되었다. 그리하여 인간생활과 무의식 세계에 관련하여 융과 그 제자들이 공동집필한《존재와 상징》이 그의 생애 마지막 작품으로 출판되었다.

그해 6월, 융은 세상을 떠났다.

Epilogue

정신현상에 대한 깊은 이해를 위하여

무의식 세계에 대한 융의 연구는 바로 정신현상의 본질을 파악하는 것이다. 융에게 있어서 정신은 신체 못지않게 실제적이다. 그것은 실체는 보이지 않지만 직접적으로 온전히 체험될 수 있고, 관찰될 수 있는 것이다. 그것에는 그 자체의 고유한 세계가 있으며, 그 자체의 법칙에 통제되며, 그 자체의 구조를 지니고 있고, 그 고유의 표현수단을 지니고 있다.

우리가 세계에 대하여 알고 있는 것이든, 우리들 자신의 존재에 대하여 알고 있는 것이든 '정신'이라는 매체의 중재를 통해 오는 것이다. 왜냐하면, 정신도 우리의 정신적 유기체가 받아들이는 한에 있어서만 우주가 설정될 수 있다는 일반법칙에 예외가 아니기 때문이다.

인간의 진정한 자기 실현 — 개성회복을 통하여 인간 스스로 쌓아온 난제들을 풀어가면서 스스로 구원의 길을 열어가는 길은 바로 인간 존재의 본체인 정신현상의 본질에 눈을 뜨는 것이리라.

그 심원한 길을 이루어 온 융의 성과를 이 작은 책이 충실히 안내해 줄 수 있길 빌어본다.

이 책은 융이 밝히는 무의식 세계를 이해하는 데 필수적인 융 자신의 두 편의 논문집과, 무의식 세계에 대한 일반인의 이해를 위하여 융 자신이 쓴 해설서를 합본한 것이다.

※ Ⅰ부 : Übeber die Psychologie des Unbewuβten

　　　(무의식의 심리에 관하여)

※ Ⅱ부 : Die Beziehungen zwishen den Ich und dem Unbewuβten

　　　(자아와 무의식의 관계)[그 중 (Ⅰ)부]

※ Ⅲ부 : The Approach to the Unconsciousness

　　　(해설서)(무의식에의 이해)

인간의 보다 깊은 정신현상에 대한 관심과 탐구열을 지닌 이들과 함께 이 책을 더욱 논하고자 하면서 미흡한 번역이 되지 않았을까 하는 미안한 마음을 자위하고자 한다.

1986년 1월

옮긴이

cf. Ⅱ부 논문집을 대출기일이 넘도록 협조해 주신 주한 독일문
화원 사서부에 감사드립니다

프로이트 심리학 해설
S.프로이트 / C.G.홀

마음의 행로를 찾아 나서는 이들을 위하여, 인간과 그 심리 세계를 탐구하려는 이들을 위하여 인간 심리의 틀을 밝혀 주는 프로이트 심리학의 해설서.
인간이 인간답게 살아갈 수 있도록, 심리학에 입문할 수 있도록 인도하는 최고의 해설서.

정신 분석과 유물론
E.프롬 / R.오스본

인간의 정신을 의식·무의식의 메커니즘으로 파악하는 프로이트 사상과 철저한 일원론적 자세로 설명하는 마르크스 사상이 어떻게 영합하며, 어떻게 상반되며, 그리고 무엇을 문제로 빚는가를 사회 사상적 입장에서 논한, 우리 시대 최대의 관심사에 관한 해설서.

융 심리학 해설
C.G.홀 / J.야코비

인간의 깨어 있는 의식의 뿌리를 캐며, 아득한 무의식 속에 깊숙이 감춰져 있는 세계까지 탐색하고, 그 심대한 체계를 세운 융 사상의 깊이와 요체를 밝혀주는 해설서. 무한한 세계까지 헤아리는 융 심리학의 금자탑. 그리고 인간 생활에서의 실제와 응용을 명쾌하게 설명해 주는 최고의 입문 참고서.

인간의 마음 무엇이 문제인가?(1)
K. 메닝거

현대 정신 의학의 거장 메닝거 박사가 이야기하듯 밝혀 주는 인간 심리의 미로, 그 행로의 이상(異常)과 극복의 메시지. 소외와 볼 안과 갈등과 알력과 스트레스 속에서 온갖 마음의 문제를 안고 사는 이들의 자아 발견과 자기 확인 및 정신 건강을 위한 일상의 지침서.

무의식 분석
C.G. 융

프로이트의 〈정신 분석의 입문〉과 쌍벽을 이루며, 또 누구도 따를 수 없는 독보적인 폭과 깊이를 담고 있는 융의 '무의식의 심리학'에 관한 최고의 걸작. 인간의 정신세계에의 연구에 있어서 끝없는 시야를 제시하는, 그리고 미지의 무의식 세계를 개발하려는 융 심리학의 핵심 해설서.

인간의 마음 무엇이 문제인가?(2)
K. 메닝거

제1권에 이어 관능편·실용편·철학편 등이 실려 있는 메닝거 박사의 정신 의학의 명저. 필연적으로 약점과 결점을 지닐 수밖에 없는 인간의 마음에서 빚어지는 갖가지 정신적 문제들에 대처할 수 있는 메닝거식(式) 퇴치법이 수록되어 있다.

프로이트 심리학 비판
H. 마르쿠제 / E. 프롬

인간의 정신세계의 틀을 제시하는 프로이트 사상의 근거와 사회적 영향을 검토하고 검증하려는 비판서(이 책을 통하여 우리는 프로이트 심리학의 출발과 실제와 한계를 생각할 수 있다). 우리가 프로이트 심리학에 무엇을 기대하며, 무엇을 문제시해야 할 것 인가를 말해 주는 명저.

정신 분석 입문
S. 프로이트

노이로제 이론에 있어서 새로운 영역을 개척함과 아울러, 거기에서 획득할 수 있는 혜안과 견해를 프로이트는 스물여덟 번의 강의에서 총망라해 다루고 있다. 인간의 외부 생활과 내부 생활과의 부조화로 인해 빚어지는 갖가지 문제점들이 경이롭게 파헤쳐지는 정신 분석의 정통 입문서.

아들러 심터학의 해설
A.아들러 / H.오글러롬

프로이트의 본능 심리학과 융의 심리학과 함께 꼭 주지되어야 하는 것이 아들러의 개인 심리학이라고 볼 때, 그 개인 심리학이 논구하여 설명하려는 개개인의 의식 세계를 또 다른 시각으로 설피해 주는 해설서. 개인의 의식 세계에 대한 간결하고도 이해하기 쉬운, 이 시대 최고의 저술.

꿈의 해석
S. 프로이트

꿈이란, 어떤 형태의 것이든 소망 충족의 수단이며, 꿈을 꾸는 사람은 그 자신이면서도 현실의 자신과는 완전히 단절되어 있다는 꿈의 '비논리적' 성질을 예리하게 갈파해 주는 꿈 해석 이론의 핵심 입문서이며, 프로이트는 자신의 명성을 전 세계에 드높인 이 시대 최고의 명저.

주역의 진리를 과학적으로 밝혀놓은 세계 최초의 책!

『주역원론』 시리즈 (전 6권)

주역원론 1: 시간과 공간
김승호 지음 | 375쪽 | 정가 15,000원

『주역원론』 1권은 초보자든 전문가든 주역을 쉽게 이해할 수 있도록 합리적 방식에 따라 주역의 기초와 개념을 설명하였다. 또한 주역에 담겨 있는 과학적 구조와 심오한 원리를 설명했다.

주역원론 2: 질서와 혼돈
김승호 지음 | 381쪽 | 정가 15,000원

『주역원론』 2권은 본격적인 주역 과학을 공부할 수 있도록 구성하였으며, 주역을 합리적이고 조직적으로 탐구하도록 하였다. 그리고 과학 또는 수학의 합리성을 통해 누구나 납득할 수 있는 논리로 설명했다.

주역원론 3: 자연의 대조직
김승호 지음 | 380쪽 | 정가 15,000원

『주역원론』 3권은 초자연의 비밀이 담겨있는 주역에 대한 기본적인 원리들로 구성되어 있는 책이다. 이 책은 주역원론이 목표로 하는 학문 그 자체인 깊고 정밀한 논리에 대한 내용으로 이루어져 있다.

주역원론 4: 신의 지혜
김승호 지음 | 380쪽 | 정가 15,000원

『주역원론』 4권은 주역을 수치화하여 수리 논리의 세계에 진입하도록 구성하였다. 또한 주역의 마구잡이식 해석에서 벗어날 수 있도록 수리를 통해 정량화하였다.

주역원론 5: 사물의 운명
김승호 지음 | 377쪽 | 정가 15,000원

『주역원론』 5권은 주역의 과학적이고도 전문적인 내용을 크게 강화하였으며, 논리의 강도를 한층 높였다. 또한 주역의 아주 중요한 부문을 택해 깊게 다루었고, 누구나 이해할 수 있게 전개하였다.

주역원론 6: 무한을 넘어서
김승호 지음 | 379쪽 | 정가 15,000원

『주역원론』 6권은 주역 이해의 폭을 더 넓히는 한편, 모든 부문에 철저히 과학화를 시도했다. 또한 중요하고 심오한 이론이 많이 집결되어 있으며, 그동안 설명해 온 모든 것이 간략하게 재조명되어 있다.